中国生物医药行业 细胞产业法规汇编

卢 坤 主编 曹毓琳 主审

知识产权出版社

全国百佳图书出版单位

—北京—

图书在版编目（CIP）数据

中国生物医药行业细胞产业法规汇编/卢坤主编. —北京：知识产权出版社，2025.1
ISBN 978-7-5130-9280-7

Ⅰ.①中… Ⅱ.①卢… Ⅲ.①卫生法—研究—中国 Ⅳ.①D922.169

中国国家版本馆 CIP 数据核字（2024）第 030368 号

内容提要

本书将中国生物医药行业细胞方面法规与标准按照发布机关（全国人民代表大会常务委员会、国务院、科学技术部、国家卫生健康委员会、国家药品监督管理局与地方）进行了汇编，希望为细胞领域甚至生物行业相关从业者提供一些参考，并为细胞研究及临床试验的合规化贡献力量。

本书适合生物行业相关人员参考阅读。

责任编辑：李　叶　　　　　　责任印制：孙婷婷
封面设计：乾达文化

中国生物医药行业细胞产业法规汇编
ZHONGGUO SHENGWUYIYAO HANGYE XIBAO CHANYE FAGUI HUIBIAN
卢　坤　主编
曹毓琳　主审

出版发行：知识产权出版社有限责任公司		网　　址：http://www.ipph.cn
电　　话：010-82004826		http://www.laichushu.com
社　　址：北京市海淀区气象路 50 号院		邮　　编：100081
责编电话：010-82000860 转 8745		责编邮箱：laichushu@cnipr.com
发行电话：010-82000860 转 8101		发行传真：010-82000893
印　　刷：北京中献拓方科技发展有限公司		经　　销：新华书店、各大网上书店及相关专业书店
开　　本：787mm×1092mm　1/16		印　　张：31
版　　次：2025 年 1 月第 1 版		印　　次：2025 年 1 月第 1 次印刷
字　　数：678 千字		定　　价：150.00 元

ISBN 978-7-5130-9280-7

编 委 会

主 编 卢 坤

主 审 曹毓琳

副主编 戴 勇　李国喜　侯 名　王 龙

编 委 陈 锐　赵增博　姚美村　郭道宇

徐绍坤　白志惠　孙 鉴　魏 伟

赵宇红　程世翔　董百翔　江明星

赵宵颖　洪伟明　王万民　杨桂兰

孙新锐　马志伟　艾国华　曾建华

王 娜　熊晓林　李晓璇　朱 晴

宋姝姝　黄 俊　李成舰　李 佳

卢 晨　张 娟　张家霖　李 娟

钟佳清　周雅雯　马 波　马 琛

郭亚斌　叶丽军　宋舒发　宋婉祯

前　言

　　生物医药行业正在全球引发第三次医学革命，特别是细胞产业正在形成一个巨大的健康行业，这是中国生物经济时代的主要新基建和新质生产力的代表。然而，我国细胞产业的发展面临大规模细胞治疗产品工业化制造的挑战，行业科技政策、各级地方法规及资本市场对细胞产业的认知总体上还在摸索阶段。

　　日本将细胞产业定义为再生医疗中的一部分，并于2012年山中伸弥因IPS干细胞技术获得诺贝尔生理或医学奖之后次年推行《再生医学促进法》，通过政策全面性的支持国家新兴再生医疗细胞产业的发展和普及。再生医学产品由日本药品医疗器械管理局（PMDA）根据《药品和医疗器械法案》进行监管，企业开发的细胞技术产品需取得上市销售许可，其由PMDA药品评估中心下设的细胞组织加工制品专业委员会负责具体审评。日本监管机构将细胞治疗、基因治疗、组织工程产品从药品、医疗器械的再生医学产品中独立出来，单独监管。《再生医学促进法》对《药品和医疗器械法案》进行修改以适应再生医学产品特点，明确规定了再生医学产品的定义、审批流程、上市许可等，为其监管提供了法律依据。2016年6月13日，美国国家细胞制造协会（NCMC）在白宫机构峰会上公布"面向2025年大规模、低成本、可复制、高质量的先进细胞制造技术路线图"（简称"先进细胞制造技术路线图"），之后几经升级再版更新，旨在提出美国在未来数十年内发展细胞制造技术的目标和行动路线，内容值得我们关注。该路线图由包括制药、生物技术、干细胞和T细胞疗法、供应链和自动化技术等专业领域的多家公司，以及药品生产质量管理机构（GMP）、学术机构、政府机构和私人基金等60余家机构的近百名专家共同制定，构建公立、企业、私人和慈善组织的合作机制，期望每年吸引数亿美元的投资。其最终目标是能够为一系列细胞疗法、基于细胞的检测技术和各类设备提供优质的细胞来源，通过技术进步提高细胞制备的规模、效率、纯度、质量和制备简易性，进一步降低制备成本。同时，促进一系列基于细胞的疗法及相关产品的研发和临床转化。先进细胞制造技术路线图规划的研究范围主要是自体细胞、同源异体细胞、干细胞3种细胞类型，也包括先进细胞制造的相关技术和产品的研究。

　　基于此，我国从20世纪90年代开始出台一系列细胞基因领域法规政策规划，参考日本《再生医学促进法》和美国出台的先进细胞制造技术路线图对我国发展以细胞产业为基础的新兴医疗健康生物医药行业具有重要借鉴意义。我国对细胞产业的管理按照药品、技术分别监管：①申报备案：作为医疗技术，向国家卫生健康委员会申报医疗机构/项目备案；②申报药品：作为药品（治疗用生物制品），向国家药品监督管理局申请上市❶。

　　本书以国家卫生健康委员会和国家药品监督管理局颁布的法规为主线，同时兼顾近年来国家层面（如全国人民代表大会和国务院部委）出台的比较重要的有关科技伦理法规政策等作为顶层规划，并用部分地方法规作为释例。基于细胞产业的特点，部分法规只有征求意见稿还未公布有效文本，本书也将其囊括在内，以供读者了解目前的立法现状及进展。

　　总而言之，我国细胞产业在细胞治疗、干细胞与再生医学领域有相当的实力和优势。本书精选历年我国各地、各级法规政策条例汇编成书，力争与同道同行协同技术创新和联合攻关，力求追赶发达国家细胞产业发展水平并推动制定我国"面向2035的中国细胞智造路线图"，推动我国细胞产业产学研创新转化，培育具有国际影响力的行业领军细胞企业成长壮大并参与细胞产业全球竞争中。

曹毓琳　卢　坤

---

　　❶ 在 2018 年 7 月前，药品先申请临床试验，获得临床批件后再申请上市；2018 年 7 月 27 日实行临床默许制，自新药注册申请（IND）受理并缴费之日起 60 日内，如未收到来自国家药品监督管理局的否认/质疑意见，可直接开展临床实验，即不再有临床批件。

目　　录
CONTENTS

国家卫生健康委员会

国家药品监督管理局

地方文件

附　　录

全国人民代表大会常务委员会

中华人民共和国生物安全法

（全国人民代表大会常务委员会 2020 年 10 月 17 日公布，
2024 年 4 月 26 日修订）

目　录

第一章　总　　则

第一条　为了维护国家安全，防范和应对生物安全风险，保障人民生命健康，保护生物资源和生态环境，促进生物技术健康发展，推动构建人类命运共同体，实现人与自然和谐共生，制定本法。

第二条　本法所称生物安全，是指国家有效防范和应对危险生物因子及相关因素威胁，生物技术能够稳定健康发展，人民生命健康和生态系统相对处于没有危险和不受威胁的状态，生物领域具备维护国家安全和持续发展的能力。

从事下列活动，适用本法：

（一）防控重大新发突发传染病、动植物疫情；

（二）生物技术研究、开发与应用；

（三）病原微生物实验室生物安全管理；

（四）人类遗传资源与生物资源安全管理；

（五）防范外来物种入侵与保护生物多样性；

（六）应对微生物耐药；

（七）防范生物恐怖袭击与防御生物武器威胁；

（八）其他与生物安全相关的活动。

第三条 生物安全是国家安全的重要组成部分。维护生物安全应当贯彻总体国家安全观，统筹发展和安全，坚持以人为本、风险预防、分类管理、协同配合的原则。

第四条 坚持中国共产党对国家生物安全工作的领导，建立健全国家生物安全领导体制，加强国家生物安全风险防控和治理体系建设，提高国家生物安全治理能力。

第五条 国家鼓励生物科技创新，加强生物安全基础设施和生物科技人才队伍建设，支持生物产业发展，以创新驱动提升生物科技水平，增强生物安全保障能力。

第六条 国家加强生物安全领域的国际合作，履行中华人民共和国缔结或者参加的国际条约规定的义务，支持参与生物科技交流合作与生物安全事件国际救援，积极参与生物安全国际规则的研究与制定，推动完善全球生物安全治理。

第七条 各级人民政府及其有关部门应当加强生物安全法律法规和生物安全知识宣传普及工作，引导基层群众性自治组织、社会组织开展生物安全法律法规和生物安全知识宣传，促进全社会生物安全意识的提升。

相关科研院校、医疗机构以及其他企业事业单位应当将生物安全法律法规和生物安全知识纳入教育培训内容，加强学生、从业人员生物安全意识和伦理意识的培养。

新闻媒体应当开展生物安全法律法规和生物安全知识公益宣传，对生物安全违法行为进行舆论监督，增强公众维护生物安全的社会责任意识。

第八条 任何单位和个人不得危害生物安全。

任何单位和个人有权举报危害生物安全的行为；接到举报的部门应当及时依法处理。

第九条 对在生物安全工作中做出突出贡献的单位和个人，县级以上人民政府及其有关部门按照国家规定予以表彰和奖励。

第二章 生物安全风险防控体制

第十条 中央国家安全领导机构负责国家生物安全工作的决策和议事协调，研究制定、指导实施国家生物安全战略和有关重大方针政策，统筹协调国家生物安全的重大事项和重要工作，建立国家生物安全工作协调机制。

省、自治区、直辖市建立生物安全工作协调机制，组织协调、督促推进本行政区域内生物安全相关工作。

第十一条 国家生物安全工作协调机制由国务院卫生健康、农业农村、科学技术、外交等主管部门和有关军事机关组成，分析研判国家生物安全形势，组织协调、督促推进国家生物安全相关工作。国家生物安全工作协调机制设立办公室，负责协调机制的日常工作。

国家生物安全工作协调机制成员单位和国务院其他有关部门根据职责分工，负责生物安全相关工作。

第十二条 国家生物安全工作协调机制设立专家委员会，为国家生物安全战略研究、政策制定及实施提供决策咨询。

国务院有关部门组织建立相关领域、行业的生物安全技术咨询专家委员会，为生物安全工作提供咨询、评估、论证等技术支撑。

第十三条 地方各级人民政府对本行政区域内生物安全工作负责。

县级以上地方人民政府有关部门根据职责分工，负责生物安全相关工作。

基层群众性自治组织应当协助地方人民政府以及有关部门做好生物安全风险防控、应急处置和宣传教育等工作。

有关单位和个人应当配合做好生物安全风险防控和应急处置等工作。

第十四条 国家建立生物安全风险监测预警制度。国家生物安全工作协调机制组织建立国家生物安全风险监测预警体系，提高生物安全风险识别和分析能力。

第十五条 国家建立生物安全风险调查评估制度。国家生物安全工作协调机制应当根据风险监测的数据、资料等信息，定期组织开展生物安全风险调查评估。

有下列情形之一的，有关部门应当及时开展生物安全风险调查评估，依法采取必要的风险防控措施：

（一）通过风险监测或者接到举报发现可能存在生物安全风险；

（二）为确定监督管理的重点领域、重点项目，制定、调整生物安全相关名录或者清单；

（三）发生重大新发突发传染病、动植物疫情等危害生物安全的事件；

（四）需要调查评估的其他情形。

第十六条 国家建立生物安全信息共享制度。国家生物安全工作协调机制组织建立统一的国家生物安全信息平台，有关部门应当将生物安全数据、资料等信息汇交国家生物安全信息平台，实现信息共享。

第十七条 国家建立生物安全信息发布制度。国家生物安全总体情况、重大生物安全风险警示信息、重大生物安全事件及其调查处理信息等重大生物安全信息，由国家生物安全工作协调机制成员单位根据职责分工发布；其他生物安全信息由国务院有关部门和县级以上地方人民政府及其有关部门根据职责权限发布。

任何单位和个人不得编造、散布虚假的生物安全信息。

第十八条 国家建立生物安全名录和清单制度。国务院及其有关部门根据生物安全工作需要，对涉及生物安全的材料、设备、技术、活动、重要生物资源数据、传染病、动植物疫病、外来入侵物种等制定、公布名录或者清单，并动态调整。

第十九条 国家建立生物安全标准制度。国务院标准化主管部门和国务院其他有关部门根据职责分工，制定和完善生物安全领域相关标准。

国家生物安全工作协调机制组织有关部门加强不同领域生物安全标准的协调和衔接，建立和完善生物安全标准体系。

第二十条 国家建立生物安全审查制度。对影响或者可能影响国家安全的生物领域重大事项和活动，由国务院有关部门进行生物安全审查，有效防范和化解生物安全风险。

第二十一条 国家建立统一领导、协同联动、有序高效的生物安全应急制度。

国务院有关部门应当组织制定相关领域、行业生物安全事件急预案，根据应急预案和统一部署开展应急演练、应急处置、应急救援和事后恢复等工作。

县级以上地方人民政府及其有关部门应当制定并组织、指导和督促相关企业事业单位制定生物安全事件应急预案，加强应急准备、人员培训和应急演练，开展生物安全事件应急处置、应急救援和事后恢复等工作。

中国人民解放军、中国人民武装警察部队按照中央军事委员会的命令，依法参加生物安全事件应急处置和应急救援工作。

第二十二条 国家建立生物安全事件调查溯源制度。发生重大新发突发传染病、动植物疫情和不明原因的生物安全事件，国家生物安全工作协调机制应当组织开展调查溯源，确定事件性质，全面评估事件影响，提出意见建议。

第二十三条 国家建立首次进境或者暂停后恢复进境的动植物、动植物产品、高风险生物因子国家准入制度。

进出境的人员、运输工具、集装箱、货物、物品、包装物和国际航行船舶压舱水排放等应当符合我国生物安全管理要求。

海关对发现的进出境和过境生物安全风险，应当依法处置。经评估为生物安全高风险的人员、运输工具、货物、物品等，应当从指定的国境口岸进境，并采取严格的风险防控措施。

第二十四条 国家建立境外重大生物安全事件应对制度。境外发生重大生物安全事件的，海关依法采取生物安全紧急防控措施，加强证件核验，提高查验比例，暂停相关人员、运输工具、货物、物品等进境。必要时经国务院同意，可以采取暂时关闭有关口岸、封锁有关国境等措施。

第二十五条 县级以上人民政府有关部门应当依法开展生物安全监督检查工作，被检查单位和个人应当配合，如实说明情况，提供资料，不得拒绝、阻挠。

涉及专业技术要求较高、执法业务难度较大的监督检查工作，应当有生物安全专业技术人员参加。

第二十六条 县级以上人民政府有关部门实施生物安全监督检查，可以依法采取下列措施：

（一）进入被检查单位、地点或者涉嫌实施生物安全违法行为的场所进行现场监测、勘查、检查或者核查；

（二）向有关单位和个人了解情况；

（三）查阅、复制有关文件、资料、档案、记录、凭证等；

（四）查封涉嫌实施生物安全违法行为的场所、设施；

（五）扣押涉嫌实施生物安全违法行为的工具、设备以及相关物品；

（六）法律法规规定的其他措施。

有关单位和个人的生物安全违法信息应当依法纳入全国信用信息共享平台。

第三章　防控重大新发突发传染病、动植物疫情

第二十七条　国务院卫生健康、农业农村、林业草原、海关、生态环境主管部门应当建立新发突发传染病、动植物疫情、进出境检疫、生物技术环境安全监测网络，组织监测站点布局、建设，完善监测信息报告系统，开展主动监测和病原检测，并纳入国家生物安全风险监测预警体系。

第二十八条　疾病预防控制机构、动物疫病预防控制机构、植物病虫害预防控制机构（以下统称专业机构）应当对传染病、动植物疫病和列入监测范围的不明原因疾病开展主动监测，收集、分析、报告监测信息，预测新发突发传染病、动植物疫病的发生、流行趋势。

国务院有关部门、县级以上地方人民政府及其有关部门应当根据预测和职责权限及时发布预警，并采取相应的防控措施。

第二十九条　任何单位和个人发现传染病、动植物疫病的，应当及时向医疗机构、有关专业机构或者部门报告。

医疗机构、专业机构及其工作人员发现传染病、动植物疫病或者不明原因的聚集性疾病的，应当及时报告，并采取保护性措施。

依法应当报告的，任何单位和个人不得瞒报、谎报、缓报、漏报，不得授意他人瞒报、谎报、缓报，不得阻碍他人报告。

第三十条　国家建立重大新发突发传染病、动植物疫情联防联控机制。

发生重大新发突发传染病、动植物疫情，应当依照有关法律法规和应急预案的规定及时采取控制措施；国务院卫生健康、农业农村、林业草原主管部门应当立即组织疫情会商研判，将会商研判结论向中央国家安全领导机构和国务院报告，并通报国家生物安全工作协调机制其他成员单位和国务院其他有关部门。

发生重大新发突发传染病、动植物疫情，地方各级人民政府统一履行本行政区域内疫情防控职责，加强组织领导，开展群防群控、医疗救治，动员和鼓励社会力量依法有序参与疫情防控工作。

第三十一条　国家加强国境、口岸传染病和动植物疫情联合防控能力建设，建立传染病、动植物疫情防控国际合作网络，尽早发现、控制重大新发突发传染病、动植物疫情。

第三十二条　国家保护野生动物，加强动物防疫，防止动物源性传染病传播。

第三十三条 国家加强对抗生素药物等抗微生物药物使用和残留的管理，支持应对微生物耐药的基础研究和科技攻关。

县级以上人民政府卫生健康主管部门应当加强对医疗机构合理用药的指导和监督，采取措施防止抗微生物药物的不合理使用。县级以上人民政府农业农村、林业草原主管部门应当加强对农业生产中合理用药的指导和监督，采取措施防止抗微生物药物的不合理使用，降低在农业生产环境中的残留。

国务院卫生健康、农业农村、林业草原、生态环境等主管部门和药品监督管理部门应当根据职责分工，评估抗微生物药物残留对人体健康、环境的危害，建立抗微生物药物污染物指标评价体系。

第四章 生物技术研究、开发与应用安全

第三十四条 国家加强对生物技术研究、开发与应用活动的安全管理，禁止从事危及公众健康、损害生物资源、破坏生态系统和生物多样性等危害生物安全的生物技术研究、开发与应用活动。

从事生物技术研究、开发与应用活动，应当符合伦理原则。

第三十五条 从事生物技术研究、开发与应用活动的单位应当对本单位生物技术研究、开发与应用的安全负责，采取生物安全风险防控措施，制定生物安全培训、跟踪检查、定期报告等工作制度，强化过程管理。

第三十六条 国家对生物技术研究、开发活动实行分类管理。根据对公众健康、工业农业、生态环境等造成危害的风险程度，将生物技术研究、开发活动分为高风险、中风险、低风险三类。

生物技术研究、开发活动风险分类标准及名录由国务院科学技术、卫生健康、农业农村等主管部门根据职责分工，会同国务院其他有关部门制定、调整并公布。

第三十七条 从事生物技术研究、开发活动，应当遵守国家生物技术研究开发安全管理规范。

从事生物技术研究、开发活动，应当进行风险类别判断，密切关注风险变化，及时采取应对措施。

第三十八条 从事高风险、中风险生物技术研究、开发活动，应当由在我国境内依法成立的法人组织进行，并依法取得批准或者进行备案。

从事高风险、中风险生物技术研究、开发活动，应当进行风险评估，制定风险防控计划和生物安全事件应急预案，降低研究、开发活动实施的风险。

第三十九条 国家对涉及生物安全的重要设备和特殊生物因子实行追溯管理。购买或者引进列入管控清单的重要设备和特殊生物因子，应当进行登记，确保可追溯，并报国务院有关部门备案。

个人不得购买或者持有列入管控清单的重要设备和特殊生物因子。

第四十条 从事生物医学新技术临床研究，应当通过伦理审查，并在具备相应条

件的医疗机构内进行；进行人体临床研究操作的，应当由符合相应条件的卫生专业技术人员执行。

第四十一条 国务院有关部门依法对生物技术应用活动进行跟踪评估，发现存在生物安全风险的，应当及时采取有效补救和管控措施。

第五章　病原微生物实验室生物安全

第四十二条 国家加强对病原微生物实验室生物安全的管理，制定统一的实验室生物安全标准。病原微生物实验室应当符合生物安全国家标准和要求。

从事病原微生物实验活动，应当严格遵守有关国家标准和实验室技术规范、操作规程，采取安全防范措施。

第四十三条 国家根据病原微生物的传染性、感染后对人和动物的个体或者群体的危害程度，对病原微生物实行分类管理。

从事高致病性或者疑似高致病性病原微生物样本采集、保藏、运输活动，应当具备相应条件，符合生物安全管理规范。具体办法由国务院卫生健康、农业农村主管部门制定。

第四十四条 设立病原微生物实验室，应当依法取得批准或者进行备案。

个人不得设立病原微生物实验室或者从事病原微生物实验活动。

第四十五条 国家根据对病原微生物的生物安全防护水平，对病原微生物实验室实行分等级管理。

从事病原微生物实验活动应当在相应等级的实验室进行。低等级病原微生物实验室不得从事国家病原微生物目录规定应当在高等级病原微生物实验室进行的病原微生物实验活动。

第四十六条 高等级病原微生物实验室从事高致病性或者疑似高致病性病原微生物实验活动，应当经省级以上人民政府卫生健康或者农业农村主管部门批准，并将实验活动情况向批准部门报告。

对我国尚未发现或者已经宣布消灭的病原微生物，未经批准不得从事相关实验活动。

第四十七条 病原微生物实验室应当采取措施，加强对实验动物的管理，防止实验动物逃逸，对使用后的实验动物按照国家规定进行无害化处理，实现实验动物可追溯。禁止将使用后的实验动物流入市场。

病原微生物实验室应当加强对实验活动废弃物的管理，依法对废水、废气以及其他废弃物进行处置，采取措施防止污染。

第四十八条 病原微生物实验室的设立单位负责实验室的生物安全管理，制定科学、严格的管理制度，定期对有关生物安全规定的落实情况进行检查，对实验室设施、设备、材料等进行检查、维护和更新，确保其符合国家标准。

病原微生物实验室设立单位的法定代表人和实验室负责人对实验室的生物安全

负责。

第四十九条 病原微生物实验室的设立单位应当建立和完善安全保卫制度，采取安全保卫措施，保障实验室及其病原微生物的安全。

国家加强对高等级病原微生物实验室的安全保卫。高等级病原微生物实验室应当接受公安机关等部门有关实验室安全保卫工作的监督指导，严防高致病性病原微生物泄漏、丢失和被盗、被抢。

国家建立高等级病原微生物实验室人员进入审核制度。进入高等级病原微生物实验室的人员应当经实验室负责人批准。对可能影响实验室生物安全的，不予批准；对批准进入的，应当采取安全保障措施。

第五十条 病原微生物实验室的设立单位应当制定生物安全事件应急预案，定期组织开展人员培训和应急演练。发生高致病性病原微生物泄漏、丢失和被盗、被抢或者其他生物安全风险的，应当按照应急预案的规定及时采取控制措施，并按照国家规定报告。

第五十一条 病原微生物实验室所在地省级人民政府及其卫生健康主管部门应当加强实验室所在地感染性疾病医疗资源配置，提高感染性疾病医疗救治能力。

第五十二条 企业对涉及病原微生物操作的生产车间的生物安全管理，依照有关病原微生物实验室的规定和其他生物安全管理规范进行。

涉及生物毒素、植物有害生物及其他生物因子操作的生物安全实验室的建设和管理，参照有关病原微生物实验室的规定执行。

第六章　人类遗传资源与生物资源安全

第五十三条 国家加强对我国人类遗传资源和生物资源采集、保藏、利用、对外提供等活动的管理和监督，保障人类遗传资源和生物资源安全。

国家对我国人类遗传资源和生物资源享有主权。

第五十四条 国家开展人类遗传资源和生物资源调查。

国务院卫生健康主管部门组织开展我国人类遗传资源调查，制定重要遗传家系和特定地区人类遗传资源申报登记办法。

国务院科学技术、自然资源、生态环境、卫生健康、农业农村、林业草原、中医药主管部门根据职责分工，组织开展生物资源调查，制定重要生物资源申报登记办法。

第五十五条 采集、保藏、利用、对外提供我国人类遗传资源，应当符合伦理原则，不得危害公众健康、国家安全和社会公共利益。

第五十六条 从事下列活动，应当经国务院卫生健康主管部门批准：

（一）采集我国重要遗传家系、特定地区人类遗传资源或者采集国务院卫生健康主管部门规定的种类、数量的人类遗传资源；

（二）保藏我国人类遗传资源；

（三）利用我国人类遗传资源开展国际科学研究合作；

（四）将我国人类遗传资源材料运送、邮寄、携带出境。

前款规定不包括以临床诊疗、采供血服务、查处违法犯罪、兴奋剂检测和殡葬等为目的采集、保藏人类遗传资源及开展的相关活动。

为了取得相关药品和医疗器械在我国上市许可，在临床试验机构利用我国人类遗传资源开展国际合作临床试验、不涉及人类遗传资源出境的，不需要批准；但是，在开展临床试验前应当将拟使用的人类遗传资源种类、数量及用途向国务院卫生健康主管部门备案。

境外组织、个人及其设立或者实际控制的机构不得在我国境内采集、保藏我国人类遗传资源，不得向境外提供我国人类遗传资源。

第五十七条 将我国人类遗传资源信息向境外组织、个人及其设立或者实际控制的机构提供或者开放使用的，应当向国务院科学技术主管部门事先报告并提交信息备份。

第五十八条 采集、保藏、利用、运输出境我国珍贵、濒危、特有物种及其可用于再生或者繁殖传代的个体、器官、组织、细胞、基因等遗传资源，应当遵守有关法律法规。

境外组织、个人及其设立或者实际控制的机构获取和利用我国生物资源，应当依法取得批准。

第五十九条 利用我国生物资源开展国际科学研究合作，应当依法取得批准。

利用我国人类遗传资源和生物资源开展国际科学研究合作，应当保证中方单位及其研究人员全过程、实质性地参与研究，依法分享相关权益。

第六十条 国家加强对外来物种入侵的防范和应对，保护生物多样性。国务院农业农村主管部门会同国务院其他有关部门制定外来入侵物种名录和管理办法。

国务院有关部门根据职责分工，加强对外来入侵物种的调查、监测、预警、控制、评估、清除以及生态修复等工作。

任何单位和个人未经批准，不得擅自引进、释放或者丢弃外来物种。

第七章　防范生物恐怖与生物武器威胁

第六十一条 国家采取一切必要措施防范生物恐怖与生物武器威胁。

禁止开发、制造或者以其他方式获取、储存、持有和使用生物武器。

禁止以任何方式唆使、资助、协助他人开发、制造或者以其他方式获取生物武器。

第六十二条 国务院有关部门制定、修改、公布可被用于生物恐怖活动、制造生物武器的生物体、生物毒素、设备或者技术清单，加强监管，防止其被用于制造生物武器或者恐怖目的。

第六十三条 国务院有关部门和有关军事机关根据职责分工，加强对可被用于生物恐怖活动、制造生物武器的生物体、生物毒素、设备或者技术进出境、进出口、获取、制造、转移和投放等活动的监测、调查，采取必要的防范和处置措施。

第六十四条 国务院有关部门、省级人民政府及其有关部门负责组织遭受生物恐怖袭击、生物武器攻击后的人员救治与安置、环境消毒、生态修复、安全监测和社会秩序恢复等工作。

国务院有关部门、省级人民政府及其有关部门应当有效引导社会舆论科学、准确报道生物恐怖袭击和生物武器攻击事件，及时发布疏散、转移和紧急避难等信息，对应急处置与恢复过程中遭受污染的区域和人员进行长期环境监测和健康监测。

第六十五条 国家组织开展对我国境内战争遗留生物武器及其危害结果、潜在影响的调查。

国家组织建设存放和处理战争遗留生物武器设施，保障对战争遗留生物武器的安全处置。

第八章　生物安全能力建设

第六十六条 国家制定生物安全事业发展规划，加强生物安全能力建设，提高应对生物安全事件的能力和水平。

县级以上人民政府应当支持生物安全事业发展，按照事权划分，将支持下列生物安全事业发展的相关支出列入政府预算：

（一）监测网络的构建和运行；

（二）应急处置和防控物资的储备；

（三）关键基础设施的建设和运行；

（四）关键技术和产品的研究、开发；

（五）人类遗传资源和生物资源的调查、保藏；

（六）法律法规规定的其他重要生物安全事业。

第六十七条 国家采取措施支持生物安全科技研究，加强生物安全风险防御与管控技术研究，整合优势力量和资源，建立多学科、多部门协同创新的联合攻关机制，推动生物安全核心关键技术和重大防御产品的成果产出与转化应用，提高生物安全的科技保障能力。

第六十八条 国家统筹布局全国生物安全基础设施建设。国务院有关部门根据职责分工，加快建设生物信息、人类遗传资源保藏、菌（毒）种保藏、动植物遗传资源保藏、高等级病原微生物实验室等方面的生物安全国家战略资源平台，建立共享利用机制，为生物安全科技创新提供战略保障和支撑。

第六十九条 国务院有关部门根据职责分工，加强生物基础科学研究人才和生物领域专业技术人才培养，推动生物基础科学学科建设和科学研究。

国家生物安全基础设施重要岗位的从业人员应当具备符合要求的资格，相关信息应当向国务院有关部门备案，并接受岗位培训。

第七十条 国家加强重大新发突发传染病、动植物疫情等生物安全风险防控的物资储备。

国家加强生物安全应急药品、装备等物资的研究、开发和技术储备。国务院有关部门根据职责分工，落实生物安全应急药品、装备等物资研究、开发和技术储备的相关措施。

国务院有关部门和县级以上地方人民政府及其有关部门应当保障生物安全事件应急处置所需的医疗救护设备、救治药品、医疗器械等物资的生产、供应和调配；交通运输主管部门应当及时组织协调运输经营单位优先运送。

第七十一条　国家对从事高致病性病原微生物实验活动、生物安全事件现场处置等高风险生物安全工作的人员，提供有效的防护措施和医疗保障。

第九章　法律责任

第七十二条　违反本法规定，履行生物安全管理职责的工作人员在生物安全工作中滥用职权、玩忽职守、徇私舞弊或者有其他违法行为的，依法给予处分。

第七十三条　违反本法规定，医疗机构、专业机构或者其工作人员瞒报、谎报、缓报、漏报，授意他人瞒报、谎报、缓报，或者阻碍他人报告传染病、动植物疫病或者不明原因的聚集性疾病的，由县级以上人民政府有关部门责令改正，给予警告；对法定代表人、主要负责人、直接负责的主管人员和其他直接责任人员，依法给予处分，并可以依法暂停一定期限的执业活动直至吊销相关执业证书。

违反本法规定，编造、散布虚假的生物安全信息，构成违反治安管理行为的，由公安机关依法给予治安管理处罚。

第七十四条　违反本法规定，从事国家禁止的生物技术研究、开发与应用活动的，由县级以上人民政府卫生健康、科学技术、农业农村主管部门根据职责分工，责令停止违法行为，没收违法所得、技术资料和用于违法行为的工具、设备、原材料等物品，处一百万元以上一千万元以下的罚款，违法所得在一百万元以上的，处违法所得十倍以上二十倍以下的罚款，并可以依法禁止一定期限内从事相应的生物技术研究、开发与应用活动，吊销相关许可证件；对法定代表人、主要负责人、直接负责的主管人员和其他直接责任人员，依法给予处分，处十万元以上二十万元以下的罚款，十年直至终身禁止从事相应的生物技术研究、开发与应用活动，依法吊销相关执业证书。

第七十五条　违反本法规定，从事生物技术研究、开发活动未遵守国家生物技术研究开发安全管理规范的，由县级以上人民政府有关部门根据职责分工，责令改正，给予警告，可以并处二万元以上二十万元以下的罚款；拒不改正或者造成严重后果的，责令停止研究、开发活动，并处二十万元以上二百万元以下的罚款。

第七十六条　违反本法规定，从事病原微生物实验活动未在相应等级的实验室进行，或者高等级病原微生物实验室未经批准从事高致病性、疑似高致病性病原微生物实验活动的，由县级以上地方人民政府卫生健康、农业农村主管部门根据职责分工，责令停止违法行为，监督其将用于实验活动的病原微生物销毁或者送交保藏机构，给予警告；造成传染病传播、流行或者其他严重后果的，对法定代表人、主要负责人、直接负责的主管人员和其他直接责任人员依法给予撤职、开除处分。

第七十七条 违反本法规定，将使用后的实验动物流入市场的，由县级以上人民政府科学技术主管部门责令改正，没收违法所得，并处二十万元以上一百万元以下的罚款，违法所得在二十万元以上的，并处违法所得五倍以上十倍以下的罚款；情节严重的，由发证部门吊销相关许可证件。

第七十八条 违反本法规定，有下列行为之一的，由县级以上人民政府有关部门根据职责分工，责令改正，没收违法所得，给予警告，可以并处十万元以上一百万元以下的罚款：

（一）购买或者引进列入管控清单的重要设备、特殊生物因子未进行登记，或者未报国务院有关部门备案；

（二）个人购买或者持有列入管控清单的重要设备或者特殊生物因子；

（三）个人设立病原微生物实验室或者从事病原微生物实验活动；

（四）未经实验室负责人批准进入高等级病原微生物实验室。

第七十九条 违反本法规定，未经批准，采集、保藏我国人类遗传资源或者利用我国人类遗传资源开展国际科学研究合作的，由国务院卫生健康主管部门责令停止违法行为，没收违法所得和违法采集、保藏的人类遗传资源，并处五十万元以上五百万元以下的罚款，违法所得在一百万元以上的，并处违法所得五倍以上十倍以下的罚款；情节严重的，对法定代表人、主要负责人、直接负责的主管人员和其他直接责任人员，依法给予处分，五年内禁止从事相应活动。

第八十条 违反本法规定，境外组织、个人及其设立或者实际控制的机构在我国境内采集、保藏我国人类遗传资源，或者向境外提供我国人类遗传资源的，由国务院卫生健康主管部门责令停止违法行为，没收违法所得和违法采集、保藏的人类遗传资源，并处一百万元以上一千万元以下的罚款；违法所得在一百万元以上的，并处违法所得十倍以上二十倍以下的罚款。

第八十一条 违反本法规定，未经批准，擅自引进外来物种的，由县级以上人民政府有关部门根据职责分工，没收引进的外来物种，并处五万元以上二十五万元以下的罚款。

违反本法规定，未经批准，擅自释放或者丢弃外来物种的，由县级以上人民政府有关部门根据职责分工，责令限期捕回、找回释放或者丢弃的外来物种，处一万元以上五万元以下的罚款。

第八十二条 违反本法规定，构成犯罪的，依法追究刑事责任；造成人身、财产或者其他损害的，依法承担民事责任。

第八十三条 违反本法规定的生物安全违法行为，本法未规定法律责任，其他有关法律、行政法规有规定的，依照其规定。

第八十四条 境外组织或者个人通过运输、邮寄、携带危险生物因子入境或者以其他方式危害我国生物安全的，依法追究法律责任，并可以采取其他必要措施。

第十章　附　　则

第八十五条　本法下列术语的含义:

(一) 生物因子,是指动物、植物、微生物、生物毒素及其他生物活性物质。

(二) 重大新发突发传染病,是指我国境内首次出现或者已经宣布消灭再次发生,或者突然发生,造成或者可能造成公众健康和生命安全严重损害,引起社会恐慌,影响社会稳定的传染病。

(三) 重大新发突发动物疫情,是指我国境内首次发生或者已经宣布消灭的动物疫病再次发生,或者发病率、死亡率较高的潜伏动物疫病突然发生并迅速传播,给养殖业生产安全造成严重威胁、危害,以及可能对公众健康和生命安全造成危害的情形。

(四) 重大新发突发植物疫情,是指我国境内首次发生或者已经宣布消灭的严重危害植物的真菌、细菌、病毒、昆虫、线虫、杂草、害鼠、软体动物等再次引发病虫害,或者本地有害生物突然大范围发生并迅速传播,对农作物、林木等植物造成严重危害的情形。

(五) 生物技术研究、开发与应用,是指通过科学和工程原理认识、改造、合成、利用生物而从事的科学研究、技术开发与应用等活动。

(六) 病原微生物,是指可以侵犯人、动物引起感染甚至传染病的微生物,包括病毒、细菌、真菌、立克次体、寄生虫等。

(七) 植物有害生物,是指能够对农作物、林木等植物造成危害的真菌、细菌、病毒、昆虫、线虫、杂草、害鼠、软体动物等生物。

(八) 人类遗传资源,包括人类遗传资源材料和人类遗传资源信息。人类遗传资源材料是指含有人体基因组、基因等遗传物质的器官、组织、细胞等遗传材料。人类遗传资源信息是指利用人类遗传资源材料产生的数据等信息资料。

(九) 微生物耐药,是指微生物对抗微生物药物产生抗性,导致抗微生物药物不能有效控制微生物的感染。

(十) 生物武器,是指类型和数量不属于预防、保护或者其他和平用途所正当需要的、任何来源或者任何方法产生的微生物剂、其他生物剂以及生物毒素;也包括为将上述生物剂、生物毒素使用丁敌对目的或者武装冲突而设计的武器、设备或者运载工具。

(十一) 生物恐怖,是指故意使用致病性微生物、生物毒素等实施袭击,损害人类或者动植物健康,引起社会恐慌,企图达到特定政治目的的行为。

第八十六条　生物安全信息属于国家秘密的,应当依照《中华人民共和国保守国家秘密法》和国家其他有关保密规定实施保密管理。

第八十七条　中国人民解放军、中国人民武装警察部队的生物安全活动,由中央军事委员会依照本法规定的原则另行规定。

第八十八条　本法自 2021 年 4 月 15 日起施行。

国　务　院

中华人民共和国人类遗传资源管理条例

（国务院 2019 年 5 月 28 日公布，2024 年 3 月 10 日修订）

第一章　总　　则

第一条　为了有效保护和合理利用我国人类遗传资源，维护公众健康、国家安全和社会公共利益，制定本条例。

第二条　本条例所称人类遗传资源包括人类遗传资源材料和人类遗传资源信息。

人类遗传资源材料是指含有人体基因组、基因等遗传物质的器官、组织、细胞等遗传材料。

人类遗传资源信息是指利用人类遗传资源材料产生的数据等信息资料。

第三条　采集、保藏、利用、对外提供我国人类遗传资源，应当遵守本条例。

为临床诊疗、采供血服务、查处违法犯罪、兴奋剂检测和殡葬等活动需要，采集、保藏器官、组织、细胞等人体物质及开展相关活动，依照相关法律、行政法规规定执行。

第四条　国务院卫生健康主管部门负责全国人类遗传资源管理工作；国务院其他有关部门在各自的职责范围内，负责有关人类遗传资源管理工作。

省、自治区、直辖市人民政府人类遗传资源主管部门负责本行政区域人类遗传资源管理工作；省、自治区、直辖市人民政府其他有关部门在各自的职责范围内，负责本行政区域有关人类遗传资源管理工作。

第五条　国家加强对我国人类遗传资源的保护，开展人类遗传资源调查，对重要遗传家系和特定地区人类遗传资源实行申报登记制度。

国务院卫生健康主管部门负责组织我国人类遗传资源调查，制定重要遗传家系和特定地区人类遗传资源申报登记具体办法。

第六条　国家支持合理利用人类遗传资源开展科学研究、发展生物医药产业、提高诊疗技术，提高我国生物安全保障能力，提升人民健康保障水平。

第七条　外国组织、个人及其设立或者实际控制的机构不得在我国境内采集、保藏我国人类遗传资源，不得向境外提供我国人类遗传资源。

第八条　采集、保藏、利用、对外提供我国人类遗传资源，不得危害我国公众健康、国家安全和社会公共利益。

第九条 采集、保藏、利用、对外提供我国人类遗传资源，应当符合伦理原则，并按照国家有关规定进行伦理审查。

采集、保藏、利用、对外提供我国人类遗传资源，应当尊重人类遗传资源提供者的隐私权，取得其事先知情同意，并保护其合法权益。

采集、保藏、利用、对外提供我国人类遗传资源，应当遵守国务院卫生健康主管部门制定的技术规范。

第十条 禁止买卖人类遗传资源。

为科学研究依法提供或者使用人类遗传资源并支付或者收取合理成本费用，不视为买卖。

第二章　采集和保藏

第十一条 采集我国重要遗传家系、特定地区人类遗传资源或者采集国务院卫生健康主管部门规定种类、数量的人类遗传资源的，应当符合下列条件，并经国务院卫生健康主管部门批准：

（一）具有法人资格；

（二）采集目的明确、合法；

（三）采集方案合理；

（四）通过伦理审查；

（五）具有负责人类遗传资源管理的部门和管理制度；

（六）具有与采集活动相适应的场所、设施、设备和人员。

第十二条 采集我国人类遗传资源，应当事先告知人类遗传资源提供者采集目的、采集用途、对健康可能产生的影响、个人隐私保护措施及其享有的自愿参与和随时无条件退出的权利，征得人类遗传资源提供者书面同意。

在告知人类遗传资源提供者前款规定的信息时，必须全面、完整、真实、准确，不得隐瞒、误导、欺骗。

第十三条 国家加强人类遗传资源保藏工作，加快标准化、规范化的人类遗传资源保藏基础平台和人类遗传资源大数据建设，为开展相关研究开发活动提供支撑。

国家鼓励科研机构、高等学校、医疗机构、企业根据自身条件和相关研究开发活动需要开展人类遗传资源保藏工作，并为其他单位开展相关研究开发活动提供便利。

第十四条 保藏我国人类遗传资源、为科学研究提供基础平台的，应当符合下列条件，并经国务院卫生健康主管部门批准：

（一）具有法人资格；

（二）保藏目的明确、合法；

（三）保藏方案合理；

（四）拟保藏的人类遗传资源来源合法；

（五）通过伦理审查；

（六）具有负责人类遗传资源管理的部门和保藏管理制度；

（七）具有符合国家人类遗传资源保藏技术规范和要求的场所、设施、设备和人员。

第十五条 保藏单位应当对所保藏的人类遗传资源加强管理和监测，采取安全措施，制定应急预案，确保保藏、使用安全。

保藏单位应当完整记录人类遗传资源保藏情况，妥善保存人类遗传资源的来源信息和使用信息，确保人类遗传资源的合法使用。

保藏单位应当就本单位保藏人类遗传资源情况向国务院卫生健康主管部门提交年度报告。

第十六条 国家人类遗传资源保藏基础平台和数据库应当依照国家有关规定向有关科研机构、高等学校、医疗机构、企业开放。

为公众健康、国家安全和社会公共利益需要，国家可以依法使用保藏单位保藏的人类遗传资源。

第三章　利用和对外提供

第十七条 国务院卫生健康主管部门和省、自治区、直辖市人民政府人类遗传资源主管部门应当会同本级人民政府有关部门对利用人类遗传资源开展科学研究、发展生物医药产业统筹规划，合理布局，加强创新体系建设，促进生物科技和产业创新、协调发展。

第十八条 科研机构、高等学校、医疗机构、企业利用人类遗传资源开展研究开发活动，对其研究开发活动以及成果的产业化依照法律、行政法规和国家有关规定予以支持。

第十九条 国家鼓励科研机构、高等学校、医疗机构、企业根据自身条件和相关研究开发活动需要，利用我国人类遗传资源开展国际合作科学研究，提升相关研究开发能力和水平。

第二十条 利用我国人类遗传资源开展生物技术研究开发活动或者开展临床试验的，应当遵守有关生物技术研究、临床应用管理法律、行政法规和国家有关规定。

第二十一条 外国组织及外国组织、个人设立或者实际控制的机构（以下称外方单位）需要利用我国人类遗传资源开展科学研究活动的，应当遵守我国法律、行政法规和国家有关规定，并采取与我国科研机构、高等学校、医疗机构、企业（以下称中方单位）合作的方式进行。

第二十二条 利用我国人类遗传资源开展国际合作科学研究的，应当符合下列条件，并由合作双方共同提出申请，经国务院卫生健康主管部门批准：

（一）对我国公众健康、国家安全和社会公共利益没有危害；

（二）合作双方为具有法人资格的中方单位、外方单位，并具有开展相关工作的基础和能力；

（三）合作研究目的和内容明确、合法，期限合理；

（四）合作研究方案合理；

（五）拟使用的人类遗传资源来源合法，种类、数量与研究内容相符；

（六）通过合作双方各自所在国（地区）的伦理审查；

（七）研究成果归属明确，有合理明确的利益分配方案。

为获得相关药品和医疗器械在我国上市许可，在临床机构利用我国人类遗传资源开展国际合作临床试验、不涉及人类遗传资源材料出境的，不需要审批。但是，合作双方在开展临床试验前应当将拟使用的人类遗传资源种类、数量及其用途向国务院卫生健康主管部门备案。国务院卫生健康主管部门和省、自治区、直辖市人民政府人类遗传资源主管部门加强对备案事项的监管。

第二十三条 在利用我国人类遗传资源开展国际合作科学研究过程中，合作方、研究目的、研究内容、合作期限等重大事项发生变更的，应当办理变更审批手续。

第二十四条 利用我国人类遗传资源开展国际合作科学研究，应当保证中方单位及其研究人员在合作期间全过程、实质性地参与研究，研究过程中的所有记录以及数据信息等完全向中方单位开放并向中方单位提供备份。

利用我国人类遗传资源开展国际合作科学研究，产生的成果申请专利的，应当由合作双方共同提出申请，专利权归合作双方共有。研究产生的其他科技成果，其使用权、转让权和利益分享办法由合作双方通过合作协议约定；协议没有约定的，合作双方都有使用的权利，但向第三方转让须经合作双方同意，所获利益按合作双方贡献大小分享。

第二十五条 利用我国人类遗传资源开展国际合作科学研究，合作双方应当按照平等互利、诚实信用、共同参与、共享成果的原则，依法签订合作协议，并依照本条例第二十四条的规定对相关事项作出明确、具体的约定。

第二十六条 利用我国人类遗传资源开展国际合作科学研究，合作双方应当在国际合作活动结束后 6 个月内共同向国务院卫生健康主管部门提交合作研究情况报告。

第二十七条 利用我国人类遗传资源开展国际合作科学研究，或者因其他特殊情况确需将我国人类遗传资源材料运送、邮寄、携带出境的，应当符合下列条件，并取得国务院卫生健康主管部门出具的人类遗传资源材料出境证明：

（一）对我国公众健康、国家安全和社会公共利益没有危害；

（二）具有法人资格；

（三）有明确的境外合作方和合理的出境用途；

（四）人类遗传资源材料采集合法或者来自合法的保藏单位；

（五）通过伦理审查。

利用我国人类遗传资源开展国际合作科学研究，需要将我国人类遗传资源材料运送、邮寄、携带出境的，可以单独提出申请，也可以在开展国际合作科学研究申请中列明出境计划一并提出申请，由国务院卫生健康主管部门合并审批。

将我国人类遗传资源材料运送、邮寄、携带出境的，凭人类遗传资源材料出境证明办理海关手续。

第二十八条 将人类遗传资源信息向外国组织、个人及其设立或者实际控制的机构提供或者开放使用，不得危害我国公众健康、国家安全和社会公共利益；可能影响我国公众健康、国家安全和社会公共利益的，应当通过国务院卫生健康主管部门组织的安全审查。

将人类遗传资源信息向外国组织、个人及其设立或者实际控制的机构提供或者开放使用的，应当向国务院卫生健康主管部门备案并提交信息备份。

利用我国人类遗传资源开展国际合作科学研究产生的人类遗传资源信息，合作双方可以使用。

第四章　服务和监督

第二十九条 国务院卫生健康主管部门应当加强电子政务建设，方便申请人利用互联网办理审批、备案等事项。

第三十条 国务院卫生健康主管部门应当制定并及时发布有关采集、保藏、利用、对外提供我国人类遗传资源的审批指南和示范文本，加强对申请人办理有关审批、备案等事项的指导。

第三十一条 国务院卫生健康主管部门应当聘请生物技术、医药、卫生、伦理、法律等方面的专家组成专家评审委员会，对依照本条例规定提出的采集、保藏我国人类遗传资源，开展国际合作科学研究以及将我国人类遗传资源材料运送、邮寄、携带出境的申请进行技术评审。评审意见作为作出审批决定的参考依据。

第三十二条 国务院卫生健康主管部门应当自受理依照本条例规定提出的采集、保藏我国人类遗传资源，开展国际合作科学研究以及将我国人类遗传资源材料运送、邮寄、携带出境申请之日起20个工作日内，作出批准或者不予批准的决定；不予批准的，应当说明理由。因特殊原因无法在规定期限内作出审批决定的，经国务院卫生健康主管部门负责人批准，可以延长10个工作日。

第三十三条 国务院卫生健康主管部门和省、自治区、直辖市人民政府人类遗传资源主管部门应当加强对采集、保藏、利用、对外提供人类遗传资源活动各环节的监督检查，发现违反本条例规定的，及时依法予以处理并向社会公布检查、处理结果。

第三十四条 国务院卫生健康主管部门和省、自治区、直辖市人民政府人类遗传资源主管部门进行监督检查，可以采取下列措施：

（一）进入现场检查；

（二）询问相关人员；

（三）查阅、复制有关资料；

（四）查封、扣押有关人类遗传资源。

第三十五条 任何单位和个人对违反本条例规定的行为，有权向国务院卫生健康主管部门和省、自治区、直辖市人民政府人类遗传资源主管部门投诉、举报。

国务院卫生健康主管部门和省、自治区、直辖市人民政府人类遗传资源主管部门应当公布投诉、举报电话和电子邮件地址，接受相关投诉、举报。对查证属实的，给予举报人奖励。

第五章　法律责任

第三十六条 违反本条例规定，有下列情形之一的，由国务院卫生健康主管部门责令停止违法行为，没收违法采集、保藏的人类遗传资源和违法所得，处 50 万元以上 500 万元以下罚款，违法所得在 100 万元以上的，处违法所得 5 倍以上 10 倍以下罚款：

（一）未经批准，采集我国重要遗传家系、特定地区人类遗传资源，或者采集国务院卫生健康主管部门规定种类、数量的人类遗传资源；

（二）未经批准，保藏我国人类遗传资源；

（三）未经批准，利用我国人类遗传资源开展国际合作科学研究；

（四）未通过安全审查，将可能影响我国公众健康、国家安全和社会公共利益的人类遗传资源信息向外国组织、个人及其设立或者实际控制的机构提供或者开放使用；

（五）开展国际合作临床试验前未将拟使用的人类遗传资源种类、数量及其用途向国务院卫生健康主管部门备案。

第三十七条 提供虚假材料或者采取其他欺骗手段取得行政许可的，由国务院卫生健康主管部门撤销已经取得的行政许可，处 50 万元以上 500 万元以下罚款，5 年内不受理相关责任人及单位提出的许可申请。

第三十八条 违反本条例规定，未经批准将我国人类遗传资源材料运送、邮寄、携带出境的，由海关依照法律、行政法规的规定处罚。人类遗传资源主管部门应当配合海关开展鉴定等执法协助工作。海关应当将依法没收的人类遗传资源材料移送省、自治区、直辖市人民政府人类遗传资源主管部门进行处理。

第三十九条 违反本条例规定，有下列情形之一的，由省、自治区、直辖市人民政府人类遗传资源主管部门责令停止开展相关活动，没收违法采集、保藏的人类遗传资源和违法所得，处 50 万元以上 100 万元以下罚款，违法所得在 100 万元以上的，处违法所得 5 倍以上 10 倍以下罚款：

（一）采集、保藏、利用、对外提供我国人类遗传资源未通过伦理审查；

（二）采集我国人类遗传资源未经人类遗传资源提供者事先知情同意，或者采取隐瞒、误导、欺骗等手段取得人类遗传资源提供者同意；

（三）采集、保藏、利用、对外提供我国人类遗传资源违反相关技术规范；

（四）将人类遗传资源信息向外国组织、个人及其设立或者实际控制的机构提供或者开放使用，未向国务院卫生健康主管部门备案或者提交信息备份。

第四十条 违反本条例规定，有下列情形之一的，由国务院卫生健康主管部门责令改正，给予警告，可以处 50 万元以下罚款：

（一）保藏我国人类遗传资源过程中未完整记录并妥善保存人类遗传资源的来源信息和使用信息；

（二）保藏我国人类遗传资源未提交年度报告；

（三）开展国际合作科学研究未及时提交合作研究情况报告。

第四十一条 外国组织、个人及其设立或者实际控制的机构违反本条例规定，在我国境内采集、保藏我国人类遗传资源，利用我国人类遗传资源开展科学研究，或者向境外提供我国人类遗传资源的，由国务院卫生健康主管部门责令停止违法行为，没收违法采集、保藏的人类遗传资源和违法所得，处 100 万元以上 1000 万元以下罚款，违法所得在 100 万元以上的，处违法所得 5 倍以上 10 倍以下罚款。

第四十二条 违反本条例规定，买卖人类遗传资源的，由国务院卫生健康主管部门责令停止违法行为，没收违法采集、保藏的人类遗传资源和违法所得，处 100 万元以上 1000 万元以下罚款，违法所得在 100 万元以上的，处违法所得 5 倍以上 10 倍以下罚款。

第四十三条 对有本条例第三十六条、第三十九条、第四十一条、第四十二条规定违法行为的单位，情节严重的，由国务院卫生健康主管部门或者省、自治区、直辖市人民政府人类遗传资源主管部门依据职责禁止其 1 至 5 年内从事采集、保藏、利用、对外提供我国人类遗传资源的活动；情节特别严重的，永久禁止其从事采集、保藏、利用、对外提供我国人类遗传资源的活动。

对有本条例第三十六条至第三十九条、第四十一条、第四十二条规定违法行为的单位的法定代表人、主要负责人、直接负责的主管人员以及其他责任人员，依法给予处分，并由国务院卫生健康主管部门或者省、自治区、直辖市人民政府人类遗传资源主管部门依据职责没收其违法所得，处 50 万元以下罚款；情节严重的，禁止其 1 至 5 年内从事采集、保藏、利用、对外提供我国人类遗传资源的活动；情节特别严重的，永久禁止其从事采集、保藏、利用、对外提供我国人类遗传资源的活动。

单位和个人有本条例规定违法行为的，记入信用记录，并依照有关法律、行政法规的规定向社会公示。

第四十四条 违反本条例规定，侵害他人合法权益的，依法承担民事责任；构成犯罪的，依法追究刑事责任。

第四十五条 国务院卫生健康主管部门和省、自治区、直辖市人民政府人类遗传资源主管部门的工作人员违反本条例规定，不履行职责或者滥用职权、玩忽职守、徇私舞弊的，依法给予处分；构成犯罪的，依法追究刑事责任。

第六章 附 则

第四十六条 人类遗传资源相关信息属于国家秘密的，应当依照《中华人民共和国保守国家秘密法》和国家其他有关保密规定实施保密管理。

第四十七条 本条例自 2019 年 7 月 1 日起施行。

关于加强科技伦理治理的意见

（中共中央办公厅、国务院办公厅 2022 年 3 月 20 日公布）

科技伦理是开展科学研究、技术开发等科技活动需要遵循的价值理念和行为规范，是促进科技事业健康发展的重要保障。当前，我国科技创新快速发展，面临的科技伦理挑战日益增多，但科技伦理治理仍存在体制机制不健全、制度不完善、领域发展不均衡等问题，已难以适应科技创新发展的现实需要。为进一步完善科技伦理体系，提升科技伦理治理能力，有效防控科技伦理风险，不断推动科技向善、造福人类，实现高水平科技自立自强，现就加强科技伦理治理提出如下意见。

一、总体要求

（一）指导思想。以习近平新时代中国特色社会主义思想为指导，深入贯彻党的十九大和十九届历次全会精神，坚持和加强党中央对科技工作的集中统一领导，加快构建中国特色科技伦理体系，健全多方参与、协同共治的科技伦理治理体制机制，坚持促进创新与防范风险相统一、制度规范与自我约束相结合，强化底线思维和风险意识，建立完善符合我国国情、与国际接轨的科技伦理制度，塑造科技向善的文化理念和保障机制，努力实现科技创新高质量发展与高水平安全良性互动，促进我国科技事业健康发展，为增进人类福祉、推动构建人类命运共同体提供有力科技支撑。

（二）治理要求

——伦理先行。加强源头治理，注重预防，将科技伦理要求贯穿科学研究、技术开发等科技活动全过程，促进科技活动与科技伦理协调发展、良性互动，实现负责任的创新。

——依法依规。坚持依法依规开展科技伦理治理工作，加快推进科技伦理治理法律制度建设。

——敏捷治理。加强科技伦理风险预警与跟踪研判，及时动态调整治理方式和伦理规范，快速、灵活应对科技创新带来的伦理挑战。

——立足国情。立足我国科技发展的历史阶段及社会文化特点，遵循科技创新规律，建立健全符合我国国情的科技伦理体系。

——开放合作。坚持开放发展理念，加强对外交流，建立多方协同合作机制，凝聚共识，形成合力。积极推进全球科技伦理治理，贡献中国智慧和中国方案。

二、明确科技伦理原则

（一）增进人类福祉。科技活动应坚持以人民为中心的发展思想，有利于促进经济发展、社会进步、民生改善和生态环境保护，不断增强人民获得感、幸福感、安全感，促进人类社会和平发展和可持续发展。

（二）尊重生命权利。科技活动应最大限度避免对人的生命安全、身体健康、精神和心理健康造成伤害或潜在威胁，尊重人格尊严和个人隐私，保障科技活动参与者的知情权和选择权。使用实验动物应符合"减少、替代、优化"等要求。

（三）坚持公平公正。科技活动应尊重宗教信仰、文化传统等方面的差异，公平、公正、包容地对待不同社会群体，防止歧视和偏见。

（四）合理控制风险。科技活动应客观评估和审慎对待不确定性和技术应用的风险，力求规避、防范可能引发的风险，防止科技成果误用、滥用，避免危及社会安全、公共安全、生物安全和生态安全。

（五）保持公开透明。科技活动应鼓励利益相关方和社会公众合理参与，建立涉及重大、敏感伦理问题的科技活动披露机制。公布科技活动相关信息时应提高透明度，做到客观真实。

三、健全科技伦理治理体制

（一）完善政府科技伦理管理体制。国家科技伦理委员会负责指导和统筹协调推进全国科技伦理治理体系建设工作。科技部承担国家科技伦理委员会秘书处日常工作，国家科技伦理委员会各成员单位按照职责分工负责科技伦理规范制定、审查监管、宣传教育等相关工作。各地方、相关行业主管部门按照职责权限和隶属关系具体负责本地方、本系统科技伦理治理工作。

（二）压实创新主体科技伦理管理主体责任。高等学校、科研机构、医疗卫生机构、企业等单位要履行科技伦理管理主体责任，建立常态化工作机制，加强科技伦理日常管理，主动研判、及时化解本单位科技活动中存在的伦理风险；根据实际情况设立本单位的科技伦理（审查）委员会，并为其独立开展工作提供必要条件。从事生命科学、医学、人工智能等科技活动的单位，研究内容涉及科技伦理敏感领域的，应设立科技伦理（审查）委员会。

（三）发挥科技类社会团体的作用。推动设立中国科技伦理学会，健全科技伦理治理社会组织体系，强化学术研究支持。相关学会、协会、研究会等科技类社会团体要组织动员科技人员主动参与科技伦理治理，促进行业自律，加强与高等学校、科研机构、医疗卫生机构、企业等的合作，开展科技伦理知识宣传普及，提高社会公众科技伦理意识。

（四）引导科技人员自觉遵守科技伦理要求。科技人员要主动学习科技伦理知识，增强科技伦理意识，自觉践行科技伦理原则，坚守科技伦理底线，发现违背科技伦理要求的行为，要主动报告、坚决抵制。科技项目（课题）负责人要严格按照科技伦理审查批准的范围开展研究，加强对团队成员和项目（课题）研究实施全过程的伦理管理，发布、传播和应用涉及科技伦理敏感问题的研究成果应当遵守有关规定、严谨审慎。

四、加强科技伦理治理制度保障

（一）制定完善科技伦理规范和标准。制定生命科学、医学、人工智能等重点领域的科技伦理规范、指南等，完善科技伦理相关标准，明确科技伦理要求，引导科技机构和科技人员合规开展科技活动。

（二）建立科技伦理审查和监管制度。明晰科技伦理审查和监管职责，完善科技伦理审查、风险处置、违规处理等规则流程。建立健全科技伦理（审查）委员会的设立标准、运行机制、登记制度、监管制度等，探索科技伦理（审查）委员会认证机制。

（三）提高科技伦理治理法治化水平。推动在科技创新的基础性立法中对科技伦理监管、违规查处等治理工作作出明确规定，在其他相关立法中落实科技伦理要求。"十四五"期间，重点加强生命科学、医学、人工智能等领域的科技伦理立法研究，及时推动将重要的科技伦理规范上升为国家法律法规。对法律已有明确规定的，要坚持严格执法、违法必究。

（四）加强科技伦理理论研究。支持相关机构、智库、社会团体、科技人员等开展科技伦理理论探索，加强对科技创新中伦理问题的前瞻研究，积极推动、参与国际科技伦理重大议题研讨和规则制定。

五、强化科技伦理审查和监管

（一）严格科技伦理审查。开展科技活动应进行科技伦理风险评估或审查。涉及人、实验动物的科技活动，应当按规定由本单位科技伦理（审查）委员会审查批准，不具备设立科技伦理（审查）委员会条件的单位，应委托其他单位科技伦理（审查）委员会开展审查。科技伦理（审查）委员会要坚持科学、独立、公正、透明原则，开展对科技活动的科技伦理审查、监督与指导，切实把好科技伦理关。探索建立专业性、区域性科技伦理审查中心。逐步建立科技伦理审查结果互认机制。

建立健全突发公共卫生事件等紧急状态下的科技伦理应急审查机制，完善应急审查的程序、规则等，做到快速响应。

（二）加强科技伦理监管。各地方、相关行业主管部门要细化完善本地方、本系统科技伦理监管框架和制度规范，加强对各单位科技伦理（审查）委员会和科技伦理高风险科技活动的监督管理，建立科技伦理高风险科技活动伦理审查结果专家复核机制，组织开展对重大科技伦理案件的调查处理，并利用典型案例加强警示教育。从事科技活动的单位要建立健全科技活动全流程科技伦理监管机制和审查质量控制、监督评价机制，加强对科技伦理高风险科技活动的动态跟踪、风险评估和伦理事件应急处置。国家科技伦理委员会研究制定科技伦理高风险科技活动清单。开展科技伦理高风险科技活动应按规定进行登记。

财政资金设立的科技计划（专项、基金等）应加强科技伦理监管，监管全面覆盖指南编制、审批立项、过程管理、结题验收、监督评估等各个环节。

加强对国际合作研究活动的科技伦理审查和监管。国际合作研究活动应符合合作各方所在国家的科技伦理管理要求，并通过合作各方所在国家的科技伦理审查。对存在科技伦理高风险的国际合作研究活动，由地方和相关行业主管部门组织专家对科技伦理审查结果开展复核。

（三）监测预警科技伦理风险。相关部门要推动高等学校、科研机构、医疗卫生机构、社会团体、企业等完善科技伦理风险监测预警机制，跟踪新兴科技发展前沿动态，对科技创新可能带来的规则冲突、社会风险、伦理挑战加强研判、提出对策。

（四）严肃查处科技伦理违法违规行为。高等学校、科研机构、医疗卫生机构、企业等是科技伦理违规行为单位内部调查处理的第一责任主体，应制定完善本单位调查处理相关规定，及时主动调查科技伦理违规行为，对情节严重的依法依规严肃追责问责；对单位及其负责人涉嫌科技伦理违规行为的，由上级主管部门调查处理。各地方、相关行业主管部门按照职责权限和隶属关系，加强对本地方、本系统科技伦理违规行为调查处理的指导和监督。

任何单位、组织和个人开展科技活动不得危害社会安全、公共安全、生物安全和生态安全，不得侵害人的生命安全、身心健康、人格尊严，不得侵犯科技活动参与者的知情权和选择权，不得资助违背科技伦理要求的科技活动。相关行业主管部门、资助机构或责任人所在单位要区分不同情况，依法依规对科技伦理违规行为责任人给予责令改正，停止相关科技活动，追回资助资金，撤销获得的奖励、荣誉，取消相关从业资格，禁止一定期限内承担或参与财政性资金支持的科技活动等处理。科技伦理违规行为责任人属于公职人员的依法依规给予处分，属于党员的依规依纪给予党纪处分；涉嫌犯罪的依法予以惩处。

六、深入开展科技伦理教育和宣传

（一）重视科技伦理教育。将科技伦理教育作为相关专业学科本专科生、研究生教育的重要内容，鼓励高等学校开设科技伦理教育相关课程，教育青年学生树立正确的科技伦理意识，遵守科技伦理要求。完善科技伦理人才培养机制，加快培养高素质、专业化的科技伦理人才队伍。

（二）推动科技伦理培训机制化。将科技伦理培训纳入科技人员入职培训、承担科研任务、学术交流研讨等活动，引导科技人员自觉遵守科技伦理要求，开展负责任的研究与创新。行业主管部门、各地方和相关单位应定期对科技伦理（审查）委员会成员开展培训，增强其履职能力，提升科技伦理审查质量和效率。

（三）抓好科技伦理宣传。开展面向社会公众的科技伦理宣传，推动公众提升科技伦理意识，理性对待科技伦理问题。鼓励科技人员就科技创新中的伦理问题与公众交流。对存在公众认知差异、可能带来科技伦理挑战的科技活动，相关单位及科技人员等应加强科学普及，引导公众科学对待。新闻媒体应自觉提高科技伦理素养，科学、客观、准确地报道科技伦理问题，同时要避免把科技伦理问题泛化。鼓励各类学会、协会、研究会等搭建科技伦理宣传交流平台，传播科技伦理知识。

各地区各有关部门要高度重视科技伦理治理，细化落实党中央、国务院关于健全科技伦理体系，加强科技伦理治理的各项部署，完善组织领导机制，明确分工，加强协作，扎实推进实施，有效防范科技伦理风险。相关行业主管部门和各地方要定期向国家科技伦理委员会报告履行科技伦理监管职责工作情况并接受监督。

关于深化审评审批制度改革鼓励药品
医疗器械创新的意见

（中共中央办公厅、国务院办公厅 2017 年 10 月 8 日公布）

当前，我国药品医疗器械产业快速发展，创新创业方兴未艾，审评审批制度改革持续推进。但总体上看，我国药品医疗器械科技创新支撑不够，上市产品质量与国际先进水平存在差距。为促进药品医疗器械产业结构调整和技术创新，提高产业竞争力，满足公众临床需要，现就深化审评审批制度改革鼓励药品医疗器械创新提出以下意见。

一、改革临床试验管理

（一）临床试验机构资格认定实行备案管理。具备临床试验条件的机构在食品药品监管部门指定网站登记备案后，可接受药品医疗器械注册申请人委托开展临床试验。临床试验主要研究者应具有高级职称，参加过 3 个以上临床试验。注册申请人可聘请第三方对临床试验机构是否具备条件进行评估认证。鼓励社会力量投资设立临床试验机构。临床试验机构管理规定由食品药品监管总局会同国家卫生计生委制定。

（二）支持临床试验机构和人员开展临床试验。支持医疗机构、医学研究机构、医药高等学校开展临床试验，将临床试验条件和能力评价纳入医疗机构等级评审。对开展临床试验的医疗机构建立单独评价考核体系，仅用于临床试验的病床不计入医疗机构总病床，不规定病床效益、周转率、使用率等考评指标。鼓励医疗机构设立专职临床试验部门，配备职业化的临床试验研究者。完善单位绩效工资分配激励机制，保障临床试验研究者收入水平。鼓励临床医生参与药品医疗器械技术创新活动，对临床试验研究者在职务提升、职称晋升等方面与临床医生一视同仁。允许境外企业和科研机构在我国依法同步开展新药临床试验。

（三）完善伦理委员会机制。临床试验应符合伦理道德标准，保证受试者在自愿参与前被告知足够的试验信息，理解并签署知情同意书，保护受试者的安全、健康和权益。临床试验机构应成立伦理委员会，负责审查本机构临床试验方案，审核和监督临床试验研究者的资质，监督临床试验开展情况并接受监管部门检查。各地可根据需要设立区域伦理委员会，指导临床试验机构伦理审查工作，可接受不具备伦理审查条件的机构或注册申请人委托对临床试验方案进行伦理审查，并监督临床试验开展情况。

卫生计生、中医药管理、食品药品监管等部门要加强对伦理委员会工作的管理指导和业务监督。

（四）提高伦理审查效率。注册申请人提出临床试验申请前，应先将临床试验方案提交临床试验机构伦理委员会审查批准。在我国境内开展多中心临床试验的，经临床试验组长单位伦理审查后，其他成员单位应认可组长单位的审查结论，不再重复审查。国家临床医学研究中心及承担国家科技重大专项和国家重点研发计划支持项目的临床试验机构，应整合资源建立统一的伦理审查平台，逐步推进伦理审查互认。

（五）优化临床试验审批程序。建立完善注册申请人与审评机构的沟通交流机制。受理药物临床试验和需审批的医疗器械临床试验申请前，审评机构应与注册申请人进行会议沟通，提出意见建议。受理临床试验申请后一定期限内，食品药品监管部门未给出否定或质疑意见即视为同意，注册申请人可按照提交的方案开展临床试验。临床试验期间，发生临床试验方案变更、重大药学变更或非临床研究安全性问题的，注册申请人应及时将变更情况报送审评机构；发现存在安全性及其他风险的，应及时修改临床试验方案、暂停或终止临床试验。药品注册申请人可自行或委托检验机构对临床试验样品出具检验报告，连同样品一并报送药品审评机构，并确保临床试验实际使用的样品与提交的样品一致。优化临床试验中涉及国际合作的人类遗传资源活动审批程序，加快临床试验进程。

（六）接受境外临床试验数据。在境外多中心取得的临床试验数据，符合中国药品医疗器械注册相关要求的，可用于在中国申报注册申请。对在中国首次申请上市的药品医疗器械，注册申请人应提供是否存在人种差异的临床试验数据。

（七）支持拓展性临床试验。对正在开展临床试验的用于治疗严重危及生命且尚无有效治疗手段疾病的药品医疗器械，经初步观察可能获益，符合伦理要求的，经知情同意后可在开展临床试验的机构内用于其他患者，其安全性数据可用于注册申请。

（八）严肃查处数据造假行为。临床试验委托协议签署人和临床试验研究者是临床试验数据的第一责任人，须对临床试验数据可靠性承担法律责任。建立基于风险和审评需要的检查模式，加强对非临床研究、临床试验的现场检查和有因检查，检查结果向社会公开。未通过检查的，相关数据不被接受；存在真实性问题的，应及时立案调查，依法追究相关非临床研究机构和临床试验机构责任人、虚假报告提供责任人、注册申请人及合同研究组织责任人的责任；拒绝、逃避、阻碍检查的，依法从重处罚。注册申请人主动发现问题并及时报告的，可酌情减免处罚。

二、加快上市审评审批

（九）加快临床急需药品医疗器械审评审批。对治疗严重危及生命且尚无有效治疗手段疾病以及公共卫生方面等急需的药品医疗器械，临床试验早期、中期指标显示疗效并可预测其临床价值的，可附带条件批准上市，企业应制定风险管控计划，按要求开展研究。鼓励新药和创新医疗器械研发，对国家科技重大专项和国家重点研发计划支持以及由国家临床医学研究中心开展临床试验并经中心管理部门认可的新药和创新医疗器械,给予优先审评审批。

(十)支持罕见病治疗药品医疗器械研发。国家卫生计生委或由其委托有关行业协(学)会公布罕见病目录,建立罕见病患者登记制度。罕见病治疗药品医疗器械注册申请人可提出减免临床试验的申请。对境外已批准上市的罕见病治疗药品医疗器械,可附带条件批准上市,企业应制定风险管控计划,按要求开展研究。

(十一)严格药品注射剂审评审批。严格控制口服制剂改注射制剂,口服制剂能够满足临床需求的,不批准注射制剂上市。严格控制肌肉注射制剂改静脉注射制剂,肌肉注射制剂能够满足临床需求的,不批准静脉注射制剂上市。大容量注射剂、小容量注射剂、注射用无菌粉针之间互改剂型的申请,无明显临床优势的不予批准。

(十二)实行药品与药用原辅料和包装材料关联审批。原料药、药用辅料和包装材料在审批药品注册申请时一并审评审批,不再发放原料药批准文号,经关联审评审批的原料药、药用辅料和包装材料及其质量标准在指定平台公示,供相关企业选择。药品上市许可持有人对生产制剂所选用的原料药、药用辅料和包装材料的质量负责。

(十三)支持中药传承和创新。建立完善符合中药特点的注册管理制度和技术评价体系,处理好保持中药传统优势与现代药品研发要求的关系。中药创新药,应突出疗效新的特点;中药改良型新药,应体现临床应用优势;经典名方类中药,按照简化标准审评审批;天然药物,按照现代医学标准审评审批。提高中药临床研究能力,中药注册申请需提交上市价值和资源评估材料,突出以临床价值为导向,促进资源可持续利用。鼓励运用现代科学技术研究开发传统中成药,鼓励发挥中药传统剂型优势研制中药新药,加强中药质量控制。

(十四)建立专利强制许可药品优先审评审批制度。在公共健康受到重大威胁情况下,对取得实施强制许可的药品注册申请,予以优先审评审批。公共健康受到重大威胁的情形和启动强制许可的程序,由国家卫生计生委会同有关部门规定。

三、促进药品创新和仿制药发展

(十五)建立上市药品目录集。新批准上市或通过仿制药质量和疗效一致性评价的药品,载入中国上市药品目录集,注明创新药、改良型新药及与原研药品质量和疗效一致的仿制药等属性,以及有效成份、剂型、规格、上市许可持有人、取得的专利权、试验数据保护期等信息。

(十六)探索建立药品专利链接制度。为保护专利权人合法权益,降低仿制药专利侵权风险,鼓励仿制药发展,探索建立药品审评审批与药品专利链接制度。药品注册申请人提交注册申请时,应说明涉及的相关专利及其权属状态,并在规定期限内告知相关药品专利权人。专利权存在纠纷的,当事人可以向法院起诉,期间不停止药品技术审评。对通过技术审评的药品,食品药品监管部门根据法院生效判决、裁定或调解书作出是否批准上市的决定;超过一定期限未取得生效判决、裁定或调解书的,食品药品监管部门可批准上市。

（十七）开展药品专利期限补偿制度试点。选择部分新药开展试点，对因临床试验和审评审批延误上市的时间，给予适当专利期限补偿。

（十八）完善和落实药品试验数据保护制度。药品注册申请人在提交注册申请时，可同时提交试验数据保护申请。对创新药、罕见病治疗药品、儿童专用药、创新治疗用生物制品以及挑战专利成功药品注册申请人提交的自行取得且未披露的试验数据和其他数据，给予一定的数据保护期。数据保护期自药品批准上市之日起计算。数据保护期内，不批准其他申请人同品种上市申请，申请人自行取得的数据或获得上市许可的申请人同意的除外。

（十九）促进药品仿制生产。坚持鼓励创新与促进药品仿制生产、降低用药负担并重，定期发布专利权到期、终止、无效且尚无仿制申请的药品清单，引导仿制药研发生产，提高公众用药可及性。完善相关研究和评价技术指导原则，支持生物类似药、具有临床价值的药械组合产品的仿制。加快推进仿制药质量和疗效一致性评价。

（二十）发挥企业的创新主体作用。鼓励药品医疗器械企业增加研发投入，加强新产品研发和已上市产品的继续研究，持续完善生产工艺。允许科研机构和科研人员在承担相关法律责任的前提下申报临床试验。使用国家财政拨款开展新药和创新医疗器械研发及相关技术研究并作为职务科技成果转化的，单位可以规定或与科研人员约定奖励和报酬的方式、数额和时限，调动科研人员参与的积极性，促进科技成果转移转化。

（二十一）支持新药临床应用。完善医疗保险药品目录动态调整机制，探索建立医疗保险药品支付标准谈判机制，及时按规定将新药纳入基本医疗保险支付范围，支持新药研发。各地可根据疾病防治需要，及时将新药纳入公立医院药品集中采购范围。鼓励医疗机构优先采购和使用疗效明确、价格合理的新药。

四、加强药品医疗器械全生命周期管理

（二十二）推动上市许可持有人制度全面实施。及时总结药品上市许可持有人制度试点经验，推动修订药品管理法，力争早日在全国推开。允许医疗器械研发机构和科研人员申请医疗器械上市许可。

（二十三）落实上市许可持有人法律责任。药品上市许可持有人须对药品临床前研究、临床试验、生产制造、销售配送、不良反应报告等承担全部法律责任，确保提交的研究资料和临床试验数据真实、完整、可追溯，确保生产工艺与批准工艺一致且生产过程持续合规，确保销售的各批次药品与申报样品质量一致，确保对上市药品进行持续研究，及时报告发生的不良反应，评估风险情况，并提出改进措施。

医疗器械上市许可持有人须对医疗器械设计开发、临床试验、生产制造、销售配送、不良事件报告等承担全部法律责任，确保提交的研究资料和临床试验数据真实、完整、可追溯，确保对上市医疗器械进行持续研究，及时报告发生的不良事件，评估风险情况，并提出改进措施。

受药品医疗器械上市许可持有人委托进行研发、临床试验、生产制造、销售配送的企业、机构和个人，须承担法律法规规定的责任和协议约定的责任。

（二十四）建立上市许可持有人直接报告不良反应和不良事件制度。上市许可持有人承担不良反应和不良事件报告的主体责任，隐瞒不报或逾期报告的，依法从严惩处。食品药品监管部门应对报告的不良反应和不良事件进行调查分析，视情责令上市许可持有人采取暂停销售、召回、完善质量控制等措施。

（二十五）开展药品注射剂再评价。根据药品科学进步情况，对已上市药品注射剂进行再评价，力争用5至10年左右时间基本完成。上市许可持有人须将批准上市时的研究情况、上市后持续研究情况等进行综合分析，开展产品成份、作用机理和临床疗效研究，评估其安全性、有效性和质量可控性。通过再评价的，享受仿制药质量和疗效一致性评价的相关鼓励政策。

（二十六）完善医疗器械再评价制度。上市许可持有人须根据科学进步情况和不良事件评估结果，主动对已上市医疗器械开展再评价。再评价发现产品不能保证安全、有效的，上市许可持有人应及时申请注销上市许可；隐匿再评价结果、应提出注销申请而未提出的，撤销上市许可并依法查处。

（二十七）规范药品学术推广行为。药品上市许可持有人须将医药代表名单在食品药品监管部门指定的网站备案，向社会公开。医药代表负责药品学术推广，向医务人员介绍药品知识，听取临床使用的意见建议。医药代表的学术推广活动应公开进行，在医疗机构指定部门备案。禁止医药代表承担药品销售任务，禁止向医药代表或相关企业人员提供医生个人开具的药品处方数量。医药代表误导医生使用药品或隐匿药品不良反应的，应严肃查处；以医药代表名义进行药品经营活动的，按非法经营药品查处。

五、提升技术支撑能力

（二十八）完善技术审评制度。建立审评为主导、检查检验为支撑的技术审评体系，完善审评项目管理人制度、审评机构与注册申请人会议沟通制度、专家咨询委员会制度，加强内部管理，规范审评流程。组建以临床医学专业人员为主，药学、药理毒理学、统计学等专业人员组成的药品审评团队，负责新药审评。组建由临床医学、临床诊断、机械、电子、材料、生物医学工程等专业人员组成的医疗器械审评团队，负责创新医疗器械审评。除生产工艺等技术秘密外，审评结论及依据全部公开，接受社会监督。统一第二类医疗器械审评标准，逐步实现国家统一审评。

（二十九）落实相关工作人员保密责任。参与药品医疗器械受理审查、审评审批、检查检验等监管工作的人员，对注册申请人提交的技术秘密和试验数据负有保密义务。违反保密义务的，依法依纪追究责任，处理结果向社会公开；涉嫌犯罪的，移交司法机关追究刑事责任。完善对注册申请材料的管理，确保查阅、复制情况可追溯。

（三十）加强审评检查能力建设。将药品医疗器械审评纳入政府购买服务范围，提供规范高效审评服务。加快药品医疗器械审评审批信息化建设，制定注册申请电子提交技术要求，完善电子通用技术文档系统，逐步实现各类注册申请的电子提交和审评审批。建立上市药品医疗器械品种档案。

（三十一）落实全过程检查责任。药品医疗器械研发过程和药物非临床研究质量管理规范、药物临床试验质量管理规范、医疗器械临床试验质量管理规范执行情况，由国家食品药品监管部门组织检查。药品医疗器械生产过程和生产质量管理规范执行情况，由省级以上食品药品监管部门负责检查。药品医疗器械经营过程和经营质量管理规范执行情况，由市县两级食品药品监管部门负责检查。检查发现问题的，应依法依规查处并及时采取风险控制措施；涉嫌犯罪的，移交司法机关追究刑事责任。推动违法行为处罚到人，检查和处罚结果向社会公开。

（三十二）建设职业化检查员队伍。依托现有资源加快检查员队伍建设，形成以专职检查员为主体、兼职检查员为补充的职业化检查员队伍。实施检查员分级管理制度，强化检查员培训，加强检查装备配备，提升检查能力和水平。

（三十三）加强国际合作。深化多双边药品医疗器械监管政策与技术交流，积极参与国际规则和标准的制定修订，推动逐步实现审评、检查、检验标准和结果国际共享。

六、加强组织实施

（三十四）加强组织领导。各地区各有关部门要充分认识深化审评审批制度改革鼓励药品医疗器械创新的重要意义，高度重视药品医疗器械审评审批改革和创新工作，将其作为建设创新型国家、促进高科技产业发展的重要内容予以支持，加强统筹协调，细化实施方案，健全工作机制，切实抓好任务落实。坚持运用法治思维和法治方式推进改革，不断完善相关法律法规和制度体系，改革措施涉及法律修改或需要取得相应授权的，按程序提请修改法律或由立法机关授权后实施。

（三十五）强化协作配合。充分发挥药品医疗器械审评审批制度改革部际联席会议制度的作用，及时研究解决改革中遇到的矛盾和问题。国家食品药品监管部门要发挥好牵头作用，抓好改革具体实施，协调推进任务落实。各相关部门要依法履职，分工协作，形成改革合力。发展改革部门要支持医药高科技产品的发展，将临床试验机构建设纳入医疗机构建设发展的重要内容。科技部门要加强医药科技发展规划和指导，抓好新药和创新医疗器械研发相关科技计划（专项、基金）的实施。工业和信息化部门要加强医药产业发展规划和指导，强化临床用药生产保障。财政部门要做好药品医疗器械审评审批、检查检验所需经费保障。人力资源社会保障部门要做好医疗保险政策支持新药发展相关工作。卫生计生部门要加强对临床试验机构建设的指导，加强伦理委员会管理和临床试验研究者培训。知识产权部门要做好与专利有关的药品医疗器械知识产权保护工作。中医药管理部门要做好中医药创新工作。

（三十六）做好宣传解释。正面宣传鼓励药品医疗器械创新的重要意义，加强审评审批制度改革重要政策、重大措施解读，及时解答社会各界关注的热点问题，主动回应社会关切，合理引导各方预期，营造改革实施的良好舆论氛围。

国务院关于改革药品医疗器械审评审批制度的意见

（国务院 2015 年 8 月 9 日公布）

———————————————

各省、自治区、直辖市人民政府，国务院各部委、各直属机构：

近年来，我国医药产业快速发展，药品医疗器械质量和标准不断提高，较好地满足了公众用药需要。与此同时，药品医疗器械审评审批中存在的问题也日益突出，注册申请资料质量不高，审评过程中需要多次补充完善，严重影响审评审批效率；仿制药重复建设、重复申请，市场恶性竞争，部分仿制药质量与国际先进水平存在较大差距；临床急需新药的上市审批时间过长，药品研发机构和科研人员不能申请药品注册，影响药品创新的积极性。为此，现就改革药品医疗器械审评审批制度提出以下意见：

一、主要目标

（一）提高审评审批质量。建立更加科学、高效的药品医疗器械审评审批体系，使批准上市药品医疗器械的有效性、安全性、质量可控性达到或接近国际先进水平。

（二）解决注册申请积压。严格控制市场供大于求药品的审批。争取 2016 年底前消化完积压存量，尽快实现注册申请和审评数量年度进出平衡，2018 年实现按规定时限审批。

（三）提高仿制药质量。加快仿制药质量一致性评价，力争 2018 年底前完成国家基本药物口服制剂与参比制剂质量一致性评价。

（四）鼓励研究和创制新药。鼓励以临床价值为导向的药物创新，优化创新药的审评审批程序，对临床急需的创新药加快审评。开展药品上市许可持有人制度试点。

（五）提高审评审批透明度。全面公开药品医疗器械注册的受理、技术审评、产品检验和现场检查条件与相关技术要求，公开受理和审批的相关信息，引导申请人有序研发和申请。

二、主要任务

（六）提高药品审批标准。将药品分为新药和仿制药。将新药由现行的"未曾在中国境内上市销售的药品"调整为"未在中国境内外上市销售的药品"。根据物质基础的原创性和新颖性，将新药分为创新药和改良型新药。将仿制药由现行的"仿已有国家标准的药品"调整为"仿与原研药品质量和疗效一致的药品"。根据上述原则，调整药品注册分类。仿制药审评审批要以原研药品作为参比制剂，确保新批准的仿制药质量和疗效与原研药品一致。对改革前受理的药品注册申请，继续按照原规定进行审评审批，在质量一致性评价工作中逐步解决与原研药品质量和疗效一致性问题；如企业自愿申请按与原研药品质量和疗效一致的新标准审批，可以设立绿色通道，按新的药品注册申请收费标准收费，加快审评审批。上述改革在依照法定程序取得授权后，在化学药品中进行试点。

（七）推进仿制药质量一致性评价。对已经批准上市的仿制药，按与原研药品质量和疗效一致的原则，分期分批进行质量一致性评价。药品生产企业应将其产品按照规定的方法与参比制剂进行质量一致性评价，并向食品药品监管总局报送评价结果。参比制剂由食品药品监管总局征询专家意见后确定，可以选择原研药品，也可以选择国际公认的同种药品。无参比制剂的，由药品生产企业进行临床有效性试验。在规定期限内未通过质量一致性评价的仿制药，不予再注册；通过质量一致性评价的，允许其在说明书和标签上予以标注，并在临床应用、招标采购、医保报销等方面给予支持。在质量一致性评价工作中，需改变已批准工艺的，应按《药品注册管理办法》的相关规定提出补充申请，食品药品监管总局设立绿色通道，加快审评审批。质量一致性评价工作首先在 2007 年修订的《药品注册管理办法》施行前批准上市的仿制药中进行。在国家药典中标注药品标准起草企业的名称，激励企业通过技术进步提高上市药品的标准和质量。提高中成药质量水平，积极推进中药注射剂安全性再评价工作。

（八）加快创新药审评审批。对创新药实行特殊审评审批制度。加快审评审批防治艾滋病、恶性肿瘤、重大传染病、罕见病等疾病的创新药，列入国家科技重大专项和国家重点研发计划的药品，转移到境内生产的创新药和儿童用药，以及使用先进制剂技术、创新治疗手段、具有明显治疗优势的创新药。加快临床急需新药的审评审批，申请注册新药的企业需承诺其产品在我国上市销售的价格不高于原产国或我国周边可比市场价格。

（九）开展药品上市许可持有人制度试点。允许药品研发机构和科研人员申请注册新药，在转让给企业生产时，只进行生产企业现场工艺核查和产品检验，不再重复进行药品技术审评。试点工作在依照法定程序取得授权后开展。

（十）落实申请人主体责任。按照国际通用规则制定注册申请规范，申请人要严格按照规定条件和相关技术要求申请。将现由省级食品药品监管部门受理、食品药品监管总局审评审批的药品注册申请，调整为食品药品监管总局网上集中受理。对于不符合规定条件与相关技术要求的注册申请，由食品药品监管总局一次性告知申请人需要补充的内容。进入技术审评程序后，除新药及首仿药品注册申请外，原则上不再要求申请人补充资料，只作出批准或不予批准的决定。

（十一）及时发布药品供求和注册申请信息。根据国家产业结构调整方向，结合市场供求情况，及时调整国家药品产业政策，严格控制市场供大于求、低水平重复、生产工艺落后的仿制药的生产和审批，鼓励市场短缺药品的研发和生产，提高药品的可及性。食品药品监管总局会同发展改革委、科技部、工业和信息化部、卫生计生委制定并定期公布限制类和鼓励类药品审批目录。食品药品监管总局及时向社会公开药品注册申请信息，引导申请人有序研发和控制低水平申请。

（十二）改进药品临床试验审批。允许境外未上市新药经批准后在境内同步开展临床试验。鼓励国内临床试验机构参与国际多中心临床试验，符合要求的试验数据可在注册申请中使用。对创新药临床试验申请，重点审查临床价值和受试者保护等内容。强化申请人、临床试验机构及伦理委员会保护受试者的责任。

（十三）严肃查处注册申请弄虚作假行为。加强临床试验全过程监管，确保临床试验数据真实可靠。申请人、研究机构在注册申请中，如存在报送虚假研制方法、质量标准、药理及毒理试验数据、临床试验结果等情况，对其药品医疗器械注册申请不予批准，已批准的予以撤销；对直接责任人依法从严处罚，对出具虚假试验结果的研究机构取消相关试验资格，处罚结果向社会公布。

（十四）简化药品审批程序，完善药品再注册制度。实行药品与药用包装材料、药用辅料关联审批，将药用包装材料、药用辅料单独审批改为在审批药品注册申请时一并审评审批。简化来源于古代经典名方的复方制剂的审批。简化药品生产企业之间的药品技术转让程序。将仿制药生物等效性试验由审批改为备案。对批准文号（进口药品注册证/医药产品注册证）有效期内未上市，不能履行持续考察药品质量、疗效和不良反应责任的，不予再注册，批准文号到期后予以注销。

（十五）改革医疗器械审批方式。鼓励医疗器械研发创新，将拥有产品核心技术发明专利、具有重大临床价值的创新医疗器械注册申请，列入特殊审评审批范围，予以优先办理。及时修订医疗器械标准，提高医疗器械国际标准的采标率，提升国产医疗器械产品质量。通过调整产品分类，将部分成熟的、安全可控的医疗器械注册审批职责由食品药品监管总局下放至省级食品药品监管部门。

（十六）健全审评质量控制体系。参照国际通用规则制定良好审评质量管理规范。组建专业化技术审评项目团队，明确主审人和审评员权责，完善集体审评机制，强化责任和时限管理。建立复审专家委员会，对有争议的审评结论进行复审，确保审评结果科学公正。加强技术审评过程中共性疑难问题研究，及时将研究成果转化为指导审评工作的技术标准，提高审评标准化水平，减少审评自由裁量权。

（十七）全面公开药品医疗器械审评审批信息。向社会公布药品医疗器械审批清单及法律依据、审批要求和办理时限。向申请人公开药品医疗器械审批进度和结果。在批准产品上市许可时，同步公布审评、检查、检验等技术性审评报告，接受社会监督。

三、保障措施

（十八）加快法律法规修订。及时总结药品上市许可持有人制度试点、药品注册分类改革试点进展情况，推动加快修订《中华人民共和国药品管理法》。结合行政审批制度改革，抓紧按程序修订《中华人民共和国药品管理法实施条例》和《药品注册管理办法》等。

（十九）调整收费政策。整合归并药品医疗器械注册、审批、登记收费项目。按照收支大体平衡原则，提高药品医疗器械注册收费标准，每五年调整一次。对小微企业申请创新药品医疗器械注册收费给予适当优惠。收费收入纳入财政预算，实行收支两条线管理。审评审批工作所需经费通过财政预算安排。

（二十）加强审评队伍建设。改革事业单位用人制度，面向社会招聘技术审评人才，实行合同管理，其工资和社会保障按照国家有关规定执行。根据审评需要，外聘相关专家参与有关的技术审评，明确其职责和保密责任及利益冲突回避等制度。建立首席专业岗位制度，科学设置体现技术审评、检查等特点的岗位体系，明确职责任务、工作标准和任职条件等，依照人员综合能力和水平实行按岗聘用。推进职业化的药品医疗器械检查员队伍建设。健全绩效考核制度，根据岗位职责和工作业绩，适当拉开收入差距，确保技术审评、检查人员引得进、留得住。将食品药品监管总局列为政府购买服务的试点单位，通过政府购买服务委托符合条件的审评机构、高校和科研机构参与医疗器械和仿制药技术审评、临床试验审评、药物安全性评价等技术性审评工作。

（二十一）加强组织领导。食品药品监管总局要会同中央编办、发展改革委、科技部、工业和信息化部、财政部、人力资源社会保障部、卫生计生委、中医药局、总后勤部卫生部等部门，建立药品医疗器械审评审批制度改革部际联席会议制度，加强对改革工作的协调指导，及时研究解决改革中遇到的矛盾和问题，各地区也要加强对改革的组织领导，重大情况及时报告国务院。

人类遗传资源管理暂行办法

（国务院 1998 年 6 月 10 日公布）

第一章 总 则

第一条 为了有效保护和合理利用我国的人类遗传资源，加强人类基因的研究与开发，促进平等互利的国际合作和交流，制定本办法。

第二条 本办法所称人类遗传资源是指含有人体基因组、基因及其产物的器官、组织、细胞、血液、制备物、重组脱氧核糖核酸（DNA）构建体等遗传材料及相关的信息资料。

第三条 凡从事涉及我国人类遗传资源的采集、收集、研究、开发、买卖、出口、出境等活动，必须遵守本办法。

第四条 国家对重要遗传家系和特定地区遗传资源实行申报登记制度，发现和持有重要遗传家系和特定地区遗传资源的单位或个人，应及时向有关部门报告。未经许可，任何单位和个人不得擅自采集、收集、买卖、出口、出境或以其他形式对外提供。

第五条 人类遗传资源及有关信息、资料，属于国家科学技术秘密的，必须遵守《科学技术保密规定》。

第二章 管理机构

第六条 国家对人类遗传资源实行分级管理，统一审批制度。

第七条 国务院科学技术行政主管部门和卫生行政主管部门共同负责管理全国人类遗传资源，联合成立中国人类遗传资源管理办公室，负责日常工作。

第八条 中国人类遗传资源管理办公室暂设在国务院科学技术行政主管部门。在国务院科学技术和卫生行政主管部门领导下，中国人类遗传资源管理办公室行使以下职责：

（一）起草有关的实施细则和文件，经批准后发布施行，协调和监督本办法的实施；

（二）负责重要遗传家系和特定地区遗传资源的登记和管理；

（三）组织审核涉及人类遗传资源的国际合作项目；

（四）受理人类遗传资源出口、出境的申请，办理出口、出境证明；

（五）与人类遗传资源管理有关的其他工作。

第九条 中国人类遗传资源管理办公室聘请有关专家组成专家组，参与拟定研究规划，协助审核国际合作项目，进行有关的技术评估和提供技术咨询。

第十条 各省、自治区、直辖市科学技术行政主管部门和卫生行政主管部门（以下简称地方主管部门）负责本地区的人类遗传资源管理工作。

国务院有关部门负责本部门的人类遗传资源管理工作。

第三章 申报与审批

第十一条 凡涉及我国人类遗传资源的国际合作项目，须由中方合作单位办理报批手续。中央所属单位按隶属关系报国务院有关部门，地方所属单位及无上级主管部门或隶属关系的单位报该单位所在地的地方主管部门，审查同意后，向中国人类遗传资源管理办公室提出申请，经审核批准后方可正式签约。

国务院有关部门和地方主管部门在审查国际合作项目申请时，应当征询人类遗传资源采集地的地方主管部门的意见。

本办法施行前已进行但尚未完成的国际合作项目须按规定补办报批手续。

第十二条 办理涉及我国人类遗传资源的国际合作项目的报批手续，须填写申请书，并附以下材料：

（一）人类遗传资源材料提供者及其亲属的知情同意证明材料；

（二）合同文本草案；

（三）审批机关要求的其他材料。

第十三条 依本办法第十二条提出的申请，有下列情况之一的，不予批准：

（一）缺乏明确的工作目的和方向；

（二）外方合作单位无较强的研究开发实力和优势；

（三）中方合作单位不具备合作研究的基础和条件；

（四）知识产权归属和分享的安排不合理、不明确；

（五）工作范围过宽，合作期限过长；

（六）无人类遗传资源材料提供者及其亲属的知情同意证明材料；

（七）违反我国有关法律、法规的规定。

第十四条 重要人类遗传资源严格控制出口、出境和对外提供。

已审核批准的国际合作项目中，列出人类遗传资源材料出口、出境计划的，需填写申报表，直接由中国人类遗传资源管理办公室办理出口、出境证明。

因其他特殊情况，确需临时对外提供人类遗传资源材料的，须填写申报表，经地方主管部门或国务院有关部门审查同意后，报中国人类遗传资源管理办公室，经批准后核发出口、出境证明。

第十五条 中国人类遗传资源管理办公室对国际合作项目和人类遗传资源材料的

出口、出境申请每季度审理一次。对于符合本办法要求的，核发批准文件，办理出口、出境证明，并注明《商品名称及编码协调制度》中相对应的编码；不符合本办法要求的，不予批准；对于申请文件不完备的，退回补正，补正后可重新申请。

第十六条　携带、邮寄、运输人类遗传资源出口、出境时，应如实向海关申报，海关凭中国人类遗传资源管理办公室核发的出口、出境证明予以放行。

第四章　知识产权

第十七条　我国境内的人类遗传资源信息，包括重要遗传家系和特定地区遗传资源及其数据、资料、样本等，我国研究开发机构享有专属持有权，未经许可，不得向其他单位转让。获得上述信息的外方合作单位和个人未经许可不得公开、发表、申请专利或以其他形式向他人披露。

第十八条　有关人类遗传资源的国际合作项目应当遵循平等互利、诚实信用、共同参与、共享成果的原则，明确各方应享有的权利和承担的义务，充分、有效地保护知识产权。

第十九条　中外机构就我国人类遗传资源进行合作研究开发，其知识产权按下列原则处理：

（一）合作研究开发成果属于专利保护范围的，应由双方共同申请专利，专利权归双方共有。双方可根据协议共同实施或分别在本国境内实施该项专利，但向第三方转让或者许可第三方实施，必须经过双方同意，所获利益按双方贡献大小分享。

（二）合作研究开发产生的其他科技成果，其使用权、转让权和利益分享办法由双方通过合作协议约定。协议没有约定的，双方都有使用的权利，但向第三方转让须经双方同意，所获利益按双方贡献大小分享。

第五章　奖励与处罚

第二十条　对于发现和报告重要遗传家系和资源信息的单位或个人，给予表彰和奖励；对于揭发违法行为的，给于奖励和保护。

第二十一条　我国单位和个人违反本办法的规定，未经批准，私自携带、邮寄、运输人类遗传资源材料出口、出境的，由海关没收其携带、邮寄、运输的人类遗传资源材料，视情节轻重，给予行政处罚直至移送司法机关处理；未经批准擅自向外方机构或者个人提供人类遗传资源材料的，没收所提供的人类遗传资源材料并处以罚款；情节严重的，给予行政处罚直至追究法律责任。

第二十二条　国（境）外单位和个人违反本办法的规定，未经批准，私自采集、收集、买卖我国人类遗传资源材料的，没收其所持有的人类遗传资源材料并处以罚款；情节严重的，依照我国有关法律追究其法律责任。私自携带、邮寄、运输我国人类遗传资源材料出口、出境的，由海关没收其携带、邮寄、运输的人类遗传资源材料，视情节轻重，给予处罚或移送司法机关处理。

第二十三条 管理部门的工作人员和参与审核的专家负有为申报者保守技术秘密的责任。玩忽职守、徇私舞弊，造成技术秘密泄漏或人类遗传资源流失的，视情节给予行政处罚直至追究法律责任。

第六章 附 则

第二十四条 军队系统可根据本办法的规定，制定本系统的实施细则，报中国人类遗传资源管理办公室备案。武警部队按照本办法的规定执行。

第二十五条 本办法由国务院科学技术行政主管部门、卫生行政主管部门负责解释。

第二十六条 本办法自发布之日起施行。

科学技术部

科技伦理审查办法（试行）

（科学技术部、教育部、工业和信息化部、农业农村部、国家卫生健康委员会、中国科学院、中国社会科学院、中国工程院、中国科学技术协会、中国共产党中央军事委员会科学技术委员会 2023 年 10 月 8 日公布）

第一章　总　　则

第一条　为规范科学研究、技术开发等科技活动的科技伦理审查工作，强化科技伦理风险防控，促进负责任创新，依据《中华人民共和国科学技术进步法》《关于加强科技伦理治理的意见》等法律法规和相关规定，制定本办法。

第二条　开展以下科技活动应依照本办法进行科技伦理审查：

（一）涉及以人为研究参与者的科技活动，包括以人为测试、调查、观察等研究活动的对象，以及利用人类生物样本、个人信息数据等的科技活动；

（二）涉及实验动物的科技活动；

（三）不直接涉及人或实验动物，但可能在生命健康、生态环境、公共秩序、可持续发展等方面带来伦理风险挑战的科技活动；

（四）依据法律、行政法规和国家有关规定需进行科技伦理审查的其他科技活动。

第三条　开展科技活动应坚持促进创新与防范风险相统一，客观评估和审慎对待不确定性和技术应用风险，遵循增进人类福祉、尊重生命权利、坚持公平公正、合理控制风险、保持公开透明的科技伦理原则，遵守我国宪法、法律法规和有关规定以及科技伦理规范。

科技伦理审查应坚持科学、独立、公正、透明原则，公开审查制度和审查程序，客观审慎评估科技活动伦理风险，依规开展审查，并自觉接受有关方面的监督。涉及国家安全、国家秘密、商业秘密和敏感事项的，依法依规做好相关工作。

第二章　审查主体

第四条　高等学校、科研机构、医疗卫生机构、企业等是本单位科技伦理审查管理的责任主体。从事生命科学、医学、人工智能等科技活动的单位，研究内容涉及科技伦理敏感领域的，应设立科技伦理（审查）委员会。其他有科技伦理审查需求的单位可根据实际情况设立科技伦理（审查）委员会。

单位应为科技伦理（审查）委员会履职配备必要的工作人员、提供办公场所和经费等条件，并采取有效措施保障科技伦理（审查）委员会独立开展伦理审查工作。

探索建立专业性、区域性科技伦理审查中心。

第五条 科技伦理（审查）委员会的主要职责包括：

（一）制定完善科技伦理（审查）委员会的管理制度和工作规范；

（二）提供科技伦理咨询，指导科技人员对科技活动开展科技伦理风险评估；

（三）开展科技伦理审查，按要求跟踪监督相关科技活动全过程；

（四）对拟开展的科技活动是否属于本办法第二十五条确定的清单范围作出判断；

（五）组织开展对委员的科技伦理审查业务培训和科技人员的科技伦理知识培训；

（六）受理并协助调查相关科技活动中涉及科技伦理问题的投诉举报；

（七）按照本办法第四十三、四十四、四十五条要求进行登记、报告，配合地方、相关行业主管部门开展涉及科技伦理审查的相关工作。

第六条 科技伦理（审查）委员会应制定章程，建立健全审查、监督、保密管理、档案管理等制度规范、工作规程和利益冲突管理机制，保障科技伦理审查合规、透明、可追溯。

第七条 科技伦理（审查）委员会人数应不少于 7 人，设主任委员 1 人，副主任委员若干。委员会由具备相关科学技术背景的同行专家，伦理、法律等相应专业背景的专家组成，并应当有不同性别和非本单位的委员，民族自治地方应有熟悉当地情况的委员。委员任期不超过 5 年，可以连任。

第八条 科技伦理（审查）委员会委员应具备相应的科技伦理审查能力和水平，科研诚信状况良好，并遵守以下要求：

（一）遵守我国宪法、法律、法规和科技伦理有关制度规范及所在科技伦理（审查）委员会的章程制度；

（二）按时参加科技伦理审查会议，独立公正发表审查意见；

（三）严格遵守保密规定，对科技伦理审查工作中接触、知悉的国家秘密、个人隐私、个人信息、技术秘密、未公开信息等，未经允许不得泄露或用于其他目的；

（四）遵守利益冲突管理要求，并按规定回避；

（五）定期参加科技伦理审查业务培训；

（六）完成委员会安排的其他工作。

第三章　审查程序

第一节　申请与受理

第九条 开展科技活动应进行科技伦理风险评估。科技伦理（审查）委员会按照本办法要求制定本单位科技伦理风险评估办法，指导科技人员开展科技伦理风险评估。

经评估属于本办法第二条所列范围科技活动的，科技活动负责人应向科技伦理（审查）委员会申请科技伦理审查。申请材料主要包括：

（一）科技活动概况，包括科技活动的名称、目的、意义、必要性以及既往科技伦理审查情况等；

（二）科技活动实施方案及相关材料，包括科技活动方案，可能的科技伦理风险及防控措施和应急处理预案，科技活动成果发布形式等；

（三）科技活动所涉及的相关机构的合法资质材料，参加人员的相关研究经验及参加科技伦理培训情况，科技活动经费来源，科技活动利益冲突声明等；

（四）知情同意书，生物样本、数据信息、实验动物等的来源说明材料等；

（五）遵守科技伦理和科研诚信等要求的承诺书；

（六）科技伦理（审查）委员会认为需要提交的其他材料。

第十条 科技伦理（审查）委员会应根据科技伦理审查申请材料决定是否受理申请并通知申请人。决定受理的应明确适用的审查程序，材料不齐全的应一次性完整告知需补充的材料。

第十一条 科技伦理审查原则上采取会议审查方式，本办法另有规定的除外。

第十二条 国际合作科技活动属于本办法第二条所列范围的，应通过合作各方所在国家规定的科技伦理审查后方可开展。

第十三条 单位科技伦理（审查）委员会无法胜任审查工作要求或者单位未设立科技伦理（审查）委员会以及无单位人员开展科技活动的，应书面委托其他满足要求的科技伦理（审查）委员会开展伦理审查。

第二节　一般程序

第十四条 科技伦理审查会议由主任委员或其指定的副主任委员主持，到会委员应不少于5人，且应包括第七条所列的不同类别的委员。

根据审查需要，会议可要求申请人到会阐述方案或者就特定问题进行说明，可邀请相关领域不存在直接利益关系的顾问专家等提供咨询意见。顾问专家不参与会议表决。

会议采用视频方式的，应符合科技伦理（审查）委员会对视频会议适用条件、会议规则等的有关制度要求。

第十五条 科技伦理（审查）委员会应按照以下重点内容和标准开展审查：

（一）拟开展的科技活动应符合本办法第三条规定的科技伦理原则，参与科技活动的科技人员资质、研究基础及设施条件等符合相关要求。

（二）拟开展的科技活动具有科学价值和社会价值，其研究目标的实现对增进人类福祉、实现社会可持续发展等具有积极作用。科技活动的风险受益合理，伦理风险控制方案及应急预案科学恰当、具有可操作性。

（三）涉及以人为研究参与者的科技活动，所制定的招募方案公平合理，生物样本的收集、储存、使用及处置合法合规，个人隐私数据、生物特征信息等信息处理符合个人信息保护的有关规定，对研究参与者的补偿、损伤治疗或赔偿等合法权益的保障方案合理，对脆弱人群给予特殊保护；所提供的知情同意书内容完整、风险告知客观充分、表述清晰易懂，获取个人知情同意的方式和过程合规恰当。

（四）涉及实验动物的科技活动，使用实验动物符合替代、减少、优化原则，实验动物的来源合法合理，饲养、使用、处置等技术操作要求符合动物福利标准，对从业人员和公共环境安全等的保障措施得当。

（五）涉及数据和算法的科技活动，数据的收集、存储、加工、使用等处理活动以及研究开发数据新技术等符合国家数据安全和个人信息保护等有关规定，数据安全风险监测及应急处理方案得当；算法、模型和系统的设计、实现、应用等遵守公平、公正、透明、可靠、可控等原则，符合国家有关要求，伦理风险评估审核和应急处置方案合理，用户权益保护措施全面得当。

（六）所制定的利益冲突申明和管理方案合理。

（七）科技伦理（审查）委员会认为需要审查的其他内容。

第十六条 科技伦理（审查）委员会对审查的科技活动，可作出批准、修改后批准、修改后再审或不予批准等决定。修改后批准或修改后再审的，应提出修改建议，明确修改要求；不予批准的，应说明理由。

科技伦理（审查）委员会作出的审查决定，应经到会委员的三分之二以上同意。

第十七条 科技伦理（审查）委员会一般应在申请受理后的 30 日内作出审查决定，特殊情况可适当延长并明确延长时限。审查决定应及时送达申请人。

第十八条 申请人对审查决定有异议的，可向作出决定的科技伦理（审查）委员会提出书面申诉，说明理由并提供相关支撑材料。申诉理由充分的，科技伦理（审查）委员会应按照本办法规定重新作出审查决定。

第十九条 科技伦理（审查）委员会应对审查批准的科技活动开展伦理跟踪审查，必要时可作出暂停或终止科技活动等决定。跟踪审查间隔一般不超过 12 个月。

跟踪审查的主要内容包括：

（一）科技活动实施方案执行情况及调整情况；

（二）科技伦理风险防控措施执行情况；

（三）科技伦理风险的潜在变化及可能影响研究参与者权益和安全等情况；

（四）其他需要跟踪审查的内容。

根据跟踪审查需要，科技伦理（审查）委员会可以要求科技活动负责人提交相关材料。

第二十条 因科技活动实施方案调整、外部环境变化等可能导致科技伦理风险发生变化的，科技活动负责人应及时向科技伦理（审查）委员会报告。科技伦理（审查）委员会应对风险受益情况进行评估，提出继续实施、暂停实施等意见，必要时，重新开展伦理审查。

第二十一条 多个单位合作开展科技活动的，牵头单位可根据实际情况建立科技伦理审查协作与结果互认机制，加强科技伦理审查的协调管理。

第三节 简易程序

第二十二条 有下列情形之一的可以适用简易程序审查：

（一）科技活动伦理风险发生的可能性和程度不高于最低风险；

（二）对已批准科技活动方案作较小修改且不影响风险受益比；

（三）前期无重大调整的科技活动的跟踪审查。

科技伦理（审查）委员会应制定适用简易程序审查的工作规程。

第二十三条 简易程序审查由科技伦理（审查）委员会主任委员指定两名或两名以上的委员承担。审查过程中，可要求申请人就相关问题进行说明。审查决定应载明采取简易程序审查的理由和依据。

采取简易程序审查的，科技伦理（审查）委员会可根据情况调整跟踪审查频度。

第二十四条 简易程序审查过程中出现下列情形之一的，应按规定调整为会议审查，适用一般程序：

（一）审查结果为否定性意见的；

（二）对审查内容有疑义的；

（三）委员之间意见不一致的；

（四）委员提出需要调整为会议审查的。

第四节 专家复核程序

第二十五条 建立需要开展专家复核的科技活动清单制度，对可能产生较大伦理风险挑战的新兴科技活动实施清单管理。清单根据工作需要动态调整，由科技部公开发布。

第二十六条 开展纳入清单管理的科技活动的，通过科技伦理（审查）委员会的初步审查后，由本单位报请所在地方或相关行业主管部门组织开展专家复核。多个单位参与的，由牵头单位汇总并向所在地方或相关行业主管部门申请专家复核。

第二十七条 申请专家复核的，科技活动承担单位应组织科技伦理（审查）委员会和科技人员按要求提交以下材料：

（一）本办法第九条所列材料；

（二）科技伦理（审查）委员会初步审查意见；

（三）复核组织单位要求提交的其他相关材料。

第二十八条 地方或相关行业主管部门组织成立复核专家组，由科技活动相关领域具有较高学术水平的同行专家以及伦理学、法学等方面的专家组成，不少于5人。科技伦理（审查）委员会委员不得参与本委员会审查科技活动的复核工作。

复核专家应主动申明是否与复核事项存在直接利益关系，严格遵守保密规定和回避要求。

第二十九条 复核专家组应按照以下重点内容和标准开展复核：

（一）初步审查意见的合规性。初步审查意见应当符合我国法律、行政法规、国家有关规定和科技伦理要求。

（二）初步审查意见的合理性。初步审查意见应当结合技术发展需求和我国科技发展实际，对科技活动的潜在伦理风险和防控措施进行全面充分、恰当合理的评估。

（三）复核专家组认为需要复核的其他内容。

第三十条 复核专家组采取适当方式开展复核，必要时可要求相关科技伦理（审查）委员会、科技人员解释说明有关情况。

复核专家组应当作出同意或不同意的复核意见，复核意见应经全体复核专家的三分之二以上同意。

第三十一条 地方或相关行业主管部门一般应在收到复核申请后 30 日内向申请单位反馈复核意见。

第三十二条 单位科技伦理（审查）委员会应根据专家复核意见作出科技伦理审查决定。

第三十三条 单位科技伦理（审查）委员会应加强对本单位开展的纳入清单管理的科技活动的跟踪审查和动态管理，跟踪审查间隔一般不超过 6 个月。

科技伦理风险发生重大变化的，应按照本办法第二十条规定重新开展伦理审查并申请专家复核。

第三十四条 国家对纳入清单管理的科技活动实行行政审批等监管措施且将符合伦理要求作为审批条件、监管内容的，可不再开展专家复核。审批、监管部门和科技活动承担单位应严格落实伦理监管责任，防控伦理风险。

第五节　应急程序

第三十五条 科技伦理（审查）委员会应制定科技伦理应急审查制度，明确突发公共事件等紧急状态下的应急审查流程和标准操作规程，组织开展应急伦理审查培训。

第三十六条 科技伦理（审查）委员会根据科技活动紧急程度等实行分级管理，可设立科技伦理审查快速通道，及时开展应急审查。应急审查一般在 72 小时内完成。对于适用专家复核程序的科技活动，专家复核时间一并计入应急审查时间。

第三十七条 应急审查应有相关专业领域的委员参会。无相关专业领域委员的，应邀请相关领域顾问专家参会，提供咨询意见。

第三十八条 科技伦理（审查）委员会应加强对应急审查的科技活动的跟踪审查和过程监督，及时向科技人员提供科技伦理指导意见和咨询建议。

第三十九条 任何单位和个人不得以紧急情况为由，回避科技伦理审查或降低科技伦理审查标准。

第四章　监督管理

第四十条 科技部负责统筹指导全国科技伦理监管工作，有关科技伦理审查监管的重要事项应听取国家科技伦理委员会的专业性、学术性咨询意见。地方、相关行业主管部门按照职责权限和隶属关系负责本地方、本系统科技伦理审查的监督管理工作，建立对纳入清单管理科技活动的专家复核机制，加强对本地方、本系统发生的重大突发公共事件应急伦理审查的协调、指导和监督。

第四十一条 高等学校、科研机构、医疗卫生机构、企业等应履行科技伦理管理主体责任，健全本单位科技伦理监管机制和审查质量控制、监督评价机制，经常性开展单位工作人员科技伦理教育培训，加强对纳入清单管理的科技活动的动态跟踪和伦理风险防控。

国家推动建立科技伦理（审查）委员会认证机制，鼓励相关单位开展科技伦理审查认证。

第四十二条 科技部负责建设国家科技伦理管理信息登记平台，为地方、相关行业主管部门加强科技伦理监管提供相应支撑。

第四十三条 单位应在设立科技伦理（审查）委员会后30日内，通过国家科技伦理管理信息登记平台进行登记。登记内容包括科技伦理（审查）委员会组成、章程、工作制度等，相关内容发生变化时应及时更新。

第四十四条 单位应在纳入清单管理的科技活动获得伦理审查批准后30日内，通过国家科技伦理管理信息登记平台进行登记。登记内容包括科技活动实施方案、伦理审查与复核情况等，相关内容发生变化时应及时更新。

第四十五条 单位应于每年3月31日前，向国家科技伦理管理信息登记平台提交上一年度科技伦理（审查）委员会工作报告、纳入清单管理的科技活动实施情况报告等。

第四十六条 对科技活动中违反科技伦理规范、违背科技伦理要求的行为，任何单位或个人有权依法向科技活动承担单位或地方、相关行业主管部门投诉举报。

第四十七条 科技活动承担单位、科技人员违反本办法规定，有下列情形之一的，由有管辖权的机构依据法律、行政法规和相关规定给予处罚或者处理；造成财产损失或者其他损害的，依法承担民事责任；构成犯罪的，依法追究刑事责任。

（一）以弄虚作假方式获得科技伦理审查批准，或者伪造、篡改科技伦理审查批准文件的；

（二）未按照规定通过科技伦理审查和专家复核擅自开展纳入清单管理的科技活动的；

（三）未按照规定获得科技伦理审查批准擅自开展科技活动的；

（四）超出科技伦理审查批准范围开展科技活动的；

（五）干扰、阻碍科技伦理审查工作的；

（六）其他违反本办法规定的行为。

第四十八条 科技伦理（审查）委员会、委员违反本办法规定，有下列情形之一的，由有管辖权的机构依据法律、行政法规和相关规定给予处罚或者处理；造成财产损失或者其他损害的，依法承担民事责任；构成犯罪的，依法追究刑事责任。

（一）弄虚作假，为科技活动承担单位获得科技伦理审查批准提供便利的；

（二）徇私舞弊、滥用职权或者玩忽职守的；

（三）其他违反本办法规定的行为。

第四十九条 高等学校、科研机构、医疗卫生机构、企业等是科技伦理违规行为单位内部调查处理的第一责任主体，应及时主动调查科技伦理违规行为，依法依规追责问责。

单位或其负责人涉嫌科技伦理违规行为的，由其上级主管部门调查处理，没有上级主管部门的，由其所在地的省级科技行政管理部门负责组织调查处理。

第五十条 地方、相关行业主管部门按照职责权限和隶属关系，加强对本地方、本系统科技伦理违规行为调查处理的指导和监督，组织开展对重大科技伦理案件的调查处理。

第五十一条 科技伦理违规行为涉及财政性资金设立的科技计划项目的，由项目管理部门（单位）按照项目管理有关规定组织调查处理。项目承担（参与）单位应按照项目管理部门（单位）要求，主动开展并积极配合调查，依据职责权限对违规行为责任人作出处理。

第五章 附 则

第五十二条 本办法所称科技伦理风险是指从伦理视角识别的科学研究、技术开发等科技活动中的风险。最低风险是指日常生活中遇到的常规风险或与健康体检相当的风险。

本办法所称"以上""不少于"均包括本数。本办法涉及期限的规定，未标注为工作日的，为自然日。

本办法所称"地方"是指省级地方人民政府确定的负责相关领域科技伦理审查和管理工作的省级管理部门，"相关行业主管部门"是指国务院相关行业主管部门。

第五十三条 地方、相关行业主管部门可按照本办法规定，结合实际情况制定或修订本地方、本系统的科技伦理审查办法、细则等制度规范。科技类社会团体可制定本领域的科技伦理审查具体规范和指南。

第五十四条 相关行业主管部门对本领域科技伦理（审查）委员会设立或科技伦理审查有特殊规定且符合本办法精神的，从其规定。

本办法未作规定的，按照其他现有相关规定执行。

第五十五条 本办法由科技部负责解释。

第五十六条 本办法自 2023 年 12 月 1 日起施行。

附件：需要开展伦理审查复核的科技活动清单

附件

需要开展伦理审查复核的科技活动清单

1. 对人类生命健康、价值理念、生态环境等具有重大影响的新物种合成研究。

2. 将人干细胞导入动物胚胎或胎儿并进一步在动物子宫中孕育成个体的相关研究。

3. 改变人类生殖细胞、受精卵和着床前胚胎细胞核遗传物质或遗传规律的基础研究。

4. 侵入式脑机接口用于神经、精神类疾病治疗的临床研究。

5. 对人类主观行为、心理情绪和生命健康等具有较强影响的人机融合系统的研发。

6. 具有舆论社会动员能力和社会意识引导能力的算法模型、应用程序及系统的研发。

7. 面向存在安全、人身健康风险等场景的具有高度自主能力的自动化决策系统的研发。

本清单将根据工作需要动态调整。

人类遗传资源管理条例实施细则

（科学技术部 2023 年 5 月 26 日公布）

第一章　总　　则

第一条　为有效保护和合理利用我国人类遗传资源，维护公众健康、国家安全和社会公共利益，根据《中华人民共和国生物安全法》《中华人民共和国人类遗传资源管理条例》（以下称《条例》）等有关法律、行政法规，制定本实施细则。

第二条　采集、保藏、利用、对外提供我国人类遗传资源，应当遵守本实施细则。

《条例》第二条所称人类遗传资源信息包括利用人类遗传资源材料产生的人类基因、基因组数据等信息资料。

前款所称人类遗传资源信息不包括临床数据、影像数据、蛋白质数据和代谢数据。

第三条　科学技术部（以下称科技部）负责全国人类遗传资源调查、行政许可、监督检查、行政处罚等管理工作。

科技部根据需要依法委托相关组织，开展人类遗传资源行政许可申请材料的形式审查、技术评审，以及人类遗传资源备案、事先报告、监督检查、行政处罚等工作。

第四条　省、自治区、直辖市科学技术厅（委、局）、新疆生产建设兵团科学技术局（以下称省级科技行政部门）负责本区域下列人类遗传资源管理工作：

（一）人类遗传资源监督检查与日常管理；

（二）职权范围内的人类遗传资源违法案件调查处理；

（三）根据科技部委托，开展本区域人类遗传资源调查、人类遗传资源行政许可、人类遗传资源违法案件调查处理等工作。

第五条　科技部和省级科技行政部门应当加强人类遗传资源监管力量，配备行政执法人员，依职权对人类遗传资源活动开展监督检查等工作，依法履行人类遗传资源监督管理职责。

第六条　科技部聘请生命科学与技术、医药、卫生、伦理、法律、信息安全等方面的专家组成人类遗传资源管理专家咨询委员会，为全国人类遗传资源管理工作提供决策咨询和技术支撑。

第七条　科技部支持合理利用人类遗传资源开展科学研究、发展生物医药产业、提高诊疗技术，加强人类遗传资源管理与监督，优化审批服务，提高审批效率，推进审批规范化和信息公开，提升管理和服务水平。

第二章　总体要求

第八条　采集、保藏、利用、对外提供我国人类遗传资源，应当符合伦理原则，通过已在有关管理部门备案的伦理（审查）委员会的伦理审查。开展伦理审查应当遵守法律、行政法规和国家有关规定。

第九条　采集、保藏、利用、对外提供我国人类遗传资源，应当尊重和保障人类遗传资源提供者的隐私权和个人信息等权益，按规定获取书面知情同意，确保人类遗传资源提供者的合法权益不受侵害。

第十条　采集、保藏、利用、对外提供我国人类遗传资源，应当遵守科技活动的相关要求及技术规范，包括但不限于标准、规范、规程等。

第十一条　在我国境内采集、保藏我国人类遗传资源或者向境外提供我国人类遗传资源，必须由我国科研机构、高等学校、医疗机构或者企业（以下称中方单位）开展。设在港澳的内资实控机构视为中方单位。

境外组织及境外组织、个人设立或者实际控制的机构（以下称外方单位）以及境外个人不得在我国境内采集、保藏我国人类遗传资源，不得向境外提供我国人类遗传资源。

第十二条　本实施细则第十一条所称境外组织、个人设立或者实际控制的机构，包括下列情形：

（一）境外组织、个人持有或者间接持有机构百分之五十以上的股份、股权、表决权、财产份额或者其他类似权益；

（二）境外组织、个人持有或者间接持有机构的股份、股权、表决权、财产份额或者其他类似权益不足百分之五十，但其所享有的表决权或者其他权益足以对机构的决策、管理等行为进行支配或者施加重大影响；

（三）境外组织、个人通过投资关系、协议或者其他安排，足以对机构的决策、管理等行为进行支配或者施加重大影响；

（四）法律、行政法规、规章规定的其他情形。

第十三条　采集、保藏、利用、对外提供我国人类遗传资源的单位应当加强管理制度建设，对涉及人类遗传资源开展科学研究的目的和研究方案等事项进行审查，确保人类遗传资源合法使用。

第十四条　利用我国人类遗传资源开展国际科学研究合作，应当保证中方单位及其研究人员全过程、实质性地参与研究，依法分享相关权益。国际科学研究合作过程中，利用我国人类遗传资源产生的所有记录以及数据信息等应当完全向中方单位开放，并向中方单位提供备份。

第十五条　科技部加强人类遗传资源管理信息化建设，建立公开统一的人类遗传资源行政许可、备案与安全审查工作信息系统平台，为申请人通过互联网办理行政许可、备案等事项提供便利，推进实时动态管理，实现人类遗传资源管理信息可追溯、可查询。

第十六条　科技部会同国务院有关部门及省级科技行政部门推动我国科研机构、高等学校、医疗机构和企业依法依规开展人类遗传资源保藏工作，推进标准化、规范化的人类遗传资源保藏基础平台和大数据建设，并依照国家有关规定向有关科研机构、高等学校、医疗机构和企业开放。

第十七条　针对公共卫生事件等突发事件，科技部建立快速审批机制，对突发事件应急处置中涉及的人类遗传资源行政许可申请，应当加快办理。

对实施快速审批的人类遗传资源行政许可申请，科技部按照统一指挥、高效快速、科学审批的原则，加快组织开展行政许可申请的受理、评审、审查等工作。快速审批的情形、程序、时限、要求等事项由科技部另行规定。

第十八条　科技部制定并及时发布采集、保藏、利用、对外提供我国人类遗传资源行政许可、备案等服务指南和示范文本，为申请人办理人类遗传资源行政许可、备案等事项提供便捷和专业的指导和服务。

第十九条　科技部定期对从事人类遗传资源采集、保藏、利用、对外提供等活动的科研人员和相关部门管理人员进行培训，增强法律意识和责任意识，提升管理服务能力。

第二十条　科技部和省级科技行政部门应当建立并不断完善廉政风险防控措施，健全监督制约机制，加强对本机关人类遗传资源管理重要环节和关键岗位的监督。

第三章　调查与登记

第二十一条　科技部负责组织开展全国人类遗传资源调查工作。省级科技行政部门受科技部委托，负责开展本区域人类遗传资源调查工作。

第二十二条　全国人类遗传资源调查每五年开展一次，必要时可以根据实际需要开展。

第二十三条　科技部组织相关领域专家制定全国人类遗传资源调查工作方案。省级科技行政部门完成本区域人类遗传资源调查工作后，应当将取得的调查数据、信息及时汇总并报送科技部。

第二十四条　科技部在全国人类遗传资源调查等工作基础上，组织开展重要遗传家系和特定地区人类遗传资源研究，逐步建立我国重要遗传家系和特定地区人类遗传资源清单目录，并适时修订完善。

第二十五条　科技部负责重要遗传家系和特定地区人类遗传资源登记工作，制定申报登记管理办法，建立申报登记管理信息服务平台。

第二十六条　我国科研机构、高等学校、医疗机构、企业发现重要遗传家系和特定地区人类遗传资源，应当及时通过申报登记管理信息服务平台进行申报。

第四章　行政许可与备案

第一节　采集、保藏行政许可

第二十七条　人类遗传资源采集行政许可适用于拟在我国境内开展的下列活动：

（一）重要遗传家系人类遗传资源采集活动。重要遗传家系是指患有遗传性疾病、具有遗传性特殊体质或者生理特征的有血缘关系的群体，且该群体中患有遗传性疾病、具有遗传性特殊体质或者生理特征的成员涉及三代或者三代以上，高血压、糖尿病、红绿色盲、血友病等常见疾病不在此列。首次发现的重要遗传家系应当按照本实施细则第二十六条规定及时进行申报。

（二）特定地区人类遗传资源采集活动。特定地区人类遗传资源是指在隔离或者特殊环境下长期生活，并具有特殊体质特征或者在生理特征方面有适应性性状发生的人类遗传资源。特定地区不以是否为少数民族聚居区为划分依据。

（三）用于大规模人群研究且人数大于 3000 例的人类遗传资源采集活动。大规模人群研究包括但不限于队列研究、横断面研究、临床研究、体质学研究等。为取得相关药品和医疗器械在我国上市许可的临床试验涉及的人类遗传资源采集活动不在此列，无需申请人类遗传资源采集行政许可。

第二十八条　人类遗传资源保藏行政许可适用于在我国境内开展人类遗传资源保藏、为科学研究提供基础平台的活动。

人类遗传资源保藏活动是指将有合法来源的人类遗传资源保存在适宜环境条件下，保证其质量和安全，用于未来科学研究的行为，不包括以教学为目的、在实验室检测后按照法律法规要求或者临床研究方案约定的临时存储行为。

第二十九条　应当申请行政许可的人类遗传资源保藏活动同时涉及人类遗传资源采集的，申请人仅需要申请人类遗传资源保藏行政许可，无需另行申请人类遗传资源采集行政许可。

第三十条　人类遗传资源保藏单位应当依据《条例》第十五条规定，于每年 1 月 31 日前向科技部提交上一年度本单位保藏人类遗传资源情况年度报告。年度报告应当载明下列内容：

（一）保藏的人类遗传资源情况；

（二）人类遗传资源来源信息和使用信息；

（三）人类遗传资源保藏相关管理制度的执行情况；

（四）本单位用于保藏人类遗传资源的场所、设施、设备的维护和变动情况；

（五）本单位负责保藏工作的主要管理人员变动情况。

人类遗传资源保藏单位应当加强管理，确保保藏的人类遗传资源来源合法。科技部组织各省级科技行政部门每年对本区域人类遗传资源保藏单位的保藏活动进行抽查。

第二节　国际合作行政许可与备案

第三十一条　申请人类遗传资源国际科学研究合作行政许可，应当通过合作双方各自所在国（地区）的伦理审查。外方单位确无法提供所在国（地区）伦理审查证明材料的，可以提交外方单位认可中方单位伦理审查意见的证明材料。

第三十二条　为取得相关药品和医疗器械在我国上市许可，在临床医疗卫生机构利用我国人类遗传资源开展国际合作临床试验、不涉及人类遗传资源材料出境的，不需要批准，但应当符合下列情况之一，并在开展临床试验前将拟使用的人类遗传资源种类、数量及其用途向科技部备案：

（一）涉及的人类遗传资源采集、检测、分析和剩余人类遗传资源材料处理等在临床医疗卫生机构内进行；

（二）涉及的人类遗传资源在临床医疗卫生机构内采集，并由相关药品和医疗器械上市许可临床试验方案指定的境内单位进行检测、分析和剩余样本处理。

前款所称临床医疗卫生机构是指在我国相关部门备案，依法开展临床试验的医疗机构、疾病预防控制机构等。

为取得相关药品和医疗器械在我国上市许可的临床试验涉及的探索性研究部分，应当申请人类遗传资源国际科学研究合作行政许可。

第三十三条　国际科学研究合作行政许可、国际合作临床试验备案应当由中方单位和外方单位共同申请。合作各方应当对申请材料信息的真实性、准确性、完整性作出承诺。

拟开展的人类遗传资源国际科学研究合作、国际合作临床试验涉及多中心临床研究的，不得拆分后申请行政许可或者备案。

第三十四条　开展多中心临床研究的，组长单位通过伦理审查后即可由申办方或者组长单位申请行政许可或者备案。

申办方或者组长单位取得行政许可或者完成备案后，参与临床研究的医疗卫生机构将本单位伦理审查批件或者认可组长单位所提供伦理审查批件的证明材料以及本单位出具的承诺书提交科技部，即可开展国际合作临床研究。

第三十五条　取得国际科学研究合作行政许可或者完成国际合作临床试验备案的合作双方，应当在行政许可或者备案有效期限届满后六个月内，共同向科技部提交合作研究情况报告。合作研究情况报告应当载明下列内容：

（一）研究目的、内容等事项变化情况；

（二）研究方案执行情况；

（三）研究内容完成情况；

（四）我国人类遗传资源使用、处置情况；

（五）研究过程中的所有记录以及数据信息的记录、储存、使用等情况；

（六）中方单位及其研究人员全过程、实质性参与研究情况以及外方单位参与研究情况；

（七）研究成果产出、归属与权益分配情况；

（八）研究涉及的伦理审查情况。

第三节　对外提供、开放使用事先报告

第三十六条　将人类遗传资源信息向境外组织、个人及其设立或者实际控制的机构提供或者开放使用的，中方信息所有者应当向科技部事先报告并提交信息备份。向科技部事先报告应当报送下列事项信息：

（一）向境外组织、个人及其设立或者实际控制的机构提供或者开放使用我国人类遗传资源信息的目的、用途；

（二）向境外组织、个人及其设立或者实际控制的机构提供或者开放使用我国人类遗传资源信息及信息备份情况；

（三）接收人类遗传资源信息的境外组织、个人及其设立或者实际控制的机构的基本情况；

（四）向境外组织、个人及其设立或者实际控制的机构提供或者开放使用对我国人类遗传资源保护的潜在风险评估情况。

已取得行政许可的国际科学研究合作或者已完成备案的国际合作临床试验实施过程中，中方单位向外方单位提供合作产生的人类遗传资源信息的，如国际合作协议中已约定由合作双方使用，不需要单独事先报告和提交信息备份。

第三十七条　将人类遗传资源信息向境外组织、个人及其设立或者实际控制的机构提供或者开放使用，可能影响我国公众健康、国家安全和社会公共利益的，应当通过科技部组织的安全审查。

应当进行安全审查的情形包括：

（一）重要遗传家系的人类遗传资源信息；

（二）特定地区的人类遗传资源信息；

（三）人数大于 500 例的外显子组测序、基因组测序信息资源；

（四）可能影响我国公众健康、国家安全和社会公共利益的其他情形。

第三十八条　科技部会同相关部门制定安全审查规则，组织相关领域专家进行安全评估，并根据安全评估意见作出审查决定。

人类遗传资源出口过程中如相关物项涉及出口管制范围，须遵守国家出口管制法律法规。

第四节　行政许可、备案与事先报告流程

第三十九条　申请人的申请材料齐全、形式符合规定的，科技部应当受理并出具加盖专用印章和注明日期的纸质或者电子凭证。

申请材料不齐全或者不符合法定形式的，科技部应当在收到正式申请材料之日起

五个工作日内一次性告知申请人需要补正的全部内容。

第四十条 科技部根据技术评审和安全审查工作需要，组建专家库并建立专家管理制度。

科技部按照随机抽取方式从专家库中选取评审专家，对人类遗传资源行政许可申请事项进行技术评审，对应当进行安全审查的人类遗传资源信息对外提供或者开放使用事项进行安全评估。技术评审意见、安全评估意见作为作出行政许可决定或者安全审查决定的参考依据。

专家参与技术评审和安全审查一般采用网络方式，必要时可以采用会议、现场勘查等方式。

第四十一条 科技部应当自受理之日起二十个工作日内，对人类遗传资源行政许可申请作出行政许可决定。二十个工作日内不能作出行政许可决定的，经科技部负责人批准，可以延长十个工作日，并将延长期限的理由告知申请人。

第四十二条 科技部作出行政许可决定，依法需要听证、检验、检测、检疫、鉴定、技术评审的，所需时间不计算在本实施细则第四十一条规定的期限内，但应当将所需时间书面告知申请人。

第四十三条 科技部作出行政许可决定后，应当将行政许可决定书面告知申请人，并抄送申请人所在地的省级科技行政部门。

依法作出准予行政许可决定的，应当在科技部网站予以公开。依法作出不予行政许可决定的，应当说明理由，并告知申请人享有依法申请行政复议或者提起行政诉讼的权利。

第四十四条 取得人类遗传资源采集行政许可后，采集活动参与单位、采集目的、采集方案或者采集内容等重大事项发生变更的，被许可人应当向科技部提出变更申请。

第四十五条 取得人类遗传资源保藏行政许可后，保藏目的、保藏方案或者保藏内容等重大事项发生变更的，被许可人应当向科技部提出变更申请。

第四十六条 取得人类遗传资源国际科学研究合作行政许可后，开展国际科学研究合作过程中，研究目的、研究内容发生变更，研究方案涉及的人类遗传资源种类、数量、用途发生变更，或者申办方、组长单位、合同研究组织、第三方实验室等其他重大事项发生变更的，被许可人应当向科技部提出变更申请。

第四十七条 取得人类遗传资源国际科学研究合作行政许可后，出现下列情形的，被许可人不需要提出变更申请，但应当向科技部提交事项变更的书面说明及相应材料：

研究内容或者研究方案不变，仅涉及总量累计不超过获批数量10%变更的；

本实施细则第四十六条所列合作单位以外的参与单位发生变更的；

合作方法人单位名称发生变更的；

研究内容或者研究方案发生变更，但不涉及人类遗传资源种类、数量、用途的变化或者变更后内容不超出已批准范围的。

第四十八条 被许可人对本实施细则第四十四条至第四十六条所列事项提出变更

申请的,科技部应当审查并作出是否准予变更的决定。符合法定条件、标准的,科技部应当予以变更。

变更申请的受理、审查、办理期限、决定、告知等程序参照本实施细则第三十九条至第四十三条有关行政许可申请的规定执行。

第四十九条 行政许可决定作出前,申请人书面撤回申请的,科技部终止对行政许可申请的审查。

第五十条 有下列情形之一的,科技部根据利害关系人请求或者依据职权,可以撤销人类遗传资源行政许可:

(一)滥用职权、玩忽职守作出准予行政许可决定的;

(二)超越法定职权作出准予行政许可决定的;

(三)违反法定程序作出准予行政许可决定的;

(四)对不具备申请资格或者不符合法定条件的申请人准予行政许可的;

(五)依法可以撤销行政许可的其他情形。

被许可人以欺骗、贿赂等不正当手段取得行政许可的,科技部应当予以撤销。

依照前两款的规定撤销行政许可,可能对公共利益造成重大损害的,不予撤销。

第五十一条 申请国际合作临床试验备案的,应当事先取得药品监督管理部门临床试验批件、通知书或者备案登记材料。

第五十二条 申请国际合作临床试验备案,应当提交下列材料:

(一)合作各方基本情况;

(二)研究涉及使用的人类遗传资源种类、数量和用途;

(三)研究方案;

(四)组长单位伦理审查批件;

(五)其他证明材料。

第五十三条 国际合作临床试验完成备案后,涉及的人类遗传资源种类、数量、用途发生变更,或者合作方、研究方案、研究内容、研究目的等重大事项发生变更的,备案人应当及时办理备案变更。

研究方案或者研究内容变更不涉及人类遗传资源种类、数量、用途变化的,不需要办理备案变更,但应当在变更活动开始前向科技部提交事项变更的书面说明及相应材料。

第五十四条 向境外组织、个人及其设立或者实际控制的机构提供或者开放使用人类遗传资源信息向科技部事先报告后,用途、接收方等事项发生变更的,应当在变更事项实施前向科技部提交事项变更报告。

第五十五条 被许可人需要延续行政许可有效期的,应当在该行政许可有效期限届满三十个工作日前向科技部提出申请。科技部应当根据被许可人的申请,在该行政许可有效期限届满前作出是否准予延续的决定;逾期未作出决定的,视为准予延续。

备案人需要延续备案有效期的,应当在该备案有效期限届满三十个工作日前向科技部提出申请。科技部应当在该备案有效期限届满前完成延续备案；逾期未完成的，视为已完成延续备案。

第五章　监督检查

第五十六条　科技部负责全国人类遗传资源监督检查，各省级科技行政部门负责本区域人类遗传资源监督检查。监督检查事项主要包括：

（一）人类遗传资源采集、保藏、利用、对外提供有关单位落实主体责任，建立、完善和执行有关规章制度的情况；

（二）获批人类遗传资源项目的有关单位采集、保藏、利用人类遗传资源的情况，材料或者信息出境、对外提供、开放使用以及出境后使用情况；

（三）利用人类遗传资源的剩余材料处置、知识产权及利益分享等情况；

（四）人类遗传资源备案事项的真实性等情况；

（五）科技部或者省级科技行政部门认为需要监督检查的其他事项。

第五十七条　科技部和省级科技行政部门应当编制年度监督检查计划，实施人类遗传资源风险管理。

年度监督检查计划应当包括检查事项、检查方式、检查频次以及抽查项目种类、抽查比例等内容。

第五十八条　对近三年内因人类遗传资源违法行为被实施过行政处罚、存在人类遗传资源管理风险未及时改正，以及被记入相关失信惩戒名单的单位，科技部和省级科技行政部门应当加大监督检查频次，纳入年度日常监督检查计划并开展监督检查。对管理体系和管理规范明显改进、未再发生违法行为的单位，可以适时减少监督检查频次。

第五十九条　对本实施细则第五十八条规定以外的其他单位，科技部和省级科技行政部门可以在该单位人类遗传资源活动范围内随机确定监督检查事项，随机选派监督检查人员，实施监督检查。

第六十条　遇有严重违法行为或者临时性、突发性任务以及通过投诉举报、转办交办、数据监测等发现的问题，科技部和省级科技行政部门可以部署开展专项监督检查。

第六十一条　科技部和省级科技行政部门应当及时记录、汇总人类遗传资源活动日常监督检查信息，完善日常监督检查措施。

第六十二条　发现被监督检查对象可能存在违反《条例》有关规定的风险时，科技部或者省级科技行政部门可以对其法定代表人、主要负责人等进行行政约谈。

第六十三条　发现被监督检查对象可能存在违反《条例》规定的行为，科技部或者省级科技行政部门应当进行调查，必要时可以采取下列措施：

（一）依法采取记录、复制、拍照、录像等措施；

（二）依法采取查封、扣押等行政强制措施；

（三）依法对相关物品进行检测、检验、检疫或者鉴定。

第六十四条　科技部或者省级科技行政部门实施行政强制措施应当依照《中华人

民共和国行政强制法》规定的程序进行。

第六十五条 科技部和省级科技行政部门采取或者解除行政强制措施，应当经本机关负责人批准。

依法实施查封、扣押强制措施的，应当制作并当场向当事人交付查封、扣押决定书和清单。情况紧急，不及时查封、扣押可能影响案件查处，或者存在可能导致人类遗传资源损毁灭失等隐患，可以先行实施查封、扣押，并在二十四小时内补办查封、扣押决定书，送达当事人。

第六章　行政处罚

第六十六条 科技部和省级科技行政部门应当规范行使人类遗传资源行政处罚裁量权，综合考虑违法行为的事实、性质、情节以及社会危害程度，在《条例》规定范围内合理确定行政处罚的种类和幅度，确保过罚相当，防止畸轻畸重。

人类遗传资源行政处罚裁量基准由科技部另行制定并向社会公布。

第六十七条 拟给予行政处罚的案件，科技部和省级科技行政部门在作出行政处罚决定之前，应当书面告知当事人拟作出的行政处罚内容及事实、理由、依据，并告知当事人依法享有陈述、申辩的权利。拟作出的行政处罚属于听证范围的，还应当告知当事人有要求听证的权利。

当事人行使陈述、申辩权或者要求听证的，应当自告知书送达之日起五个工作日内书面提出，逾期未提出的，视为放弃上述权利。

科技部和省级科技行政部门不得因当事人陈述、申辩或者听证而给予更重的处罚。

第六十八条 科技部或者省级科技行政部门拟作出下列行政处罚决定，当事人要求听证的，应当组织听证：

（一）对法人、其他组织处以一百万元以上罚款或者对公民处以十万元以上罚款的；

（二）没收法人、其他组织违法所得三百万元以上或者没收公民违法所得三十万元以上的；

（三）禁止一年以上从事采集、保藏、利用、对外提供我国人类遗传资源活动的；

（四）二年以上不受理人类遗传资源行政许可申请的；

（五）撤销已取得的人类遗传资源行政许可的；

（六）法律、行政法规规定应当组织听证的其他情形。

第六十九条 科技部或者省级科技行政部门作出人类遗传资源行政处罚决定前，本部门案件办理机构应当将拟作出的行政处罚决定及案件材料送本部门负责法制审核的工作机构进行法制审核。未经法制审核或者审核未通过的，不得作出决定。

拟作出的行政处罚决定仅涉及警告的，不需要进行法制审核。

第七十条 行政处罚决定书作出后，科技部或者省级科技行政部门应当在七个工作日内依照有关法律规定，将行政处罚决定书送达当事人或者其他的法定受送达人。

第七十一条　行政处罚决定应当自立案之日起九十日内作出。案情复杂，不能在九十日内作出行政处罚决定的，经本机关负责人批准，可以延长九十日。案情特别复杂，经延期仍不能作出行政处罚决定的，经本机关负责人集体讨论决定是否继续延期。决定延期的，应当同时确定延长的合理期限，但最长不得超过六十日。

案件办理过程中，听证、公告、检测、检验、检疫、鉴定、审计、中止等时间，不计入本条第一款所指的案件办理期限。

第七十二条　《条例》第三十六条、第三十九条、第四十一条、第四十二条、第四十三条规定的违法所得，以实施违法行为所获得的全部收入扣除适当的合理支出计算；难以计算的，以违法行为涉及的人类遗传资源价值计算或者为人类遗传资源投入的资金数额作为违法所得。

第七十三条　在人类遗传资源监督检查或者违法案件调查处理中，发现相关公民、法人或者其他组织不具备人类遗传资源存储条件的，科技部或者省级科技行政部门应当组织将其存储的人类遗传资源转移至具备存储条件的单位临时存储。

第七十四条　省级科技行政部门依法作出人类遗传资源行政处罚的，应当自行政处罚决定作出之日起十五个工作日内将案件处理情况及行政处罚决定书副本报送科技部。

第七十五条　科技部有权对省级科技行政部门实施的人类遗传资源行政处罚进行监督，依法对有关违法或者不当行为责令改正。

第七章　附　　则

第七十六条　本实施细则中涉及期限的规定，注明为工作日的，不包含法定节假日；未注明为工作日的，为自然日。

第七十七条　本实施细则所称"以上""不超过"均包含本数，"大于""不足"不包含本数。

第七十八条　本实施细则自 2023 年 7 月 1 日施行。

附录

《人类遗传资源管理条例实施细则》政策解读

（科学技术部 2023 年 6 月 1 日发布）

为深入落实《中华人民共和国人类遗传资源管理条例》（以下简称《条例》），进一步提高我国人类遗传资源管理规范化水平，科技部印发了《人类遗传资源管理条例实施细则》（以下简称《实施细则》）。针对《实施细则》公众关心的有关问题，解读如下：

问题 1：《实施细则》制定的背景和过程？

答：为加强人类遗传资源管理，促进人类遗传资源有效保护和合理利用，科技部在《条例》出台后，启动了《实施细则》制定工作，经广泛征求国务院有关部门、省级科技行政部门、有关科研机构、企业、专家学者及公众意见并充分研究和吸收后，形成了《实施细则》。

问题 2：《实施细则》的总体思路是什么？

答：《实施细则》以《中华人民共和国生物安全法》《中华人民共和国行政许可法》《中华人民共和国行政处罚法》《中华人民共和国科学技术进步法》等相关法律为基础，以问题和实际需求为导向，细化落实《条例》。一是贯彻落实《中华人民共和国生物安全法》《条例》等法律法规，依法行政、履职尽责，科学、严谨、高效地开展人类遗传资源管理。二是明确中央和地方在人类遗传资源管理方面的职责，推动建立一体化的监督管理机制。三是明晰管理界限，深化"放管服"改革，强化关键环节管控，在坚决维护国家生物安全的前提下，该管的坚决管住、该放的切实放开。四是实现制度实施的可及性，在行政许可、备案、安全审查各个环节完善程序性规定，强化监督检查和行政处罚的具体措施，依法依规保障人类遗传资源管理工作的高效运作。

问题 3：优化措施有哪些？

答：深化"放管服"改革，优化人类遗传资源活动行政许可与备案要求及流程。

一是优化行政许可和备案范围。优化了人类遗传资源采集、保藏、国际科学研究合作行政许可，以及国际合作临床试验备案、信息对外提供或者开放使用事先报告的范围。例如，明确人类遗传资源信息管理范畴为人类基因、基因组数据等信息材料，不包括临床数据、影像数据、蛋白质数据和代谢数据；细化对境外组织、个人及其设立或者实际控制机构等外方单位的具体界定；新增"高血压、糖尿病、红绿色盲、血友病等常见疾病的人类遗传资源采集不纳入重要遗传家系管理"；为获得相关药品和医疗器械在我国上市许可的临床试验涉及采集活动无需申报采集审批；符合保藏许可申报的事项，无需另行申请采集许可；将为获得相关药品和医疗器械在我国上市许可的国际合作临床试验备案限定从临床机构扩大到临床医疗卫生机构，或者人类遗传资源在临床医疗卫生机构内采集并由相关药品和医疗器械上市许可临床试验方案指定的境内单位进行检测、分析和剩余样本处理，符合上述两种情形的国际合作审批将转为国际合作备案；已获得行政许可或者已完成备案的国际科学研究合作产生的数据信息在国际合作协议中约定由双方使用的，不需要单独进行信息事先报告和提交信息备份等规定。通过这一系列的组合规定，切实履行"放管服"要求，推进行业自律。

二是强化制度可操作性。规范行政审批和备案的申请、变更、延续、撤销等程序，细化国际合作审批的重大变更和非重大变更情形，简化国际多中心临床研究变更手续。

三是落实人类遗传资源管理登记和报告制度。明确全国人类遗传资源调查每五年开展一次，必要时可以根据实际需要开展。强化重要遗传资源登记和主动申报制度，探索建立重要遗传资源的目录管理，发现重要遗传家系和特定地区人类遗传资源，应及时通过申报登记管理信息服务平台进行主动申报。建立保藏年度报告和检查制度，明确每年 1 月 31 日前向科技部提交上年度保藏情况，科技部组织各省级科技行政部门每年对本区域人类遗传资源保藏单位的保藏活动进行抽查。取得国际科学研究合作行政许可或者完成国际合作临床试验备案的合作双方，应当在行政许可或者备案有效期限届满后六个月内，共同向科技部提交合作研究情况报告。

问题 4：对于外界关注的外方单位的定义范围有哪些具体规定？

答：本《实施细则》所称境外组织、个人设立或者实际控制的机构，包括下列情形：

（一）境外组织、个人持有或者间接持有机构百分之五十以上的股份、股权、表决权、财产份额或者其他类似权益；

（二）境外组织、个人持有或者间接持有机构的股份、股权、表决权、财产份额或者其他类似权益不足百分之五十，但其所享有的表决权或者其他权益足以对机构的决策、管理等行为进行支配或者施加重大影响；

（三）境外组织、个人通过投资关系、协议或者其他安排，足以对机构的决策、管理等行为进行支配或者施加重大影响；

（四）法律、行政法规、规章规定的其他情形。

问题 5：关于快速审批机制的有关情况？

答：针对重大公共卫生事件等突发事件，科技部建立快速审批机制，对突发事件应急处置中涉及的人类遗传资源行政许可申请，应当加快办理。对实施快速审批的人类遗传资源行政许可申请，科技部按照统一指挥、高效快速、科学审批的原则，加快组织开展行政许可申请的受理、评审、审查等工作。快速审批的情形、程序、时限、要求等事项由科技部另行规定。

问题6：监督检查和行政处罚有哪些规定？

答：在深化"放改服"改革基础上，强化人类遗传资源活动监管，实现从严监管和促进创新相结合，《实施细则》对人类遗传资源管理监督检查和行政处罚的实体和程序进行了较为详细的规定。一是在监督检查方面，设计了日常监督检查、重点监督检查和专项监督检查等差异化分类监督机制，对落实"两随机、一公开"要求作出了具体明确的规定；针对监督检查过程中可能涉及的行政强制、证据保全等措施进行了细化。二是在行政处罚方面，建立健全行政执法机制，具体就行政处罚的听证制度、审查和决定、执行等作出了规定，既对接《行政处罚法》修订的新要求，又强化了对人类遗传资源监管的法律责任。

生物技术研究开发安全管理条例（征求意见稿）

（科学技术部 2019 年 3 月 11 日公开征求意见，2019 年 4 月 9 日截止）

第一章 总 则

第一条 为了促进和保障我国生物技术研究开发活动健康有序开展，维护国家生物安全，制定本条例。

第二条 在中华人民共和国境内开展生物技术研究开发活动，应遵从本条例。

本条例所指的生物技术研究开发，是指通过科学和工程原理认识、利用、改造生物而开展的科学研究和技术开发活动。

涉及人间传染的高致病性病原微生物实验活动、高致病性动物病原微生物实验活动、农业转基因生物加工、林木转基因工程及生物医学新技术临床应用等，依照相关法律、行政法规规定执行。

第三条 国家支持生物技术研究开发，制定生物技术发展战略，拟定促进生物技术发展的政策措施，建立生物技术创新体系，加大研究投入，加强人才队伍建设，加强基础设施和基地平台布局与建设，加快成果转化，鼓励国际合作，促进生物技术创新发展。

第四条 国家依法保障生物技术研究开发自由，保护科学技术人员合法权益。

国家发展生物技术科学普及事业，普及生物技术知识，加强宣传教育，提高公众对生物技术的科学认识和风险意识，营造生物技术创新发展良好环境。

第五条 国家坚持发展与安全并重。开展生物技术研究开发活动，不得危害国家生物安全、损害社会公共利益、违反伦理道德。

第六条 国家禁止开展对人类健康、工农业及生态环境等造成极其严重负面影响，严重威胁国家生物安全，严重违反伦理道德的生物技术研究开发活动。

国务院科学技术行政部门负责制定禁止类生物技术研究开发活动清单，对清单进行动态评估、适时修订并及时发布。

第七条 国家加强对生物技术研究开发活动安全管理，根据活动的风险程度，实行分级管理。

第八条 国务院科学技术行政部门负责全国生物技术研究开发安全管理工作；国

务院其他有关部门在各自职责范围内，负责生物技术研究开发安全管理相关工作。

省、自治区、直辖市人民政府科学技术行政部门负责本行政区域生物技术研究开发安全管理工作；省、自治区、直辖市人民政府其他有关部门在各自职责范围内，负责本行政区域生物技术研究开发安全管理相关工作。

第九条 开展生物技术研究开发活动的单位对本单位生物技术研究开发的安全负责。

第二章 分级管理

第十条 根据现实和潜在风险程度，生物技术研究开发活动分为高风险、一般风险和低风险 3 个等级。

第十一条 高风险生物技术研究开发活动是指生物技术研究开发活动及其产品和服务，具有对人类健康、工农业及生态环境等造成严重负面影响，威胁国家生物安全，违反伦理道德的潜在风险的研究开发活动。

一般风险生物技术研究开发活动是指生物技术研究开发活动及其产品和服务，具有对人类健康、工农业及生态环境等造成一定负面影响的潜在风险的研究开发活动。

低风险生物技术研究开发活动是指生物技术研究开发活动及其产品和服务，对人类健康、工农业及生态环境等不造成或者造成较小负面影响的研究开发活动。

第十二条 国务院科学技术行政部门负责制定高风险和一般风险生物技术研究开发活动清单，对清单进行动态评估、适时修订并及时发布。

第十三条 开展高风险生物技术研究开发活动应符合下列条件，并经所在地省、自治区、直辖市人民政府科学技术行政部门批准：

（一）由在中华人民共和国境内注册的法人单位实施；

（二）具有研究方案，包括研究目的、研究内容、研究人员、技术路线、研究基础等内容；

（三）具有风险消减计划，包括可能存在的风险、具体消减措施、支撑保障条件等方面；

（四）具有安全事件应急预案；

（五）通过本单位风险评估；

（六）单位设有生物技术安全委员会；

（七）单位设有专门负责生物技术研究开发安全管理工作的部门；

（八）单位具有生物技术研究开发活动安全管理制度，以及符合安全管理要求的场所、设施、设备和人员；

（九）法律、法规规定的其他条件。

第十四条 单位生物技术安全委员会协助对生物技术研究开发活动进行风险评估，协助制定风险消减计划；对已批准开展的研究活动进行定期跟踪检查；对风险级别发生变化的研究开发活动及时协助开展风险评估并协助制定新的风险消减计划；协助制定相关管理制度和操作规范，协助开展相关的培训和处置等工作。

单位应在委员会设立之日起 30 日内，报省、自治区、直辖市人民政府科学技术行政部门备案。

第十五条 省、自治区、直辖市人民政府科学技术行政部门应设立专门机构负责具体审批工作；聘请相关专家组成生物技术安全委员会，对高风险生物技术研究开发活动申请进行技术评审，评审意见作为省、自治区、直辖市人民政府科学技术行政部门作出审批决定的参考依据。

第十六条 省、自治区、直辖市人民政府科学技术行政部门应自受理申请之日起 20 个工作日内（技术评审时间不计在内），作出批准或者不予批准的决定；不予批准的，应说明理由。因特殊原因无法在规定期限内作出决定的，经省、自治区、直辖市人民政府科学技术行政部门负责人批准，可以延长 10 个工作日。

第十七条 开展一般风险生物技术研究开发活动应由在中华人民共和国境内注册的法人单位实施，并通过风险评估。风险评估可由本单位组织或通过委托等方式开展。

第十八条 不在清单内的生物技术研究开发活动，单位应依照本条例对风险的界定标准科学判断风险级别；对于可能具有一般风险及以上等级的研究开发活动，应报省、自治区、直辖市人民政府科学技术行政部门判定。

省、自治区、直辖市人民政府科学技术行政部门将一般风险及以上等级的判定结果通知单位并报告国务院科学技术行政部门。

第三章 安全风险控制与处置

第十九条 国务院科学技术行政部门制定生物技术研究开发风险监测计划，建立监测系统，加强技术评估和风险分析，根据监测分析结果、科技发展及认知水平，对当前研究开发活动安全形势和前沿技术潜在风险态势进行预判预警，动态调整生物技术研究开发风险活动清单。

第二十条 从事高风险和一般风险生物技术研究开发活动的单位和人员，应主动识别将要开展的生物技术研究开发活动风险，密切关注风险变化，对风险可能升级的活动由单位按规定进行风险评估或申请审批。

第二十一条 国家鼓励在保障科学目标的前提下，通过减少有风险操作、采取替代研究措施、优化研究流程等方式，降低生物技术研究开发活动风险。

开展高风险和一般风险生物技术研究开发活动，单位应组织制定风险消减计划，并监督执行风险消减计划。

第二十二条 单位应建立跟踪检查、定期报告、安全培训等制度，强化过程管理，有效控制风险。

第二十三条 单位和人员应保存真实、准确、完整的活动记录，并保障相关信息生成、收集、保存及报送等的安全。

第二十四条 单位应对高风险生物技术研究开发活动的成果转移和信息发布进行

审查，如有必要，可提请所在地省、自治区、直辖市人民政府科学技术行政部门审查。

第二十五条　国家建立生物技术研究开发安全事件和事故报告制度。发生生物技术研究开发安全事件和事故的单位应立即向所在地省、自治区、直辖市人民政府科学技术行政部门报告。有上级主管部门的，应同时向上级主管部门报告。任何单位和个人不得故意拖延、隐瞒或谎报，不得隐匿、伪造、毁灭有关证据。

对于重大安全事件和事故，省、自治区、直辖市人民政府科学技术行政部门接报后应及时向省、自治区、直辖市人民政府和国务院科学技术行政部门报告。

对于特别重大安全事件和事故，省、自治区、直辖市人民政府和国务院科学技术行政部门接报后应及时向国务院报告。

第二十六条　国务院科学技术行政部门和省、自治区、直辖市人民政府科学技术行政部门应会同其他同级相关部门，制定生物技术研究开发活动安全事件应急预案，并根据实际需要和情势变化适时修订。

开展生物技术研究开发活动的单位应根据所开展活动的特点，制定具体应急预案。

第二十七条　安全事件和事故发生后，开展生物技术研究开发活动的单位应立即启动应急预案，采取应急处置措施，防止危害扩大。

对于重大安全事件和事故，省、自治区、直辖市人民政府及其有关部门应立即启动应急预案，采取相应应急处置措施；对于特别重大安全事件和事故，国务院及其有关部门应立即启动应急预案，采取必要应急措施，最大限度地减轻安全事件和事故的影响。有上级主管部门的，上级主管部门应采取相应应急处置措施。

第四章　服务与监督

第二十八条　国务院科学技术行政部门设立国家生物技术安全委员会，提供生物技术研究开发安全管理战略咨询，提出生物技术研究开发风险活动清单建议，配合开展培训、监督检查和应急处置等工作。

省、自治区、直辖市人民政府科学技术行政部门设立省级生物技术安全委员会，对本行政区域申报的高风险生物技术研究开发活动进行技术评审，配合开展培训、监督检查、风险级别判定和应急处置等工作，指导本行政区域单位生物技术安全委员会工作等。

各级委员会的管理办法由国务院科学技术行政部门另行制定。

第二十九条　国务院科学技术行政部门应制定并及时发布有关生物技术研究开发活动的审批指南和示范文本。

省、自治区、直辖市人民政府科学技术行政部门应加强对审批和备案等事项的指导。

第三十条　国务院科学技术行政部门加强对省、自治区、直辖市人民政府科学技术行政部门生物技术研究开发安全管理的培训和指导。

省、自治区、直辖市人民政府科学技术行政部门加强对本行政区域有关单位和人员生物技术研究开发安全管理的培训和指导。

第三十一条 国务院科学技术行政部门和省、自治区、直辖市人民政府科学技术行政部门应加强对生物技术研究开发活动的监督检查，建立健全定期检查、随机抽查和专项检查等监督检查机制。

第三十二条 国务院科学技术行政部门和省、自治区、直辖市人民政府科学技术行政部门履行监督检查职责时，可以联合有关部门采取下列措施：

（一）进入现场检查；

（二）询问相关人员；

（三）查阅、复制有关材料；

（四）查封或者扣押有关设施、设备及物品；

（五）查封违法开展生物技术研究开发活动的场所。

第三十三条 省、自治区、直辖市人民政府科学技术行政部门应将本行政区域开展高风险研究开发活动情况和监督检查情况形成年度报告报送国务院科学技术行政部门。

开展生物技术研究开发活动的单位，应就开展的高风险生物技术研究开发活动内容、人员、进展和风险消减计划执行情况等，向所在地省、自治区、直辖市人民政府科学技术行政部门提交年度报告。

第三十四条 任何机构、组织和个人不得资助禁止类生物技术研究开发活动和审批未通过的高风险生物技术研究开发活动。

第三十五条 生物技术学术和行业组织应加强自律，建立健全规范，推动诚信体系建设，引导、督促单位和人员依法开展生物技术研究开发活动。

第三十六条 国务院科学技术行政部门和省、自治区、直辖市人民政府科学技术行政部门应公布投诉、举报电话和电子邮件地址，接受相关投诉、举报。对查证属实的，给予举报人奖励。

第五章 法律责任

第三十七条 违反本条例第六条规定，开展国家禁止类生物技术研究开发活动的单位，由国务院科学技术行政部门责令停止违法行为，没收违法所得，处 100 万元以上 1000 万元以下罚款，违法所得在 100 万元以上的，处违法所得 5 倍以上 10 倍以下罚款，永久禁止其开展生物技术研究开发活动。

第三十八条 违反本条例第十三条规定，未经批准开展高风险生物技术研究开发活动的单位，由省、自治区、直辖市人民政府科学技术行政部门责令停止违法行为，没收违法所得，处 50 万元以上 500 元以下罚款，违法所得 100 万元以上的，处违法所得 5 倍以上 10 倍以下罚款，禁止其 1 至 2 年内开展生物技术研究开发活动；情节严重的，禁止其 3 至 5 年内开展生物技术研究开发活动；情节特别严重的，永久禁止其开展生物技术研究开发活动。

第三十九条 提供虚假材料或者采取其他欺骗手段取得行政许可的，由省、自治区、直辖市人民政府科学技术行政部门撤销已经取得的行政许可，没收违法所得，并处 50 万元以上 500 万元以下罚款，5 年内不受理相关责任人及单位提出的许可申请。

在提交年度报告、接受监督检查过程中，提供虚假材料或者采取其他欺骗行为的，由省、自治区、直辖市人民政府科学技术行政部门责令停止违法行为，没收违法所得，并处 50 元以上 500 万元以下罚款。

第四十条 违反本条例规定，开展生物技术研究开发活动的单位有下列情形之一的，由省、自治区、直辖市人民政府科学技术行政部门责令停止开展相关活动，处 50 万元以上 100 万元以下罚款：

（一）未按规定设立生物技术安全委员会的；

（二）未按规定开展生物技术研究开发活动风险评估的；

（三）未对高风险生物技术研究开发活动的成果转移和信息发布进行审查的；

（四）安全事件和事故发生时，未及时采取应急处置措施的。

第四十一条 违反本条例规定，开展生物技术研究开发活动的单位有下列情形之一的，由省、自治区、直辖市人民政府科学技术行政部门责令改正，给予警告，可以处 50 万元以下的罚款：

（一）未建立内部安全管理制度的；

（二）未按规定对生物技术安全委员会备案的；

（三）未真实准确完整记录并保存研究开发信息的；

（四）未提交高风险生物技术研究开发活动年度报告的。

第四十二条 有本条例第六条、第十三条、第二十五条规定违法行为的主要责任人员、直接责任人员和其他责任人员，依法给予处分，并由国务院科学技术行政部门或者省、自治区、直辖市人民政府科学技术行政部门依据职责没收其违法所得，处 50 万元以下罚款；情节严重的，禁止其 1 至 5 年内从事生物技术研究开发活动；情节特别严重的，永久禁止其从事生物技术研究开发活动，并由相关部门吊销相应职业资格。

第四十三条 开展生物技术研究开发活动的单位和个人有本条例规定违法行为的，记入信用记录，并依照有关法律、行政法规的规定向社会公示。

第四十四条 违反本条例规定，侵害他人合法利益的，依法承担民事责任；构成犯罪的，依法追究刑事责任。

第四十五条 各级生物技术安全委员会委员违反本条例规定，不履行职责、玩忽职守的，记入信用记录，5 年内不得再次聘任为各级生物技术安全委员会委员；造成严重影响的，终身不得再次聘任为各级生物技术安全委员会委员；构成犯罪的，依法追究刑事责任。

第四十六条 国务院科学技术行政部门和省、自治区、直辖市人民政府科学技术行政部门的工作人员违反本条例规定，不履行职责或滥用职权、玩忽职守、徇私舞弊的，依法给予处分；构成犯罪的，依法追究刑事责任。

第六章 附 则

第四十七条 属于国家科学技术秘密的，应按照《中华人民共和国保守国家秘密法》和国家其他有关保密规定实施保密管理。

第四十八条 开展生物技术研究开发活动涉及伦理和人类遗传资源的，应遵守有关伦理和人类遗传资源管理法律、行政法规和国家有关规定。

第四十九条 本条例自 2019 年 月 日起施行。

生物技术研究开发安全管理办法

（科学技术部 2017 年 7 月 25 日公布）

第一条 为规范生物技术研究开发活动，增强从事生物技术研究开发活动的自然人、法人和其他组织的安全责任意识，避免出现直接或间接生物安全危害，促进和保障生物技术研究开发活动健康有序发展，有效维护生物安全，制定本办法。

第二条 在中华人民共和国境内，从事生物技术研究开发活动的自然人、法人和其他组织，应当遵守本办法。

第三条 从事生物技术研究开发活动，应当遵守法律、行政法规，尊重社会伦理，不得损害国家安全、公共利益和他人合法权益，不得违反中华人民共和国相关国际义务和承诺。

第四条 生物技术研究开发安全管理实行分级管理。按照生物技术研究开发活动潜在风险程度，分为高风险等级、较高风险等级和一般风险等级。

高风险等级，指能够导致人或者动物出现非常严重或严重疾病，或对重要农林作物、中药材以及环境造成严重危害的生物技术研究开发活动所具有的潜在风险程度。

较高风险等级，指能够导致人或者动物疾病，但一般情况下对人、动物、重要农林作物、中药材或环境不构成严重危害的生物技术研究开发活动所具有的潜在风险程度。

一般风险等级，指通常情况下对人、动物、重要农林作物、中药材或环境不构成危害的生物技术研究开发活动所具有的潜在风险程度。

第五条 国务院科技主管部门负责全国生物技术研究开发安全指导，联合国务院有关主管部门共同开展生物技术研究开发安全管理有关工作，具体是：

（一）制（修）订生物技术研究开发安全管理规范；

（二）成立国家生物技术研究开发安全管理专家委员会；

（三）研究确定生物技术研究开发活动风险等级，根据生物技术研究开发的发展状况，组织专家制（修）订风险等级清单；

（四）组织专家对法人和其他组织从事的生物技术研究开发活动进行检查和指导。

国务院有关主管部门在各自职责范围内负责生物技术研究开发安全监督管理，对发生的生物技术研究开发事故进行管理。

第六条　国家生物技术研究开发安全管理专家委员会主要职责是：

（一）开展生物技术研究开发安全战略研究，提出生物技术研究开发安全管理有关决策参考和咨询建议；

（二）提出生物技术研究开发活动风险等级清单建议；

（三）提出高风险等级、较高风险等级相关生物技术研究开发安全事故应对措施和处置程序建议；

（四）配合开展生物技术研究开发活动检查和指导。

第七条　省、自治区、直辖市人民政府有关部门依照本办法制定本行政区域生物技术研究开发安全管理规范，开展生物技术研究开发安全管理工作。

第八条　从事生物技术研究开发活动的法人、其他组织对生物技术研究开发安全工作负主体责任，主要职责是：

（一）制定本组织生物技术研究开发安全管理规范；

（二）对本组织生物技术研究开发活动开展风险评估并进行监督管理；

（三）制定本组织各类风险等级生物技术研究开发安全事故应急预案和处置方案；

（四）对生物技术研究开发安全事故进行快速有效处置，并向上级主管部门报告；

（五）对生物技术研究开发安全事故的相关材料和数据进行记录和有效保护。

第九条　自然人、法人和其他组织在公开、转让、推广或产业化、商业化应用生物技术研究开发成果时，应当进行充分评估，避免造成重大生物安全风险。

第十条　自然人、法人和其他组织在生物技术研究开发中涉及国际交流与合作的，应当保守国家秘密，依法维护国家权益。

第十一条　自然人、法人和其他组织在生物技术研究开发活动中，未按照生物技术研究开发安全管理规范操作导致出现生物安全事故以及出现事故后未能及时有效处置或隐瞒不报的，由国务院有关主管部门或省、自治区、直辖市人民政府有关部门按照有关法律法规做出处理决定，对于严重失信行为由国务院科技主管部门记入诚信档案。

第十二条　军队生物技术研究开发安全管理，由军队参照本办法执行。

第十三条　本办法由科学技术部负责解释。

第十四条　本办法自发布之日起施行。

附件：生物技术研究开发活动风险分级

附件

生物技术研究开发活动风险分级

高风险等级

1.《人间传染的病原微生物名录》中，涉及第一类和第二类病原微生物，且按照规定必须在生物安全四级或三级实验室开展的研究开发活动；

2.《动物病原微生物分类名录》中，涉及第一类和第二类病原微生物，且按照规定必须在生物安全四级或三级实验室开展的研究开发活动；

3.《中华人民共和国进境动物检疫疫病名录》中，涉及第一类传染病和寄生虫病的研究开发活动；

4.《禁止细菌（生物）及毒素武器的发展、生产及储存以及销毁这类武器的公约》中，涉及适用的生物战剂、病原微生物或者毒素的研究开发活动；

5. 涉及新发高致病性病原微生物的研究开发活动；

6. 涉及具有感染活性的各类微生物的人工合成活动；

7. 涉及存在重大风险的人类基因编辑等基因工程的研究开发活动；

8. 其他具有同等潜在风险程度的生物技术研究开发活动。

较高风险等级

1.《人间传染的病原微生物名录》中，涉及第三类病原微生物，且按照规定必须在生物安全二级实验室开展的研究开发活动；

2.《动物病原微生物分类名录》中，涉及第三类病原微生物，且按照规定必须在生物安全二级实验室开展的研究开发活动；

3.《中华人民共和国进境动物检疫疫病名录》中，涉及第二类传染病和寄生虫病的研究开发活动；

4. 涉及存在较大风险的人类基因编辑等基因工程的研究开发活动；

5. 其他具有同等潜在风险程度的生物技术研究开发活动。

一般风险等级

1.《人间传染的病原微生物名录》中，涉及第四类病原微生物，且按照规定必须在生物安全一级实验室开展的研究开发活动；

2.《动物病原微生物分类名录》中，涉及第四类病原微生物，且按照规定必须在生物安全一级实验室开展的研究开发活动；

3. 涉及《中华人民共和国进境动物检疫疫病名录》中其他传染病和寄生虫病的研究开发活动；

4. 涉及存在一般风险的人类基因编辑等基因工程的研究开发活动；

5. 其他具有同等潜在风险程度的生物技术研究开发活动。

人类遗传资源采集、收集、买卖、出口、出境审批行政许可事项服务指南

（科学技术部 2015 年 7 月 2 日公布）

一、适用范围

本许可适用于对在中国境内从事的中国人类遗传资源采集、收集、买卖、出口、出境等事项的规范和管理。采集适用于涉及中国境内人类遗传资源，包括重要遗传家系❶和特定地区人类遗传资源❷的采集活动；收集适用于以保藏或国际合作为目的的人类遗传资源的收集活动；按照国家相关法律法规规定禁止人类遗传资源买卖，以科研为目的的人类遗传资源转移不属于买卖；出口、出境适用于将人类遗传资源转移到境外的情形。

以临床诊疗、采供血（浆）服务、司法鉴定、侦查犯罪、兴奋剂检测和殡葬等为目的的人类遗传资源采集、收集、出口、出境活动，按照国家相关法律法规管理，不在本许可的适用范围内。

二、项目信息

（一）项目名称：人类遗传资源采集、收集、买卖、出口、出境审批。

（二）审批类别：行政许可。

（三）项目编号：03002

三、办理依据

1. 《人类遗传资源管理暂行办法》。

2. 《国务院对确需保留的行政审批项目设定行政许可的决定》（国务院令第 412

---

❶ 重要遗传家系人类遗传资源包括但不限于：遗传性疾病或特定体质特征发生在家族式的（2 代及以上）、有血缘关系的群体的遗传资源，如哮喘、癌症等多发疾病。

❷ 特定地区人群遗传资源包括但不限于：特殊环境下长期生活，并且在体质特征或生理特征方面有适应性性状发生的人群遗传资源，如地理隔离人群（海岛和陆岛人群、处于地理隔离的少数民族聚居群体等）。

号）附件第 26 项，实施机关：科技部、卫生部。

3.《国务院关于第六批取消和调整行政审批项目的决定》（国发〔2012〕52 号），调整后审批部门：科技部。

4.《行政许可办法》。

四、受理机构

科技部

五、决定机构

科技部

六、数量限制

无数量限制

七、办事条件

（一）申请人条件

在中国境内依法成立的法人单位。

（二）审批条件

1. 人类遗传资源的采集和收集。

1.1. 申请开展人类遗传资源采集或收集活动应具备或符合如下条件：

（1）申请人具有负责人类遗传资源管理的相关部门并已制定相应的管理制度；

（2）经伦理委员会审查同意；

（3）有人类遗传资源提供者知情同意书格式文本；

（4）采集或收集人类遗传资源的目的明确；

（5）具备采集或收集人类遗传资源所需的人员、场所、设施、设备；

（6）有合理的人类遗传资源采集或收集计划方案；

（7）符合法律法规规定的其他条件。

1.2. 外方参与的人类遗传资源采集或收集活动属于国际合作范畴，除应满足 1.1 所列条件外，还需符合下列条件：

（1）由中方合作单位办理报批手续；

（2）合作各方具有开展相关工作的基础和能力；

（3）合作目的和方案明确；

（4）合作期限合理；

（5）人类遗传资源来源明确、合法；

（6）有合同文本草案；

（7）经合作各方伦理委员会审查同意并提供人类遗传资源提供者知情同意书格式文本；

（8）知识产权归属明确，分享方案合理；

（9）对中国国家安全、国家利益和公共安全没有危害。

1.3. 申请开展的人类遗传资源采集或收集活动具有下列情形之一的，不予批准：

（1）申请人没有负责人类遗传资源管理的相关部门；

（2）申请人没有制定相应的管理制度；

（3）未经伦理委员会审查同意；

（4）无人类遗传资源提供者知情同意书格式文本；

（5）采集或收集人类遗传资源的目的不明确、不合法；

（6）不具备采集或收集人类遗传资源所需的人员、场所、设施、设备；

（7）人类遗传资源采集或收集计划方案不合理；

（8）可能对我国国家安全、国家利益或公共安全造成危害；

（9）法律法规规定不予批准的其它情形。

1.4. 外方参与的人类遗传资源采集或收集活动，具有下列情形之一的，也不予批准：

（1）未由中方合作单位办理报批手续；

（2）合作单位不具备从事相关研究的基础和条件；

（3）缺乏明确的合作目的和方向；

（4）合作期限不合理；

（5）人类遗传资源来源不明确或不合法；

（6）知识产权归属和分享的安排不明确、不合理。

2. 人类遗传资源的出口、出境。

2.1. 申请开展人类遗传资源出口、出境活动应具备或符合如下条件：

（1）合作各方具有开展相关工作的基础和能力；

（2）合作目的和方案明确；

（3）合作期限合理；

（4）人类遗传资源来源明确、合法；

（5）有合同文本草案；

（6）经合作各方伦理委员会审查同意并提供人类遗传资源提供者知情同意书格式文本；

（7）知识产权归属明确，分享方案合理；

（8）对中国国家安全、国家利益和公共安全没有危害；

（9）符合法律法规规定的其他条件。

2.2. 申请开展的人类遗传资源出口、出境活动具有下列情形之一的，不予批准：

（1）合作单位不具备从事相关研究的基础和条件；

（2）缺乏明确的合作目的和方向；

（3）合作期限不合理；

（4）无合同文本草案；

（5）未经伦理委员会审查同意；

（6）未提供人类遗传资源提供者知情同意书格式文本；

（7）人类遗传资源来源不明确或来源不合法；

（8）知识产权归属和分享的安排不明确、不合理；

（9）对我国国家安全、国家利益或公共安全存在可能的危害性；

（10）法律法规规定不予批准的其它情形。

2.3. 因特殊情况确需临时向外提供人类遗传资源的，须填写人类遗传资源出口出境申报表及审批机关要求的其他材料，经地方主管部门或国务院有关部门审查同意后，报中国人类遗传资源管理办公室，经批准后核发出口、出境证明。

八、申请材料

（一）申请材料清单

序号	提交材料名称	原件/复印件	份数	纸质/电子	要求	备注
1	申请书	原件	1	纸质和电子	网上申报填写后，纸质盖章提交	开展采集、收集、出口出境活动均需提交
2	组织机构代码证	复印件	1	纸质和电子	纸质盖章	开展采集、收集、出口出境活动均需提交
3	知情同意书	复印件	1	纸质和电子		开展采集、收集、出口出境活动均需提交
4	伦理委员会同意批件	复印件	1	纸质和电子	纸质盖章	开展采集、收集、出口出境活动均需提交
5	采集、收集、转运合作协议文本草案（如有合作方）	复印件	1	纸质和电子	纸质	开展采集和收集活动需提供
6	国际合作协议文本草案	复印件	1	纸质和电子	纸质	如有外方参加需提供

序号	提交材料名称	原件/复印件	份数	纸质/电子	要求	备注
7	食品药品监管总局出具的临床试验批件（CFDA）	复印件	1	纸质和电子	纸质盖章	涉及注册用药物或医疗器械临床试验的项目需提供
8	法律法规要求的其他材料	复印件	1	纸质和电子	纸质盖章	开展采集、收集、出口出境活动均需提交
注：申请书模版详见附件1。						

（二）申请材料提交

申请人通过网上申请平台提交电子版申请材料，纸质材料可通过窗口报送或邮寄方式提交：

1. 网上申请系统链接：http://www.cncbd.org.cn/TColumn/Detail/3428；

2. 窗口报送：科技部行政审批受理窗口（地址：北京市海淀区西四环中路16号院4号楼，科技部中国生物技术发展中心）；

3. 邮寄报送：科技部行政审批受理窗口（地址：北京市海淀区西四环中路16号院4号楼，科技部中国生物技术发展中心；邮编：100039；电话：010-88225151）。

九、申请接收

（一）接收方式

电子版申请材料通过网上申请平台接收，纸质版申请材料可通过窗口或邮寄方式接收：

1. 网上接收：http://www.cncbd.org.cn/TColumn/Detail/3428；

2. 窗口接收：科技部行政审批受理窗口（地址：北京市海淀区西四环中路16号院4号楼，科技部中国生物技术发展中心）；

3. 邮寄接收：科技部行政审批受理窗口（地址：北京市海淀区西四环中路16号院4号楼，科技部中国生物技术发展中心；邮编：100039；电话：010-88225151）。

（二）办公时间

工作日：8：00—11：30，13：30—17：00。

十、办理流程

申办流程示意图：

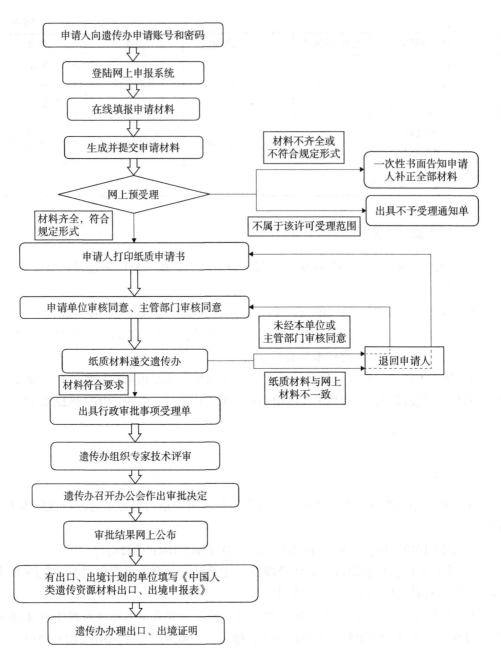

十一、办理方式

本行政许可按照一般程序办理，包括申请、受理、技术评审、决定和文书送达等。

(一) 网上申请

申请人通过"人类遗传资源采集、收集、买卖、出口、出境审批"网上申请平台提交电子版申请材料。

（二）网上预受理

遗传办收到申请人在线提交的电子版申请材料后，在 5 个工作日内完成审查。对申请材料齐全、符合规定形式的，通知申请人打印纸质材料；申请材料不齐全或不符合要求的，通过网上申请平台一次性书面告知申请人需要补正的全部内容。

（三）纸质申请材料递交

申请人将网上预受理的电子版申请材料打印后，按隶属关系报国务院有关部门或当地省级科技主管部门，经审查同意后，向遗传办递交纸质申请材料。

（四）纸质材料审查与受理

遗传办收到申请人递交的纸质申请材料后，在 5 个工作日内完成形式审查，对申请材料齐全、符合规定形式的申请，予以正式受理并出具受理单。申请材料不齐全或不符合规定形式的，退回申请人。

（五）技术评审

遗传办从人类遗传资源管理专家组中选取专家，对受理的申请项目进行技术评审，形成专家评审意见。

（六）办公会审批

遗传办召开办公会，审核专家评审意见，做出批准或不批准的决定。

（七）结果公开

遗传办以书面文件形式通知申请人，抄送其行政主管部门，并将审批结果在科技部网站公示。

（八）证书送达

申请人凭受理单前往行政审批受理窗口领取审批书或受理窗口以邮寄方式将审批书送达。

（九）出口、出境证明办理

涉及人类遗传资源出口、出境的申请，按照遗传办批准的样品出境计划填写中国人类遗传资源材料出口、出境申报表（模版见附件3），提交遗传资源提供者签署的知情同意书（复印件），经遗传办审核后办理人类遗传资源材料出口、出境证明。

十二、行政许可证件

（一）中国人类遗传资源的采集、收集、买卖、出口、出境审批书（样式见附件2）。

（二）中国人类遗传资源材料出口、出境证明（样式见附件 4）。

十三、审批时限

遗传办在受理单发出后三个月内（包括专家评审时间）签发审批书。因特殊情况确需延长审批时限的，经行政机关负责人批准，可以延长 10 个工作日，并将延长时限的理由告知申请人。

十四、结果送达

作出行政许可决定后，在 10 个工作日内，通过网上公告、电话通知方式告知申请人，并通过现场领取或邮寄方式，将审批书送达。

十五、审批收费

本审批事项不收费。

十六、申请人权利和义务

（一）依据《中华人民共和国行政许可法》、《人类遗传资源管理暂行办法》规定，申请人依法享有如下权利：

1. 对行政机关实施的行政许可，享有陈述权、申辩权；其合法权益因行政机关违法实施行政许可受到损害的，有权依法要求赔偿。

2. 申请人对审批决定有异议的，可以在收到通知之日起 60 日内向科技部申请行政复议，也可在收到通知之日起 6 个月内向人民法院提起诉讼。

（二）依据《中华人民共和国行政许可法》、《人类遗传资源管理暂行办法》规定，申请人申请行政许可，应当如实向行政机关提交有关材料并反映真实情况，对其申请材料实质内容的真实性负责。

申请人在行政申请过程中存在弄虚作假等行为的，科技部将终止对其申请的审查或撤销已作出的审批决定，书面通知其主管部门，并视情节根据《行政许可法》和《人类遗传资源管理暂行办法》追究其责任。

十七、咨询途径

（一）窗口咨询：科技部行政审批受理窗口（地址：北京市海淀区西四环中路 16 号院 4 号楼，科技部中国生物技术发展中心）；

（二）网上咨询：http://appweblogic.most.gov.cn/gzwd/gzwd_jsjg.jsp；

（三）信函咨询：科技部社会发展科技司（地址：北京市海淀区复兴路乙 15 号，科技部社会发展科技司，邮编 100862）；

（四）电子邮件咨询：sfs_zhc@most.cn；

（五）电话咨询：010-58881423，010-88225151。

十八、监督、投诉和举报渠道

（一）窗口投诉：科技部政策法规与监督司（地址：北京市海淀区复兴路乙 15 号）；

（二）电话投诉：科技部政策法规与监督司 010-58881765；

（三）网上投诉：http://appweblogic. most. gov. cn/gzwd/gzwd_jsjg. js；

（四）电子邮件投诉：zhengj@ most. cn；

（五）信函投诉：科技部政策法规与监督司（地址：北京市海淀区复兴路乙 15 号；邮编：100862）。

十九、办公时间和地址

办公时间：工作日 8：00—11：30，13：30—17：00。

地址 1：科技部中国生物技术发展中心（北京市海淀区西四环中路 16 号院 4 号楼）。

乘车路线：从地铁 1 号线五棵松站 B 口出，乘坐 627、634 或 568 路公交车至公交金沟河站。

地址 2：科技部社会发展科技司（北京市海淀区复兴路乙 15 号科学技术部）。

乘车路线：从地铁 1 号线军事博物馆站出，沿复兴路向西走 50 米至复兴路和柳林馆路交叉路口，沿柳林馆路向北 50 米路西。

二十、公开查询

自受理之日起，可通过电话方式（010-88225151）或科技部网上申报系统查询审批状态。

自受理之日起三个月后，可通过电话方式（010-88225151）或科技部官网上查询结果。

附1

申报编号：

人类遗传资源采集、收集、买卖、出口、出境审批
申请书

项目名称：_____

申请单位：_____

项目负责人：_____

项目联系人：_____

联系人电话：_____

联系人电子邮箱：_____

通讯地址：_____

年　　月　　日

中国人类遗传资源管理办公室制

填写说明

1. 申请人在填写申请书前，应仔细阅读《中国人类遗传资源管理暂行办法》及有关文件。

2. 按申请书的格式，逐项严肃、认真、实事求是地填写。

3. 填写申请书要求字迹工整、清晰，表达明确、严谨。

4. 本申请书所称主管部门是指国务院有关部门，或所在省、自治区、直辖市科技主管部门。

5. 申请书一式 1 份连同有关材料，经所在单位和主管部门审查签署意见后，报送中国人类遗传资源管理办公室。

　　地址：北京市海淀区西四环中路 16 号院 4 号楼，邮编：100039

6. 外文缩写首次出现时，请给出原文全称。

一、项目基本信息表

项目名称							
起始时间		年　　　月		终止时间		年　　　月	
申请活动类型	□A. 采集　　□B. 收集　　□C. 出口、出境（同时涉及多个活动类型的须多选）						
项目申请单位	名　称				组织机构代码		
	主管部门						
	单位所在地	省（直辖市、自治区）			邮　编		
	通讯地址						
	单位类别	□A. 科研院所　　□B. 高等院校　　□C. 医院　　□D. 其他医疗机构 □E. 企业　　　　□F. 其他（请说明：＿＿＿＿＿＿＿）					
项目负责人	姓　名		性　别		出生年月		年　　月
	学　位	□A. 博士　　□B. 硕士　　□C. 学士　　□D. 其他					
	职　称	□A. 高级　　□B. 中级　　□C. 初级　　□D. 其他					
	职　务				业务专长		
	电　话				E-mail		
中方参与单位（按实际情况填写，如无则不填，空格不够可另加行）		单位名称			单位性质		组织机构代码
外方合作单位（如无则不填）	名　称	中　文					
		英　文					
	地　址	中　文					
		英　文					
	项目负责人	姓　名				性　别	
		联系电话			E-mail		
	单位类别	□A. 科研院所　　□B. 高等院校　　□C. 医院　　□D. 其他医疗机构 □E. 企业　　　　□F. 其他（请说明：＿＿＿＿＿＿＿）					

二、工作目的及必要性

(对拟开展的涉及人类遗传资源的各项活动的目的及必要性进行阐述，包括工作目标、工作任务的来源及主要内容、设立该项工作的背景及国内外现状、申请开展的工作对人类健康、科技突破、经济发展的重要性和必要性等)

三、工作基础和条件

(一) 申请单位工作基础和条件

1. 前期工作基础(涉及采集和（或）收集活动的申请填写。主要说明与拟从事的人类遗传资源活动相关的工作基础，包括已经完成和正在开展的相关项目的数量和主要内容；已开展的采集或收集活动的规模、时间、涉及的受试者数量和人类遗传资源数量等；已开展活动所取得的科研成果和社会经济效益)

2. 拟从事人类遗传资源活动的人员及配套场所、设施和设备(涉及采集和（或）收集活动的申请填写。应阐明从事管理、实验操作、技术保障等的人员配备情况；介绍与拟从事活动相配套的场所的基本情况，如地点、面积、布局和功能单元等；列出与拟从事活动相配套的设施设备清单)

3. 相关管理制度及经费保障(涉及采集和（或）收集活动的申请填写。介绍申请单位制定的、与拟从事人类遗传资源活动相关的管理制度，如实验活动、操作、事故处置等方面的管理文件、手册、程序文件等；介绍活动经费的来源、数额等)

续表

（二）外方合作单位的研究开发实力和优势

（涉及有外方参与的采集、收集及出口出境活动的申请填写。介绍外方拥有的与拟开展活动相关的关键技术、设备、成果、理论或样本资源，重点说明与外方开展合作的必要性和理由）

四、工作方案

（一）采集方案（涉及采集活动的申请填写）

1. 拟采集的人类遗传资源的基本情况（阐述拟采集的人类遗传资源的类型、数量、遗传资源提供者的遗传表型特征或疾病类型等）

2. 具体采集方案（阐述人类遗传资源的采集地点、时间、流程、工作分工以及对采集活动的监管方式等）

（二）收集方案（涉及以保藏为目的的收集活动的申请填写）

1. 拟保藏的人类遗传资源的基本情况（阐述人类遗传资源的类型、数量、来源及获得途径）

2. 具体保藏方案（阐述遗传资源的保藏时限、地点、设施、流程、保藏资源的后续使用和监管方式、废弃样品的处理方法等）

（三）国际合作方案（涉及外方参与的采集、收集、出口、出境活动的申请填写）
1. **合作中涉及的人类遗传资源的基本情况**（阐述人类遗传资源的类型、数量、来源及获得途径）
2. **具体合作方案**（阐述拟开展的国际合作的合作期限、主要内容、分工及预期目标、剩余资源的处置方案等，重点说明通过国际合作如何提升中方的科研能力和水平，如加强人才培养、引进先进装备、技术和标准、提高科研组织管理水平等）
（四）出口出境方案（涉及出口出境活动的申请填写）
1. **拟出口出境的人类遗传资源的基本情况**（阐述人类遗传资源的类型、数量、来源及获得途径）
2. **具体出口出境方案**（阐述拟出口出境的人类遗传资源的具体用途、境外接收和保藏的地点及方式、联系人及联系电话、境外使用和保藏期限、剩余样本的处置方式等）

五、知识产权归属和分享的安排

(涉及有外方参与的人类遗传资源采集、收集、出口、出境活动的申请填写。阐述预期能够获得的知识产权（包括但不限于论文著作、专利、数据、标准、工艺流程、软件、产品等）的类型、数量及其分配、归属和使用方式；说明对可能出现的知识产权纠纷的预防和解决方案。知识产权分配和归属的描述要明确、具体、有效，应与合作各方的贡献相符并充分保护各方的利益，相关内容应与合作各方的合同文本相关条款一致）

六、人类遗传资源采集、收集和出口出境计划表

序号	人类遗传资源名称	海关商品编码（HS）	数量	单位/规格	遗传表型特征或疾病类型	涉及的活动类型	活动开展时间（年月）

注：1. 请按实际情况填写，空格不够可加行；
　　2. 涉及的活动类型：A. 采集　B. 收集　C. 出口、出境

七、审核意见

1. 申请单位意见

法定代表人签字：(必须有签字)

单位盖章：(必须有盖章)

年　月　日

2. 主管部门意见（该主管部门指省级科技行政主管部门或国务院有关部门）

负责人签字：(必须有签字)

单位盖章：(必须有盖章)

年　月　日

附2

国科遗办审字〔20××〕××号
人类遗传资源采集、收集、买卖、出口、出境审批书

××××：

按照《人类遗传资源管理暂行办法》的有关规定，根据专家评审意见，经我办审核，同意你单位申报的"××××××"项目开展人类遗传资源的××××活动，现批复如下：

1. 同意你单位采集的样本为：××××（样本名称）：××××（数量），××××（规格）。采集活动的执行期限为××××年×月－××××年×月。

2. 同意你单位以保藏为目的收集的样本为：××××（样本名称）：××××（数量），××××（规格）。样本保藏的期限为××××年×月－××××年×月。

3. 同意你单位与××××××开展国际合作，在合作中收集的样本为：××××（样本名称）：××××（数量），××××（规格）。国际合作的执行期限为××××年×月－××××年×月。

4. 同意你单位出境的样本为：××××（样本名称）：××××（数量），××××（规格）。出境期限为××××年×月－××××年×月。

5. 对外提供有关人类遗传资源时，要按规定办理出口、出境证明。提供"中国人类遗传资源材料出口、出境申报表"、审批书复印件和该批样本的知情同意书复印件。

中国人类遗传资源管理办公室
××××年×月×日

抄送：

国科遗办审字〔20××〕××号

人类遗传资源采集、收集、买卖、出口、出境审批书

××××：

按照《人类遗传资源管理暂行办法》的有关规定，根据专家评审意见，经我办审核，不同意你单位申报的"××××××"项目开展人类遗传资源的××××活动，原因如下：

1.
2.
3.

申请人对以上决定有异议的，可在收到通知之日起 60 日内向科技部申请行政复议，也可在收到通知之日起 6 个月内向人民法院提起诉讼。

中国人类遗传资源管理办公室

××××年×月×日

抄送：

附 3

人类遗传资源材料出口、出境申报表

编号：

拟出境遗传材料情况 （按实际情况填写， 可加行）	名　　称	数　　量	单位及规格	出境日期	HS 编码
出境口岸					
已批准的行 政许可事项	许可事项				
	批准文号				
申请单位	名　　称				
	通讯地址				
	联系人			电　话	
外方接受 单位信息	名称	中文			
		英文			
	地址	中文			
		英文			
	单位 类别	□A. 科研院所　□B. 高等院校　□C. 医院　□D. 其他医疗机构 □E. 企业　　　□F. 其他（请说明：＿＿＿＿＿＿）			
	负责人 信息	姓名		电话	
申请单位审查意见： （公　章） 法人代表签字（签章）： 年　月　日					

附4

人类遗传资源出口、出境证明

编号：

海关商品编码	人类遗传资源名称	数　量	规　格
3002909	××	××管	ml/管
以下空白	·		
出境口岸		有效期至	
申报单位			

中国人类遗传资源管理办公室 签章：	海关验放签注
经办人：×× 电　话：010-88225151 20××年××月××日	年　　月　　日

国家卫生健康委员会

医疗卫生机构开展研究者发起的临床研究管理办法

（国家卫生健康委员会、国家中医药管理局、
国家疾病预防控制局 2024 年 9 月 26 日公布）

第一章 总 则

第一条 为规范临床研究管理，提高临床研究质量，促进临床研究健康发展，提升医疗卫生机构诊断治疗、预防控制疾病的能力，根据《基本医疗卫生与健康促进法》《科学技术进步法》《医师法》《药品管理法》《医疗机构管理条例》《医疗器械监督管理条例》《涉及人的生物医学研究伦理审查办法》《涉及人的生命科学和医学研究伦理审查办法》等法律法规规定，制定本办法。

第二条 医疗卫生机构开展的研究者发起的临床研究（以下简称临床研究）是指医疗卫生机构开展的，以人（个体或群体）为研究对象（以下称研究参与者），不以药品、医疗器械（含体外诊断试剂）等产品注册为目的，研究疾病的病因、诊断、治疗、康复、预后、预防、控制及健康维护等的活动。

第三条 医疗卫生机构开展临床研究是为了探索医学科学规律、积累医学知识，不得以临床研究为名开展超范围的临床诊疗或群体性疾病预防控制活动。

临床研究过程中，医疗卫生机构及其研究者要充分尊重研究参与者的知情权与自主选择权。

第四条 医疗卫生机构及其研究者开展临床研究应当具备相应的能力和必要的资金保障。

第五条 医疗卫生机构是临床研究实施的责任主体，开展临床研究应当遵守有关法律法规、部门规章及有关规范性文件和技术准则、伦理规范的要求，制定切实有效的临床研究管理实施细则，建立健全保障科学、规范、有序开展临床研究的组织体系、质量体系、利益冲突防范机制和研究参与者权益保护机制，加强对临床研究的质量保证和全过程管理。积极支持和组织开展临床研究学术交流和培训。

医疗卫生机构应当结合自身实际，合理判断临床研究的风险，结合研究类型、干预措施等对临床研究实行分类管理。

第六条 临床研究的主要研究者对临床研究的科学性、伦理合规性负责，应当加

强对其他研究者的培训和管理，对研究参与者履行恰当的关注义务并在必要时给予妥善处置。

临床研究的主要研究者和其他研究者应当遵守科研诚信。根据有关法律法规、部门规章、有关规范性文件、技术准则、伦理规范及医疗卫生机构制定的规章制度要求，加强对临床研究过程的自查，及时如实报告有关事项。

第七条 省级及以上卫生健康行政部门应当设立专家委员会或遴选有关专业机构，全面掌握并定期梳理本行政区域内医疗卫生机构开展临床研究情况，通过专业学术指导、伦理审查监督、研究资金支持等方式，加强对临床研究的监督管理和统筹协调，支持和组织开展临床研究学术交流和培训，促进临床研究的质量提升和效能提高。

第八条 在突发公共卫生事件应急响应期间，根据突发公共卫生事件应急响应范围，省级及以上卫生健康行政部门或其确定的专业机构，可以在科学论证的基础上，牵头组织省域范围内或全国范围内的临床研究。

医疗卫生机构自主开展的临床研究与上述研究发生冲突时，医疗卫生机构应当优先保障完成上述研究，同时暂停医疗卫生机构自主开展的临床研究受试者新入组。

第二章　基本分类及原则性要求

第九条 根据研究者是否基于研究目的施加某种干预措施（以下简称研究性干预措施），临床研究可以分为观察性研究和干预性研究。

第十条 开展观察性研究，不得对研究参与者施加研究性干预措施，不得使研究参与者承担超出常规诊疗或疾病防控需要的额外健康（疾病）风险或经济负担。

除另有规定外，观察性研究应当通过伦理审查。

研究参与者因参加观察性研究接受超出常规诊疗或疾病防控需要的额外检查、检验、诊断等措施，可能造成的风险超出最小风险的，按照干预性研究管理。

第十一条 开展干预性研究，研究性干预措施应当符合医学的基本理论和伦理规范、具有扎实的前期研究基础、制定科学规范的研究方案和风险预案、通过科学性审查和伦理审查。

医疗卫生机构和研究者应当对干预性研究可能出现的风险进行评估，具备与风险相适应的处置能力，妥善保护干预性研究的研究参与者（以下简称受试者）的健康权益，不得违反临床研究管理规定向受试者收取与研究相关的费用，对于受试者在受试过程中支出的合理费用还应当给予适当补偿。

干预性研究一般由三级医疗机构、设区的市级及以上卫生机构牵头开展，其他医疗卫生机构可以参与干预性研究。

研究性干预措施为临床干预措施的，应当建立多学科研究团队，成员必须包括具备相应执业资格的医师，研究过程中涉及的医学判断、临床决策应当由其作出，原则上主要研究者须具备相应的医师执业资格。

第十二条 以手术和操作、物理治疗、心理治疗、行为干预、临床诊疗方案、群体性健康措施、生物医学技术等为干预措施的临床研究，应当使用已经批准上市的药品、医疗器械等产品并在产品批准的适用范围内或在符合产品临床应用指导原则的前提下开展。

第十三条　以上市后药品、医疗器械等产品为研究性干预措施的临床研究，一般在遵循产品临床应用指导原则、临床诊疗指南和说明书的前提下开展。

当同时满足下列条件时，对上市后药品、医疗器械等产品可以超出产品临床应用指导原则、临床诊疗指南和说明书开展干预性研究。

（一）由临床研究管理体系完备的三级甲等医院或与之具有相同医疗技术水平和医疗保障能力的医院牵头开展。

（二）针对严重危害人的生命健康或者严重影响生存质量且目前无确切有效干预措施的疾病，或者虽有确切有效的干预措施但不可获取或者研究性干预措施具有显著的卫生经济学效益。

（三）有体外实验手段、动物模型的，相关实验研究结果应当支持开展临床研究；或者观察性研究结果提示确有必要开展干预性研究。

（四）使用方法不超过现有说明书的用法用量，预期人体内药物浓度（或生物效应）可以达到有效浓度（或有效水平）；或者使用方法虽超过现有说明书用法用量但有充分证据证明其安全性、耐受性良好，或者具有明确的风险获益评估证据且具有良好风险控制措施。

第十四条　对已经得到充分验证的干预措施，不得开展无意义的重复性临床研究。

第三章　组织管理

第十五条　开展临床研究的医疗卫生机构应当设有临床研究管理委员会，并明确专门部门（以下称临床研究管理部门）负责临床研究管理。

医疗卫生机构应当明确临床研究管理人员，配备必要的条件保障。

第十六条　临床研究管理委员会由医疗卫生机构相关负责人、相关职能部门负责人和临床研究专家代表组成，负责医疗卫生机构临床研究的协调、服务、管理和监督。

第十七条　临床研究管理部门在临床研究管理委员会指导下，负责临床研究的立项审查、过程管理、质量管理、合同管理、结项管理和档案管理等工作，并协调科学性审查和伦理审查。

第十八条　医疗卫生机构应当制定临床研究科学性审查管理制度、细则和工作程序，对干预性临床研究组织开展科学性审查。

第十九条　医疗卫生机构应当按照《涉及人的生物医学研究伦理审查办法》《涉及人的生命科学和医学研究伦理审查办法》要求，建立医疗卫生机构伦理（审查）委员会，健全工作制度，提供工作条件，保障伦理（审查）委员会独立开展伦理审查。

第四章　立项管理

第二十条　临床研究实行医疗卫生机构立项制度，未经医疗卫生机构批准立项的临床研究不得实施。

根据法律法规要求，临床研究涉及行政审批、备案等法定事项但未依法办理的，医疗卫生机构不得批准研究者开展临床研究。

第二十一条 主要研究者应当制定临床研究方案，并按照要求向医疗卫生机构临床研究管理部门提交临床研究方案和相关资料，接受全程管理。

第二十二条 医疗卫生机构应当按照科学性审查制度、细则和工作程序，独立开展科学性审查。

科学性审查的内容应当包括研究的合理性、必要性、可行性，以及研究目的、研究假设、研究方法、干预措施、研究终点、研究安全性、样本量等。

科学性审查的专家应覆盖临床研究所属专业领域和研究方法学领域。干预性研究的科学性审查一般应当有医疗卫生机构外专家参加。

第二十三条 医疗卫生机构伦理（审查）委员会按照工作制度，对临床研究独立开展伦理审查，确保临床研究符合伦理规范。

第二十四条 临床研究管理部门应当对提交的材料进行审核。有以下情形之一的，不予立项：

（一）不符合法律、法规、规章及规范性文件要求的；

（二）干预性研究未通过科学性审查的；

（三）伦理审查不符合要求的；

（四）违背科研诚信规范的；

（五）研究前期准备不足，临床研究时机尚不成熟的；

（六）临床研究经费不足以完成临床研究的；

（七）药品、器械等产品不符合使用规范的；

（八）临床研究的安全风险超出实施医疗卫生机构和研究者可控范围的；

（九）可能存在商业贿赂或其他不当利益关系的。

研究者应当签署利益冲突声明并与研究方案等一并提交医疗卫生机构审查。

第二十五条 医疗卫生机构受其他机构委托、资助开展临床研究或者参与多中心临床研究的，应当与委托、资助机构或多中心临床研究牵头机构签订临床研究协议，明确各方权利、义务及责任分担等。

牵头机构对临床研究负主体责任，参与机构对本机构参与的临床研究内容负责。

参与机构应当根据自身情况对多中心研究中是否采用牵头机构科学性审查、伦理审查意见进行规定。

第二十六条 在医疗卫生机构立项审核通过时，临床研究的有关信息应当在国家医学研究登记备案信息系统（以下简称系统）按要求完成上传。鼓励医疗卫生机构和研究者在临床研究提出、科学性审查、伦理审查、立项审核等环节，实时在系统上传临床研究有关信息。

研究者应当如实、准确、完整填写临床研究信息，临床研究管理部门、伦理（审查）委员会等应当分别在系统填写并上传科学性审查、伦理审查和医疗卫生机构立项审核意见。

医疗卫生机构应当对临床研究信息的真实性、准确性、完整性等进行审核，并对相关内容负责，医疗卫生机构审核后完成信息上传。

在系统填写临床研究信息，应当使用规范汉字，涉及专业术语的应当符合学术规范。

完成信息上传的临床研究由系统统一编号。在临床研究结果总结、结项报告、论文发表时应当注明系统统一编号。

第二十七条　多中心研究由牵头医疗卫生机构的研究者在系统填写，牵头机构和参与机构的临床研究管理部门、伦理（审查）委员会根据要求在系统上确认或上传有关补充材料、提交审核意见，并分别对有关信息的真实性、准确性、完整性负责。

第二十八条　完成信息上传的临床研究有关信息，通过系统或国家卫生健康委明确的平台向社会公开，接受同行和社会监督。

第五章　财务管理

第二十九条　医疗卫生机构应当根据国家法律法规规定和文件要求，建立临床研究经费管理制度，对批准立项的临床研究经费纳入单位收支进行统一管理，专款专用。

医疗卫生机构内设科室、部门和个人不得私自收受临床研究经费及物品。

第三十条　研究者应当严格执行本医疗卫生机构规章制度，合理使用研究经费，不得擅自调整或挪作他用。

第三十一条　医疗卫生机构或研究者严禁违规向研究参与者收取与研究相关的费用。

第六章　实施管理

第三十二条　研究者应当严格按照批准的方案开展临床研究，稳慎、积极推动临床研究开展，如实记录临床研究过程和结果并妥善保存，配合医疗卫生机构及卫生健康行政部门完成对临床研究的监督检查。

第三十三条　在研究过程中，研究者需要对已立项的临床研究项目进行变更的，应当向医疗卫生机构临床研究管理部门报告。

临床研究管理部门应当按照科学性审查和伦理审查制度组织评估，对涉及研究目的、研究方法、主要研究终点、统计方法以及研究参与者等实质修改的，应当重新进行科学性和伦理审查。

对需要重新审查的，应当及时启动审查。

第三十四条　研究者可以申请暂停或终止临床研究。

申请暂停或终止临床研究的，应当向临床研究管理部门报告并说明原因。医疗卫生机构应当按照临床研究全过程管理制度，作出是否同意暂停或终止的决定。

暂停或终止的干预性临床研究，已经有受试者入组的，医疗卫生机构及研究者应当制定方案，妥善保障已经入组受试者的权益。

第三十五条 医疗卫生机构应当对临床研究给予必要的人力、财力和其他资源方面的支持；同时对临床研究实施全过程监管，定期组织开展核查。主要研究者应当对负责的临床研究定期自查，确保临床研究的顺利进行。

第三十六条 医疗卫生机构应当加强临床研究的安全性评价，制定并落实不良事件记录、报告和处理相关的规章制度和规范标准，根据不良事件的性质和严重程度及时作出继续、暂停或者终止已经批准的临床研究的决定，并妥善保障已经入组受试者的权益。

第三十七条 医疗卫生机构应当建立受试者争议和投诉的处理机制，科学判定是否有损害及其产生的原因，合理划分责任，按照约定或有关管理规定，对受到损害的受试者进行合理的补偿或赔偿。

医疗卫生机构应当建立受试者和研究参与者损害风险预防、控制及财务保障机制。

第三十八条 临床研究过程中出现如下情形之一的，在充分考虑受试者安全的前提下，医疗卫生机构应当暂停或者终止研究。

（一）存在违反法律法规、规章的行为；

（二）存在违背伦理原则或科研诚信原则的行为；

（三）研究过程中发现相关药品、医疗器械可能存在严重质量缺陷；

（四）发现临床研究存在严重安全风险；

（五）存在商业贿赂或其他不当利益关系；

（六）违规使用研究经费的行为。

第三十九条 医疗卫生机构应当建立临床研究源数据的管理体系，鼓励集中统一存储，保障临床研究数据在收集、记录、修改、存储、传输、使用和销毁等全生命周期的真实性、准确性、完整性、规范性、保密性，确保数据可查询、可溯源。

第四十条 医疗卫生机构应当加强临床研究档案管理，如实记录并妥善保管相关档案。自研究结束之日起，档案保存年限不少于 10 年。在确保安全的前提下，可以实行电子归档。

第四十一条 临床研究发生启动、方案调整、暂停、终止、完成等情形时，医疗卫生机构和研究者应当在系统及时更新临床研究信息。

第四十二条 临床研究实行结项报告制度。临床研究终止或完成时，研究者应当及时分析研究结果，形成全面、客观、准确的研究报告，并如实声明利益冲突情况。

临床研究管理部门应当对研究报告进行审核，并对该临床研究结项。

结项后的研究报告应当在系统上传，并向同行公开，加强学术交流。

第七章　监督管理

第四十三条 省级卫生健康行政部门应当依托系统加强辖区内临床研究的监测、

评估、分析，实施监督管理。跨省域开展的临床研究的监督管理，由牵头医疗卫生机构所在地省级卫生健康行政部门牵头实施，参与医疗卫生机构所在地省级卫生健康行政部门配合实施。

省级卫生健康行政部门发现医疗卫生机构违反本办法规定，应当要求其立即改正，停止违规开展的研究、妥善保护研究参与者权益；发现医疗卫生机构临床研究管理体系及临床研究过程管理存在系统性、结构性问题，应当要求医疗卫生机构暂停所有临床研究，进行整改；并按照相关法律法规给予行政处罚及处分。有关监督检查情况，应当定期通报。

被要求停止的临床研究，由省级卫生健康行政部门在系统更新该临床研究有关行政监管信息并予以公布。

第四十四条 省级及以上卫生健康行政部门设立的专家委员会或其遴选的专业机构，应当依托系统对辖区内医疗卫生机构开展的临床研究进行技术核查，对科学性不强、伦理不合规、研究过程管理不规范以及违反本办法有关规定的，应当及时建议其所在医疗卫生机构暂停或终止相关研究、妥善保护有关受试者的合法权益；发现医疗卫生机构临床研究技术管理体系及临床研究技术管理存在系统性、结构性问题，应当建议医疗卫生机构暂停所有临床研究，进行整改。

有关技术核查情况，应向有关卫生健康行政部门反馈并提出处理建议，定期向辖区医疗卫生机构通报。

第四十五条 医疗卫生机构应当加强本机构开展临床研究情况的监督检查，发现研究者擅自开展临床研究、实质性调整研究方案未经医疗卫生机构批准或者违规收受临床研究经费等，应当按照有关规定处理。

第四十六条 未经医疗卫生机构批准，研究者擅自开展临床研究、调整已批准研究方案或者违规收受临床研究经费的，省级卫生健康行政部门和医疗卫生机构应当按照相关规定予以相应处理；医疗卫生机构未履行监督管理职责的，由相关卫生健康行政部门依法处理。构成犯罪的，移交司法机关依法处理。

第八章　附　　则

第四十七条 干细胞临床研究按照《干细胞临床研究管理办法（试行）》管理。研究者发起的体细胞临床研究等参照《干细胞临床研究管理办法（试行）》管理。

第四十八条 中医临床研究的管理办法由国家中医药管理局另行制定。

第四十九条 本办法自 2024 年 10 月 1 日起施行，此前发布的有关规定，与本办法不一致的，以本办法为准。

体细胞临床研究工作指引（试行）

（国家卫生健康委员会委托中国医药生物技术协会 2023 年 8 月 18 日公布）

为促进医疗机构研究者发起的体细胞临床研究健康发展，加强对医疗机构开展体细胞临床研究工作的指导，依照《中华人民共和国药品管理法》、《医疗机构管理条例》等法律法规的精神，根据国家卫生健康委试点开展的《医疗卫生机构开展研究者发起的临床研究管理办法（试行）》，参照干细胞临床研究的管理程序和技术要求，结合体细胞临床研究特点，制订本指引。

一、适用范围

体细胞临床研究是指利用人自体或异体的成熟/功能分化细胞，经可能改变体细胞特性的体外操作后，如分离、纯化、激活、扩增培养、负载、遗传修饰、冻存和复苏等（不包括单纯分离），作为研究性干预措施回输（或植入）人体，用于疾病治疗的临床研究。本指引适用于由医疗机构的研究者发起的、非药品注册为目的的体细胞临床研究。

体细胞临床研究不同于药物临床试验，其研究的出发点不以上市为目的，而是基于其前期的研究基础开展的一种早期临床探索，用于回答某些科学问题或验证某些科学假设。

虽然体细胞临床研究的成果有可能对进一步的体细胞治疗产品和技术开发提供科学支持，但体细胞临床研究管理不能代替药物临床试验管理。对于以上市为目的的、有同类产品（针对同一适应症、同一个靶点的同一类型细胞制剂）已获得药物临床试验许可拟开展药物临床试验或者正在开展药物临床试验的体细胞制剂，已按药品申报和纳入药品管理的体细胞制剂的临床试验，以及已进入临床应用的体细胞制剂不适用本指引。

二、体细胞临床研究管理程序

医疗机构开展研究者发起的体细胞临床研究应当按要求在国家医学研究登记备案信息系统（以下简称信息系统）提交并上传信息，具体参照《干细胞临床研究管理办法（试行）》执行。

三、体细胞临床研究的要求

（一）开展体细胞临床研究的医疗机构须具备的条件

1. 开展体细胞临床研究的医疗机构应当具备与干细胞临床研究机构相当的下列条件：

（1）三级甲等医院，具有与所开展体细胞临床研究相应的诊疗科目。

（2）依法经过相关专业药物临床试验机构备案。

（3）属于医药领域全国重点实验室、国家临床医学研究中心依托的医疗机构，或者国家医学中心、转化医学国家重大科技基础设施建设单位，或者曾牵头承担国际多中心体细胞药物临床试验的医疗机构，或者牵头开展细胞药物临床试验并获得对应药品注册证书的医疗机构。

（4）体细胞临床研究需有来源合法，相对稳定、充足的研究经费。

（5）建立研究用体细胞制剂质量控制和质量受权人制度，具备全面的体细胞临床研究质量管理体系和独立的体细胞临床研究质量保证部门，具有完整的体细胞制剂院内质控和临床研究全过程质量管理及风险控制程序和相关文件（含质量管理手册、临床研究工作程序和标准操作规范等），具有体细胞临床研究审计体系，包括具备资质的内审人员和内审、外审制度。

（6）体细胞临床研究负责人和制剂质量受权人应当由机构主要负责人正式授权，具有正高级专业技术职称，具有良好的科研信誉。主要研究人员经过药物临床试验质量管理规范（GCP）培训，并获得相应资质。机构应当配置充足的具备资质的人力资源开展相应的体细胞临床研究，制定并实施体细胞临床研究人员培训计划，并对培训效果进行监测。

（7）具有与所开展体细胞临床研究相适应的、由高水平专家组成的学术委员会和伦理（审查）委员会。

（8）具有防范体细胞临床研究风险的管理机制和处理不良反应、不良事件的措施。

2. 医疗机构应当明确体细胞临床研究管理责任人和管理部门，并建立相应的管理制度。

3. 机构学术委员会应当由与开展体细胞临床研究相适应的、具有较高学术水平的机构内外专家组成，专业领域应当涵盖临床相关学科、体细胞基础和临床研究、体细胞制备技术、体细胞质量控制、生物医学统计、流行病学等。

已经完成干细胞临床研究备案的机构应当在机构学术委员会中补充上述相关体细胞领域专家。

4. 机构伦理（审查）委员会及其伦理审查活动，应当符合《涉及人的生命科学和医学研究伦理审查办法》的要求。

（二）体细胞临床研究须达到的技术要求

1. 基本要求

医疗机构应当按要求提供完整的体细胞临床研究材料，完成机构内立项程序，提供由机构法定代表人签字的说明材料。开展体细胞临床研究应当具备充分的科学依据，并具有稳定、充足的研究经费。医疗机构和研究团队应当具备与所开展研究相适应的资质和能力。

2. 体细胞制剂

临床研究使用的体细胞制剂，其制备应当遵循《药品生产质量管理规范》（GMP）的相关基本原则和要求，生产工艺相对稳定且质量可控。对于部分创新性的体细胞概念验证性临床研究，其生产工艺和质量标准可能仍处于发展完善过程中，研究用的体细胞应当至少满足制备工艺路线清晰、制剂无外源因子污染和相关已知风险因素得到良好控制等要求，且有全面的临床研究风险控制措施。

（1）应当建立与研究相适应的供者筛选标准。细胞或组织来自异体时，供者筛查和纳入排除标准应当包括供者既往病史（传染病史）、家族史（遗传病史）和肿瘤史等；传染病筛查及检测至少应当包括 HIV-1/2、HBV、HCV、梅毒螺旋体感染；如采集富含白细胞的样本，还应当进行 HTLV-1/2 及 CMV 的筛查及检测等内容；此外，还需对供者年龄、性别及一般健康检查有明确要求。如果细胞或组织来自自体，也建议进行传染病筛查，以建立防止细胞制备过程中交叉污染的措施。除此之外，细胞或组织的来源还应当合法合规并符合伦理要求。

（2）体细胞制剂提供方应当具备与体细胞制剂制备相适应的设施设备和人员，建立符合 GMP 基本原则的体细胞制备质量保证体系。制备车间/实验室各功能区设置合理，各功能区洁净度满足制备工艺需要。洁净度需经有资质的检测机构检测和/或洁净区环境监测，达到 GMP 的相关要求。如为基因修饰的体细胞制剂，同时应当具备与基因修饰载体制备相适应的设施设备、人员和质量保证体系。

（3）体细胞制剂制备所使用的原材料、辅料、包装材料的质量标准如细胞采集物、培养基、各种添加成分、冻存液、基因修饰/改造用物质、辅料和各种培养用材料等，应当能满足质量控制的要求，如商业来源培养基需由有资质的生产商提供组成成分及相关质量合格证明，滋养层细胞需对细胞来源的供体、细胞建立过程引入外源致病微生物的风险进行相关检测和质量控制等。

（4）具有从样品采集到细胞分离、扩增、细胞分级库、细胞冻存、细胞复苏、基因修饰、细胞制剂制备等完整、清楚的工艺路线图，并对制备的关键过程建立关键质量控制策略，对关键质量控制点的相关风险因素采取具体可行的质控措施。

如为基因修饰的体细胞制剂，还应当有基因修饰/改造载体制备的工艺流程图、关键工艺控制点及控制措施。

（5）体细胞制剂的制备工艺应当有一定的工艺研究数据支持，包括关键添加成份的比较，细胞不同培养或传代工艺研究、基因修饰工艺研究，制剂配方及保存稳定性等。研究者可以根据细胞制剂的特点，结合同类项目的研究经验，选择关键工艺开展研究，结合临床研究的使用方式开展初步的运输和使用稳定性研究，并有代表性批次的数据支持工艺具有一定的稳定性。

（6）体细胞制剂应当开展质量研究并制定相应的质量标准，质量标准的内容应当包括能体现细胞的常规特性、纯度和杂质、以及安全性和生物学效力等方面的质检指标及标准。体细胞制剂放行标准应当能反映细胞制剂的质量及安全信息的检测内容。质量检测的方法特别是与安全性相关的方法应当采用现行药典检测方法，如为非药典检测方法应当有方法研究及确认数据的支持。

如为基因修饰的体细胞制剂，还需对基因修饰/改造载体的生产工艺和质量工艺开展一定的研究，制定质量标准，或提供研究总结报告，能够在一定程度上反映产品在设计、生产及质量控制上的安全性及质量可控性。

（7）体细胞制剂原则上需由专业检验机构进行体细胞制剂的质量复核检验，并出具检验报告。如果不能提供或只能提供部分第三方的质量检验报告，需有自行完成的全面质量检验报告，其检测方法应当经过较充分的确认或验证。

（8）体细胞制剂标签、储存、运输和使用追溯规程可以保证制剂的质量和全程可追溯。不合格制剂处理、剩余制剂处理措施符合伦理和医疗废弃物处理相关规范。

3. 临床前研究

临床研究使用的体细胞制剂需完成必要的临床前研究，或已有临床研究数据支持开展相关临床研究。不同类型和用途的体细胞制剂需要完成的临床前研究要求可能不完全相同，对不同细胞制剂的临床前研究评价遵循具体情况具体分析的原则，一般包括：

（1）毒性研究

根据体细胞制剂的适应症和目标人群，依据细胞类型、作用机制以及安全性风险的程度，采用至少一种动物模型，开展相应的毒性研究，给药方案应当最大程度地模拟临床拟用给药方案，给药途径、给药频率和给药期限应当能适当反映临床使用情况。在有充分科学性原理的支持下，有些研究可以与药效、药代等研究进行整合。研究用样品一般应当为与临床研究用制剂具有一致性的人源细胞制剂，对于安全性风险较小的或者有前期人体研究资料的细胞制剂，例如非基因修饰的自体细胞制剂，且因动物模型局限无法外推安全性的情况下，也可以采用动物源性替代细胞，在与细胞来源一致的、免疫系统健全的动物体内进行相关毒性研究，但动物源性细胞的工艺流程、质量属性和质控标准应当与人源细胞制剂一致。毒性研究指标应当包含一般毒性指标，以及基于目标人群特征和细胞特征的毒性指标。

（2）制剂安全性研究

制剂安全性研究包括体细胞制剂的局部刺激性（可伴随）和体外溶血研究。制剂安全性研究用样品应当为拟临床研究使用的人源细胞制剂。

（3）免疫反应研究

针对体细胞制剂的特点，进行相关免疫反应研究，观测细胞或其分泌物的免疫毒性或免疫原性。体细胞制剂的免疫反应研究通常是检测相关细胞因子，对于表达（分泌）外源蛋白的细胞类产品，如果动物模型适合，需要进行相关的免疫反应（免疫毒性/免疫原性）检测。异常免疫反应研究可以整合在药效和/或毒性研究中进行。

（4）成瘤性和致瘤性/致癌性研究

成瘤性和致瘤性/致癌性研究包括体外研究和动物体内研究，目的是考察细胞产品在体内（外）是否具有潜在的自身形成肿瘤或导致机体细胞形成肿瘤的作用。临床前毒理学中的体外成瘤性研究目前通常采用软琼脂克隆试验，体内研究通常包括皮下给予细胞的成瘤性研究和采用受试物临床拟用给药途径进行的长期致瘤性/致癌性研究。对于风险较小的非基因修饰自体细胞制剂，可在有充分科学判断的前提下减免或者只开展体外成瘤性相关研究。对于有一定风险的基因修饰自体细胞制剂，可视其风险等级，在临床研究前或临床研究进行过程中分阶段提供体外和/或体内成瘤性和致瘤性/致癌性研究数据。长期致瘤性/致癌性试验一般考虑使用免疫缺陷的啮齿类动物模型，需包含最大可行剂量、受试物应当到达拟定的临床治疗部位、且在足够长的试验周期下进行。

（5）药代动力学研究

根据细胞产品本身的特点和作用机制，例如，异体或自体、是否有基因修饰、是否为靶向性作用等，在技术可行的前提下，可以采用至少一种动物种属或模型开展体细胞的药代动力学研究（具体可选择内容参见《细胞治疗产品研究与评价技术指导原则》（试行）以及《基因修饰细胞治疗产品非临床研究技术指导原则（试行）》）。传统的药代动力学研究方法可能不适用于体细胞治疗产品的研究，应当根据研究目的及检测指标的临床价值建立和采用合适的生物分析方法并设计适当的检测指标。实验可以单独开展，也可以伴随毒性或概念验证性研究/药效学研究同步开展。

（6）其他安全性研究

依据细胞制剂的特性，对于存在特殊风险的情况还应当开展生殖毒性、遗传毒性等其它安全性临床前评价。对于采用基因修饰/改造的细胞治疗产品，需关注有复制能力的病毒的产生和插入突变，特别是致癌基因的活化等特性带来的安全性风险。

（7）药效学研究

包括体外研究和动物模型研究。与适应症相关的体外研究，主要是对体细胞的药效和机理进行概念性验证。动物模型研究采用至少一种动物模型评估体细胞制剂体内药效和治疗机理，对剂量-效应关系、治疗有效性指标和替代生物标记物指标和指标的时效性等开展合理观察；研究用样品应当与临床研究用制剂具有一致性。

因动物种属、疾病模型构建、动物实验数据外推存在局限性等特殊情况下，可以只完成概念性验证研究。

4．研究方案

（1）研究选题恰当

研究选题应当有充分的科学依据，适应症选择是针对尚无有效干预措施的、严重威胁生命或严重影响生存质量的疾病，以及未被满足的重大临床需求；研究的科学问题明确、可行。

（2）研究设计合理

研究设计应当与研究目的、研究阶段相适应，研究进度安排合理。有符合研究目标的适应症、以及病例选择和排除标准，受试者纳入排除标准清晰、合理，并能够在研究期间纳入充足的受试者。研究方案应当对干预进行详细描述，包括细胞制剂的细胞类型、剂量、给药途径、间隔和频率、疗程和设定依据等，研究性干预措施应当与研究目的相适应且具有可行性。如需对照组，应当合理设置。临床研究应当包含安全性和有效性等评价指标，主要评价指标恰当，并与研究目的相吻合，疗效评价标准应当包含该疾病领域公认的疗效指标，所有指标的测量描述规范、可行。病例报告表（CRF）内容全面，并与临床研究方案一致。对临床研究数据和细胞样本有质量监督和保存制度，统计分析方案科学完整。

（3）风险可控

开展临床研究前，应当对研究中潜在或可能的风险进行详细分析和评估，并制定有效的降低风险的控制方案和措施。应当制定退出标准、研究终（中）止标准，并为受试者购买第三方保险。制定完善的不良反应记录要求和严重不良事件报告方法、处理措施，如果受试者在研究过程中出现严重不良事件，应当及时妥善救治受试者，并于24小时内报告机构学术、伦理（审查）委员会，必要时需暂停研究。研究是否继续开展的决定须经机构学术和伦理（审查）委员会同意。

5．伦理合规

体细胞临床研究应当通过机构伦理（审查）委员会的审查，符合伦理准则和规范，供者和受试者的权益须得到充分保障。

（1）审查程序规范

机构伦理（审查）委员会的成员组成应当符合要求，伦理（审查）委员会委员参加审查应当有签到，出席和表决委员人数应当符合伦理审查制度和相关规范的要求，利益冲突管理符合规范。伦理审查批件/意见的内容应当全面，审查意见应当与国家法规或伦理准则保持一致。机构伦理（审查）委员会如对研究有修改建议，研究负责人应当按照意见进行修改；如需修改后重审，应当完成重审并形成重审意见和记录。

（2）知情同意书内容符合伦理规范

供者知情同意书样稿内容应当涵盖采集的目的、方法、费用、用途、风险、隐私保护和权利等。受试者知情同意书样稿应当对研究背景、目的、方法、费用、赔偿和补偿、潜在风险、受益、隐私保护和退出机制等有明确说明。知情同意书应当语言通俗、清晰和准确，符合伦理规范。

（3）受试者和供者保护措施得当

应当充分考虑研究的风险和受益。研究方案和风险控制措施应当能有效保护受试者和供者的安全和权利，保护隐私权和个人信息，受试者选择具有科学的依据且公平，受试者和供者能够在研究的任何阶段自愿退出且自身权益不会受到损害。

四、开展体细胞临床研究需要在信息系统上传的材料

（一）体细胞临床研究机构材料

医疗机构开展体细胞临床研究时应当按照附件一的材料目录提供机构相关材料，并满足以下要求：

（1）机构体细胞临床研究管理主要负责人如果非机构法定代表人，应当获得机构法定代表人的授权。质量受权人为医疗机构内负责研究用体细胞制剂质量管理和院内放行的人员，应当获得机构履职的授权，需重点提供质量受权人从事体细胞制备或产品质量控制相关的工作简历。

（2）有关机构学术委员会和伦理（审查）委员会组成的材料需包括全体委员姓名、性别、职称和专业领域等信息。

（3）体细胞制剂院内管理制度应当包含医疗机构对临床研究用体细胞制剂如何实施质量管理的内容。

（4）医疗机构承担国家和省级体细胞相关研究重大课题相关材料需提供课题名称、承担单位、课题负责人、起止时间和是否结题等信息，并附课题任务批件复印件等。

（二）体细胞临床研究相关材料

医疗机构开展体细胞临床研究应当按照附件二的材料目录提供相关材料，并提供机构学术委员会和伦理（审查）委员会的审核意见。如为修改或补充后再次提交，应当提供详细的修改和补充说明，并满足以下要求：

（1）立项说明是体细胞临床研究完成医疗机构内部立项的说明材料，内容应当包括研究是否已经机构立项、对临床研究实施全过程管理的承诺，须由医疗机构法定代表人亲笔签字并加盖机构公章。申报材料诚信承诺书是研究负责人对所报送材料以及相关研究数据的真实性与合规性的诚信承诺，需由研究负责人签字。

（2）临床研究经费情况应当对体细胞临床研究的经费主要来源和预算金额进行说明，并提供相关材料。

（3）研究人员的名单和简历可包括体细胞临床研究、体细胞制剂制备和质量保证和/或质量控制人员。简历包括相关专业教育背景、相关工作经历、相关经验等，体细胞临床研究人员应当提供参加药物临床试验 GCP 培训情况。

（4）无论体细胞来源于自体还是异体的组织或细胞，均需提交供者筛选标准和供者知情同意书样稿。供者筛选标准应当根据前期研究结果明确描述供体标准确定的依

据及入选条件，包括供者健康状况要求、供者既往病史、个人史、家族史、疫区生活史等筛查以及供者健康指标检测（包括病原体检测等）。供者知情同意书的内容要写明采集方式和用途，对身体可能的伤害及发生伤害后的救护措施、补偿等。

（5）体细胞制备过程中主要原辅料标准需提供体细胞制剂制备过程中使用的主要原辅材料，包括细胞采集物、培养基、各种添加成分、冻存液、基因修饰/改造用物质及辅料信息。分别列出原材料清单和辅料清单，包括来源（包括药监管理部门批准情况和/或研发者或特定制备机构的质量检测记录、放行标准）和质量标准等内容。提供原辅料的质检报告（COA）或检验及放行记录，特别是生物源性材料的检验及放行记录。如上述成份的生产厂家已获国家监管部门批准临床应用，可以引用该批件。如上述成份未获批准临床应用，应当参照国家对相应产品的质控要求，提供质量标准，并对每批产品提供详尽的质量检定报告。

（6）体细胞制剂的制备工艺和工艺稳定性数据需提供体细胞制剂制备场地的总体布局图并注明各关键工艺环节的洁净度级别，提供制备及质控关键设备清单，提供制备工艺流程图并标明关键工艺控制点、控制参数及标准。工艺的主要研究及确认或验证资料如细胞培养及收获条件的优化；添加因子的筛选及浓度优化、基因修饰条件的优化、诱导条件的优化、制剂配方初筛以及具有代表性批次的工艺稳定性考察材料。提供所有质量管理及标准操作规程（SOP）清单。

体细胞质量控制标准和制定依据需提供质量研究的资料、体细胞的制剂质量标准和放行标准，并说明相关标准制定的依据。

如果为基因修饰的体细胞制剂，还应当提供基因修饰/改造载体制备的工艺流程图、关键工艺控制点和控制措施，及其质量标准、关键属性的控制方法和一定的方法确认数据。

（7）体细胞制备的完整记录需至少提供一批具有代表性批次的体细胞制剂制备的完整制备记录，包括采集、培养、基因修饰、制剂配制、质检、放行及存储等操作的记录和检测报告复印件。如果制备涉及质粒和载体，还需提供质粒和载体的制备和检验记录。

（8）体细胞制剂原则上需提供委托具备对外提供质量检测服务资质的第三方检验的全面质量检验报告。如果不能提供，需提供自行完成的全面质量检验报告、检测方法和方法确认或验证数据等材料。

（9）临床前研究报告，包括安全性和有效性评价。体细胞的临床前研究因细胞类型可能存在差异，安全性评价一般包括细胞毒性研究、制剂安全性研究、异常免疫反应研究、致瘤性和成瘤性研究、依据细胞制剂的特性需要开展的其他安全性研究和药代动力学研究；有效性评价包括体外研究和动物模型研究。

临床前研究报告应当有详细的研究数据，所使用的体细胞制剂在细胞类型、制备工艺和质量标准及稳定性方面尽可能与用于临床研究的体细胞制剂一致（如果不一致要说明，并评估其对预测人体反应的影响）。临床前研究报告内容应当包括国内外研究现状、研究用体细胞制剂的基础研究数据总结、有效性及安全性研究资料，并能为临床研究设计和实施方面提供重要指导意义。体细胞制剂临床前研究报告应当注明研究机构，临床前研究负责人、实验目的、实验方法、数据统计和实验结果等。研究报告需有承担临床前研究的单位公章。已开展体细胞临床研究并取得研究结果的，可一并提供已完成的临床研究报告或论文。临床研究报告需有研究单位公章。

（10）研究方案应当按要求提供内容。相关的研究设计可以参考国家药品监督管理局药品审评中心发布的相关临床试验指导原则，如《免疫细胞治疗产品临床试验技术指导原则（试行）》、《罕见疾病药物临床研究统计学指导原则（试行）》、《药物临床试验随机分配指导原则（试行）》等。

（11）临床研究风险预判和处理措施应当结合具体的临床研究方案对研究的风险进行分析，制定相关方案和实施细则，包括出现风险的处理、购买保险等。

（12）临床研究进度计划一般需以周为单位记录关键时间点，例如方案完成时间，制剂制备完成时间，第一次给药时间，最后一次给药时间，报告完成时间等。

（13）机构在提供学术委员会和机构伦理（审查）委员会审查意见时，相关材料应当能体现审核的过程，以阐明相关程序、参会人员和专家组成符合相关要求，如提供会议签到表、有专家签名的审查意见和记录，会议签到表应当包含专家姓名、工作单位、职称职务、专业领域等信息。

（14）利益冲突披露应当说明主要研究者、研究机构和制剂或资金提供方是否与研究开展存在利益冲突，以及对利益冲突的处理措施。

五、体细胞临床研究过程管理要求

开展体细胞临床研究须遵循 GCP 的基本原则和相关要求，不得向受试者收取或变相收取体细胞临床研究相关费用。严格按照纳入排除标准招募受试者，客观准确全面介绍临床研究存在的风险和获益。

（一）责任主体

开展体细胞临床研究的医疗机构是体细胞制剂和临床研究质量管理的责任主体，对体细胞临床研究负全面责任。医疗机构及其主要责任人，应当切实履行主体责任，负责机构内体细胞临床研究的日常监督管理，对体细胞制剂制备和临床研究全过程进行质量管理和风险管控。

1. *体细胞制剂质量管理*

（1）研究用体细胞制剂由医疗机构制备

医疗机构应当按照 GMP 的要求建立完整的体细胞制剂制备质量管理体系，配备相应的设施设备和人员，确保研究用的体细胞制剂符合质量标准。

（2）研究用体细胞制剂由合作机构制备

医疗机构应当在开展临床研究前对合作机构进行现场评估，确保合作机构的体细胞制备质量管理体系符合 GMP 的要求。并建立相应的机制，监督制备机构按照 GMP

要求制备符合质量标准的研究用体细胞制剂。同时，医疗机构需建立机构内研究用体细胞制剂统一管理制度。

2. 临床研究质量管理

医疗机构应当遵循 GCP 的原则，建立临床研究质量管理制度，监督研究团队严格按照研究方案开展研究和随访、记录和分析研究数据，如实报告研究结果，贯彻科研诚信要求。同时，监督研究团队按照研究风险防范预案，及时做好临床研究不良事件和不良反应的记录和处理。医疗机构可以设立独立的数据监察委员会，定期对临床研究的进展、安全性数据和重要的有效性终点进行评估，并向机构和研究者建议是否继续、调整或者停止研究。

医疗机构应当按照机构内外审制度的要求，在临床研究过程中适时开展体细胞临床研究质量和管理的审计，不断提高体细胞临床研究质量和管理水平。

（二）研究报告

医疗机构应当参照《干细胞临床研究管理办法（试行）》中有关研究报告制度的要求，及时上报临床研究中发生的严重不良事件和不良反应、研究进度和研究结果。

（三）技术核查

由国家和省级卫生行政管理部门参照《干细胞临床研究管理办法（试行）》开展。

六、体细胞临床研究的利益冲突管理

体细胞临床研究中的利益冲突可能存在于研究机构、研究者和体细胞制剂提供方之间。而利益冲突有可能影响到体细胞临床研究的立项、研究设计和实施、数据分析、结果发表和利用等方面，从而可能对立项、受试者的权益和安全性、以及研究的科学性和可靠性产生不当影响。因此，体细胞临床研究机构应当重视体细胞临床研究利益冲突的管理，建立相应的机制和制度，避免或减轻临床研究受到利益冲突的影响。

（一）建立利益冲突审查机制

体细胞临床研究机构应当建立临床研究的利益冲突审查机制，对体细胞临床研究主要研究人员、以及细胞和资金提供方等利益相关方开展利益冲突审查。利益冲突的识别主要通过分析研究的相关参与方是否存在因为其参与可能引起研究工作的偏倚，或引发对研究的客观公正性的怀疑。利益冲突可能与经济利益有关，也可能是非经济的收益。

1. 研究者的利益冲突

研究者的利益冲突主要表现为体细胞临床研究的负责人、主要研究人员、可以影响研究设计实施的研究人员等，由于存在与研究相关的个人利益，可能导致其在研究设计、实施、数据分析和结果发表等环节做出不科学、不客观的判断与决策，从而与受试者安全性和研究可靠性产生冲突，例如为加快研究进度，采用违背科学的研究设计或者采用突出细胞有效和安全性的知情同意书，或在临床研究中采取违背研究方案的措施控制研究的进展；为降低研究失败的可能性，影响不良事件和研究结果的报告等。

研究者的利益冲突多数与经济利益有关，如研究者持有细胞技术的专利或制剂提供机构的股份、股票，或在细胞制剂公司担任董事、顾问、领取报酬，或获得过其较大的研究资助等。研究者的利益有时还可能间接存在于其直系亲属包括配偶、子女、父母和兄弟姐妹等，这种情况也应当纳入研究者的利益冲突管理。

2. 研究机构的利益冲突

研究机构的利益冲突是指研究机构的利益或是代表该研究机构行使权利的核心管理层人员的利益可能影响临床研究的实施、审查或监督中的专业判断。研究机构的利益冲突有可能是经济的，如研究机构拥有研究产品的知识产权和相关利益、研究机构持有细胞制剂公司股权等。研究机构的利益冲突的表现形式也有可能为非经济的，如研究机构在不具备或满足研究的条件下，为了获得或提升在相关领域的学术地位，鼓励开展相关研究等。此外，对临床研究可以产生重大影响的研究机构核心管理层人员如果存在利益冲突，应当纳入研究机构的利益冲突管理。

3. 细胞和资金提供方的利益冲突

在体细胞临床研究中，细胞和资金提供方不可避免地或多或少地参与到临床研究的设计和实施中，如细胞制备、细胞的使用方案和临床研究监查员的聘请等。为获得有利的研究数据，细胞和资金提供方有可能通过参与临床研究设计、采用经济或变相的经济手段，来影响研究者或研究机构的独立性，从而可能使研究产生偏倚，导致利益冲突。

（二）合理管理利益冲突

研究机构应当加强临床研究利益冲突的审查，采取必要措施如回避和信息披露等，最大限度减少利益冲突对临床研究决策和实施的客观公正性产生不当影响。

1. 回避制度

体细胞临床研究机构应当建立临床研究立项审核和研究回避制度。医疗机构在进行立项审核时，与临床研究存在利益冲突的人员或机构的人员应当回避，必要时可以聘请院外专家进行独立审核。存在利益冲突的人员和机构，不得对审核人员的决策产生不当影响。与临床研究存在除必要的研究经费外的重大经济利益时，如有在提供体细胞制剂的制备机构持股、领取报酬或享有其他权益等情形，相关利益冲突人员原则上不得作为临床研究的负责人或主要研究人员。如果无法回避，应当同时配备与研究无利益冲突的研究人员共同实施研究，并聘请独立的临床研究监查员。

2. 信息披露

体细胞临床研究在申报、结题报告和论文发表时，研究人员应当进行利益冲突披露，以便审核人员、管理部门和同行对研究的科学性和可靠性做出判断。

附件 1

体细胞临床研究机构有关材料

一、医疗机构执业许可证书复印件。

二、医疗机构等级和药物临床试验机构备案说明材料。

三、机构体细胞临床研究组织管理体系（框架图）和各部门职责。

四、机构体细胞临床研究管理主要负责人、质量受权人资质，以及相关人员接受培训情况。

五、机构学术委员会和伦理（审查）委员会组成及其工作制度和标准操作规范。

六、体细胞制剂院内管理和质量受权人制度。

七、体细胞临床研究质量管理及风险控制程序和相关文件（含质量管理手册、临床研究工作程序和标准操作规范等）。

八、体细胞临床研究审计体系，内审、外审制度，内审人员资质。

九、防范体细胞临床研究风险的管理机制和处理不良反应、不良事件的措施。

十、医疗机构承担国家和省级细胞相关研究重大课题，以及国家临床医学研究中心，或相关领域的国家医学中心、转化医学国家重大科技基础设施建设单位的说明材料。

附录

体细胞临床研究有关材料

一、立项说明和申报材料诚信承诺书。

二、概述（包括研究简介、研究用细胞的技术路线介绍）。

三、临床研究经费情况。

四、研究人员的名单和简历（包括临床研究单位和制剂研制单位），体细胞临床研究质量管理手册。

五、供者筛选标准和供者知情同意书样稿。

六、体细胞制备过程中主要原辅料标准。

七、体细胞制剂及相关载体的制备工艺，质量控制标准和制定依据，以及工艺稳定性数据等。

八、体细胞及相关载体制备的完整记录和体细胞制剂质量检验报告。

九、体细胞制剂的标签、储存、运输和使用追溯方案。

十、不合格和剩余体细胞制剂的处理措施。

十一、临床前研究报告，包括细胞水平和动物实验的安全性和有效性评价。

十二、临床研究方案，应当包括以下内容：

1. 研究题目；

2. 研究目的；

3. 立题依据；

4. 预期效果；

5. 研究设计；

6. 受试者纳入、排除标准和分配入组方法；

7. 所需的病例数；

8. 体细胞制剂的使用方式、剂量、时间及疗程，如需通过特殊手术导入治疗制剂，应当提供详细操作流程；

9. 中止和终止临床研究的标准；

10. 疗效评定标准；

11. 不良事件的记录要求和严重不良事件的报告方法、处理措施；

12. 病例报告表样稿；

13. 研究结果的统计分析；

14. 随访的计划及实施办法。

十三、临床研究风险预判和处理措施，包括风险评估报告、控制方案及实施细则等。

十四、临床研究进度计划。

十五、资料记录与保存措施。

十六、受试者知情同意书样稿。

十七、研究者手册。

十八、知识产权相关文件。

十九、利益冲突披露。

二十、研究机构法定代表人同意研究实施的承诺函。

涉及人的生命科学和医学研究伦理审查办法

（国家卫生健康委员会、教育部、科学技术部、
国家中医药管理局 2023 年 2 月 27 日公布）

第一章 总　　则

第一条　为保护人的生命和健康，维护人格尊严，尊重和保护研究参与者的合法权益，促进生命科学和医学研究健康发展，规范涉及人的生命科学和医学研究伦理审查工作，依据《中华人民共和国民法典》《中华人民共和国基本医疗卫生与健康促进法》《中华人民共和国科学技术进步法》《中华人民共和国生物安全法》《中华人民共和国人类遗传资源管理条例》等，制定本办法。

第二条　本办法适用于在中华人民共和国境内的医疗卫生机构、高等学校、科研院所等开展涉及人的生命科学和医学研究伦理审查工作。

第三条　本办法所称涉及人的生命科学和医学研究是指以人为受试者或者使用人（统称研究参与者）的生物样本、信息数据（包括健康记录、行为等）开展的以下研究活动：

（一）采用物理学、化学、生物学、中医药学等方法对人的生殖、生长、发育、衰老等进行研究的活动；

（二）采用物理学、化学、生物学、中医药学、心理学等方法对人的生理、心理行为、病理现象、疾病病因和发病机制，以及疾病的预防、诊断、治疗和康复等进行研究的活动；

（三）采用新技术或者新产品在人体上进行试验研究的活动；

（四）采用流行病学、社会学、心理学等方法收集、记录、使用、报告或者储存有关人的涉及生命科学和医学问题的生物样本、信息数据（包括健康记录、行为等）等科学研究资料的活动。

第四条　伦理审查工作及相关人员应当遵守中华人民共和国宪法、法律和有关法规。涉及人的生命科学和医学研究应当尊重研究参与者，遵循有益、不伤害、公正的原则，保护隐私权及个人信息。

第二章 伦理审查委员会

第五条 开展涉及人的生命科学和医学研究的二级以上医疗机构和设区的市级以上卫生机构（包括疾病预防控制、妇幼保健、采供血机构等）、高等学校、科研院所等机构是伦理审查工作的管理责任主体，应当设立伦理审查委员会，开展涉及人的生命科学和医学研究伦理审查，定期对从事涉及人的生命科学和医学研究的科研人员、学生、科研管理人员等相关人员进行生命伦理教育和培训。

第六条 机构应当采取有效措施、提供资源确保伦理审查委员会工作的独立性。

第七条 伦理审查委员会对涉及人的生命科学和医学研究进行伦理审查，包括初始审查和跟踪审查；受理研究参与者的投诉并协调处理，确保研究不会将研究参与者置于不合理的风险之中；组织开展相关伦理审查培训，提供伦理咨询。

第八条 伦理审查委员会的委员应当从生命科学、医学、生命伦理学、法学等领域的专家和非本机构的社会人士中遴选产生，人数不得少于 7 人，并且应当有不同性别的委员，民族地区应当考虑少数民族委员。

伦理审查委员会委员应当具备相应的伦理审查能力，定期接受生命科学和医学研究伦理知识及相关法律法规知识培训。

必要时，伦理审查委员会可以聘请独立顾问，对所审查研究的特定问题提供专业咨询意见。独立顾问不参与表决，不得存在利益冲突。

第九条 伦理审查委员会委员任期不超过 5 年，可以连任。伦理审查委员会设主任委员 1 人，副主任委员若干人，由伦理审查委员会委员协商推举或者选举产生，由机构任命。

第十条 伦理审查委员会委员、独立顾问及其工作人员应当签署保密协议，承诺对伦理审查工作中获知的敏感信息履行保密义务。

第十一条 伦理审查委员会应当接受所在机构的管理和研究参与者的监督。

第十二条 伦理审查委员会应当建立伦理审查工作制度、标准操作规程，健全利益冲突管理机制和伦理审查质量控制机制，保证伦理审查过程独立、客观、公正。

伦理审查委员会应预先制定疫情暴发等突发事件紧急情况下的伦理审查制度，明确审查时限。

第十三条 机构应当在伦理审查委员会设立之日起 3 个月内进行备案，并在国家医学研究登记备案信息系统上传信息。医疗卫生机构向本机构的执业登记机关备案。其他机构按行政隶属关系向上级主管部门备案。伦理审查委员会应当于每年 3 月 31 日前向备案机关提交上一年度伦理审查委员会工作报告。

伦理审查委员会备案材料包括：

（一）人员组成名单和委员工作简历；

（二）伦理审查委员会章程；

（三）工作制度或者相关工作规程；

（四）备案机关要求提供的其他相关材料。

以上信息发生变化时，机构应当及时向备案机关更新信息。

第十四条　机构开展涉及人的生命科学和医学研究未设立伦理审查委员会或者伦理审查委员会无法胜任审查需要的，机构可以书面形式委托有能力的机构伦理审查委员会或者区域伦理审查委员会开展伦理审查。受委托的伦理审查委员会应当对审查的研究进行跟踪审查。医疗卫生机构应当委托不低于其等级的医疗卫生机构的伦理审查委员会或者区域伦理审查委员会开展伦理审查。

省级卫生健康主管部门会同有关部门制定区域伦理审查委员会的建设和管理办法。区域伦理审查委员会向省级卫生健康主管部门备案，并在国家医学研究登记备案信息系统上传信息。

第三章　伦理审查

第十五条　伦理审查一般采取伦理审查委员会会议审查的方式。

第十六条　伦理审查委员会应当要求研究者提供审查所需材料，并在受理后 30 天内开展伦理审查并出具审查意见。

情况紧急的，应当及时开展伦理审查。在疫情暴发等突发事件紧急情况下，一般在 72 小时内开展伦理审查、出具审查意见，并不得降低伦理审查的要求和质量。

第十七条　涉及人的生命科学和医学研究应当具有科学价值和社会价值，不得违反国家相关法律法规，遵循国际公认的伦理准则，不得损害公共利益，并符合以下基本要求：

（一）控制风险。研究的科学和社会利益不得超越对研究参与者人身安全与健康权益的考虑。研究风险受益比应当合理，使研究参与者可能受到的风险最小化；

（二）知情同意。尊重和保障研究参与者或者研究参与者监护人的知情权和参加研究的自主决定权，严格履行知情同意程序，不允许使用欺骗、利诱、胁迫等手段使研究参与者或者研究参与者监护人同意参加研究，允许研究参与者或者研究参与者监护人在任何阶段无条件退出研究；

（三）公平公正。应当公平、合理地选择研究参与者，入选与排除标准具有明确的科学依据，公平合理分配研究受益、风险和负担；

（四）免费和补偿、赔偿。对研究参与者参加研究不得收取任何研究相关的费用，对于研究参与者在研究过程中因参与研究支出的合理费用应当给予适当补偿。研究参与者受到研究相关损害时，应当得到及时、免费的治疗，并依据法律法规及双方约定得到补偿或者赔偿；

（五）保护隐私权及个人信息。切实保护研究参与者的隐私权，如实将研究参与者个人信息的收集、储存、使用及保密措施情况告知研究参与者并得到许可，未经研究参与者授权不得将研究参与者个人信息向第三方透露；

（六）特殊保护。对涉及儿童、孕产妇、老年人、智力障碍者、精神障碍者等特定群体的研究参与者，应当予以特别保护；对涉及受精卵、胚胎、胎儿或者可能受辅助生殖技术影响的，应当予以特别关注。

第十八条 涉及人的生命科学和医学研究的研究者在申请初始伦理审查时应当向伦理审查委员会提交下列材料：

（一）研究材料诚信承诺书；

（二）伦理审查申请表；

（三）研究人员信息、研究所涉及的相关机构的合法资质证明以及研究经费来源说明；

（四）研究方案、相关资料，包括文献综述、临床前研究和动物实验数据等资料；

（五）知情同意书；

（六）生物样本、信息数据的来源证明；

（七）科学性论证意见；

（八）利益冲突申明；

（九）招募广告及其发布形式；

（十）研究成果的发布形式说明；

（十一）伦理审查委员会认为需要提交的其他相关材料。

第十九条 伦理审查委员会收到申请材料后，应当及时受理、组织初始审查。重点审查以下内容：

（一）研究是否违反法律法规、规章及有关规定的要求；

（二）研究者的资格、经验、技术能力等是否符合研究要求；

（三）研究方案是否科学、具有社会价值，并符合伦理原则的要求；中医药研究方案的审查，还应当考虑其传统实践经验；

（四）研究参与者可能遭受的风险与研究预期的受益相比是否在合理范围之内；

（五）知情同意书提供的有关信息是否充分、完整、易懂，获得知情同意的过程是否合规、恰当；

（六）研究参与者个人信息及相关资料的保密措施是否充分；

（七）研究参与者招募方式、途径、纳入和排除标准是否恰当、公平；

（八）是否向研究参与者明确告知其应当享有的权益，包括在研究过程中可以随时无理由退出且不会因此受到不公正对待的权利，告知退出研究后的影响、其他治疗方法等；

（九）研究参与者参加研究的合理支出是否得到了适当补偿；研究参与者参加研究受到损害时，给予的治疗、补偿或者赔偿是否合理、合法；

（十）是否有具备资格或者经培训后的研究者负责获取知情同意，并随时接受研究有关问题的咨询；

（十一）对研究参与者在研究中可能承受的风险是否有预防和应对措施；

（十二）研究是否涉及利益冲突；

（十三）研究是否涉及社会敏感的伦理问题；

（十四）研究结果是否发布，方式、时间是否恰当；

（十五）需要审查的其他重点内容。

第二十条 与研究存在利益冲突的伦理审查委员会委员应当回避审查。伦理审查委员会应当要求与研究存在利益冲突的委员回避审查。

第二十一条 伦理审查委员会批准研究的基本标准是：

（一）研究具有科学价值和社会价值，不违反法律法规的规定，不损害公共利益；

（二）研究参与者权利得到尊重，隐私权和个人信息得到保护；

（三）研究方案科学；

（四）研究参与者的纳入和排除的标准科学而公平；

（五）风险受益比合理，风险最小化；

（六）知情同意规范、有效；

（七）研究机构和研究者能够胜任；

（八）研究结果发布方式、内容、时间合理；

（九）研究者遵守科研规范与诚信。

第二十二条 伦理审查委员会可以对审查的研究作出批准、不批准、修改后批准、修改后再审、继续研究、暂停或者终止研究的决定，并应当说明理由。

伦理审查委员会作出决定应当得到超过伦理审查委员会全体委员二分之一同意。委员应当对研究所涉及的伦理问题进行充分讨论后投票，与审查决定不一致的意见应当详细记录在案。

第二十三条 经伦理审查委员会批准的研究需要修改研究方案、知情同意书、招募材料、提供给研究参与者的其他材料时，研究者应当将修改后的文件提交伦理审查委员会审查。

第二十四条 经伦理审查委员会批准的研究在实施前，研究者、伦理审查委员会和机构应当将该研究、伦理审查意见、机构审核意见等信息按国家医学研究登记备案信息系统要求分别如实、完整、准确上传，并根据研究进展及时更新信息。鼓励研究者、伦理审查委员会和机构在研究管理过程中实时上传信息。

国家卫生健康委应当不断优化国家医学研究登记备案信息系统。

第二十五条 对已批准实施的研究，研究者应当按要求及时提交研究进展、严重不良事件，方案偏离、暂停、终止，研究完成等各类报告。

伦理审查委员会应当按照研究者提交的相关报告进行跟踪审查。跟踪审查包括以下内容：

（一）是否按照已批准的研究方案进行研究并及时报告；

（二）研究过程中是否擅自变更研究内容；

（三）是否增加研究参与者风险或者显著影响研究实施的变化或者新信息；

（四）是否需要暂停或者提前终止研究；

（五）其他需要审查的内容。

跟踪审查的时间间隔不超过 12 个月。

第二十六条 除另有规定外，研究者应当将研究过程中发生的严重不良事件立即向伦理审查委员会报告；伦理审查委员会应当及时审查，以确定研究者采取的保护研究参与者的人身安全与健康权益的措施是否充分，并对研究风险受益比进行重新评估，出具审查意见。

第二十七条 在多个机构开展的研究可以建立伦理审查协作机制，确保各机构遵循一致性和及时性原则。

牵头机构和参与机构均应当组织伦理审查。

参与机构的伦理审查委员会应当对本机构参与的研究进行跟踪审查。

第二十八条 机构与企业等其他机构合作开展涉及人的生命科学和医学研究或者为企业等其他机构开展涉及人的生命科学和医学研究提供人的生物样本、信息数据的，机构应当充分了解研究的整体情况，通过伦理审查、开展跟踪审查，以协议方式明确生物样本、信息数据的使用范围、处理方式，并在研究结束后监督其妥善处置。

第二十九条 学术期刊在刊发涉及人的生命科学和医学研究成果时，应当确认该研究经过伦理审查委员会的批准。研究者应当提供相关证明。

第三十条 伦理审查工作应当坚持独立性，任何机构和个人不得干预伦理审查委员会的伦理审查过程及审查决定。

第三十一条 以下情形可以适用简易程序审查的方式：

（一）研究风险不大于最小风险的研究；

（二）已批准的研究方案作较小修改且不影响研究风险受益比的研究；

（三）已批准研究的跟踪审查；

（四）多机构开展的研究中，参与机构的伦理审查委员会对牵头机构出具伦理审查意见的确认等。

简易程序审查由伦理审查委员会主任委员指定两个或者以上的委员进行伦理审查，并出具审查意见。审查意见应当在伦理审查委员会会议上报告。

简易程序审查过程中，出现研究的风险受益比变化、审查委员之间意见不一致、审查委员提出需要会议审查等情形的，应调整为会议审查。

第三十二条 使用人的信息数据或者生物样本开展以下情形的涉及人的生命科学和医学研究，不对人体造成伤害、不涉及敏感个人信息或者商业利益的，可以免除伦理审查，以减少科研人员不必要的负担，促进涉及人的生命科学和医学研究开展。

（一）利用合法获得的公开数据，或者通过观察且不干扰公共行为产生的数据进行研究的；

（二）使用匿名化的信息数据开展研究的；

（三）使用已有的人的生物样本开展研究，所使用的生物样本来源符合相关法规和伦理原则，研究相关内容和目的在规范的知情同意范围内，且不涉及使用人的生殖细胞、胚胎和生殖性克隆、嵌合、可遗传的基因操作等活动的；

（四）使用生物样本库来源的人源细胞株或者细胞系等开展研究，研究相关内容和目的在提供方授权范围内，且不涉及人胚胎和生殖性克隆、嵌合、可遗传的基因操作等活动的。

第四章　知情同意

第三十三条　研究者开展研究前，应当获得研究参与者自愿签署的知情同意书。研究参与者不具备书面方式表示同意的能力时，研究者应当获得其口头知情同意，并有录音录像等过程记录和证明材料。

第三十四条　研究参与者为无民事行为能力人或者限制民事行为能力人的，应当获得其监护人的书面知情同意。获得监护人同意的同时，研究者还应该在研究参与者可理解的范围内告知相关信息，并征得其同意。

第三十五条　知情同意书应当包含充分、完整、准确的信息，并以研究参与者能够理解的语言文字、视频图像等进行表述。

第三十六条　知情同意书应当包括以下内容：

（一）研究目的、基本研究内容、流程、方法及研究时限；

（二）研究者基本信息及研究机构资质；

（三）研究可能给研究参与者、相关人员和社会带来的益处，以及可能给研究参与者带来的不适和风险；

（四）对研究参与者的保护措施；

（五）研究数据和研究参与者个人资料的使用范围和方式，是否进行共享和二次利用，以及保密范围和措施；

（六）研究参与者的权利，包括自愿参加和随时退出、知情、同意或者不同意、保密、补偿、受损害时获得免费治疗和补偿或者赔偿、新信息的获取、新版本知情同意书的再次签署、获得知情同意书等；

（七）研究参与者在参与研究前、研究后和研究过程中的注意事项；

（八）研究者联系人和联系方式、伦理审查委员会联系人和联系方式、发生问题时的联系人和联系方式；

（九）研究的时间和研究参与者的人数；

（十）研究结果是否会反馈研究参与者；

（十一）告知研究参与者可能的替代治疗及其主要的受益和风险；

（十二）涉及人的生物样本采集的，还应当包括生物样本的种类、数量、用途、保藏、利用（包括是否直接用于产品开发、共享和二次利用）、隐私保护、对外提供、销毁处理等相关内容。

第三十七条　在知情同意获取过程中，研究者应当按照知情同意书内容向研究参与者逐项说明。

研究者应当给予研究参与者充分的时间理解知情同意书的内容，由研究参与者作出是否同意参加研究的决定并签署知情同意书。

在心理学研究中，因知情同意可能影响研究参与者对问题的回答，而影响研究结果准确性的，在确保研究参与者不受伤害的前提下经伦理审查委员会审查批准，研究者可以在研究完成后充分告知研究参与者并征得其同意，否则不得纳入研究数据。

第三十八条 研究过程中发生下列情形时，研究者应当再次获取研究参与者的知情同意：

（一）与研究参与者相关的研究内容发生实质性变化的；

（二）与研究相关的风险实质性提高或者增加的；

（三）研究参与者民事行为能力等级提高的。

第五章 监督管理

第三十九条 国家卫生健康委会同有关部门共同负责全国涉及人的生命科学和医学研究伦理审查的监督管理。

国家卫生健康委负责全国医疗卫生机构开展的涉及人的生命科学和医学研究伦理审查监督，国家中医药局负责涉及人的中医药学研究伦理审查监督。教育部负责全国高等学校开展的涉及人的生命科学和医学研究伦理审查监督，并管理教育部直属高等学校相关工作。其他高等学校和科研院所开展的涉及人的生命科学和医学研究伦理审查的监督管理按行政隶属关系由相关部门负责。

县级以上地方人民政府卫生健康、教育等部门依据职责分工负责本辖区涉及人的生命科学和医学研究伦理审查的监督管理。

主要监督检查以下内容：

（一）机构是否按照要求设立伦理审查委员会，并进行备案；

（二）机构是否为伦理审查委员会提供充足经费，配备的专兼职工作人员、设备、场所及采取的有关措施是否可以保证伦理审查委员会独立开展工作；

（三）伦理审查委员会是否建立健全利益冲突管理机制；

（四）伦理审查委员会是否建立伦理审查制度；

（五）伦理审查内容和程序是否符合要求；

（六）审查的研究是否如实、及时在国家医学研究登记备案信息系统上传、更新信息；

（七）伦理审查结果执行情况；

（八）伦理审查文档管理情况；

（九）伦理审查委员会委员的伦理培训、学习情况；

（十）其他需要监督检查的相关内容。

各级卫生健康主管部门应当与同级政府各相关部门建立有效机制，加强工作会商与信息沟通。

第四十条 国家和省级卫生健康主管部门应当牵头设立同级医学伦理专家委员会或者委托相关机构承担同级医学伦理专家委员会工作，为卫生健康、教育等部门开展伦理审查及其监督管理提供技术支持，定期对辖区内的伦理审查委员会委员进行培训，协助同级卫生健康、教育等主管部门开展监督检查。

第四十一条 机构应当加强对本机构设立的伦理审查委员会开展的涉及人的生命科学和医学研究伦理审查工作的日常管理，定期评估伦理审查委员会工作质量和审查效率，对发现的问题及时提出改进意见或者建议，根据需要调整伦理审查委员会或者委员等。

第四十二条 机构应当督促本机构的伦理审查委员会落实县级以上政府相关部门提出的整改意见；伦理审查委员会未在规定期限内完成整改或者拒绝整改，违规情节严重或者造成严重后果的，其所在机构应当调整伦理审查委员会、撤销伦理审查委员会主任委员资格，追究相关人员责任。

第四十三条 任何单位或者个人均有权举报涉及人的生命科学和医学研究中存在的违反医学研究伦理、违法违规或者不端行为。

第四十四条 医疗卫生机构未按照规定设立伦理审查委员会或者未委托伦理审查委员会审查，擅自开展涉及人的生命科学和医学研究的，由县级以上地方卫生健康主管部门对有关机构和人员依法给予行政处罚和处分。

其他机构按照行政隶属关系，由其上级主管部门处理。

第四十五条 医疗卫生机构及其伦理审查委员会违反本办法规定，有下列情形之一的，由县级以上地方卫生健康主管部门对有关机构和人员依法给予行政处罚和处分：

（一）伦理审查委员会组成、委员资质不符合要求的；

（二）伦理审查委员会未建立利益冲突管理机制的；

（三）未建立伦理审查工作制度或者操作规程的；

（四）未按照伦理审查原则和相关规章制度进行审查的；

（五）泄露研究信息、研究参与者个人信息的；

（六）未按照规定进行备案、在国家医学研究登记备案信息系统上传信息的；

（七）未接受正式委托为其他机构出具伦理审查意见的；

（八）未督促研究者提交相关报告并开展跟踪审查的；

（九）其他违反本办法规定的情形。

其他机构按照行政隶属关系，由其上级主管部门处理。

第四十六条 医疗卫生机构的研究者违反本办法规定，有下列情形之一的，由县级以上地方卫生健康主管部门对有关机构和人员依法给予行政处罚和处分：

（一）研究或者研究方案未获得伦理审查委员会审查批准擅自开展研究工作的；

（二）研究过程中发生严重不良反应或者严重不良事件未及时报告伦理审查委员会的；

（三）违反知情同意相关规定开展研究的；

（四）未及时提交相关研究报告的；

（五）未及时在国家医学研究登记备案信息系统上传信息的；

（六）其他违反本办法规定的情形。

其他机构按照行政隶属关系，由其上级主管部门处理。

第四十七条 机构、伦理审查委员会、研究者在开展涉及人的生命科学和医学研究工作中，违反法律法规要求的，按照相关法律法规进行处理。

第四十八条 县级以上人民政府有关行政部门对违反本办法的机构和个人作出的行政处理，应当向社会公开。机构和个人严重违反本办法规定的，记入科研诚信严重失信行为数据库，按照国家有关规定纳入信用信息系统，依法依规实施联合惩戒。

第四十九条 机构和个人违反本办法规定，给他人人身、财产造成损害的，应当依法承担民事责任；构成犯罪的，依法追究刑事责任。

第六章 附 则

第五十条 本办法所称研究参与者包括人体研究的受试者，以及提供个人生物样本、信息数据、健康记录、行为等用于涉及人的生命科学和医学研究的个体。

第五十一条 本办法所称人或者人的生物样本包括人体本身以及人的细胞、组织、器官、体液、菌群等和受精卵、胚胎、胎儿。

第五十二条 涉及国家秘密的，在提交伦理审查和获取研究参与者知情同意时应当进行脱密处理。无法进行脱密处理的，应当签署保密协议并加强管理。未经脱密处理的研究不得在国家医学研究登记备案信息系统上传。

第五十三条 纳入科技伦理高风险科技活动清单的涉及人的生命科学和医学研究的伦理审查，还应当遵守国家关于科技伦理高风险科技活动伦理审查的相关要求。

第五十四条 本办法自发布之日起施行。本办法施行前，从事涉及人的生命科学和医学研究的机构已设立伦理审查委员会的，应当自本办法施行之日起 6 个月内按规定备案，并在国家医学研究登记备案信息系统上传信息。已经伦理审查批准开展的涉及人的生命科学和医学研究，应当自本办法实施之日起 9 个月内在国家医学研究登记备案信息系统完成上传信息。逾期不再受理。

附录

《涉及人的生命科学和医学
研究伦理审查办法》文件解读

（国家卫生健康委员会科技教育司 2023 年 2 月 27 日公布）

一、为什么出台《办法》?

坚持"人民至上、生命至上"的理念，为保护人的生命和健康，维护人格尊严，尊重和保护研究参与者的合法权益，促进生命科学和医学研究健康发展，规范涉及人的生命科学和医学研究伦理审查工作，根据《中华人民共和国民法典》《中华人民共和国基本医疗卫生与健康促进法》《中华人民共和国科学技术进步法》《中华人民共和国生物安全法》《中华人民共和国人类遗传资源管理条例》等，制定了《办法》。

二、涉及人的生命科学和医学研究具体包括哪些研究?

《办法》所称涉及人的生命科学和医学研究是指以人为受试者或者使用人（统称研究参与者）的生物样本、信息数据开展以下研究活动：

1）采用物理学、化学、生物学、中医药学等方法对人的生殖、生长、发育、衰老等进行研究的活动；

2）采用物理学、化学、生物学、中医药学和心理学等方法对人的生理、心理行为、病理现象、疾病病因和发病机制，以及疾病的预防、诊断、治疗和康复等进行研究的活动；

3）采用新技术或者新产品在人体上进行试验研究的活动；

4）采用流行病学、社会学、心理学等方法收集、记录、使用、报告或者储存有关人的涉及生命科学和医学问题的生物样本、信息数据（包括健康记录、行为等）等科学研究资料的活动。

三、哪些机构应当设立伦理审查委员会，主要考虑是什么?

《办法》规定，开展涉及人的生命科学和医学研究的二级以上医疗机构、设区的市级以上卫生机构（包括疾病预防控制机构、妇幼保健、采供血机构等）、高等学校、科研院所等应当设立伦理审查委员会。

主要考虑，机构设立伦理审查委员会，既是对机构研究管理能力的认定，也是机构应当履行的政策义务，为了有效保护研究参与者权益，充分体现涉及人的生命科学和医学研究伦理审查的专业性要求，做了以上规定。

四、其他机构开展涉及人的生命科学和医学研究是否需要伦理审查，如何开展伦理审查？

开展涉及人的生命科学和医学研究应当按照要求开展伦理审查。为实现对上述研究伦理审查的全面覆盖，《办法》规定，机构开展涉及人的生命科学和医学研究未设立伦理审查委员会或者伦理审查委员会无法胜任审查需要的，机构可以委托有能力的机构伦理审查委员会或者区域伦理审查委员会开展伦理审查，并要求受委托的伦理审查委员会应当对审查的研究开展跟踪审查。

鉴于医疗卫生机构主要开展临床研究，对风险控制的要求较高，《办法》同时要求，医疗卫生机构应当委托不低于其等级的医疗卫生机构的伦理审查委员会或者区域伦理审查委员会开展伦理审查的要求。

五、企业开展涉及人的生命科学和医学研究如何开展伦理审查？

《办法》规定，企业和机构合作开展研究的，机构应当充分了解研究的整体情况，通过伦理审查、开展跟踪审查。企业独立开展研究的，可以委托机构伦理审查委员会或区域伦理审查委员会，并通过跟踪审查实现延伸监管。

六、《办法》对特定人群有没有特别规定？

特定人群是伦理审查关注的重点。为强化保障特定研究参与者的权益，《办法》在伦理审查的基本要求中明确提出了"特殊保护"的要求，规定对涉及儿童、孕产妇、老年人、智力障碍者、精神障碍者等特定群体的研究参与者，应当予以特殊保护，对涉及受精卵、胚胎、胎儿或者可能受辅助生殖技术影响的，应当予以特别关注。

同时，《办法》规定：尊重和保障研究参与者或者研究参与者监护人的知情权和参加研究的自主决定权，不允许使用欺骗、利诱、胁迫等手段使研究参与者或者研究参与者监护人同意参加研究，允许研究参与者或者研究参与者监护人在任何阶段无条件退出研究。在知情同意专章进一步规定，研究参与者为无民事行为能力或者限制民事行为能力人的，应当获得其监护人的书面知情同意。获得监护人同意的同时，研究者还应该在研究参与者可理解的范围内告知相关信息，并征得其同意。

七、《办法》和《涉及人的生物医学研究伦理审查办法》，如何适用？

为加强医疗卫生机构涉及人的生物医学研究伦理审查工作的法制化建设，明确法律责任，原国家卫生计生委对 2007 年原卫生部发布的规范性文件《涉及人的生物医学研究伦理审查办法（试行）》进行了修订，以部门规章形式于 2016 年发布了《涉及人的生物医学研究伦理审查办法》（原卫生计生委令 11 号）。11 号令适用范围为开展涉及人的生物医学研究的各级各类医疗卫生机构，详细阐述了违反规定的行政处罚措施。

随着我国科技创新投入的持续加大和生物技术发展，高等学校、科研院所也越来越多地参与到涉及人的生命科学和医学研究中。党中央、国务院高度重视维护研究参与者权益，积极推进统一的伦理审查制度体系建设。为此，国家卫生健康委会同教育部、科技部、中医药局等有关部门制定了《办法》，为医疗卫生机构、高等学校、科研院所等开展相关研究提供统一的伦理审查制度遵循，并明确了监督检查的部门分工。

《办法》和11号令的主要制度框架、伦理审查方式、知情同意等总体上是一致的，并结合国家新出台的法律法规要求和高等学校、科研院所的实际对部分规定进行了细化和完善。在一定期限内，机构的具体伦理审查实践，可以以《办法》作为指导；对医疗卫生机构伦理审查的违规行为，各级卫生行政部门可以11号令为依据进行处理。我委将对《办法》和11号令并行的情况进行深入总结，并适时启动11号令的修订工作，进一步完善监管。其他机构违反规定，按照行政隶属关系由其上级主管部门处理。

八、对比《涉及人的生物医学研究伦理审查办法》，《涉及人的生命科学和医学研究伦理审查办法》有哪些调整？

《涉及人的生命科学和医学研究伦理审查办法》坚持了《涉及人的生物医学研究伦理审查办法》的基本原则和制度框架，主要包括：一是坚持机构主体责任，要求机构建立伦理审查委员会对开展的涉及人的生命科学和医学研究进行伦理审查；二是坚持知情同意和伦理审查两大支柱的制度；三是遵循国际公认的伦理准则，坚持基本的伦理要求。与此同时，结合实际情况，进行了优化完善，为不同研究主体开展涉及人的生命科学和医学研究提出了统一的遵循。

（一）扩大伦理审查适用范围，按照行政隶属关系明确部门监管职责。将"涉及人的生物医学研究"拓展为"涉及人的生命科学和医学研究"，将涉及人的生命科学研究纳入管理范围。扩展管理对象包括医疗卫生机构、高等学校、科研院所等，并按照行政隶属关系，明确伦理审查的监管职责。

（二）建立委托审查机制，允许委托有能力的伦理审查委员会开展伦理审查。一是建立委托审查机制，实现伦理审查全面覆盖。明确未设立伦理审查委员会的机构可以书面委托区域伦理审查委员会或者有能力的机构伦理审查委员会开展伦理审查；二是提出区域伦理审查委员会管理要求，是进一步提高伦理审查效率的重要探索。三是企业开展研究，可以通过委托伦理审查实现伦理审查监管，并明确监督管理责任。

（三）优化伦理审查规范，细化知情同意程序。一是细化对无行为能力、限制行为能力的研究参与者知情同意过程的规定。二是根据生物医学研究进展和生命伦理学进展，将"受试者"拓展为"研究参与者"，强化对人的尊重，扩大保护范围。三是平衡规范和创新，设立"免除伦理审查"制度安排。四是对伦理审查的时限作了细化规定，以进一步提高效率。

九、如何平衡好为科研人员减负与伦理审查之间的关系？哪些研究可以免除伦理审查？

考虑到基础研究活动大多不直接涉及人体试验，部分研究也并不直接涉及研究参与者的临床诊疗信息，借鉴国际通行的做法，为提高审查效率，减少科研人员不必要负担，《办法》规定了"在使用人的信息数据或者生物样本、不对人体造成伤害、不涉及敏感个人信息或者商业利益的前提下"，部分情形的涉及人的生命科学和医学研究可以免除伦理审查。主要包括：

1）利用合法获得的公开数据，或者通过观察且不干扰公共行为产生的数据进行研究的；

2）使用匿名化的信息数据开展研究的；

3）使用已有的人的生物样本开展研究，所使用的生物样本来源符合相关法规和伦理原则，研究相关内容和目的在规范的知情同意范围内，且不涉及使用人的生殖细胞、胚胎和生殖性克隆、嵌合、可遗传的基因操作等活动的；

4）使用生物样本库来源的人源细胞株或者细胞系等开展研究，研究相关内容和目的在提供方授权范围内，且不涉及人胚胎和生殖性克隆、嵌合、可遗传的基因操作等活动的。

体细胞治疗临床研究和转化应用管理办法（试行）
（征求意见稿）

（国家卫生健康委员会 2019 年 3 月 29 日公开征求意见，2019 年 4 月 14 日截止）

第一章 总 则

第一条 为满足临床需求，规范和促进体细胞治疗临床研究及转化应用，依照《中华人民共和国药品管理法》和《医疗机构管理条例》等法律法规，制定本办法。

第二条 体细胞治疗是指来源于人自体或异体的体细胞，经体外操作后回输（或植入）人体的治疗方法。这种体外操作包括细胞在体外的激活、诱导、扩增、传代和筛选，以及经药物或其他能改变细胞生物学功能的处理。

第三条 本办法适用于由医疗机构研发、制备并在本医疗机构内开展的体细胞治疗临床研究和转化应用。

按照本办法管理的体细胞治疗转化应用项目目录由国家卫生健康委制定并进行动态管理。

第四条 开展体细胞治疗临床研究和转化应用的医疗机构及其临床研究项目和转化应用项目均应当具备相应条件，在国家卫生健康委备案，并在备案项目范围内开展体细胞治疗临床研究和转化应用。

第五条 医疗机构是体细胞治疗临床研究和转化应用的责任主体，对体细胞制备的质量负责。

第六条 国家卫生健康委负责体细胞治疗临床研究和转化应用的管理工作，参照药品生产质量管理规范的核心技术标准组织制定和发布《体细胞治疗临床研究和转化应用技术规范》，组建体细胞治疗专家委员会，为体细胞治疗临床研究和转化应用规范管理提供技术支撑和伦理指导，建立和维护体细胞治疗临床研究和转化应用登记备案信息系统（以下简称备案信息系统）。

第七条 国家卫生健康委负责对体细胞治疗临床研究和转化应用备案医疗机构进行监督检查，省级卫生健康行政部门负责行政区域内备案医疗机构的日常监督管理，发现问题和存在风险时及时督促医疗机构采取有效处理措施，并报告国家卫生健康委。

第二章 医疗机构和项目备案管理

第八条 开展体细胞治疗临床研究和转化应用的医疗机构应当具备以下条件，并提交医疗机构备案材料（附件1）。

（一）三级甲等医疗机构，具备较强的医疗、教学和科研能力，具有与所开展体细胞治疗项目相应的诊疗科目并完成药物临床试验机构备案；

（二）承担过省级及以上科技部门或卫生健康行政部门立项的体细胞治疗领域研究项目；

（三）具有与开展体细胞治疗相适应的项目负责人、临床医师、实验室技术人员、质量控制人员及其他相关人员；

（四）具有符合《体细胞治疗临床研究和转化应用技术规范》要求，满足体细胞制备所需要的实验室以及相应的设施设备；

（五）建立体细胞治疗质量管理及风险控制制度体系，具有与所开展体细胞治疗相适应的风险管理和承担能力；

（六）成立学术委员会和伦理委员会，建立本医疗机构体细胞治疗临床研究和转化应用项目立项前审查制度。

第九条　体细胞治疗临床研究项目应当具备以下条件，并由医疗机构提交临床研究项目备案材料（附件2）。

（一）具备充分的科学依据，用于尚无有效干预措施的疾病，或用于严重威胁生命和影响生存质量的疾病，旨在提高现有治疗方法的疗效；

（二）适应证明确、临床研究设计合理，且有前期研究基础；

（三）通过本机构学术委员会的科学性审查和伦理委员会的伦理审查，并由医疗机构主要负责人审核立项；

（四）具有相应的项目研究经费支持。

第十条　体细胞治疗临床研究项目进入转化应用阶段应当具备以下条件，并由医疗机构提交转化应用项目备案材料（附件3）。

（一）在临床研究取得体细胞治疗安全性、有效性等证据的基础上，总结形成针对某种疾病（适应证）的治疗方案和技术标准（包括细胞治疗的种类/途径、治疗剂量/次数和疗程等）；

（二）通过本机构学术委员会的转化应用评估审查和伦理委员会的伦理审查；

（三）具有完善的体细胞治疗转化应用持续评估方案。

第十一条　医疗机构应当在备案信息系统登记并上传备案材料扫描件，同时将纸质件提交省级卫生健康行政部门。省级卫生健康行政部门自收到备案材料之日起15日内完成形式审核，提交国家卫生健康委。

第十二条　国家卫生健康委自收到备案材料之日起2个月内组织体细胞治疗专家委员会进行评估，向社会公示完成备案的医疗机构及临床研究或转化应用项目清单，接受社会监督。

经查不符合备案条件的，可整改后再次提交备案材料，整改期不少于6个月。

第十三条　医疗机构进行首次机构备案时，须同时提供医疗机构备案材料和临床研究项目备案材料。新增临床研究项目时，只需提交临床研究项目备案材料。

第十四条　参与多中心体细胞治疗临床研究项目的医疗机构，应当符合医疗机构备案条件，由牵头单位负责汇总提交医疗机构及临床研究项目备案材料。

第三章　项目过程管理与体细胞制备质量控制

第十五条　医疗机构应当严格按照《体细胞治疗临床研究和转化应用技术规范》开展体细胞治疗临床研究和转化应用。

第十六条　体细胞治疗临床研究项目经备案转入转化应用后，不得擅自扩大适应证范围。如果需要扩大适应证范围，医疗机构应当重新备案开展临床研究。

第十七条　医疗机构应当建立完备的体细胞治疗质量管理体系，保证体细胞制备质量的标准化和临床研究及转化应用方案实施的规范化。

第十八条　开展体细胞治疗临床研究和转化应用须遵循伦理原则和国家有关法律法规，涉及伦理问题时提交医疗机构伦理委员会讨论。

临床研究阶段不得向受试者收取任何研究相关费用。

第十九条　医疗机构应当根据信息公开原则，在备案信息系统上逐例报送体细胞治疗项目开展情况数据信息，公开项目进展和不良反应的发生及处置等有关情况，并对登记内容的真实性负责。

第二十条　医疗机构应当建立健全档案管理制度，有效管理分析体细胞治疗临床研究和转化应用有关数据信息，原始资料应当至少保存 30 年。

第二十一条　医疗机构应当建立完善的培训机制，对开展体细胞治疗临床研究和转化应用的人员进行业务和伦理学知识培训。

第二十二条　医疗机构对进入转化应用的项目，应当继续积累数据，开展系统评估，按年度进行总结，每年 1 月 20 日前向省级卫生健康行政部门提交上一年度工作报告。

第二十三条　体细胞制备应当符合《体细胞治疗临床研究和转化应用技术规范》的基本原则和相关要求。

第二十四条　体细胞制备应当优先采用已经获得批准用于人体的或符合药典标准的原材料，最大限度地降低制备过程中的污染、交叉污染，确保持续稳定地制备符合预定用途和质量要求的体细胞。

每批次制备的体细胞必须留样备查。

第二十五条　医疗机构应当授权体细胞制备质量受权人全权负责体细胞制备工艺全过程的质量，负责对制备的体细胞进行签批放行。未经体细胞制备质量受权人签批的体细胞不得应用于临床。

第四章　监督管理

第二十六条　国家卫生健康委采取飞行检查等方式对备案医疗机构和项目进行抽

查、专项检查或有因检查，并将检查结果公示。

第二十七条　省级卫生健康行政部门做好本辖区医疗机构开展体细胞治疗临床研究和转化应用的日常监督管理，每年向国家卫生健康委报送监督管理工作报告。

第二十八条　医疗机构中体细胞治疗临床研究和转化应用有以下情形之一的，省级卫生健康行政部门应当责令其暂停体细胞治疗临床研究或转化应用项目，整改期不少于 6 个月，并将有关情况报告国家卫生健康委。

（一）医疗机构体细胞治疗质量管理体系不符合要求；

（二）项目负责人和质量受权人不能有效履行其职责；

（三）不及时报告发生的严重不良反应或不良事件、差错或事故等；

（四）擅自更改临床研究或转化应用方案；

（五）不及时报送项目进展及结果；

（六）对随访中发现的问题未及时组织评估、鉴定，并给予相应的医学处理；

（七）体细胞制备不符合《体细胞治疗临床研究和转化应用技术规范》要求；

（八）其他违反本办法规定的行为。

第二十九条　医疗机构管理工作中发生下列行为之一的，国家卫生健康委将责令其停止体细胞治疗临床研究和转化应用，予以通报批评，并按照有关法律法规的规定进行处理。

（一）未完成备案擅自开展体细胞治疗临床研究和转化应用；

（二）整改不合格；

（三）违反临床研究规范和伦理原则；

（四）损害供者或受者权益；

（五）非法进行体细胞治疗的广告宣传等商业运作；

（六）其他严重违反本办法规定的行为。

第五章　附　　则

第三十条　医疗机构拟将产品申请药品注册的，参照国家药品监督管理部门发布的《细胞治疗产品研究与评价技术指导原则（试行）》进行自评，对符合药品注册有关技术要求、药物非临床研究质量管理规范以及临床试验质量规范等相关规定的，可按药品管理的有关程序申请临床试验，已获得的研究数据可以提交用于药品评价。

第三十一条　有专门管理办法的体细胞治疗按照现行规定执行。

第三十二条　本办法由国家卫生健康委负责解释，自发布之日起实施。

附件：1. 体细胞治疗医疗机构备案材料

　　　2. 体细胞治疗临床研究项目备案材料

　　　3. 体细胞治疗转化应用项目备案材料

附件1-1

体细胞治疗医疗机构备案材料

（一式两份）

一、体细胞治疗临床研究机构备案申请表及备案信息采集表。

二、医疗机构执业许可证书复印件。

三、药物临床试验机构备案证明复印件。

四、医疗机构体细胞临床研究组织管理体系（框架图）和各部门职责。

五、医疗机构体细胞临床研究管理主要责任人、质量受权人资质，以及相关人员接受培训情况。

六、医疗机构学术委员会和伦理委员会组成及其工作制度和标准操作规范。

七、体细胞制备标准操作规程和设施设备、人员条件。

八、体细胞临床研究质量管理及风险控制程序和相关文件（含质量管理手册、临床研究工作程序、标准操作规范和试验记录等）。

九、体细胞质量评价标准和检测设备设施情况。

十、防范体细胞临床研究风险的管理机制和处理不良反应、不良事件的措施。

十一、其他相关资料。

附件 1-2

体细胞治疗临床研究项目备案材料

（一式两份）

一、体细胞治疗临床研究项目备案申请表及备案信息采集表。

二、项目立项申报材料诚信承诺书。

三、项目伦理审查申请表及伦理审查批件。

四、临床研究经费情况。

五、研究人员的名单和简历，体细胞临床研究质量管理手册。

六、供者筛选标准和供者知情同意书样稿。

七、体细胞制备过程中主要原辅料标准。

八、体细胞制备的工艺，质量控制标准和制定依据，以及工艺稳定性数据等。

九、体细胞制备的完整记录和体细胞制备质量检验报告。

十、体细胞制备的标签、储存、运输和使用追溯方案。

十一、不合格和剩余的制备体细胞的处理措施。

十二、前期研究报告，包括体细胞治疗的临床前或临床安全性和有效性评价。

十三、临床研究方案，应当包括以下内容：

1. 研究题目；

2. 研究目的；

3. 立题依据；

4. 预期效果；

5. 研究设计（应当遵循随机、对照、前瞻的设计原则，包括受试者纳入、排除标准和分配入组方法，以及所需的病例数等）；

6. 所制备体细胞的使用方式、剂量、时间及疗程，如需通过特殊手术导入治疗制剂，应当提供详细操作过程；

7. 中止和终止临床研究的标准；

8. 疗效评定标准；

9. 不良事件的记录要求和严重不良事件的报告方法、处理措施；

10. 病例报告表样稿；

11. 研究结果的统计分析；

12. 随访的计划及实施办法。

十四、临床研究风险预判和处理措施，包括风险评估报告、控制方案及实施细则等。

十五、临床研究进度计划。

十六、资料记录与保存措施。

十七、受试者知情同意书样稿。

十八、研究者手册。

十九、相关知识产权证明文件。

二十、其他相关材料。

附件 1-3

体细胞治疗转化应用项目备案材料

（一式两份）

一、体细胞治疗项目转化应用备案申请书。

二、伦理审查申请表及医疗机构伦理审查批件。

三、医疗机构学术委员会审查意见。

四、项目临床研究报告和质控报告。

五、体细胞治疗转化应用方案。

六、体细胞治疗转化应用评估方案。

七、知情同意书样稿。

八、临床研究风险预判和处理措施，包括风险评估报告、控制方案及实施细则等。

九、不良事件的记录要求和严重不良事件的报告方法、处理措施。

十、体细胞制备的标签、储存、运输和使用追溯方案。

十一、不合格和剩余体细胞制备的处理措施。

十二、其他相关材料。

体细胞治疗临床研究和转化应用管理办法（试行）解读

（国家卫生健康委员会 2019 年 3 月 29 日公布）

一、制定《体细胞治疗临床研究和转化应用管理办法（试行）》的背景是什么？

近年来，随着卫生健康科技快速发展，细胞治疗为恶性肿瘤、某些传染病和遗传病等难治性疾病患者带来了新的希望，并在美欧日等发达经济体以多种方式开始进入临床应用，我国医疗机构也开展了大量临床研究，患者希望接受高质量细胞治疗的呼声日益增高。为满足临床需求，规范并加快细胞治疗科学发展，国家卫生健康委组织起草了本管理办法，对体细胞临床研究进行备案管理，并允许临床研究证明安全有效的体细胞治疗项目经过备案在相关医疗机构进入转化应用。

二、本管理办法与干细胞临床研究管理办法的关系是什么？

体细胞的科学定义包括干细胞，原国家卫生计生委会同原食品药品监管总局于 2015 年出台了《干细胞临床研究管理办法（试行）》，有效地规范和推动了我国干细胞治疗临床研究工作，按照本管理办法"第三十一条，有专门管理办法的体细胞治疗按照现行规定执行"，干细胞临床研究等有关工作仍然按照《干细胞临床研究管理办法（试行）》的规定执行。

三、管理办法的适用范围是什么？

本管理办法第三条规定"本办法适用于由医疗机构研发、制备并在本医疗机构内开展的体细胞治疗临床研究和转化应用"。国家卫生健康委对细胞治疗转化应用项目进行目录管理，与产业化前景明显的细胞治疗产品错位发展。由企业主导研发的体细胞治疗产品应当按照药品管理有关规定向国家药品监管部门申报注册上市。

四、开展体细胞治疗如何进行备案？

按照本管理办法有关规定，开展体细胞治疗临床研究和转化应用的医疗机构应当进行备案，医疗机构进行首次机构备案时，须同时提供医疗机构备案材料和临床研究项目备案材料。已备案的医疗机构新增临床研究项目时，只需提交临床研究项目备案材料。医疗机构所开展的体细胞治疗临床研究项目结束后，在取得安全性、有效性等证据的基础上，可以进行转化应用备案，在该医疗机构将体细胞临床研究项目转入转化应用。

医疗机构应当在备案信息系统登记并上传相关材料扫描件，同时将纸质件提交省级卫生健康行政部门。省级卫生健康行政部门自收到备案材料之日起 15 日内完成形式审核提交国家卫生健康委。国家卫生健康委自收到备案材料之日起 2 个月内组织体细胞治疗专家委员会进行评估，向社会公示完成备案的医疗机构及临床研究或转化应用项目清单，接受社会监督。经查不符合备案条件的，可整改后再次提交备案材料，整改期不少于 6 个月。

五、正在开展的体细胞治疗临床研究项目如何备案？

适用本办法管理正在开展体细胞治疗临床研究的医疗机构，应当在本办法发布之日起 30 个工作日内履行备案程序。国家卫生健康委组织专家进行督导检查，对不符合条件的医疗机构及其研究项目提出暂停或终止意见，符合条件的可继续开展研究。

六、体细胞临床研究进入转化应用的总体要求是什么？

在临床研究取得体细胞治疗安全性、有效性等证据的基础上，总结形成针对某种疾病（适应证）的治疗方案和技术标准（包括细胞治疗的种类/途径、治疗剂量/次数和疗程等）。

通过该机构学术委员会的转化应用评估审查和伦理委员会的伦理审查。具备完善的体细胞治疗转化应用持续评估方案。经备案后，可以在开展临床研究的医疗机构进入转化应用。

七、如何做好体细胞治疗临床研究和转化应用的过程监管？

国家卫生健康委采取飞行检查等方式对备案医疗机构和项目进行抽查、专项检查或有因检查，并将检查结果公示。省级卫生健康行政部门做好本辖区医疗机构开展体细胞治疗临床研究和转化应用的日常监督管理，每年向国家卫生健康委报送监督管理工作报告。医疗机构开展体细胞临床研究和转化应用出现第二十八条规定情形的，省级卫生健康行政部门应当责令其暂停体细胞治疗临床研究或转化应用项目，整改期不少于 6 月，并将有关情况报告国家卫生健康委；存在第二十九条规定情形的，国家卫生健康委将责令其停止体细胞治疗临床研究和转化应用，予以通报批评，并按照有关法律法规的规定进行处理。

八、体细胞治疗临床研究和转化应用是否可以收费？

体细胞治疗临床研究不得向受试者收取任何研究相关费用。体细胞治疗转化应用项目备案后可以转入临床应用，由申请备案的医疗机构按照国家发展改革委等 4 部门《关于印发推进医疗服务价格改革意见的通知》（发改价格〔2016〕1431 号）有关要求，向当地省级价格主管部门提出收费申请。

生物医学新技术临床应用管理条例（征求意见稿）

（国家卫生健康委员会2019年2月26日公开征求意见，2019年3月27日截止）

第一章 总 则

第一条 为规范生物医学新技术临床研究与转化应用，促进医学进步，保障医疗质量安全，维护人的尊严和生命健康，制定本条例。

第二条 在中华人民共和国境内从事生物医学新技术临床研究、转化应用及其监督管理，应当遵守本条例。

第三条 本条例所称生物医学新技术是指完成临床前研究的，拟作用于细胞、分子水平的，以对疾病作出判断或预防疾病、消除疾病、缓解病情、减轻痛苦、改善功能、延长生命、帮助恢复健康等为目的的医学专业手段和措施。

第四条 本条例所称生物医学新技术临床研究（以下简称临床研究），是指生物医学新技术临床应用转化前，在人体进行试验的活动。临床研究的主要目的是观察、判断生物医学新技术的安全性、有效性、适用范围，明确操作流程及注意事项等。

在人体进行试验包括但不限于以下情形：

（一）直接作用于人体的；

（二）作用于离体组织、器官、细胞等，后植入或输入人体的；

（三）作用于人的生殖细胞、合子、胚胎，后进行植入使其发育的。

第五条 生物医学新技术转化应用（以下简称转化应用）是指经临床研究验证安全有效且符合伦理的生物医学新技术，经一定程序批准后在一定范围内或广泛应用的过程。

第六条 国务院卫生主管部门负责全国临床研究与转化应用的监督管理。国务院有关部门在各自职责范围内负责与临床研究与转化应用有关的监督管理。

县级以上地方人民政府卫生主管部门负责本行政区域内临床研究及转化应用的监督管理。县级以上地方人民政府有关部门在各自职责范围内负责与临床研究及转化应用有关的监督管理。

各级人民政府卫生主管部门可指定或组建专门部门或机构，负责临床研究与转化应用监督管理。各级人民政府应当保障其人员编制、工作经费。

第七条 生物医学新技术临床研究实行分级管理。中低风险生物医学新技术的临床研究由省级卫生主管部门管理,高风险生物医学新技术的临床研究由国务院卫生主管部门管理。高风险生物医学新技术包括但不限于以下情形:

(一)涉及遗传物质改变或调控遗传物质表达的,如基因转移技术、基因编辑技术、基因调控技术、干细胞技术、体细胞技术、线粒体置换技术等;

(二)涉及异种细胞、组织、器官的,包括使用异种生物材料的,或通过克隆技术在异种进行培养的;

(三)产生新的生物或生物制品应用于人体的,包括人工合成生物、基因工程修饰的菌群移植技术等;

(四)涉及辅助生殖技术的;

(五)技术风险高、难度大,可能造成重大影响的其他研究项目。

生物医学新技术风险等级目录由国务院卫生主管部门制定。

生物医学新技术的转化应用由国务院卫生主管部门管理。

第八条 开展生物医学新技术临床研究应当通过学术审查和伦理审查,转化应用应当通过技术评估和伦理审查。

第九条 生物医学新技术临床前研究的监督管理按照国务院有关部门规定执行。完成临床前研究拟进行临床研究的,应当在医疗机构内开展,在人体进行的操作应当由医务人员完成。

第十条 临床研究的预期成果为药品或医疗器械的,按照《药品管理法》《医疗器械监督管理条例》等有关法律、行政法规的规定执行。

第十一条 法律法规和国家有关规定明令禁止的,存在重大伦理问题的,未经临床前动物实验研究证明安全性、有效性的生物医学新技术,不得开展临床研究。

未经临床研究证明安全性、有效性的,或未经转化应用审查通过的生物医学新技术,不得进入临床应用。

第二章 临床研究项目申请与审查

第十二条 拟从事临床研究活动的机构,应当具备下列条件:

(一)三级甲等医院或三级甲等妇幼保健院;

(二)有与从事临床研究相适应的资质条件、研究场所、环境条件、设备设施及专业技术人员;

(三)有保证临床研究质量安全和伦理适应性及保障受试者健康权益的管理制度与能力条件。

第十三条 医疗机构是开展生物医学新技术临床研究工作的责任主体,医疗机构主要负责人是第一责任人。

医疗机构主要负责人应当对临床研究工作全面负责,建立健全临床研究质量管理体制机制;保障临床研究的人力、物力条件,完善机构内各项规章制度,及时处理临床研究过程中的突发事件。

第十四条 临床研究项目负责人应当同时具备执业医师资格和高级职称，具有良好的科研信誉。主要研究人员应当具备承担该项研究所需的专业知识背景、资格和能力。

第十五条 临床研究项目负责人应当全面负责该项研究工作的运行管理；制定研究方案，并严格执行审查登记后的研究方案，分析撰写研究报告；掌握并执行标准操作规程，详细进行研究记录；及时处理研究中出现的问题，确保各环节符合要求。

第十六条 临床研究项目申请由项目负责人向所在医疗机构指定部门提出。

医疗机构成立的学术审查委员会和伦理审查委员会对研究项目的必要性、合法性、科学性、可行性、安全性和伦理适应性等进行审查。

第十七条 医疗机构内审查通过的，由医疗机构向所在省级人民政府卫生主管部门提出申请，并提交以下材料：

（一）立项申请书（包括研究项目的级别类别）；

（二）医疗机构资质条件（许可情况）；

（三）主要研究人员资质与科研工作简历；

（四）研究方案；

（五）研究工作基础（包括科学文献总结、实验室工作基础、动物实验结果和临床前工作总结等）；

（六）质量控制管理方案；

（七）可能存在的风险及应对预案；

（八）本机构评估结论（包括伦理审查和学术审查结果）；

（九）知情同意书（样式）。

第十八条 对于申请开展中低级风险生物医学新技术临床研究的，省级人民政府卫生主管部门应当自接到申请后 60 日内，完成学术审查和伦理审查，符合规定条件的，批准开展临床研究并予以登记。

对于申请开展高风险生物医学新技术临床研究的，省级人民政府卫生主管部门进行初步审查，并出具初审意见后，提交国务院卫生主管部门。国务院卫生主管部门应当于 60 日内完成审查。审查通过的，批准开展临床研究并通知省级人民政府卫生主管部门登记。

临床研究学术审查和伦理审查规范由国务院卫生主管部门制定并公布。

第十九条 对于临床研究项目，卫生主管部门的学术审查，主要包括以下内容：

（一）开展临床研究的必要性；

（二）研究方案的合法性、科学性、合理性、可行性；

（三）医疗机构条件及专科设置是否符合条件；

（四）研究人员是否具备与研究相适应的能力水平；

（五）研究过程中可能存在的风险和防控措施；

（六）研究过程中可能存在的公共卫生安全风险和防控措施。

第二十条 对于临床研究项目，卫生主管部门的伦理审查，主要包括以下内容：

（一）研究者的资格、经验是否符合试验要求；

（二）研究方案是否符合科学性和伦理原则的要求；

（三）受试者可能遭受的风险程度与研究预期的受益相比是否合适；

（四）在办理知情同意过程中，向受试者（或其家属、监护人、法定代理人）提供的有关信息资料是否完整易懂，7 获得知情同意的方法是否适当；

（五）对受试者的资料是否采取了保密措施；

（六）受试者入选和排除的标准是否合适和公平；

（七）是否向受试者明确告知他们应该享有的权益，包括在研究过程中可以随时退出而无须提出理由且不受歧视的权利；

（八）受试者是否因参加研究而获得合理补偿，如因参加研究而受到损害甚至死亡时，给予的治疗以及赔偿措施是否合适；

（九）研究人员中是否有专人负责处理知情同意和受试者安全的问题；

（十）对受试者在研究中可能承受的风险是否采取了保护措施；

（十一）研究人员与受试者之间有无利益冲突。

第二十一条 有以下情形之一的，审查不予通过：

（一）违反国家相关法律、法规和规章的规定的；

（二）违背科研诚信原则的；

（三）未通过伦理审查的；

（四）立项依据不足的；

（五）研究的风险（包括潜在风险）过大，超出本机构可控范围的；

（六）不符合实验室生物安全条件要求的；

（七）侵犯他人知识产权的；

（八）经费来源不清楚、不合法或预算不足的。

第二十二条 多家医疗机构合作开展的生物医学新技术临床研究项目，项目负责人所在医疗机构作为该项目的牵头单位，并承担主要责任。申请行政部门审查时，由牵头机构负责汇总各合作机构材料及机构内评估意见，提交牵头机构所在地省级人民政府卫生主管部门审查。

进行审查时需要合作机构所在地省级卫生主管部门配合的，合作机构所在地省级卫生主管部门应当予以配合。

第二十三条 教育机构、科研机构等非医疗机构提出的生物医学新技术临床研究项目，应当与符合条件的医疗机构合作。由医疗机构向所在地省级人民政府卫生主管部门提出项目申请。

第二十四条 医疗机构为其他机构提供技术支持、研究场所，提供人体细胞、组织、器官等样本，协助进行志愿者招募的，按照合作开展临床研究管理，本机构及参与人员应当知晓所参与研究项目的方案、目的，及提供生物样本的用途，并按程序进行机构内伦理审查。

第二十五条　任何组织和个人不得开展未经审查批准的临床研究。

第三章　研究过程管理

第二十六条　医疗机构应当按照审查批准的方案开展临床研究，研究过程中如有变更，应当重新通过本机构审查，并向批准研究的卫生主管部门备案。

研究方案发生重大变更的，批准研究的卫生主管部门应当组织进行审查，审查批准后方可继续实施。

第二十七条　临床研究应当遵循以下原则：

（一）遵守国家法律法规、相关部门规章、规范性文件规定；

（二）遵守伦理基本原则；

（三）尊重受试者知情同意权；

（四）研究方法科学、合理；

（五）遵守有益、不伤害以及公正原则，保障受试者生命安全，亦不得对社会公众健康安全产生威胁。

第二十八条　医疗机构应当建立完善临床研究全程管理制度、受试者权益保障机制、研究经费审计制度等，保障研究项目安全可控，保障受试者合法权益，保障研究项目经费合法、稳定、充足。

第二十九条　临床研究项目涉及的具体诊疗操作，必须由具备相应资质的卫生专业技术人员执行。

第三十条　研究人员要及时、准确、完整记录临床研究各个环节的数据和情况。留存相关原始材料，保存至临床研究结束后 30 年；其中涉及子代的需永久保存。

第三十一条　临床研究涉及生物遗传物质和生物安全管理的，应当符合国家有关规定。

第三十二条　医疗机构不得以任何形式向受试者收取与研究内容相关的任何费用。

第三十三条　医疗机构应当对本机构开展的生物医学新技术临床研究项目进行定期、不定期相结合的现场核查、抽查、专项检查等。

第三十四条　医疗机构应当对自查发现的问题进行认真整改，并形成整改报告于检查后 1 个月内报送省级人民政府卫生主管部门。

第三十五条　在研究过程中出现以下情形之一的，医疗机构及研究人员应当暂停或终止研究项目，并向省级人民政府卫生主管部门报告：

（一）未履行知情同意或损害受试者合法权益的；

（二）发现该项技术安全性、有效性存在重大问题的；

（三）有重大社会不良影响或隐患的；

（四）研究过程中出现新的不可控风险，包括对受试者个体及社会公众的健康威胁及伦理风险的。

第三十六条 临床研究结束后，医疗机构应当对受试者进行随访监测，评价临床研究的长期安全性和有效性。对随访中发现的严重损害受试者健康问题，应当向本机构主管部门报告，给予受试者相应的医学处理，组织技术评估，并将处理及评估情况报告省级人民政府卫生主管部门。

第三十七条 临床研究过程中，造成受试者超过研究设计预测以外人身损害的，按照国家有关规定予以赔偿。

第四章　转化应用管理

第三十八条 临床研究证明相关生物医学新技术安全、有效，符合伦理原则，拟在临床应用的，由承担研究项目的医疗机构向省级人民政府卫生主管部门提出转化应用申请。

第三十九条 医疗机构提出转化应用申请，应当提供以下材料：

（一）研究题目；

（二）研究人员名单及基本情况；

（三）研究目标、预期研究结果、方法与步骤；

（四）临床研究项目本机构内评估情况；

（五）临床研究审查情况（包括伦理审查与学术审查情况）；

（六）研究报告；

（七）研究过程原始记录，包括研究对象信息、失败案例讨论；

（八）研究结论；

（九）转化应用申请；

（十）转化应用机构内评估情况；

（十一）该技术适用范围；

（十二）应用该技术的医疗机构、卫生专业技术人员条件；

（十三）该技术的临床技术操作规范；

（十四）对应用中可能的公共卫生安全风险防控措施。

第四十条 省级人民政府卫生主管部门应当于接到申请后 60 日内组织完成初审，并向国务院卫生主管部门提交审查申请。国务院卫生主管部门应当于接到申请后 60 日内完成转化应用审查，将审查结果通报该医疗机构所在省级人民政府卫生主管部门。

转化应用审查办法和规范由国务院卫生主管部门规定。

第四十一条 转化应用审查通过的生物医学新技术，由国务院卫生主管部门批准进入临床应用，并根据该技术的安全性、有效性以及技术操作要求等，确定该医疗技术的临床应用管理类别。

医疗技术临床应用管理类别分为禁止类、限制类及非限制类。对禁止类和限制类医疗技术，实行负面清单管理，由省级以上人民政府卫生主管部门实行严格管理；对非限制类由医疗机构自我管理。

第四十二条 生物医学新技术转化临床应用后，符合规定条件的医疗机构均可开展该技术临床应用。对生物医学新技术临床研究和转化应用过程中，涉及专利申请的，按照《专利法》的有关规定执行。

第四十三条 进入临床应用的生物医学新技术，医疗机构应当严格掌握适应证，遵守各项技术操作规范，合理、规范使用。

第四十四条 对于批准进入临床应用的生物医学新技术，由省级人民政府医疗价格主管部门会同卫生主管部门纳入医疗服务价格项目并确定收费标准。

第五章 监督管理

第四十五条 医疗机构要定期向省级人民政府卫生主管部门报告研究进展情况。临床研究或转化应用过程中出现严重不良反应或事件、差错或事故等，要立即报告省级人民政府卫生主管部门。

第四十六条 省级以上人民政府卫生主管部门要对辖区内临床研究项目和转化应用进行定期监督检查、随机抽查、有因检查等。及时了解辖区内临床研究和转化应用工作进展，对于发现的问题及时指导纠正，依法依规予以处置。

第四十七条 省级以上人民政府卫生主管部门要对指定或组建的本辖区临床研究与转化应用监督管理部门或机构的工作加强监督、指导，发现问题及时纠正。

第四十八条 国务院卫生主管部门建立统一的临床研究与转化应用监督管理信息平台。医疗机构应当将生物医学新技术临床研究项目申请和内部审查情况及时在平台上登记。省级以上人民政府卫生主管部门应当通过信息平台依法及时公布临床研究项目许可、转化应用审查等日常监督管理信息。

第四十九条 省级人民政府卫生主管部门应当建立生物医学新技术临床研究和转化应用信用档案。对违反规定开展生物医学新技术临床研究和转化应用的医疗机构和研究人员纳入黑名单，对严重失信行为，实行部门联合惩戒。

第六章 法律责任

第五十条 医疗机构未经省级以上人民政府卫生主管部门许可开展生物医学新技术临床研究或转化应用的，由县级以上人民政府卫生主管部门予以通报批评、警告，并处 5 万元以上 10 万元以下罚款；对机构主要负责人和其他责任人员，依法给予处分。情节较重的，取消相关诊疗科目，5 年内不得申请该诊疗科目；情节严重的，吊销其《医疗机构执业许可证》。

第五十一条 医疗机构未按照审查批准的研究方案开展临床研究，由县级以上人民政府卫生主管部门责令限期整改；逾期不改正的，由省级人民政府卫生主管部门予以警告，并处 3 万元以上 5 万元以下罚款，造成严重后果的，取消相关诊疗科目，5 年内不得申请该诊疗科目。对项目主要负责人，由省级人民政府卫生主管部门予以警告，

5 年内不得从事生物医学新技术临床研究。

第五十二条　任何机构和个人未取得《医疗机构执业许可证》，擅自开展临床研究和转化应用的，由县级以上人民政府市场监管部门责令其停止相关活动，取缔非法研究场所，没收相关设备设施、药品、器械等，并可以根据情节处以 5 万元以上 10 万元以下的罚款；有违法违规收入的，没收违法违规所得，并处违法违规所得 10 倍以上 20 倍以下罚款；构成犯罪的，依法追究刑事责任。

第五十三条　医务人员违反本条例规定开展临床研究和转化应用的，由县级以上人民政府卫生主管部门给予警告或者责令暂停 6 个月以上 1 年以下执业活动；情节严重的，吊销其执业证书，终生不得从事生物医学新技术临床研究；有违法违规收入的，没收违法违规所得，并处违法违规所得 10 倍以上 20 倍以下罚款；构成犯罪的，依法追究刑事责任。

第五十四条　医疗机构及其医务人员泄露受试者、患者隐私，造成损害的，依法承担侵权责任。

第五十五条　医疗机构在临床研究和（或）转化应用中使用非卫生专业技术人员执行临床研究诊疗行为的，由县级以上人民政府卫生主管部门责令其限期改正，并可以处以 1 万元以上 3 万元以下的罚款，情节严重的，吊销其《医疗机构执业许可证》。

第五十六条　医疗机构未按照确定的技术类别进行临床应用的，或未按照规定条件和技术规范等要求进行临床应用的，由县级以上人民政府卫生主管部门依据《医疗机构管理条例》有关规定进行处理；情节严重的，还应当对医疗机构主要负责人和其他直接责任人员依法给予处分；对相关医务人员按照《执业医师法》《护士条例》等法律法规的有关规定进行处理；构成犯罪的，依法追究刑事责任。

第五十七条　在生物医学新技术临床应用过程中，使用未经药品监督管理部门批准的药品、医疗器械的，按照《药品管理法》《医疗器械监督管理条例》有关规定处理。

第五十八条　在临床研究中收取费用，或在临床应用中未经批准收费的，按照《价格法》等有关规定处理。

第五十九条　生物医学新技术相关管理工作人员在工作中滥用职权、徇私舞弊、玩忽职守、索贿受贿，构成犯罪的，依法追究刑事责任；尚不构成犯罪的，依法给予处分。

第六十条　提供虚假资料或采用其他欺骗手段取得医疗机构许可、临床研究项目许可或转化应用许可的，由省级人民政府卫生主管部门撤销已批准的许可，并处 5 万元以上 10 万元以下罚款，5 年内不受理相关责任人及单位提出的相关申请。

第七章　附　则

第六十一条　本条例颁布前，已在开展生物医学新技术临床研究的，应当按照本条例规定在 6 个月内完成临床研究项目申请与审查。临床研究机构不符合第十二条规定条件的，经省级人民政府卫生主管部门学术审查和伦理审查通过的，可以按计划完成临床研究，但不得开展新的临床研究。

第六十二条 干细胞、体细胞技术临床研究与转化应用监督管理规定由国务院卫生主管部门和国务院药品监管部门另行制定。

第六十三条 本条例自　　年　　月　　日起施行。

关于加强干细胞临床研究备案与监管工作的通知

（国家卫生和计划生育委员会办公厅、食品药品监管总局办公厅
2017 年 4 月 6 日公布）

各省、自治区、直辖市卫生计生委、食品药品监管局，新疆生产建设兵团卫生局、食品药品监管局：

根据《干细胞临床研究管理办法（试行）》（国卫科教发〔2015〕48 号）、《干细胞制剂质量控制及临床前研究指导原则（试行）》（国卫办科教发〔2015〕46 号），以及《关于开展医疗机构依法执业专项监督检查工作的通知》（国卫办监督函〔2016〕870 号）要求，为加强对干细胞临床研究的备案和监督管理，按照国家卫生计生委和食品药品监管总局工作部署，现将有关事项通知如下：

一、认真组织开展第二批干细胞临床研究机构备案审核工作

2016 年 10 月国家卫生计生委会同食品药品监管总局公告了首批 30 家干细胞临床研究备案机构名单。为进一步推动和规范干细胞临床研究，使具有干细胞临床研究基础、符合《干细胞临床研究管理办法（试行）》要求的医疗机构能够开展相关工作，国家卫生计生委和食品药品监管总局（以下简称国家两委局）即日起开展第二批干细胞临床研究机构备案工作。请各地按照干细胞临床研究机构备案要求，认真组织本地区医疗机构准备申报备案工作。申报备案的临床研究机构，原则上应具有拟申请备案的临床研究项目。省（区、市）卫生计生委会同食品药品监管局（以下简称省级两委局）组织省级干细胞临床研究专家委员会和医学伦理专家委员会对材料进行形式审查，必要时可进行现场核查，并出具审查意见和专家意见。首批备案未通过机构应重新提交申报材料。省（区、市）卫生计生委将省级两委局审核后的申报材料连同省级专家委员会意见于 2017 年 5 月 5 日前报送国家卫生计生委科教司。

二、督促已备案机构尽快进行干细胞临床研究项目备案

按照《干细胞临床研究管理办法（试行）》要求，干细胞临床研究项目应当在已备案机构实施。目前 30 家备案机构中已有 7 家机构进行了干细胞临床研究项目备案。

请各有关地区进一步了解已备案机构工作情况，指导备案机构尽快将已经审查立项的干细胞临床研究项目履行备案程序，同时在医学研究登记备案信息系统如实登记相关信息。已备案但尚未有临床研究项目备案的机构，应当尽快组织准备临床研究项目，并及时进行备案。

完成项目备案的机构应当认真履行干细胞制剂和临床研究质量管理主体责任，进一步建立健全机构内部规章制度，加强研究过程管理，严格执行研究报告制度，认真解决研究过程中出现的问题，保障干细胞临床研究规范有序进行。省级两委局按照《干细胞临床研究管理办法（试行）》要求，加强对干细胞临床研究日常监管，并将本地区年度干细胞临床研究监督管理工作报告于每年 3 月 31 日前报送国家两委局。

三、积极做好干细胞临床研究专项监督检查相关准备工作

按照《关于开展医疗机构依法执业专项监督检查工作的通知》（国卫办监督函〔2016〕870 号）部署，国家卫生计生委会同食品药品监管总局将依据《干细胞临床研究管理办法（试行）》和《干细胞制剂质量控制及临床前研究指导原则（试行）》，对干细胞临床研究和应用开展专项监督检查。凡未履行干细胞临床研究机构备案和项目备案，擅自开展干细胞临床研究的机构，一经发现，将依法依规严肃处理。请各地高度重视此项工作，抓紧做好专项监督检查相关准备工作。

国家卫生计生委联系人：科教司　　尹旭珂、王锦倩
地址：北京市海淀区知春路 14 号
邮编：100088
电话：010-68792955　　传真：010-68792955
邮箱：nhfpccfdasc@126.com
食品药品监管总局联系人：药化注册司　　常卫红
地址：北京市西城区宣武门西大街 26 号院 2 号楼
邮编：100053
电话：010-88330713　　传真：010-68316572
邮箱：nhfpccfdasc@126.com

附件 1-干细胞临床研究机构备案申请表
附件 2-干细胞临床研究机构备案材料

附件 1

干细胞临床研究机构备案申请表

填表说明：

1. 编号由国家干细胞临床研究专家委员会秘书处填写。

2. 申报材料请用仿宋四号字填写，A4 纸双面打印或复印。不得使用没有规定的符号、代码和缩写。

3. 隶属机构指上一级主管部门，无主管部门的可以不填。

4. 如有多个选项，请在所选选项画（√□）。

5. 请标明各部分材料的起始页码，页码位于底部居中，申请表为第一页。

6. 请同时提交电子版（光盘）1 份和纸质版原件 2 份（1 份留存省级卫生计生行政部门）。

7. 邮寄地址：北京市东城区广渠家园 2 号楼 10 层 1013 室，邮政编码：100022。收件人：中国医药生物技术协会。电话：010-62115986。

编号：

【声明】
我们保证：申请表内容及所提交资料均真实、合法，提交的电子文件与打印文件内容完全一致。如有不实之处，我们承担由此导致的一切后果。 其他特别声明事项：

机　构　名　称					
法定地址及邮编					
执业地址及邮编					
是否教学医院	□否　　□是　　隶属机构：				
医　院　等　级		编制床位数		法定代表人	
机　构　负　责　人		职务职称		手机	
办公电话（含区号及分机号）			邮　箱		
临床研究组织管理机构负责人		职务职称		手机	
办公电话（含区号及分机号）			邮　箱		
业　务　专　长					
申　报　联　系　人		部门		职务职称	
办公电话（含区号及分机号）		手机		传真	
邮　　　　　箱					

《药物临床试验机构资格认定证书》的专业情况

专　业　名　称	有效期（年、月）	负责人

近 3 年开展的药物临床试验情况

临床试验名称	起止日期	试验例数
本　次　申　请　为	□首次申请　　　□再次申请	

【申请单位审核意见】
  　　　　　　　　　　　　　　　申请单位：（加盖公章） 　　　　　　　　　　　　　　　法定代表人签字： 　　　　　　　　　　　　　　　申请日期：　年　月　日

附件2

干细胞临床研究机构备案材料

（一）《干细胞临床研究管理办法（试行）》附件1要求的材料。

（二）主持或作为主要参加单位承担国家或省部级干细胞研究专项课题的证明材料和相关情况。

（三）拟开展干细胞临床研究项目的情况（请按照《干细胞临床研究管理办法（试行）》附件2中的第十一、十二、十三项提供）。如有合作单位，请一并提供合作单位及干细胞制剂相关情况。

干细胞临床研究机构备案信息采集表

机构承担干细胞临床研究项目明细													
机构名称	序号	课题名称	课题类型	总金额（万元）	承担形式	立项年份	课题开始时间	课题结束时间	专业	负责人	课题编号	研究阶段（基础、临床前、临床）	在研或结题
	1												
	2												
	3												
	4												
	5												
	6												
	7												

机构拟开展干细胞临床研究项目明细（如果有请填写）							
机构名称	序号	项目名称	拟申报时间	专业	科室	干细胞制剂名称	制剂制备形式
	1						
	2						
	3						

（行数不够时请插入整行）

关于开展干细胞临床研究机构备案工作的通知

(国家卫生和计划生育委员会、国家食品药品监督管理总局 2015 年 12 月 7 日公布)

———————————————————

各省、自治区、直辖市卫生计生委、食品药品监管局，新疆生产建设兵团卫生局、食品药品监管局：

为推动《干细胞临床研究管理办法（试行）》和《干细胞制剂质量控制和临床前研究指导原则（试行）》贯彻落实，加强对干细胞临床研究机构管理，切实落实干细胞临床研究机构的主体责任，确保符合条件的医疗机构规范地开展干细胞临床研究，促进干细胞临床研究健康发展，国家卫生计生委和食品药品监管总局将加快干细胞临床研究机构备案工作。具体事宜通知如下：

一、申报条件

申报机构须符合《干细胞临床研究管理办法（试行）》第七条各项要求。

二、申报材料

（一）符合《干细胞临床研究管理办法（试行）》附件 1 要求。具体提供材料如下：

1. 医疗机构执业许可证书复印件；
2. 药物临床试验机构资格认定证书复印件；
3. 机构干细胞临床研究组织管理体系（框架图）和各部门职责；
4. 机构干细胞临床研究管理主要责任人、质量受权人资质，以及相关人员接受培训情况；
5. 机构学术委员会和伦理委员会组成及其工作制度和标准操作规范；
6. 干细胞制备标准操作规程和设施设备、人员条件；
7. 干细胞临床研究质量管理及风险控制程序和相关文件（含质量管理手册、临床研究工作程序、标准操作规范和试验记录等）；
8. 干细胞临床研究审计体系，内审、外审制度，内审人员资质；
9. 干细胞质量评价标准和检测设备设施情况；

10. 防范干细胞临床研究风险的管理机制和处理不良反应、不良事件的措施；

11. 其他相关资料。

（二）主持或作为主要参加单位承担国家或省部级干细胞研究专项课题的证明材料和相关情况。

三、申报程序

（一）各省（区、市）两委局按照《干细胞临床研究管理办法（试行）》和《干细胞制剂质量控制及临床前研究指导原则（试行）》要求组织本地区干细胞临床研究机构申报工作。

（二）申报机构将申报材料（A4 纸双面打印并装订）一式两份和电子版光盘 2 个，报省（区、市）卫生计生委科研管理部门，由省（区、市）卫生计生委会同食品药品监管局审核。

（三）省（区、市）卫生计生委将省级两委局审核后的申报材料一式一份和电子版光盘 1 个，于 2015 年 12 月 10 日前报送国家干细胞临床研究专家委员会秘书处（地址：北京市东城区广渠家园 2 号楼 10 层 1013 室，邮编：100022，联系电话：010-62115986）。

（四）国家干细胞临床研究专家委员会受国家卫生计生委和食品药品监管总局委托，对申报备案材料进行技术审核。国家卫生计生委和食品药品监管总局将对备案机构进行公示。公示无异议的机构，可在医学研究登记备案信息系统进行干细胞临床研究机构登记备案。干细胞临床研究项目应当在已备案的机构实施。

联系人：国家卫生计生委科教司　　尹旭珂、王锦倩
电话：010-68792955
传真：010-68792955
联系人：食品药品监管总局药化注册司　　常卫红
电话：010-88330713
传真：010-68316572

干细胞临床研究项目备案材料的补充说明

(国家卫生和计划生育委员会、国家食品药品监督管理总局 2015 年 12 月 7 日公布)

为便于研究机构按照《干细胞临床研究管理办法（试行）》 （以下简称《办法》）和《干细胞制剂质量控制及临床前研究指导原则（试行）》 （以下简称《原则》）的要求做好干细胞临床研究项目备案申报工作，特就项目备案申报材料说明如下。

一、项目立项申报材料诚信承诺书

项目立项申报材料诚信承诺书是机构对所报送材料以及相关试验数据的真实性与合规性的诚信承诺，需由机构负责人签字并加盖机构公章，申报时需提供承诺书原件。

二、项目伦理审查申请表

伦理审查申请表按照《办法》附件 3 要求完整填写。

三、临床研究经费情况

应对干细胞临床研究的经费主要来源和预算金额进行说明，并提供相关证明材料，如经费来源（专项课题经费、合作经费、配套经费等）、资金来源证明材料复印件（如课题任务书复印件、合作协议复印件）及金额。如果研究经费由本机构提供，需出具机构负责人签字并盖章的经费保证书原件。

四、研究人员的名单和简历 （包括临床研究单位和制剂研制单位），干细胞临床研究质量管理手册

研究人员包括干细胞临床研究、干细胞制剂制备和质量保证和/或质量控制人员。简历包括相关专业教育背景、相关工作经历、相关经验等，干细胞临床研究人员应提供参加药物临床试验 GCP 培训情况。

五、供者筛选标准和供者知情同意书样稿

供者指干细胞来源的自体和异体组织或细胞提供者，根据前期研究结果明确描述供体标准确定的依据及入选条件，包括供者健康状况要求、供者既往病史、个人史、

家族史、疫区生活史等筛查以及供者健康指标检测（包括病原体检测等）。知情同意书的内容要写明采集方式和用途，对身体可能的伤害及发生伤害后的救护措施、补偿等。

六、干细胞制备过程中主要原辅料标准

提供干细胞制剂制备过程中使用的主要原辅材料，包括培养基、血清、抗生素、活性分子（如不同类型的生长因子、细胞因子等）、抗体等的清单、来源（包括药监机构批准情况和/或研发者或特定制备机构的质量检测记录、放行标准）、质量标准、检验及放行记录，特别是生物源性材料的检验及放行记录。

七、干细胞制剂的制备工艺，质量控制标准和制定依据，以及工艺稳定性数据等

提供干细胞制剂制备地点的总体布局图并注明各关键工艺环节的洁净度级别、制备及质控关键设备清单、制备工艺的规程及流程图以及关键工艺控制点及控制参数，工艺的主要研究及验证资料（如细胞培养、收获及制剂保存的优化、添加因子的筛选及浓度优化、诱导条件的优化等，这部分可能涉及机构的核心秘密，机构如不能提供详细资料，应提供上述研究的综述性材料）。制剂处方质量研究以及标准制定的资料，连续三批工艺稳定性考察材料。提供所有质量管理及操作 SOP 清单。

八、干细胞制备的完整记录和干细胞制剂质量检验报告

提供至少三个独立批次干细胞制剂制备的完整制备记录的复印件和委托第三方检验的"质量检验"报告。"批次"的定义以《原则》的描述为标准定义。

九、干细胞制剂的标签、储存、运输和使用追溯方案

提供干细胞制剂标识、储存、运输和使用后追溯的管理规程。

十、不合格和剩余干细胞制剂的处理措施

对于不合格以及使用后剩余的干细胞制剂的处理措施（规程）相关文件。

十一、临床前研究报告，包括细胞水平和动物实验的安全性和有效性评价

临床前研究报告中所使用的干细胞制剂在细胞类型、制备工艺和质量标准及稳定性方面必须与用于临床研究的干细胞制剂一致。临床前研究报告内容应包括国内外研究现状、研究用干细胞制剂的基础研究数据总结、有效性及安全性研究资料，并为临床研究设计和实施方面提供重要指导意义。干细胞制剂临床前研究报告应注明研究机构，临床前研究项目负责人、实验目的、实验方法、数据统计和试验结果等。研究报告需要承担临床前研究的单位盖公章。

已开展干细胞临床研究并取得研究结果的，可一并提供已完成的临床研究报告或

论文。临床研究报告需要研究单位盖章。

十二、临床研究方案

按照《办法》附件 2 要求提供的 14 项内容依次撰写。

十三、临床研究风险预判和处理措施，包括风险评估报告、控制方案及实施细则等

应结合具体的临床试验方案对研究的风险进行分析，制定相关方案和实施细则，包括出现风险的处理、购买保险等。

十四、临床研究进度计划

研究的进度计划以周为单位记录关键时间点，例如方案完成时间，制剂制备完成时间，第一次给药时间，最后一次给药时间，报告完成时间等。

十五、资料记录与保存措施

在研究方案以及报告中均应明确本研究所涉及的一切纸质记录及电子记录的保存地址、保存年限及相应的管理制度。

十六、受试者知情同意书样稿

受试者知情同意书需涵盖研究的目的，研究单位，治疗方案，可能的不良反应及处理措施，费用以及受试者应当遵守的内容和享有的权益。知情同意书应对所开展的研究客观表述。

十七、研究者手册

研究者手册是项目申办方针对相关研究项目所制定的综合性信息，用于全面而详细介绍相关研究内容、相关干细胞制剂的药学和药效信息、临床前研究数据、具体研究方案和实施细则、不良事件处理措施等重要信息。

十八、相关知识产权证明文件

提供干细胞及其制剂相关的知识产权证明文件。

十九、其他相关材料

研究单位或管理部门认为需要补充提供的材料。

二十、其他说明

按照《办法》第三章第二十四条要求，机构在项目备案时除提供附件 2 的材料之

外，还需提供机构学术委员会审查意见和机构伦理委员会审查批件。机构在提供两个委员会的审查意见时，相关材料应能体现审核的过程，以证明相关程序、参会人员和专家组成符合《办法》的要求，如包含会议签到表、有专家签名的审查意见和记录，会议签到表应包含专家姓名、工作单位、职称职务、专业领域。机构伦理委员会审查批件按照《办法》附件4要求提供。

干细胞制剂质量控制及临床前研究指导原则（试行）

（国家卫生和计划生育委员会、国家食品药品监督管理总局 2015 年 8 月 21 日公布）

目　录

一．前言

干细胞是一类具有不同分化潜能，并在非分化状态下自我更新的细胞。干细胞治疗是指应用人自体或异体来源的干细胞经体外操作后输入（或植入）人体，用于疾病治疗的过程。这种体外操作包括干细胞的分离、纯化、扩增、修饰、干细胞（系）的建立、诱导分化、冻存和冻存后的复苏等过程。用于细胞治疗的干细胞主要包括成体干细胞、胚胎干细胞及诱导的多能性干细胞（iPSC）。成体干细胞包括自体或异体、胎儿或成人不同分化组织，以及发育相伴随的组织（如脐带、羊膜、胎盘等）来源的造血干细胞、间充质干细胞、各种类型的祖细胞或前体细胞等。

目前国内外已开展了多项干细胞（指非造血干细胞）临床应用研究，涉及多种干细胞类型及多种疾病类型。主要疾病类型包括骨关节疾病、肝硬化、移植物宿主排斥反应（GVHD）、脊髓损伤及退行性神经系统疾病和糖尿病等。其中许多干细胞类型，是从骨髓、脂肪组织、脐带血、脐带或胎盘组织来源的间充质干细胞，它们具有一定的多向分化潜能及抗炎和免疫调控能力等。

用于干细胞治疗的细胞制备技术和治疗方案，具有多样性、复杂性和特殊性。但作为一种新型的生物治疗产品，所有干细胞制剂都可遵循一个共同的研发过程，即从干细胞制剂的制备、体外试验、体内动物试验，到植入人体的临床研究及临床治疗的过程。整个过程的每一阶段，都须对所使用的干细胞制剂在细胞质量、安全性和生物学效应方面进行相关的研究和质量控制。

本指导原则提出了适用于各类可能应用到临床的干细胞（除已有规定的造血干细胞移植外）在制备和临床前研究阶段的基本原则。每个具体干细胞制剂的制备和使用过程，必须有严格的标准操作程序并按其执行，以确保干细胞制剂的质量可控性以及治疗的安全性和有效性。每一研究项目所涉及的具体干细胞制剂，应根据本指导原则对不同阶段的基本要求，结合各自干细胞制剂及适应症的特殊性，准备并实施相关的干细胞临床前研究。

二. 干细胞制剂的质量控制

（一）干细胞的采集、分离及干细胞（系）的建立

1. 对干细胞供者的要求

每一干细胞制剂都须具有包括供者信息在内的、明确的细胞制备及生物学性状信息。作为细胞制备信息中的重要内容之一，需提供干细胞的获取方式和途径以及相关的临床资料，包括供者的一般信息、既往病史、家族史等。既往史和家族史要对遗传病（单基因和多基因疾病，包括心血管疾病和肿瘤等）相关信息进行详细采集。对用于异体干细胞临床研究的供者，必须经过检验筛选证明无人源特定病毒（包括HIV、HBV、HCV、HTLV、EBV、CMV等）的感染，无梅毒螺旋体感染。必要时需要收集供者的ABO血型、HLA-I类和II类分型资料，以备追溯性查询。如使用体外授精术产生的多余胚胎作为建立人类胚胎干细胞系的主要来源，须能追溯配子的供体，并接受筛选和检测。不得使用既往史中患有严重的传染性疾病和家族史中有明确遗传性疾病的供者作为异体干细胞来源。

自体来源的干细胞供者，根据干细胞制剂的特性、来源的组织或器官，以及临床适应症，可对供体的质量要求和筛查标准及项目进行调整。

2. 干细胞采集、分离及干细胞（系）建立阶段质量控制的基本要求

应制定干细胞采集、分离和干细胞（系）建立的标准操作及管理程序，并在符合《药品生产质量管理规范》（GMP）要求基础上严格执行。标准操作程序应包括操作人员培训；材料、仪器、设备的使用和管理；干细胞的采集、分离、纯化、扩增和细胞（系）的建立；细胞保存、运输及相关保障措施，以及清洁环境的标准及常规维护和检

测等。

为尽量减少不同批次细胞在研究过程中的变异性，研究者在干细胞制剂的制备阶段应对来源丰富的同一批特定代次的细胞建立多级的细胞库，如主细胞库（Master Cell Bank）和工作细胞库（Working Cell Bank）。细胞库中细胞基本的质量要求，是需有明确的细胞鉴别特征，无外源微生物污染。

在干细胞的采集、分离及干细胞（系）建立阶段，应当对自体来源的、未经体外复杂操作的干细胞，进行细胞鉴别、成活率及生长活性、外源致病微生物，以及基本的干细胞特性检测。而对异体来源的干细胞，或经过复杂的体外培养和操作后的自体来源的干细胞，以及直接用于临床前及临床研究的细胞库（如工作库）中的细胞，除进行上述检测外，还应当进行全面的内外源致病微生物、详细的干细胞特性检测，以及细胞纯度分析。干细胞特性包括特定细胞表面标志物群、表达产物和分化潜能等。

(二) 干细胞制剂的制备

1. 培养基

干细胞制剂制备所用的培养基成分应有足够的纯度并符合无菌、无致病微生物及内毒素的质量标准，残留的培养基对受者应无不良影响；在满足干细胞正常生长的情况下，不影响干细胞的生物学活性，即干细胞的"干性"及分化能力。在干细胞制剂制备过程中，应尽量避免使用抗生素。

若使用商业来源培养基，应当选择有资质的生产商并由其提供培养基的组成成分及相关质量合格证明。必要时，应对每批培养基进行质量检验。

除特殊情况外，应尽可能避免在干细胞培养过程中使用人源或动物源性清，不得使用同种异体人血清或血浆。如必须使用动物血清，应确保其无特定动物源性病毒污染。严禁使用海绵体状脑病流行区来源的牛血清。

若培养基中含有人的血液成份，如白蛋白、转铁蛋白和各种细胞因子等，应明确其来源、批号、质量检定合格报告，并尽量采用国家已批准的可临床应用的产品。

2. 滋养层细胞

用于体外培养和建立胚胎干细胞及 iPS 细胞的人源或动物源的滋养层细胞，需根据外源性细胞在人体中使用所存在的相关风险因素，对细胞来源的供体、细胞建立过程引入外源致病微生物的风险等进行相关的检验和质量控制。建议建立滋养层细胞的细胞库，并按细胞库检验要求进行全面检验，特别是对人源或动物源特异病毒的检验。

3. 干细胞制剂的制备工艺

应制定干细胞制剂制备工艺的标准操作流程及每一过程的标准操作程序（SOP）并定期审核和修订；干细胞制剂的制备工艺包括干细胞的采集、分离、纯化、扩增和传代，干细胞（系）的建立、向功能性细胞定向分化，培养基、辅料和包材的选择标准及使用，细胞冻存、复苏、分装和标记，以及残余物去除等。从整个制剂的制备过程到输入（或植入）到受试者体内全过程，需要追踪观察并详细记录。对不合格并需要丢弃的干细胞制剂，需对丢弃过程进行规范管理和记录。对于剩余的干细胞制剂必须进行合法和符合伦理要求的处理，包括制定相关的 SOP 并严格执行。干细胞制剂的相关资料需建档并长期保存。

应对制剂制备的全过程，包括细胞收获、传代、操作、分装等，进行全面的工艺研究和验证，制定合适的工艺参数和质量标准，确保对每一过程的有效控制。

（三）干细胞制剂的检验

1. 干细胞制剂质量检验的基本要求

为确保干细胞治疗的安全性和有效性，每批干细胞制剂均须符合现有干细胞知识和技术条件下全面的质量要求。制剂的检验内容，须在本指导原则的基础上，参考国内外有关细胞基质和干细胞制剂的质量控制指导原则，进行全面的细胞质量、安全性和有效性的检验。同时，根据细胞来源及特点、体外处理程度和临床适应症等不同情况，对所需的检验内容做必要调整。另外，随着对干细胞知识和技术认识的不断增加，细胞检验内容也应随之不断更新。

针对不同类型的干细胞制剂，根据对输入或植入人体前诱导分化的需求，须对未分化细胞和终末分化细胞分别进行必要的检验。对胚胎干细胞和 iPS 细胞制剂制备过程中所使用的滋养细胞，根据其细胞来源，也需进行针对相关风险因素的质量控制和检验。

为确保制剂的质量及其可控性，干细胞制剂的检验可分为质量检验和放行检验。质量检验是为保证干细胞经特定体外处理后的安全性、有效性和质量可控性而进行的较全面质量检验。放行检验是在完成质量检验的基础上，对每一类型的每一批次干细胞制剂，在临床应用前所应进行的相对快速和简化的细胞检验。

为确保制剂工艺和质量的稳定性，须对多批次干细胞制剂进行质量检验；在制备工艺、场地或规模等发生变化时，需重新对多批次干细胞制剂进行质量检验。制剂的批次是指由同一供体、同一组织来源、同一时间、使用同一工艺采集和分离或建立的干细胞。对胚胎干细胞或 iPS 细胞制剂，应当视一次诱导分化所获得的可供移植的细胞为同一批次制剂。对需要由多个供体混合使用的干细胞制剂，混合前应视每一独立供体或组织来源在相同时间采集的细胞为同一批次细胞。

对于由不同供体或组织来源的、需要混合使用的干细胞制剂，需对所有独立来源的细胞质量进行检验，以尽可能避免混合细胞制剂可能具有的危险因素。

2. 细胞检验

2.1 质量检验

（1）细胞鉴别

应当通过细胞形态、遗传学、代谢酶亚型谱分析、表面标志物及特定基因表达产物等检测，对不同供体及不同类型的干细胞进行综合的细胞鉴别。

（2）存活率及生长活性

采用不同的细胞生物学活性检测方法，如活细胞计数、细胞倍增时间、细胞周期、克隆形成率、端粒酶活性等，判断细胞活性及生长状况。

（3）纯度和均一性

通过检测细胞表面标志物、遗传多态性及特定生物学活性等，对制剂进行细胞纯度或均一性的检测。对胚胎干细胞及 iPS 细胞植入人体前的终末诱导分化产物，必须进行细胞纯度和/或分化均一性的检测。

对于需要混合使用的干细胞制剂，需对各独立细胞来源之间细胞表面标志物、细胞活性、纯度和生物学活性均一性进行检验和控制。

（4）无菌试验和支原体检测

应依据现行版《中华人民共和国药典》中的生物制品无菌试验和支原体检测规程，对细菌、真菌及支原体污染进行检测。

（5）细胞内外源致病因子的检测

应结合体内和体外方法，根据每一细胞制剂的特性进行人源及动物源性特定致病因子的检测。如使用过牛血清，须进行牛源特定病毒的检测；如使用胰酶等猪源材料，应至少检测猪源细小病毒；如胚胎干细胞和 iPS 细胞在制备过程中使用动物源性滋养细胞，需进行细胞来源相关特定动物源性病毒的全面检测。另外还应检测逆转录病毒。

（6）内毒素检测

应依据现行版《中华人民共和国药典》中的内毒素检测规程，对内毒素进行检测。

（7）异常免疫学反应

检测异体来源干细胞制剂对人总淋巴细胞增殖和/或对不同淋巴细胞亚群增殖能力的影响，或对相关细胞因子分泌的影响，以检测干细胞制剂可能引起的异常免疫反应。

（8）致瘤性

对于异体来源的干细胞制剂或经体外复杂操作的自体干细胞制剂，须通过免疫缺陷动物体内致瘤试验，检验细胞的致瘤性。

（9）生物学效力试验

可通过检测干细胞分化潜能、诱导分化细胞的结构和生理功能、对免疫细胞的调节能力、分泌特定细胞因子、表达特定基因和/或蛋白等功能，判断干细胞制剂与治疗相关的生物学有效性。

对间充质干细胞，无论何种来源，应进行体外多种类型细胞（如成脂肪细胞、成软骨细胞、成骨细胞等）分化能力的检测，以判断其细胞分化的多能性（Multipotency）。对未分化的胚胎干细胞和 iPS 细胞，须通过体外拟胚胎体形成能力，或在 SCID 鼠体内形成畸胎瘤的能力，检测其细胞分化的多能性（Pluripotency）。除此以外，作为特定生物学效应试验，应进行与其治疗适应症相关的生物学效应检验。

（10）培养基及其他添加成分残余量的检测

应对制剂制备过程中残余的、影响干细胞制剂质量和安全性的成分，如牛血清蛋白、抗生素、细胞因子等进行检测。

2.2 放行检验

项目申请者应根据上述质量检验各项目中所明确的检验内容及标准，针对每一类型干细胞制剂的特性，制定放行检验项目及标准。放行检验项目应能在相对短的时间内，反映细胞制剂的质量及安全信息。

3. 干细胞制剂的质量复核

由专业细胞检验机构/实验室进行干细胞制剂的质量复核检验，并出具检验报告。

(四) 干细胞制剂的质量研究

在满足上述干细胞制剂质量检验要求的基础上，建议在临床前和临床研究各阶段，利用不同的体外实验方法对干细胞制剂进行全面的安全性、有效性及稳定性研究。

1. 干细胞制剂的质量及特性研究

1.1 生长活性和状态

生长因子依赖性的检测：在培养生长因子依赖性的干细胞时，需对细胞生长行为进行连续检测，以判断不同代次的细胞对生长因子的依赖性。若细胞在传代过程中，特别是在接近高代次时，失去对生长因子的依赖，则不能再继续将其视为合格的干细胞而继续培养和使用。

1.2 致瘤性和促瘤性

由于大多数间充质干细胞制剂具有相对的弱致瘤性，建议在动物致瘤性试验中，针对不同类型的干细胞，选择必要数量的细胞和必要长的观察期。

在动物致瘤性试验不能有效判断致瘤性时，建议检测与致瘤性相关的生物学性状的改变，如细胞对生长因子依赖性的改变、基因组稳定性的改变、与致瘤性密切相关的蛋白（如癌变信号通路中的关键调控蛋白）表达水平或活性的改变、对凋亡诱导敏感性的改变等，以此来间接判断干细胞恶性转化的可能性。

目前，普遍认为间充质干细胞"不致瘤"或具有"弱致瘤性"，但不排除其对已存在肿瘤的"促瘤性"作用。因此，建议根据各自间充质干细胞制剂的组织来源和临床适应症的不同，设计相应的试验方法，以判断其制剂的"促瘤性"。

1.3 生物学效应

随着研究的进展，建议针对临床治疗的适应症，不断研究更新生物学效应检测方法。如研究介导临床治疗效应的关键基因或蛋白的表达，并以此为基础提出与预期的生物学效应相关的替代性生物标志物（Surrogate Biomarker）。

2. 干细胞制剂稳定性研究及有效期的确定

应进行干细胞制剂在储存（液氮冻存和细胞植入前的临时存放）和运输过程中的稳定性研究。检测项目应包括细胞活性、密度、纯度、无菌性等。

根据干细胞制剂稳定性试验结果，确定其制剂的保存液成份与配方、保存及运输条件、有效期，同时确定与有效期相适应的运输容器和工具，以及合格的细胞冻存设施和条件。

3. 快速检验方法的研发

应根据新的干细胞基础及实验技术研究成果，针对各自干细胞制剂的特性、特定的临床适应症，研发新的快速检验方法，用于干细胞制备过程各阶段的质量控制和制剂的放行检验。

三. 干细胞制剂的临床前研究

应进行干细胞制剂的临床前研究，为治疗方案的安全性和有效性提供支持和依据。

在临床前研究方案中，应设计和提出与适应症相关的疾病动物模型，用于预测干细胞在人体内可能的治疗效果、作用机制、不良反应、适宜的输入或植入途径和剂量等临床研究所需的信息。

应在合适的动物模型基础上，研究和建立干细胞有效标记技术和动物体内干细胞示踪技术，以便于研究上述内容，特别是干细胞的体内存活、分布、归巢、分化和组织整合等功能的研究。在综合动物模型研究基础上，应对干细胞制剂的安全性和生物学效应进行合理评价。

鉴于干细胞治疗的特殊性，其临床前的安全有效性评价具有较大难度和局限性，以下只提出一些基本的原则，具体的研究方案可根据这些原则制定。如进行的相关研究工作与下述原则不符，应提供相应的依据和支持性资料。

(一) 安全性评价

1. 毒性试验

可通过合适的动物试验模型观察干细胞制剂各种可能的毒性反应，如细胞植入时和植入后的局部和整体的毒性反应。

如难以采用相关动物评价人干细胞的毒性，可考虑尽可能模拟临床应用方式，采用动物来源相应的干细胞制剂，以高于临床应用剂量回输动物体内，观察其毒性反应。

2. 异常免疫反应

对干细胞制剂特别是异体来源、经体外传代培养和特殊处理的自体或异体来源的制剂，应当通过体外及动物试验评价其异常免疫反应，包括对不同免疫细胞亚型及相关细胞因子的影响。对胚胎干细胞及 iPS 细胞，在体外诱导分化后重新表达供体的 HLA 抗原分子，植入体内后可能形成的免疫排斥反应，需进行有效评价。

3. 致瘤性

对高代次的或经过体外复杂处理和修饰的自体来源以及各种异体来源的干细胞制剂，应当进行临床前研究阶段动物致瘤性评估。建议选择合适的动物模型，使用合适数量的干细胞、合理的植入途径和足够长的观察期，以有效评价制剂的致瘤性。

4. 非预期分化

非预期分化包括非靶细胞分化或非靶部位分化。建议利用特定的检测技术，在体内动物试验中研究、评估和监控干细胞非预期分化的可能性。

（二）有效性评价

1. 细胞模型（见前述－干细胞制剂的质量研究）
2. 动物模型

用于观察植入的干细胞或其分化产物改变模型中疾病的病理进程；研究干细胞的归巢能力和免疫调节功能；通过分析干细胞植入后，特定细胞因子和/或特定基因表达情况，提出替代性生物学效应标志物。

若所申请的研究方案，因目前国际上干细胞生物学知识和技术方面的局限性，无法提出有效的体内动物模型研究内容，则应在临床前研究报告中进行全面细致的说明。

名词解释：

干细胞制剂（Stem cell-based medicinal products）：是指用于治疗疾病或改善健康状况的、以不同类型干细胞为主要成分、符合相应质量及安全标准，且具有明确生物学效应的细胞制剂。

胚胎干细胞（Embryonic stem cell）：源自第 5~7 天的胚胎中内细胞团的初始（未分化）细胞，可在体外非分化状态下"无限制地"自我更新，并且具有向三个胚层所有细胞分化的潜力，但不具有形成胚外组织（如胎盘）的能力。

成体干细胞（Somatic stem cell）：位于各种分化组织中未分化的干细胞，这类干细胞具有有限的自我更新和分化潜力。

间充质干细胞（Mesenchymal stromal/stem cell，MSC）：一类存在于多种组织（如骨髓、脐带血和脐带组织、胎盘组织、脂肪组织等），具有多向分化潜力，非造血干细胞的成体干细胞。这类干细胞具有向多种间充质系列细胞（如成骨、成软骨及成脂肪细胞等）或非间充质系列细胞分化的潜能，并具有独特的细胞因子分泌功能。

祖细胞（Progenitors）：一类只能向特定细胞系列分化，并且只具备有限的分裂增殖能力的成体细胞。

前体细胞（Precursors）：一类只能向特定终末分化细胞分化的，较祖细胞更有限的增殖能力的成体细胞。

造血干细胞（Hematopoietic stem cell）：具有高度自我更新能力和多向分化潜能的造血前体细胞，可分化成红细胞、白细胞、血小板和淋巴细胞。

诱导的多能性干细胞（Induced pluripotent stem cell，iPS）：一类通过基因转染等细胞重编程技术人工诱导获得的，具有类似于胚胎干细胞多能性分化潜力的干细胞。

胚胎干细胞系（Embryonic stem cell line）：在体外培养的条件下，可保持未分化状态连续增殖的胚胎干细胞。

全能性（Totipotent）：是早期数天胚胎中，具有分化成机体所有类型细胞和形成完全胚胎能力的干细胞。

亚全能性（Pluripotent）：是具有形成机体各种类型细胞，即所有三胚层来源细胞的能力，但不具有形成胚外胎组织细胞的能力。

多能性（Multipotent）：是指具有形成机体内超过一种类型细胞的能力，但往往是针对特定细胞系列的。

滋养层细胞（Feeder layer）：是指通过细胞-细胞相互作用，或分泌蛋白或其他物质，位于胚胎干细胞和 iPS 细胞的培养底层，以支持这些干细胞生长的动物源性或人源性细胞。

畸胎瘤（Teratoma）：一种含有三个胚层组织细胞和分化的组织的良性肿瘤。

参考文献

1. 《人体细胞治疗研究和制剂质量控制技术指导原则》（2003）

2. 《中华人民共和国药典》2010 版，第三部。

3. 王军志，等.《生物技术药物研究开发和质量控制》（第二版），科学出版社，2007.

4. European Pharmacopeia-Method 5. 2. 3-Cell substrates for the production of vaccines for human use.

5. WHO-Recommendations for the evaluation of animal cell cultures as substrates for the manufacture of biological medicinal products and for the characterization of cell banks（2010）.

6. FDA Guidance for Industry-Characterization and Qualification of Cell Substrates and other Biological Materials Used in the Production of Viral Vaccines for Infectious Disease Indications（2010）.

7. ICH Guidelines-Viral Safety Evaluation of Biotechnology Products Derived from Cell lines of Human or Animal Origin-Q5A（R1）-1999.

8. ICH Guidelines-Derivation and Characterization of Cell Substrates Used for Production of Biotechnological/Biological Products-Q5D-1997.

9. Dominici M., et al. Minimum criteria for defining multipotent stem cells-The ISCT position statement. 2006；8（4）：315-317（2006）.

10. ISSCR Guidelines for clinical translation of stem cells（2008）.

11. FDA Guidance for human somatic cell therapy and gene therapy（1998）.

12. FDA Guidance-Content and review of CMC information for human somatic cell therapy IND application（2008）.

13. FDA Guidance-Potency Tests for Cellular and Gene Therapy（2011）.

14. FDA Guidance for Industry-Current Good Tissue Practice（CGTP）and Additional Requirements for Manufactures of Human Cells, Tissues, and Cellular and Tissue-Based Products（HCT/Ps）.

15. EMA Guideline on human cell-based medicinal products（2007）.

干细胞临床研究管理办法（试行）

（国家卫生和计划生育委员会、国家食品药品监督管理总局2015年7月20公布）

第一章　总　则

第一条　为规范和促进干细胞临床研究，依照《中华人民共和国药品管理法》、《医疗机构管理条例》等法律法规，制定本办法。

第二条　本办法适用于在医疗机构开展的干细胞临床研究。

干细胞临床研究指应用人自体或异体来源的干细胞经体外操作后输入（或植入）人体，用于疾病预防或治疗的临床研究。体外操作包括干细胞在体外的分离、纯化、培养、扩增、诱导分化、冻存及复苏等，不包括基因水平的操作。

第三条　干细胞临床研究必须遵循科学、规范、公开、符合伦理、充分保护受试者权益的原则。

第四条　开展干细胞临床研究的医疗机构（以下简称机构）是干细胞制剂和临床研究质量管理的责任主体。机构应当对干细胞临床研究项目进行立项审查、登记备案和过程监管，并对干细胞制剂制备和临床研究全过程进行质量管理和风险管控。

第五条　国家卫生计生委与国家食品药品监管总局负责干细胞临床研究政策制定和宏观管理，组织制定和发布干细胞临床研究相关规定、技术指南和规范，协调督导、检查机构干细胞制剂和临床研究管理体制机制建设和风险管控措施，促进干细胞临床研究健康、有序发展；共同组建干细胞临床研究专家委员会和伦理专家委员会，为干细胞临床研究规范管理提供技术支撑和伦理指导。

省级卫生计生行政部门与省级食品药品监管部门负责行政区域内十细胞临床研究的日常监督管理，对机构干细胞制剂和临床研究质量以及风险管控情况进行检查，发现问题和存在风险时及时督促机构采取有效处理措施；根据工作需要共同组建干细胞临床研究专家委员会和伦理专家委员会。

第六条　机构不得向受试者收取干细胞临床研究相关费用，不得发布或变相发布干细胞临床研究广告。

第二章　机构的条件与职责

第七条　干细胞临床研究机构应当具备以下条件：

（一）三级甲等医院，具有与所开展干细胞临床研究相应的诊疗科目。

（二）依法获得相关专业的药物临床试验机构资格。

（三）具有较强的医疗、教学和科研综合能力，承担干细胞研究领域重大研究项目，且具有相对稳定、充分的项目研究经费支持。

（四）具备完整的干细胞质量控制条件、全面的干细胞临床研究质量管理体系和独立的干细胞临床研究质量保证部门；建立干细胞制剂质量受权人制度；具有完整的干细胞制剂制备和临床研究全过程质量管理及风险控制程序和相关文件（含质量管理手册、临床研究工作程序、标准操作规范和试验记录等）；具有干细胞临床研究审计体系，包括具备资质的内审人员和内审、外审制度。

（五）干细胞临床研究项目负责人和制剂质量受权人应当由机构主要负责人正式授权，具有正高级专业技术职称，具有良好的科研信誉。主要研究人员经过药物临床试验质量管理规范（GCP）培训，并获得相应资质。机构应当配置充足的具备资质的人力资源进行相应的干细胞临床研究，制定并实施干细胞临床研究人员培训计划，并对培训效果进行监测。

（六）具有与所开展干细胞临床研究相适应的、由高水平专家组成的学术委员会和伦理委员会。

（七）具有防范干细胞临床研究风险的管理机制和处理不良反应、不良事件的措施。

第八条 机构学术委员会应当由与开展干细胞临床研究相适应的、具有较高学术水平的机构内外知名专家组成，专业领域应当涵盖临床相关学科、干细胞基础和临床研究、干细胞制备技术、干细胞质量控制、生物医学统计、流行病学等。

机构伦理委员会应当由了解干细胞研究的医学、伦理学、法学、管理学、社会学等专业人员及至少一位非专业的社会人士组成，人员不少于7位，负责对干细胞临床研究项目进行独立伦理审查，确保干细胞临床研究符合伦理规范。

第九条 机构应当建立干细胞临床研究项目立项前学术、伦理审查制度，接受国家和省级干细胞临床研究专家委员会和伦理专家委员会的监督，促进学术、伦理审查的公开、公平、公正。

第十条 机构主要负责人应当对机构干细胞临床研究工作全面负责，建立健全机构对干细胞制剂和临床研究质量管理体制机制；保障干细胞临床研究的人力、物力条件，完善机构内各项规章制度，及时处理临床研究过程中的突发事件。

第十一条 干细胞临床研究项目负责人应当全面负责该项研究工作的运行管理；制定研究方案，并严格执行审查立项后的研究方案，分析撰写研究报告；掌握并执行标准操作规程；详细进行研究记录；及时处理研究中出现的问题，确保各环节符合要求。

第十二条 干细胞制剂质量受权人应当具备医学相关专业背景，具有至少三年从事干细胞制剂（或相关产品）制备和质量管理的实践经验，从事过相关产品过程控制和质量检验工作。质量受权人负责审核干细胞制备批记录，确保每批临床研究用干细胞制剂的生产、检验等均符合相关要求。

第十三条 机构应当建立健全受试者权益保障机制，有效管控风险。研究方案中应当包含有关风险预判和管控措施，机构学术、伦理委员会对研究风险程度进行评估。对风险较高的项目，应当采取有效措施进行重点监管，并通过购买第三方保险，对于发生与研究相关的损害或死亡的受试者承担治疗费用及相应的经济补偿。

第十四条 机构应当根据信息公开原则，按照医学研究登记备案信息系统要求，公开干细胞临床研究机构和项目有关信息，并负责审核登记内容的真实性。

第十五条 开展干细胞临床研究项目前，机构应当将备案材料（见附件1）由省级卫生计生行政部门会同食品药品监管部门审核后向国家卫生计生委与国家食品药品监管总局备案。

干细胞临床研究项目应当在已备案的机构实施。

第三章　研究的立项与备案

第十六条 干细胞临床研究必须具备充分的科学依据，且预防或治疗疾病的效果优于现有的手段；或用于尚无有效干预措施的疾病，用于威胁生命和严重影响生存质量的疾病，以及重大医疗卫生需求。

第十七条 干细胞临床研究应当符合《药物临床试验质量管理规范》的要求。干细胞制剂符合《干细胞制剂质量控制及临床前研究指导原则（试行）》的要求。

干细胞制剂的制备应当符合《药品生产质量管理规范》（GMP）的基本原则和相关要求，配备具有适当资质的人员、适用的设施设备和完整的质量管理文件，原辅材料、制备过程和质量控制应符合相关要求，最大限度地降低制备过程中的污染、交叉污染，确保持续稳定地制备符合预定用途和质量要求的干细胞制剂。

第十八条 按照机构内干细胞临床研究立项审查程序和相关工作制度，项目负责人须提交有关干细胞临床研究项目备案材料（见附件2），以及干细胞临床研究项目伦理审查申请表（见附件3）。

第十九条 机构学术委员会应当对申报的干细胞临床研究项目备案材料进行科学性审查。审查重点包括：

（一）开展干细胞临床研究的必要性；

（二）研究方案的科学性；

（三）研究方案的可行性；

（四）主要研究人员资质和干细胞临床研究培训情况；

（五）研究过程中可能存在的风险和防控措施；

（六）干细胞制剂制备过程的质控措施。

第二十条 机构伦理委员会应当按照涉及人的生物医学研究伦理审查办法相关要求，对干细胞临床研究项目进行独立伦理审查。

第二十一条 审查时，机构学术委员会和伦理委员会成员应当签署保密协议及无利益冲突声明，须有三分之二以上成员同意方为有效。根据评审结果，机构学术委员会出具学术审查意见，机构伦理委员会出具伦理审查批件（见附件4）。

第二十二条 机构学术委员会和伦理委员会审查通过的干细胞临床研究项目，由机构主要负责人审核立项。

第二十三条 干细胞临床研究项目立项后须在我国医学研究登记备案信息系统如实登记相关信息。

第二十四条 机构将以下材料由省级卫生计生行政部门会同食品药品监管部门审核后向国家卫生计生委与国家食品药品监管总局备案：

（一）机构申请备案材料诚信承诺书；

（二）项目立项备案材料（见附件2）；

（三）机构学术委员会审查意见；

（四）机构伦理委员会审查批件；

（五）所需要的其他材料。

第四章　临床研究过程

第二十五条 机构应当监督研究人员严格按照已经审查、备案的研究方案开展研究。

第二十六条 干细胞临床研究人员必须用通俗、清晰、准确的语言告知供者和受试者所参与的干细胞临床研究的目的、意义和内容，预期受益和潜在的风险，并在自愿原则下签署知情同意书，以确保干细胞临床研究符合伦理原则和法律规定。

第二十七条 在临床研究过程中，所有关于干细胞提供者和受试者的入选和检查，以及临床研究各个环节须由操作者及时记录。所有资料的原始记录须做到准确、清晰并有电子备份，保存至临床研究结束后30年。

第二十八条 干细胞的来源和获取过程应当符合伦理。对于制备过程中不合格及临床试验剩余的干细胞制剂或捐赠物如供者的胚胎、生殖细胞、骨髓、血液等，必须进行合法、妥善并符合伦理的处理。

第二十九条 对干细胞制剂应当从其获得、体外操作、回输或植入受试者体内，到剩余制剂处置等环节进行追踪记录。干细胞制剂的追踪资料从最后处理之日起必须保存至少30年。

第三十条 干细胞临床研究结束后，应当对受试者进行长期随访监测，评价干细胞临床研究的长期安全性和有效性。对随访中发现的问题，应当报告机构学术、伦理委员会，及时组织进行评估鉴定，给予受试者相应的医学处理，并将评估鉴定及处理情况及时报告省级卫生计生行政部门和食品药品监管部门。

第三十一条 在项目执行过程中任何人如发现受试者发生严重不良反应或不良事件、权益受到损害或其他违背伦理的情况，应当及时向机构学术、伦理委员会报告。

机构应当根据学术、伦理委员会意见制订项目整改措施并认真解决存在的问题。

第三十二条 在干细胞临床研究过程中，研究人员应当按年度在我国医学研究登记备案信息系统记录研究项目进展信息。

机构自行提前终止临床研究项目，应当向备案部门说明原因和采取的善后措施。

第五章 研究报告制度

第三十三条 机构应当及时将临床研究中出现的严重不良反应、差错或事故及处理措施、整改情况等报告国家和省级卫生计生行政部门和食品药品监管部门。

第三十四条 严重不良事件报告：

（一）如果受试者在干细胞临床研究过程中出现了严重不良事件，如传染性疾病、造成人体功能或器官永久性损伤、威胁生命、死亡，或必须接受医疗抢救的情况，研究人员应当立刻停止临床研究，于24小时之内报告机构学术、伦理委员会，并由机构报告国家和省级卫生计生行政部门和食品药品监管部门。

（二）发生严重不良事件后，研究人员应当及时、妥善对受试者进行相应处理，在处理结束后15日内将后续工作报告机构学术、伦理委员会，由机构报告国家和省级卫生计生行政部门和食品药品监管部门，以说明事件发生的原因和采取的措施。

（三）在调查事故原因时，应当重点从以下几方面进行考察：干细胞制剂的制备和质量控制，干细胞提供者的筛查记录、测试结果，以及任何违背操作规范的事件等。

第三十五条 差错报告：

（一）如果在操作过程中出现了违背操作规程的事件，事件可能与疾病传播或潜在性的传播有关，或可能导致干细胞制剂的污染时，研究人员必须在事件发生后立即报告机构学术、伦理委员会，并由机构报告国家和省级卫生计生行政部门和食品药品监管部门。

（二）报告内容必须包括：对本事件的描述，与本事件相关的信息和干细胞制剂的制备流程，已经采取和将要采取的针对本事件的处理措施。

第三十六条 研究进度报告：

（一）凡经备案的干细胞临床研究项目，应当按年度向机构学术、伦理委员会提交进展报告，经机构审核后报国家和省级卫生计生行政部门和食品药品监管部门。

（二）报告内容应当包括阶段工作小结、已经完成的病例数、正在进行的病例数和不良反应或不良事件发生情况等。

第三十七条 研究结果报告：

（一）各阶段干细胞临床研究结束后，研究人员须将研究结果进行统计分析、归纳总结、书写研究报告，经机构学术、伦理委员会审查，机构主要负责人审核后报告国家和省级卫生计生行政部门和食品药品监管部门。

（二）研究结果报告应当包括以下内容：

1. 研究题目；

2. 研究人员名单；

3. 研究报告摘要；

4. 研究方法与步骤；

5. 研究结果；

6. 病例统计报告；

7. 失败病例的讨论；

8. 研究结论；

9. 下一步工作计划。

第六章　专家委员会职责

第三十八条　国家干细胞临床研究专家委员会职责：按照我国卫生事业发展要求，对国内外干细胞研究及成果转化情况进行调查研究，提出干细胞临床研究的重点领域及监管的政策建议；根据我国医疗机构干细胞临床研究基础，制订相关技术指南、标准、以及干细胞临床研究质量控制规范等；在摸底调研基础上有针对性地进行机构评估、现场核查，对已备案的干细胞临床研究机构和项目进行检查。

国家干细胞临床研究伦理专家委员会职责：主要针对干细胞临床研究中伦理问题进行研究，提出政策法规和制度建设的意见；根据监管工作需要对已备案的干细胞临床研究项目进行审评和检查，对机构伦理委员会审查工作进行检查，提出改进意见；接受省级伦理专家委员会和机构伦理委员会的咨询并进行工作指导；组织伦理培训等。

第三十九条　省级干细胞临床研究专家委员会职责：按照省级卫生计生行政部门和食品药品监管部门对干细胞临床研究日常监管需要，及时了解本地区干细胞临床研究发展状况和存在问题，提出政策建议，提供技术支撑；根据监管工作需要对机构已备案的干细胞临床研究项目进行审查和检查。

省级干细胞临床研究伦理专家委员会职责：主要针对行政区域内干细胞临床研究中的伦理问题进行研究；推动行政区域内干细胞临床研究伦理审查规范化；并根据监管工作需要对行政区域内机构伦理委员会工作进行检查，提出改进意见；接受行政区域内机构伦理委员会的咨询并提供工作指导；对从事干细胞临床研究伦理审查工作的人员进行培训。

第四十条　国家和省级干细胞临床研究专家委员会和伦理专家委员会应当对机构学术、伦理审查情况进行监督检查。

学术方面的检查主要包括以下内容：

（一）机构的执业许可、概况、相应专业科室的药物临床试验机构资格及卫生技术人员和相关技术能力与设施情况。

（二）机构学术委员会组成、标准操作规范。

（三）承担国家级干细胞相关研究情况。

（四）对以下内容的审查情况：

1. 干细胞临床研究负责人、主要临床研究人员的情况，参加干细胞临床试验技术和相关法规培训的情况等；

2. 研究方案的科学性、可行性；

3. 防范干细胞临床研究风险的管理机制和处理不良反应事件的措施；

4. 干细胞临床研究管理制度和标准操作规程的制定；

5. 按照《干细胞制剂质量控制及临床前研究指导原则（试行）》的要求对干细胞制剂的质量管理、评价标准和相应的设备设施管理情况。

（五）学术审查程序是否合理。

（六）有无利益冲突。

（七）其他有关事宜。

伦理方面的检查主要包括以下内容：

（一）机构伦理委员会组成、标准操作规范；

（二）研究项目伦理审查过程和记录，包括风险/受益评估及对策等；

（三）对知情同意书的讨论和批准的样本；

（四）伦理审查程序的合理性；

（五）有无利益冲突；

（六）其他有关事宜。

第四十一条 省级干细胞临床研究专家委员会和伦理专家委员会应当对行政区域内机构开展的干细胞临床研究项目建立从立项审查、备案到过程管理、报告审议等全过程督导、检查制度。

第四十二条 省级干细胞临床研究专家委员会和伦理专家委员会应当对机构提交的严重不良事件报告、差错或事故报告和处理措施等及时分析，提供咨询意见，对机构整改情况进行审评；重大问题的整改情况可提请国家干细胞临床研究专家委员会和伦理专家委员会进行审评。

第四十三条 国家和省级干细胞临床研究专家委员会和伦理专家委员会应当对已备案的干细胞临床研究项目进行定期评估、专项评估等，并对国家和省级卫生计生行政部门和食品药品监管部门所开展的专项检查、随机抽查、有因检查等提供技术支撑。

第七章 监督管理

第四十四条 省级卫生计生行政部门和食品药品监管部门应当对医疗机构所开展的干细胞临床研究项目进行定期监督检查、随机抽查、有因检查等，对监督检查中发现的问题及时提出处理意见。

第四十五条 省级卫生计生行政部门会同食品药品监管部门应当于每年3月31日前向国家卫生计生委和国家食品药品监管总局报送年度干细胞临床研究监督管理工作报告。

第四十六条 国家或省级干细胞临床研究专家委员会对已备案的机构和项目进行

现场核查和评估，并将评估结果公示。

第四十七条 国家卫生计生委和国家食品药品监管总局根据需要，对已备案的干细胞临床研究机构和项目进行抽查、专项检查或有因检查，必要时对机构的干细胞制剂进行抽样检定。

第四十八条 机构对检查中发现的问题须进行认真整改，并形成整改报告于检查后3个月内报送检查部门。

第四十九条 机构中干细胞临床研究有以下情形之一的，省级卫生计生行政部门和食品药品监管部门将责令其暂停干细胞临床研究项目、限期整改，并依法给予相应处理。

（一）机构干细胞临床研究质量管理体系不符合要求；

（二）项目负责人和质量受权人不能有效履行其职责；

（三）未履行网络登记备案或纸质材料备案；

（四）不及时报告发生的严重不良反应或不良事件、差错或事故等；

（五）擅自更改临床研究方案；

（六）不及时报送研究进展及结果；

（七）对随访中发现的问题未及时组织评估、鉴定，并给予相应的医学处理；

（八）其他违反相关规定的行为。

第五十条 机构管理工作中发生下列行为之一的，国家卫生计生委和国家食品药品监管总局将责令其停止干细胞临床研究工作，给予通报批评，进行科研不端行为记录，情节严重者按照有关法律法规要求，依法处理。

（一）整改不合格；

（二）违反科研诚信和伦理原则；

（三）损害供者或受试者权益；

（四）向受试者收取研究相关费用；

（五）非法进行干细胞治疗的广告宣传等商业运作；

（六）其他严重违反相关规定的行为。

第五十一条 按照本办法完成的干细胞临床研究，不得直接进入临床应用。

第五十二条 未经干细胞临床研究备案擅自开展干细胞临床研究，以及违反规定直接进入临床应用的机构和人员，按《中华人民共和国药品管理法》和《医疗机构管理条例》等法律法规处理。

第八章 附 则

第五十三条 本办法不适用于已有规定的、未经体外处理的造血干细胞移植，以及按药品申报的干细胞临床试验。依据本办法开展干细胞临床研究后，如申请药品注册临床试验，可将已获得的临床研究结果作为技术性申报资料提交并用于药品评价。

第五十四条 本办法由国家卫生计生委和国家食品药品监管总局负责解释。

第五十五条 本办法自发布之日起施行。同时，干细胞治疗相关技术不再按照第三类医疗技术管理。

附件：1. 干细胞临床研究机构备案材料

2. 干细胞临床研究项目备案材料

3. 干细胞临床研究项目伦理审查申请表

4. 干细胞临床研究项目伦理审查批件

干细胞临床研究机构备案材料

干细胞临床研究机构主要提交材料（一式两份）：

一、医疗机构执业许可证书复印件；

二、药物临床试验机构资格认定证书复印件；

三、机构干细胞临床研究组织管理体系（框架图）和各部门职责；

四、机构干细胞临床研究管理主要责任人、质量受权人资质，以及相关人员接受培训情况；

五、机构学术委员会和伦理委员会组成及其工作制度和标准操作规范；

六、干细胞制备标准操作规程和设施设备、人员条件；

七、干细胞临床研究质量管理及风险控制程序和相关文件（含质量管理手册、临床研究工作程序、标准操作规范和试验记录等）；

八、干细胞临床研究审计体系，内审、外审制度，内审人员资质；

九、干细胞质量评价标准和检测设备设施情况；

十、防范干细胞临床研究风险的管理机制和处理不良反应、不良事件的措施；

十一、其他相关资料。

附件2

干细胞临床研究项目备案材料

干细胞临床研究项目主要提交材料（一式两份）：

一、项目立项申报材料诚信承诺书。

二、项目伦理审查申请表。

三、临床研究经费情况。

四、研究人员的名单和简历（包括临床研究单位和制剂研制单位），干细胞临床研究质量管理手册。

五、供者筛选标准和供者知情同意书样稿。

六、干细胞制备过程中主要原辅料标准。

七、干细胞制剂的制备工艺，质量控制标准和制定依据，以及工艺稳定性数据等。

八、干细胞制备的完整记录和干细胞制剂质量检验报告。

九、干细胞制剂的标签、储存、运输和使用追溯方案。

十、不合格和剩余干细胞制剂的处理措施。

十一、临床前研究报告，包括细胞水平和动物实验的安全性和有效性评价。

十二、临床研究方案，应当包括以下内容：

1. 研究题目；

2. 研究目的；

3. 立题依据；

4. 预期效果；

5. 研究设计；

6. 受试者纳入、排除标准和分配入组方法；

7. 所需的病例数；

8. 干细胞制剂的使用方式、剂量、时间及疗程，如需通过特殊手术导入治疗制剂，应当提供详细操作过程；

9. 中止和终止临床研究的标准；

10. 疗效评定标准；

11. 不良事件的记录要求和严重不良事件的报告方法、处理措施；

12. 病例报告表样稿；

13. 研究结果的统计分析；

14. 随访的计划及实施办法。

十三、临床研究风险预判和处理措施，包括风险评估报告、控制方案及实施细则等。

十四、临床研究进度计划。

十五、资料记录与保存措施。

十六、受试者知情同意书样稿。

十七、研究者手册。

十八、相关知识产权证明文件。

十九、其他相关材料。

附件3

受理编号：＿＿＿＿＿＿＿＿

干细胞临床研究伦理审查申请表

项目名称：＿＿＿＿＿＿＿＿＿＿＿＿＿

项目负责人：＿＿＿＿＿＿＿＿＿＿＿

申报日期： 年 月 日

填表说明：

1. 受理编号由干细胞临床研究机构伦理委员会填写。

2. 申报材料请用楷体四号字填写，A4 纸双面打印或复印。不得使用没有规定的符号、代码和缩写。

3. 请将本申报材料编上页码，页码位于底部居中。

【声明】

我们保证：①本申请遵守《干细胞临床研究管理办法（试行）》和《干细胞制剂质量控制及临床前研究指导原则（试行）》等规定；②申请表内容及所提交资料均真实、来源合法，未侵犯他人的权益；③提交的电子文件与打印文件内容完全一致。

如查有不实之处，我们承担由此导致的一切后果。

其他特别声明事项：

【干细胞临床研究伦理审查申请文件】

研 究 项 目 名 称			
伦理评审受理序号		资料递交方式	

提出伦理审查的研究项目已提供下列文件：

☐1. 研究项目负责人简介（包括过去 5 年与此项目相关的经验）

☐2. 研究项目的计划任务书

☐3. 参加单位合作意向书

☐4. 知情同意书

☐5. 其他：

委员会秘书（签名）		日　　期		年　月　日

续表

【干细胞临床研究伦理审查申请项目概要】

1. 研究项目相关信息

<table>
<tr><td rowspan="8">项目基本信息</td><td rowspan="2">项 目 名 称</td><td>中文</td><td></td></tr>
<tr><td>英文</td><td></td></tr>
<tr><td colspan="2">项 目 编 号</td><td></td></tr>
<tr><td colspan="2">研 究 领 域</td><td></td></tr>
<tr><td colspan="2">项 目 资 助 方</td><td></td></tr>
<tr><td colspan="2">项 目 承 担 单 位</td><td></td></tr>
<tr><td colspan="2">项 目 合 作 单 位</td><td></td></tr>
<tr><td colspan="2">涉 及 国 家 及 地 区</td><td></td></tr>
</table>

项目基本信息	项目起止时间			

<table>
<tr><td rowspan="5">项目负责人</td><td rowspan="2">项目负责人</td><td>中文</td><td></td><td>英文</td><td></td></tr>
<tr><td>职称</td><td></td><td>学位</td><td></td></tr>
<tr><td colspan="2">工作单位</td><td colspan="3"></td></tr>
<tr><td colspan="2">电 话</td><td></td><td>传真</td><td></td></tr>
<tr><td colspan="2">电子邮箱</td><td></td><td>邮编</td><td></td></tr>
</table>

项目负责人	地 址			

项目主要参与者	姓名	学位	任职	分工

2. 研究阶段　□ Ⅰ期　□ Ⅱ期　□ Ⅲ期　□ 其他

3. 研究设计

①本委员会是否是中心伦理委员会?

　□是　　　　　　　　□否（请写明中心伦理委员会　　　　　　　）

②研究方案是否已经被其他伦理委员会批准过?

　□是（请注明　　　　　　　　　　　　　）　　　　　□否

③研究方案是否被其他伦理委员会否决过?

　□是（请注明　　　　　　　　　　　　　）　　　　　□否

④本研究是否涉及境外地区或国家

　□是（请注明　　　　　　　　　　　　　）　　　　　□否

【干细胞临床研究伦理审查内容】

4. **科学依据和背景**（请用通俗易懂的语言简要说明，500字以内）
5. **项目研究目的**（请用通俗易懂的语言简要说明）
6. **研究项目是否经过干细胞研究的科学评审？** □是（请说明）　　　　　　　　　　□否 7. **研究结果的应用** 7.1　研究完成后，研究结果将用于何种用途？ 7.2　对于结果的出版是否有限制？ 　　　□是（请说明）　　　□否 8. **研究对象的确定** 8.1　潜在研究对象如何确定和招募 　　　□健康者　　　　　□病人　　　　　□其他 8.2　是否对研究对象说明研究目的　　　　　□是　　　　　□否 8.3　是否有筛选研究对象的标准　　　　　　□是　　　　　□否 8.4　如何对样本数据进行统计学分析？（请简要说明统计方法，样本量大小以及统计委托单位） 9. **知情同意** 9.1　将以何种形式获得研究对象的同意？□书面　　　　　□口头，（请说明选择"口头"的原因） 9.2　由谁向研究对象说明研究目的要求？ 9.3　是否在必要时提供口头翻译　　　　　□是　　　　　□否 9.4　研究对象（如儿童或无行为能力者）不能表达意愿，请说明由谁表达知情同意？ 10. **隐私和保密** 10.1　此研究是否涉及个人隐私　　　　　□是　　　　　□否 　　　　如是，说明如何保护隐私？使用代码、加密或其他方式 10.2　谁有权获得原始数据或研究记录？ 10.3　研究完成后，如何处理原始数据？ 10.4　为保护研究对象个人隐私和权利，研究者是否保证在论文报告中不公开个人姓名？ 　　　□是　　　　□否

11. 风险评估		
11.1 此研究是否导致对研究对象的临床干预	□是	□否
11.2 此研究是否会增加研究对象的额外负担		
□是（采取的措施_____）	□否	
11.3 此研究是否涉及以下弱势群体		
子宫中胎儿	□是	□否
无法成活的胎儿/流产的胎儿	□是	□否
婴儿（0~1 岁）	□是	□否
儿童（1~13 岁）	□是	□否
少年（13~18 岁）	□是	□否
孕妇/哺乳期妇女	□是	□否
老人（60 岁以上）	□是	□否
特殊人群　心智不全	□是	□否

【其他】

12. 利益

12.1 研究可能给社会带来益处	□是	□否
12.2 研究会给研究对象带来直接利益	□是	□否
12.3 是否给研究对象支付一定补偿性报酬？	□是	□否

13. 潜在的危害

13.1 本研究是否存在对受试者的潜在危害？

　　□是（请说明采取哪些预防措施）　　　　　□否

13.2 是否给研究对象提供研究人员电话，供紧急联络或必要的查询？

　　□是　　　　　□否

　　联系人员姓名：　　　　　　电话号码：

14. 研究人员保证

14.1 遵守世界医学协会（WMA）通过《赫尔辛基宣言》所阐述的原则，世界卫生组织（WHO）和国际医学科学理事会（CIOMS）合作的《涉及人的生物医学研究的国际伦理准则》，联合国教科文组织（UNESCO）《世界人类基因组与人权宣言》，以及我国《涉及人的生物医学研究伦理审查办法（试行）》、《人胚胎干细胞研究伦理指导原则》、《人类遗传资源管理暂行办法》中规定的伦理要求。

14.2 我们将尊重伦理委员会对本项目研究提出伦理建议，在研究工作进程中如发现涉及研究对象风险或未预料到的问题，随时与伦理委员会沟通。

14.3 我们将保守研究对象的个人隐私，做好保密工作，所有原始数据，相关文件材料，作机要档案保管，至少在研究结束后保管 30 年以上。

14.4 我们在研究过程保存精确记录，以备检查总结。

申请单位：　　　　　　　　　　　　日期：

负责人（签名）：　　　　　　　　　职务：

附件4

干细胞临床研究项目伦理审查批件

<table>
<tr><td colspan="4" align="center">XX 机构伦理审查批件编号〔年份〕　　　号</td></tr>
<tr><td>项目名称</td><td colspan="3"></td></tr>
<tr><td>申报单位</td><td colspan="3"></td></tr>
<tr><td>申报单位负责人</td><td></td><td>职务/职称</td><td></td></tr>
<tr><td>项目类别</td><td colspan="3">□基础研究　　　□临床研究　　　□其他_____</td></tr>
<tr><td>申请文书及版本号</td><td colspan="3"></td></tr>
<tr><td>项目来源</td><td></td><td>预算经费</td><td></td></tr>
<tr><td>项目负责人</td><td></td><td>职务/职称</td><td></td></tr>
<tr><td>伦理委员会主任委员</td><td></td><td>办公室电话</td><td></td></tr>
<tr><td>伦理委员会秘书</td><td></td><td>评审日期</td><td></td></tr>
<tr><td rowspan="7">伦理委员会
参会人员</td><td align="center">姓　　名</td><td colspan="2" align="center">职务/职称</td></tr>
<tr><td></td><td colspan="2"></td></tr>
<tr><td></td><td colspan="2"></td></tr>
<tr><td></td><td colspan="2"></td></tr>
<tr><td></td><td colspan="2"></td></tr>
<tr><td></td><td colspan="2"></td></tr>
<tr><td></td><td colspan="2"></td></tr>
<tr><td colspan="4">
1. 伦理审查意见
　□同意　　　□修改后同意　　　□修改后再审　　　□不同意
2. 审批意见和建议

主任委员（签名）：
伦理委员会（盖章）：
批复日期：
</td></tr>
</table>

《干细胞临床研究管理办法（试行）》解读

（国家卫生和计划生育委员会 2015 年 8 月 21 日公布）

一、为什么要制定干细胞临床研究管理办法？

干细胞是一类具有自我复制能力的多潜能细胞，在一定条件下可以分化成多种功能细胞。由于具有增殖和分化的特性，干细胞作为"种子"细胞可参与细胞替代和组织再生。干细胞研究作为近年来医学前沿重点发展领域，展现出了良好发展前景，给某些疑难疾病的有效治疗带来了希望，受到广泛关注。我国在"十二五"科技规划中对干细胞研究给予了重点支持，并取得可喜进展。在干细胞研究和转化应用快速发展的同时，也出现了一些问题，如机构逐利倾向明显，收取高额费用；干细胞制备标准不统一，质量存在严重隐患等问题；又由于缺乏有效学术、伦理审查和知情同意，使受试者权益难以保障。一些逃避政府监管、缺乏临床前研究数据的干细胞治疗屡禁不止。制定相关管理办法，规范干细胞临床研究，充分保护受试者权益势在必行。

二、《管理办法》的适用范围是什么？

《管理办法》适用于在医疗机构开展的干细胞临床研究。

《管理办法》不适用于已有成熟技术规范的造血干细胞移植，以及按药品申报的干细胞临床试验。《管理办法》提出：医疗机构按照《管理办法》要求完成干细胞临床研究后，不得直接进入临床应用；如申请药品注册临床试验，可将已获得的临床研究结果作为技术性申报资料提交并用于药品评价。

《管理办法》提出自文件发布之日起，干细胞治疗相关技术不再按照第三类医疗技术管理。

三、干细胞临床研究应当遵循的原则是什么？

开展干细胞临床研究须遵循科学、规范、公开的原则，医疗机构必须认真履行干细胞临床研究机构和项目的备案和信息公开程序，接受国家相关部门监管。

干细胞临床研究必须遵循伦理并充分保护受试者权益的原则，符合《涉及人的生物医学研究伦理审查办法（试行）》和《人胚胎干细胞研究伦理指导原则》的要求，保证受试者的权益得到充分尊重和保护。

四、干细胞临床研究是否允许收费？

开展干细胞临床研究的机构不得向受试者收取干细胞临床研究相关费用，不得发布或变相发布干细胞临床研究广告。

五、干细胞临床研究项目的总体要求是什么？

干细胞临床研究是指应用人自体或异体来源的干细胞经体外操作后输入（或植入）人体，用于疾病预防或治疗的临床研究。《管理办法》规定，研究必须具备充分的科学依据，且预防或治疗疾病的效果优于现有的手段；或用于尚无有效干预措施的疾病，用于威胁生命和严重影响生存质量的疾病，以及重大医疗卫生需求。干细胞临床研究应当符合《药物临床试验质量管理规范》的要求。干细胞制剂应当符合《干细胞制剂质量控制及临床前研究指导原则（试行）》的要求。

六、干细胞临床研究的责任主体是谁？

《管理办法》明确规定干细胞临床研究机构是干细胞制剂和临床研究质量管理的责任主体。机构应当对干细胞临床研究项目进行立项审查、备案、信息公开和过程监管，并对干细胞制剂制备和临床研究全过程进行质量管理和风险管控。

七、医疗机构开展干细胞临床研究必须具备哪些条件？

《管理办法》规定，开展干细胞临床研究的医疗机构应当具备七项条件：1. 三级甲等医院；2. 依法获得相关专业的药物临床试验机构资格；3. 具有较强的医疗、教学和科研综合能力；4. 具备完整的干细胞质量控制条件和全面的干细胞临床研究质量管理体系和独立的干细胞临床研究质量保证部门；建立干细胞制剂质量受权人制度；具有完整的干细胞制剂制备和临床研究全过程质量管理及风险控制程序和相关文件；具有干细胞临床研究审计体系；5. 干细胞临床研究项目负责人和制剂质量受权人须具有正高级专业技术职称，主要研究人员经过药物临床试验质量管理规范（GCP）培训；6. 具有与所开展干细胞临床研究相适应的学术委员会和伦理委员会；7. 具有防范干细胞临床研究风险的管理机制和处理不良反应、不良事件的措施。

八、干细胞临床研究机构和研究项目如何进行备案和公开？

《管理办法》规定临床研究机构在开展干细胞临床研究项目前，应当按照要求，对干细胞临床研究项目进行学术、伦理审查，将有关立项纸质材料报省级卫生计生行政部门和食品药品监管部门，由省级卫生计生行政部门会同食品药品监管部门审核后向国家卫生计生委与食品药品监管总局备案。同时，根据信息公开原则，临床研究机构应当将干细胞临床研究机构和项目有关信息在医学研究登记备案信息系统（网址 http://114.255.123.14）公开，并负责保证登记内容的真实性。

九、干细胞临床研究过程如何管理？

《管理办法》要求临床研究机构应当监督研究人员严格按照已经审查、备案的研究方案开展研究。在临床研究过程中，所有关于干细胞提供者和受试者的所有资料的原始记录须做到准确、清晰并有电子备份，保存至临床研究结束后30年。干细胞制剂的追踪资料也要从最后处理之日起保存至少30年。

研究过程中，机构应当及时将干细胞临床研究进度报告、研究结果报告、研究中出现的严重不良反应、差错或事故及处理措施、整改情况等报告国家和省级卫生计生行政部门和食品药品监管部门。

干细胞临床研究结束后，应当对受试者进行长期随访监测，评价干细胞临床研究的长期安全性和有效性。

十、干细胞临床研究中如何有效保护受试者的权益？

《管理办法》规定，开展干细胞临床研究的机构应当加强受试者保护。干细胞临床研究人员必须用通俗、清晰、准确的语言告知供者和受试者所参与的干细胞临床研究的目的、意义和内容，以及预期受益和潜在的风险，并在自愿原则下签署知情同意书。对风险较高的项目，研究机构应当采取有效措施进行重点监管，并通过购买第三方保险，为受试者提供相应保障。

如果受试者在干细胞临床研究过程中出现了严重不良事件，如传染性疾病、造成人体功能或器官永久性损伤、威胁生命、死亡，或必须接受医疗抢救的情况，研究人员应当立刻停止临床研究。

十一、干细胞临床研究专家委员会和伦理专家委员会的职责是什么？

《管理办法》规定国家和省级卫生计生行政和食品药品监管部门应当根据工作需要成立干细胞临床研究专家委员会和伦理专家委员会，并明确专家委员会的职责要求，指出专家委员会应当为干细胞临床研究管理提供技术支撑和伦理指导，对已备案的医疗机构和研究项目进行现场核查和评估，对机构学术、伦理委员会研究项目管理工作进行督导、检查，促进干细胞临床研究规范开展。

十二、干细胞临床研究的主要监管措施有哪些？

国家和省级卫生计生行政部门和食品药品监管部门依据《管理办法》，加强对干细胞临床研究的监管，对已备案的干细胞临床研究机构和项目进行抽查、专项检查或有因检查，必要时对机构的干细胞制剂进行抽样检定。如有《管理办法》中规定的违规情形，省级卫生计生行政部门和食品药品监管部门将责令其暂停干细胞临床研究项目、限期整改，并依法给予相应处理；整改仍不合格或情节严重的，国家卫生计生委和食品药品监管总局将责令其停止干细胞临床研究工作，给予通报批评，情节严重者按照有关法律法规要求，依法处理。未经干细胞临床研究备案擅自开展研究的，以及违反规定直接进入临床应用的机构和人员，按《中华人民共和国药品管理法》和《医疗机构管理条例》等法律法规处理。

国家卫生计生委关于取消第三类医疗技术
临床应用准入审批有关工作的通知

（国家卫生和计划生育委员会 2015 年 7 月 2 日公布）

各省、自治区、直辖市卫生计生委，新疆生产建设兵团卫生局：

为贯彻落实国务院行政审批制度改革要求，根据《国务院关于取消非行政许可审批事项的决定》（国发〔2015〕27 号），我委决定取消第三类医疗技术临床应用准入审批。目前我委正在按照"简政放权、放管结合、优化服务"的原则和"公开、透明、可监督"的方针，修订《医疗技术临床应用管理办法》。为保证医疗技术临床应用管理平稳衔接、有序过渡，保障医疗质量和安全，在《医疗技术临床应用管理办法》修订完成前，现就医疗技术临床应用管理有关工作通知如下：

一、根据国务院《关于取消非行政许可审批事项的决定》，取消第三类医疗技术临床应用准入审批。

二、医疗机构禁止临床应用安全性、有效性存在重大问题的医疗技术（如脑下垂体酒精毁损术治疗顽固性疼痛），或者存在重大伦理问题（如克隆治疗技术、代孕技术），或者卫生计生行政部门明令禁止临床应用的医疗技术（如除医疗目的以外的肢体延长术），以及临床淘汰的医疗技术（如角膜放射状切开术）。

涉及使用药品、医疗器械或具有相似属性的相关产品、制剂等的医疗技术，在药品、医疗器械或具有相似属性的相关产品、制剂等未经食品药品监督管理部门批准上市前，医疗机构不得开展临床应用。

三、对安全性、有效性确切，但是技术难度大、风险高，对医疗机构的服务能力、人员水平有较高要求，需要限定条件；或者存在重大伦理风险，需要严格管理的医疗技术，医疗机构应当限制临床应用。《限制临床应用的医疗技术（2015 版）》见附件。

四、对于开展《限制临床应用的医疗技术（2015 版）》在列医疗技术，且经过原卫生部第三类医疗技术临床应用审批的医疗机构，由核发其《医疗机构执业许可证》的卫生计生行政部门在该机构《医疗机构执业许可证》副本备注栏注明，并向省级卫生计生行政部门备案。

拟新开展《限制临床应用的医疗技术（2015 版）》在列医疗技术临床应用的医疗

机构，应当按照我委此前下发的相关医疗技术临床应用管理规范，经自我对照评估符合所规定条件的，按照上述程序进行备案。

五、取消第三类医疗技术临床应用准入审批后，医疗机构对本机构医疗技术临床应用和管理承担主体责任。各级各类医疗机构应当按照《医疗技术临床应用管理办法》（卫医政发〔2009〕18 号）要求，强化主体责任意识，建立完善医疗技术临床应用管理制度，按照手术分级管理要求对医师进行手术授权并动态管理，建立健全医疗技术评估与管理档案制度。

六、各级卫生计生行政部门依据职责加强辖区内医疗机构医疗技术临床应用监管。各省级卫生计生行政部门应当自本通知下发之日起，全面清理辖区内医疗技术的临床应用；建立《限制临床应用的医疗技术（2015 版）》在列医疗技术临床应用备案和公示制度，接受社会监督；研究建立医疗技术临床应用质量控制和评估制度以及重点医疗技术临床应用规范化培训制度，并对医疗机构医疗技术临床应用情况进行信誉评分；充分利用信息技术手段加强监管。

七、医疗机构未按本通知要求进行备案或开展禁止临床应用医疗技术的，由卫生计生行政部门按照《医疗机构管理条例》第四十七条和《医疗技术临床应用管理办法》第五十条的规定给予处罚。

八、法律法规已经设立行政许可的医疗技术，依照有关规定执行。开展医疗新技术临床研究，按照临床研究管理的相关规定执行。

九、各省级卫生计生行政部门应当按照国务院行政审批改革精神和有关工作部署，研究取消第二类医疗技术非行政许可审批后加强事中事后监管的工作措施，保证医疗质量和患者安全。

十、各省级卫生计生行政部门可以根据本通知要求制定具体的管理措施，并于2015 年 12 月 31 日前将取消第三类医疗技术临床应用准入审批后加强事中事后监管的相关工作情况报我委医政医管局。

十一、2009 年 5 月 22 日发布的《首批允许临床应用的第三类医疗技术目录》同时废止。

联 系 人：医政医管局　　杜冰、马旭东
联系电话：010-68792793
传真电话：010-68792067

附件：限制临床应用的医疗技术（2015 版）

附件

限制临床应用的医疗技术
（2015 版）

一、安全性、有效性确切，但是技术难度大、风险高，对医疗机构的服务能力和人员技术水平有较高要求，需要限定条件的医疗技术。如：造血干细胞（包括脐带血造血干细胞）移植治疗血液系统疾病技术，质子、重离子加速器放射治疗技术，放射性粒子植入治疗技术（包括口腔颌面部恶性肿瘤放射性粒子植入治疗技术），肿瘤深部热疗和全身热疗技术，肿瘤消融治疗技术，心室辅助装置应用技术，颅颌面畸形颅面外科矫治术，口腔颌面部肿瘤颅颌联合根治术，人工智能辅助诊断、治疗技术等。

二、存在重大伦理风险或使用稀缺资源，需要严格管理的医疗技术。如：同种胰岛移植治疗糖尿病技术，同种异体组织移植治疗技术（仅限于角膜、骨、软骨、皮肤移植治疗技术），性别重置技术等。

未在上述名单内的《首批允许临床应用的第三类医疗技术目录》其他在列技术，按照临床研究的相关规定执行。

医疗卫生机构开展临床研究项目管理办法

（国家卫生和计划生育委员会、国家食品药品监督管理总局、
国家中医药管理局 2014 年 10 月 28 日公布）

———————————————

第一章 总   则

第一条 为加强医疗卫生机构临床研究管理，规范临床研究行为，促进临床研究健康发展，根据《科学技术进步法》、《执业医师法》、《药品管理法》、《医疗机构管理条例》、《医疗器械监督管理条例》、《加强医疗卫生行风建设"九不准"》等，制定本办法。

第二条 本办法所称临床研究是指在医疗卫生机构内开展的所有涉及人的药品（含试验药物，下同）和医疗器械（含体外诊断试剂，下同）医学研究及新技术的临床应用观察等。

第三条 医疗卫生机构开展临床研究应当取得法律法规规定的资质，药物和医疗器械临床试验机构应当按相应要求获得资格认定，并具备相应的能力。

第四条 医疗卫生机构应当按照相关法律、法规、部门规章、临床试验管理有关规范性文件及本办法的要求，加强对临床研究的管理。

第二章 组织管理

第五条 开展临床研究的医疗卫生机构应当成立临床研究管理委员会和伦理委员会，设立或者指定专门部门（以下称临床研究管理部门）负责临床研究管理。

第六条 临床研究管理委员会由医疗卫生机构相关负责人、相关职能部门负责人和临床研究专家代表组成，负责医疗机构临床研究的决策、审核、管理和监督。

临床研究管理部门在临床研究管理委员会指导下，负责临床研究的立项审查、实施控制、档案管理等具体管理工作。

第七条 伦理委员会按照相关规定承担所在医疗卫生机构开展临床研究的伦理审查，确保临床研究符合伦理规范。

第八条 药物临床试验研究负责人应当具备法律法规规定的资质。其他临床研究负责人应当为相关专业科室负责人或具有副高级以上职称的卫生专业技术人员。

第三章　立项管理

第九条　临床研究实行医疗卫生机构立项审核制度，经医疗卫生机构批准立项的临床研究方可在该机构内实施。

第十条　临床研究应当由在医疗卫生机构依法执业的医务人员提出立项申请，并向所在医疗卫生机构提交以下申请材料：

（一）立项申请书；

（二）申请者资质证明材料；

（三）项目负责人及主要参与者的科研工作简历；

（四）研究工作基础，包括科学文献总结、实验室工作、动物实验结果和临床前工作总结等；

（五）研究方案；

（六）质量管理方案；

（七）项目风险的预评估及风险处置预案；

（八）知情同意书（样式）；

（九）知识产权归属协议；

（十）项目经费来源证明；

（十一）相关法律法规规定应当具备的资质证明；

（十二）医疗卫生机构规定应当提交的其他材料。

第十一条　医疗卫生机构应当组织伦理委员会遵循伦理审查原则，对临床研究项目进行伦理审查，并形成书面审查记录和审查意见。

参与多中心临床研究的医疗卫生机构不具备成立伦理委员会条件的，可以由发起多中心临床研究的医疗卫生机构伦理委员会出具书面审查意见。

第十二条　临床研究项目经伦理审查通过后，由医疗卫生机构临床研究管理部门提交临床研究管理委员会审核。有以下情形之一的，不得予以立项审核：

（一）违反法律、法规、规章的相关规定；

（二）违背伦理原则或科研诚信原则；

（三）研究前期准备不足，临床研究时机尚不成熟；

（四）相关药品、医疗器械可能存在质量缺陷；

（五）临床研究的安全风险超出可控范围；

（六）研究负责人与研究结果有直接利益关系；

（七）可能存在商业贿赂或其他不当利益关系；

（八）可能侵犯他人知识产权；

（九）依据法律法规和国家有关规定应当禁止研究的其它情形。

第十三条　临床研究项目经医疗卫生机构审核立项的，医疗卫生机构应当与临床研究项目负责人签订临床研究项目任务书。

第十四条　医疗卫生机构受其他机构委托、资助开展临床研究或者参与多中心临床研究的，应当与委托、资助机构或多中心临床研究发起机构签订临床研究协议，明确双方权利、义务及责任分担等，项目资金应当纳入项目负责人所在医疗卫生机构统一管理。

第十五条　医疗机构批准临床研究项目立项后，应当在 30 日内向核发其医疗机构执业许可证的卫生计生行政部门（含中医药管理部门，下同）进行临床研究项目备案。

第四章　财务管理

第十六条　医疗卫生机构应当建立临床研究经费管理制度，对批准立项的临床研究经费进行统一管理，经费的收取、使用和分配应当遵循财务管理制度，实行单独建账、单独核算、专款专用。

医疗卫生机构内设科室和个人不得私自收受临床研究项目经费及相关设备。

第十七条　临床研究项目的委托方、资助方已经支付临床研究中受试者用药、检查、手术等相关费用的，医疗卫生机构不得向受试者重复收取费用。

第十八条　临床研究项目负责人应当严格按照本机构的规定和临床研究项目经费预算，合理使用研究经费，不得擅自挪作他用。

第五章　实施管理

第十九条　医疗卫生机构应当按照相关法律法规并遵循相关国际规范，制订临床研究项目管理制度和操作规程，加强临床研究项目管理。

第二十条　医疗卫生机构临床研究管理委员会及临床研究管理部门应当对临床研究项目实施全过程监管，定期组织进行伦理、安全性、财务合规性和效果评价，确保临床研究项目的顺利进行。

第二十一条　临床研究项目应当严格按照任务书开展，项目实施过程中应当遵守国家有关知识产权创造、运用、保护管理的法律法规及保密、安全的相关规定。

第二十二条　临床研究项目实施过程中需要对研究方案进行调整的，应当经医疗卫生机构临床研究管理委员会批准，涉及伦理问题的应当重新进行伦理审查。

第二十三条　医疗卫生机构应当加强临床研究项目的安全性评价，制定并落实不良事件记录、报告和处理相关的规章制度和规范标准，根据不良事件的性质和严重程度及时做出继续、暂停或者终止已经批准的临床研究的决定。

第二十四条　临床研究过程中出现如下情形之一的，医疗卫生机构应当暂停或者终止研究项目，并及时报告当地卫生计生行政部门：

（一）存在违反法律法规、规章的行为；

（二）存在违背伦理原则或科研诚信原则的行为；

（三）研究过程中发现相关药品、医疗器械可能存在严重质量缺陷；

（四）发现临床研究存在严重安全风险或者发生严重不良事件；

（五）存在商业贿赂或其他不当利益关系；

（六）违规使用研究经费的行为；

（七）其他应当禁止研究的情形。

第二十五条 医疗卫生机构临床研究管理部门应当加强临床研究项目档案管理，如实记录并妥善保管相关文书档案。

第六章 监督管理

第二十六条 各级卫生计生行政部门应当加强对辖区内医疗卫生机构开展临床研究项目的监督管理。发现医疗卫生机构违反本办法规定的，应当责令其立即停止该研究，并按照相关法律法规给予行政处罚及处分。

第二十七条 未经医疗卫生机构批准，卫生专业技术人员擅自开展临床研究、调整已批准研究方案或者收受临床研究项目经费的，医疗卫生机构应当按照相关规定予以相应处理；医疗卫生机构未履行监督管理职责的，应当依法承担相应的行政责任；构成犯罪的，移交司法机关依法处理。

第七章 附 则

第二十八条 本办法自发布之日起实施。本办法实施前已经开展尚未完成的临床研究，医疗卫生机构应当自本办法实施之日起 3 个月内完成立项登记等手续。

《医疗卫生机构开展临床研究项目管理办法》解读

(国家卫生和计划生育委员会、国家食品药品监督管理总局、
国家中医药管理局 2014 年 10 月 28 日发布)

一、起草背景

2013 年 12 月 26 日，为进一步加强行风建设，针对医疗卫生方面群众反映强烈的突出问题，国家卫生计生委、国家中医药管理局制定了《加强医疗卫生行风建设"九不准"》。《医疗卫生机构开展临床研究项目管理办法》（以下简称《办法》）作为《加强医疗卫生行风建设"九不准"》的配套文件印发。

二、主要内容

《办法》共分 7 章 28 条，分为：总则、组织管理、立项管理、财务管理、实施管理、监督管理、附则。重点规定了如下内容：

（一）临床研究的定义：临床研究是指在医疗卫生机构内开展的所有涉及人的药品（含试验药物，下同）和医疗器械（含体外诊断试剂，下同）医学研究及新技术的临床应用观察等。

（二）临床研究资质：医疗卫生机构开展临床研究应当取得法律法规规定的资质，药物和医疗器械临床试验机构应当按相应要求获得资格认定，并具备相应的能力。

（三）组织管理：开展临床研究的医疗卫生机构应当成立临床研究管理委员会、伦理委员会和临床研究管理部门，分别承担临床研究管理工作。

（四）立项管理：临床研究实行医疗卫生机构立项审核制度。临床研究项目经医疗卫生机构审核立项的，医疗卫生机构应当与临床研究项目负责人签订临床研究项目任务书，并在 30 日内向核发其医疗机构执业许可证的卫生计生行政部门进行临床研究项目备案。医疗卫生机构受其他机构委托、资助开展临床研究或者参与多中心临床研究的，项目资金应当纳入医疗卫生机构统一管理。

（五）财务管理：医疗卫生机构对批准立项的临床研究经费进行统一管理，实行单独建账、单独核算、专款专用。医疗卫生机构内设科室和个人不得私自收受临床研究项目经费及相关设备。临床研究项目的委托方、资助方已经支付临床研究中受试者用药、检查、手术等相关费用的，医疗卫生机构不得向受试者重复收取费用。

（六）实施管理：医疗卫生机构临床研究管理委员会及临床研究管理部门对临床研究项目实施全过程监管，定期组织进行伦理、安全性、财务合规性和效果评价，确保临床研究项目的顺利进行。

（七）监督管理：明确了卫生计生行政部门和医疗机构的监督管理责任。

干细胞临床试验研究基地管理办法（试行）（征求意见稿）

（卫生部、国家食品药品监督管理局 2013 年 3 月 1 日向各省、自治区、
直辖市卫生厅局、食品药品监督管理局，新疆生产建设兵团卫生局、
食品药品监督管理局，部直属各有关单位征求意见，
于 2013 年 3 月 15 日前返回意见）

第一章　总　　则

第一条　为加强干细胞临床试验研究的监督管理，根据《药物临床试验质量管理规范》、《药物临床试验机构资格认定办法（试行）》和《干细胞临床试验研究管理办法（试行）》，制定本办法。

第二条　干细胞临床试验研究必须在干细胞临床试验研究基地进行。

第三条　干细胞临床试验研究应当符合《药物临床试验质量管理规范》、《干细胞临床试验研究管理办法（试行）》和《干细胞制剂质量控制及临床前研究指导原则（试行）》的规定。

第四条　卫生部和国家食品药品监督管理局负责干细胞临床试验研究基地的确定工作。各省级卫生厅局、食品药品监督管理局（药品监督管理局）负责干细胞临床研究基地的日常监督工作。

第二章　干细胞临床研究基地的任务和标准

第五条　干细胞临床试验研究基地接受干细胞临床试验研究申报单位的委托，开展干细胞的临床试验研究，提供研究报告。

第六条　申请成为干细胞临床试验研究基地，必须具备以下条件：

（一）三级甲等医院；

（二）已获得国家食品药品监督管理局颁发的《药物临床试验机构资格认定证书》及与开展临床试验相对应的证书认定的专业资格；

（三）临床研究主要负责人具备干细胞临床试验研究知识背景和工作基础；

（四）医疗、教学和科研方面综合能力强，承担国家重要临床研究任务；

（五）具备与干细胞制品临床试验相适应的质量管理和保障能力。

第三章 干细胞临床研究基地的确定程序

第七条 凡符合本管理规范第二章第六条所列条件的医疗机构均可提出申请。

第八条 申请单位须提交下列申请材料：

（一）干细胞临床研究基地申请书；

（二）医疗机构执业许可证书复印件；

（三）药物临床试验机构资格认定证书复印件；

（四）主要临床研究人员简历；

（五）相关伦理委员会的名称及其组成人员；

（六）其他相关材料。

第九条 申请材料经所在省（区、市）卫生厅（局）和食品药品监督管理局（药品监督管理局）初审后报卫生部和国家食品药品监督管理局。

第十条 卫生部和国家食品药品监督管理局组织专家对申请单位进行考核和确定，并对外予以公布。

第四章 干细胞临床研究基地的管理

第十一条 干细胞临床试验研究基地的日常管理由所在医疗机构负责。医疗机构应当制订相应的规章制度保证干细胞临床试验研究符合科学和伦理原则，确保干细胞临床试验研究按照《药物临床试验质量管理规范》、《干细胞临床试验研究管理办法（试行）》和《干细胞制剂质量控制及临床前研究指导原则（试行）》进行。

第十二条 省级卫生厅局和食品药品监督管理局（药品监督管理局）负责干细胞临床试验研究基地的日常监督检查，及时发现问题，保证干细胞临床试验研究规范进行。

第十三条 卫生部和国家食品药品监督管理局对干细胞临床试验研究基地实行定期检查和动态考评，考核不合格的，或已被取消三级甲等医院或药物临床试验机构资格的，取消其干细胞临床研究基地资格。

对于严重违反《干细胞临床研究管理办法（试行）》相关规定、向受试者收取费用的，取消其干细胞临床研究基地资格。同时依据《药品管理法》、《执业医师法》和《医疗机构管理条例》等相关法律法规，追究医疗机构主要负责人和直接责任人员责任。

第五章 监管与处罚

第十四条 未取得干细胞临床试验研究基地资格的单位，不得开展干细胞临床试验研究。擅自开展的，将依据《医疗机构管理条例》，责令其停止研究活动并全国通报，由省级卫生行政部门没收非法所得；情节严重的，依据《医疗机构管理条例》，吊销其《医疗机构执业许可证》；构成犯罪的，依法追究刑事责任。

第十五条　已经取得干细胞临床试验研究基地资格的单位，应当建立健全干细胞临床试验研究基地的管理制度，对于严重违反相关规定、向受试者收取费用的，取消其干细胞临床试验研究基地资格，并吊销其《药物临床试验机构资格认定证书》；情节严重的，将依据《药品管理法》、《执业医师法》和《医疗机构管理条例》等相关法律法规，追究医疗机构主要负责人和直接责任人员责任，并依法予以行政处分。构成犯罪的，依法追究相关人员的刑事责任。

第十六条　干细胞临床试验研究基地的研究人员，如违反诚信、伦理原则，发生故意损害受试者权益的行为，将取消其干细胞临床试验研究资格，并予以通报。构成犯罪的，依法追究刑事责任。

第十七条　干细胞临床试验研究基地违法发布干细胞治疗广告的，依法进行处理。

第六章　附　　则

第十八条　本管理办法由卫生部和国家食品药品监督管理局负责解释。

第十九条　本管理办法自 2013 年 5 月 1 日起施行。

附件：1. 干细胞临床试验研究基地申请材料
　　　2. 干细胞临床试验研究基地申报说明

附件1

原始编号：_____
受理编号：_____

干细胞临床研究基地申请材料

申请单位：(加盖公章)_____

申请专业：_____

申请日期：　　年　　月　　日

卫生部和国家食品药品监督管理局干细胞临床研究与应用
规范整顿工作领导小组办公室

填表说明：

1. 原始编号和受理编号由卫生部和国家食品药品监督管理局干细胞临床研究与应用规范整顿工作领导小组办公室填写。

2. 申请材料第7、8项若无法提供，可以空白。申请材料请用楷体四号字填写，A4纸双面打印或复印。不得使用没有规定的符号、代码和缩写。

3. 隶属机构指上一级主管部门，无主管部门的可以空项。

4. 如有多个选项，请在所选选项画（√□）。

5. 请标明各部分材料的起始页码，页码位于底部居中，申请表为第一页。

6. 请同时提交电子版1份和纸质版原件2份、复印件3份。

7. 邮寄地址：北京市西城区西直门外南路1号，
　　　　　　卫生部科技教育司干细胞临床研究与应用规范整顿工作领导小组办公室。
　　　　　　邮政编码：100044

干细胞临床研究基地申请表

<table>
<tr><td colspan="3">

【声明】

我们保证：申请表内容及所提交资料均真实、合法，提交的电子文件与打印文件内容完全一致。如有不实之处，我们承担由此导致的一切后果。

其他特别声明事项：
</td></tr>
<tr><td colspan="3">

【申请单位概况】

1. 名称：_____；

2. 法定地址及邮编：_____；

3. 执业地址及邮编：_____；

4. 是否教学医院：□否

   □是　　隶属机构：_____；

5. 医院等级：_____；编制床位数：_____；

6. 法定代表人：_____；

7. 机构负责人：_____；职务职称：_____；

   联系电话：_____；
</td></tr>
<tr><td colspan="3">

【临床试验工作概况】

8. 临床试验组织管理机构负责人：_____；职务职称：_____；

   业务专长：_____；联系电话：_____；

   手机：_____；E-mail：_____；

9. 联系人：_____；部门：_____；职务职称：_____；

   电话（含区号及分机号）：_____；传真：_____；

   手机：_____；E-mail：_____；

10. 已经获得《药物临床试验机构资格认定》的专业情况：
</td></tr>
<tr><td>专业名称</td><td>认定的日期（年、月）</td><td>负责人</td></tr>
<tr><td></td><td></td><td></td></tr>
<tr><td></td><td></td><td></td></tr>
<tr><td colspan="3">

11. 近3年开展的药物临床试验情况：
</td></tr>
<tr><td>临床试验名称</td><td>起止日期</td><td>试验例数</td></tr>
</table>

续表

12. 接受国外 GCP 培训人数：＿＿＿＿＿＿＿＿＿＿＿；接受国内 GCP 培训人数：＿＿＿＿＿＿＿＿＿＿＿；

【申请认定专业情况】

13. 本次申请为：□首次申请；□再次申请；□增加专业申请；

    □曾经不予批准，日期：＿＿＿＿＿＿＿＿＿＿＿；原因：＿＿＿＿＿＿＿＿＿＿＿；

14. 申请认定专业的名称：

    ①＿＿＿＿＿＿＿＿＿＿＿＿＿＿＿＿＿＿＿＿＿＿＿＿＿＿＿＿＿＿＿＿＿；

    ②＿＿＿＿＿＿＿＿＿＿＿＿＿＿＿＿＿＿＿＿＿＿＿＿＿＿＿＿＿＿＿＿＿；

    ③＿＿＿＿＿＿＿＿＿＿＿＿＿＿＿＿＿＿＿＿＿＿＿＿＿＿＿＿＿＿＿＿＿；

15. 对应科室情况

科室	医生人数	护士人数	高级职称人数	病床数	药物临床试验资格认定	是否国家重点学科	负责人

【省级卫生厅（局）和食品药品监督管理局干细胞临床研究与应用规范整顿工作领导小组办公室初审意见】

                        盖章

                        年　　月　　日

【办公室复核结果】

□送审；□退回，理由：

                        审查人：

                        年　　月　　日

申请材料目录

1. 医疗机构执业许可证复印件

2. 药物临床试验机构资格认定证书复印件

3. 申请资格认定的专业科室主要临床研究人员简历（含从事干细胞或细胞研究的工作经历，以及有关干细胞或细胞研究的文章发表情况）

4. 相关伦理委员会的名称及其组成人员

5. 受试者受到损害事件的防范和处理预案

6. 干细胞产品质量评价能力证明材料（包括 1. 配置有完备的干细胞或细胞制品质量评价的实验设备和设施；2. 承担干细胞制品质量评价的人员通过相关培训）

7. 国家重点学科证明

8. 承担的国家级干细胞或细胞相关研究课题任务书复印件

9. 其他相关资料

附件 2

干细胞临床研究基地申报说明

一、遴选条件

（一）三级甲等医院。

（二）已获得国家食品药品监督管理局颁发的《药物临床试验机构资格认定证书》，申请资格认定的专业应当与药物临床试验机构资格认定的专业一致。

（三）临床研究主要负责人有干细胞或细胞研究的工作经历，具有正高级专业技术职称，其医师执业资格与申请资格认定的专业一致。

（四）必须具备以下条件之一：

1. 具备独立开展干细胞制品质量评价能力；

2. 申请资格认定的专业已被认定为国家重点学科；

3. 承担过国家级干细胞或细胞相关研究课题；如临床研究负责人主持过干细胞或细胞研究方面的国家级科研项目优先考虑。

二、申报材料

（一）干细胞临床研究基地的申报单位根据《干细胞临床研究基地管理办法》准备材料，并填写《干细胞临床研究基地申请表》。

（二）其他材料是指与遴选条件相关的其他证明材料复印件。

（三）申报的书面材料包括 2 份原件和 3 份复印件，及 1 个电子 U 盘。

三、申报和认定程序

（一）卫生部和国家食品药品监督管理局干细胞临床研究与应用规范整顿工作领导小组办公室（以下简称办公室）根据干细胞临床研究发展的需要，分期分批组织开展干细胞临床研究基地的申报和确定工作。

（二）申请单位需将申请材料报所在省级卫生厅（局）和食品药品监督管理局（药品监督管理局）干细胞临床研究与应用规范整顿工作领导小组办公室完成初审。省级卫生厅（局）和食品药品监督管理局（药品监督管理局）根据《干细胞临床研究基地管理办法》，对申报材料进行形式和真实性审查，出具初审意见。

（三）初审符合要求的申报资料，报送办公室复核。经复核符合要求的申请材料，由办公室组织专家组进行综合评审，并对通过综合评审的单位进行现场考核；复核不符合要求的申请材料退回申请单位，并说明理由。

（四）专家评审和现场检查时须做出书面评审意见，评审意见应包括结论、理由和建议。如果未能就综合评审意见达成一致，采取投票方式进行表决，3/4 或以上专家组成员同意方为通过。评审意见须反映投票情况，并有全体评审专家签名。

（五）办公室根据综合评审和现场考核的结果认定并公布干细胞临床研究基地，并书面通知基地所在的省级卫生厅（局）和食品药品监督管理局（药品监督管理局）。

《干细胞临床试验研究基地管理办法（试行）》
（征求意见稿）解读

（卫生部 2013 年 3 月 7 日发布）

为加强对干细胞临床试验研究机构的监督管理，保证干细胞临床试验研究在高水平的医疗机构规范开展，2012 年，卫生部和国家食品药品监督管理局干细胞临床研究和应用规范整顿工作领导小组组织专家委员会研究制定了《干细胞临床试验研究基地管理办法（试行）》（以下简称《基地管理办法》），经反复研讨，修改完善，已形成征求意见稿，并于 2013 年 3 月在全国征求意见。现将有关问题解读如下：

一、为什么要制定《基地管理办法》？

近年来，干细胞研究在我国迅速发展，不少医疗机构开展了干细胞临床试验研究项目，对一些难治性疾病的治疗进行了有益的探索；但研究机构的条件和研究人员的水平参差不齐，对开展干细胞临床试验研究的机构所必备的条件没有统一的标准和认定、管理程序，给技术的管理和受试者的安全带来潜在的风险。因此，对干细胞临床试验研究机构进行筛选，建立干细胞临床试验研究基地，是干细胞临床试验研究和应用规范整顿工作中的关键环节，也非常及时必要。

二、制定遵循的基本原则是什么？

一是尽量与现有的法律法规接轨，避免重复工作。干细胞临床试验研究机构的管理，主要是对从事临床试验研究的机构和人员是否符合药物临床试验规范（GCP）的要求进行监督管理。干细胞治疗作为一种新的方法，尽管具备一些不同于现有药品或传统技术的特性，但其临床研究与药物临床试验一样，必须遵循 GCP 的基本原则。国家食品药品监督管理局已经颁布的《药物临床试验质量管理规范》是中国药物临床试验的行为准则，其基本原则同样适用于干细胞临床试验研究。同时，国家食品药品监督管理局与卫生部对医疗机构联合开展的药物临床试验机构资格和专业认定，已经对医疗机构按照 GCP 的基本要求进行了考核。因此，把已经获得《药物临床试验机构资格认定证书》及具有专业资格开展相对应的临床试验的医疗机构作为入选干细胞临床试验研究基地的前提条件，既能与现有的药物临床试验管理接轨，也能避免不必要的重复认证工作。

二是充分考虑干细胞临床试验研究的特性，适当控制范围，稳步发展。干细胞治疗和干细胞制品具有不同于普通药品的特性，其贮藏、使用与普通药品不完全相同，作用机理还需要进一步的研究。因此，适当设置门槛把干细胞临床试验研究控制在一定数量范围，有利于受试者安全和监管。

三、文件的主要内容是什么？

《干细胞临床试验研究基地管理办法（试行）》共分六章十九条以及 2 个附件，包括总则、干细胞临床试验研究基地的任务与标准、干细胞临床试验研究基地的认定程序、干细胞临床试验研究基地的管理、监管与处罚及附则，附件包括干细胞临床试验研究基地申请材料、干细胞临床试验研究基地申报说明。

四、文件的适用范围是什么？

《干细胞临床试验研究基地管理办法（试行）》适用于干细胞临床试验研究基地（以下简称基地）的申请、认定、监督管理全过程。

从适用对象上看，《干细胞临床试验研究基地管理办法（试行）》规定了国家和省级卫生行政和食品药品监管部门、以及干细胞临床试验研究基地所在的医疗机构的主要职责。

五、加强基地管理的目的、意义是什么？

干细胞临床试验研究不仅是研究设计本身的科学性、合理性，更需要具有相应的人、财、物等硬件，完善的管理制度，以及伦理、道德等人文环境的支持，因此，加强基地管理，建立健全基地管理规章制度是保障干细胞临床试验研究安全、有效进行的前提，是干细胞技术健康发展的基础。

六、基地的遴选条件是什么？

卫生部和国家食品药品监督管理局根据我国干细胞临床试验研究发展的需要，从已被国家食品药品监督管理局认定的药物临床试验机构的三级甲等医院中，遴选干细胞临床试验研究基地。干细胞临床试验研究基地还需具备独立开展干细胞制品质量评价能力，在医疗、科研、教学方面具有较强的综合能力。临床试验研究主要负责人需具有正高级专业技术职称，并有干细胞或细胞研究的工作经历。

七、基地的认定程序是什么？

根据干细胞临床试验研究发展的需要，卫生部和国家食品药品监督管理局分期分批组织干细胞临床试验研究基地的申报和认定。申报单位须按规定填写统一的干细胞临床试验研究基地申请表，提交所在地的省、自治区、直辖市卫生厅（局）和食品药品监督管理局（药品监督管理局）初审后报送卫生部和国家食品药品监督管理局干细胞临床研究和应用规范整顿工作领导小组办公室（以下简称"办公室"）。办公室组织专家委员会进行综合评审和现场考核，并根据综合评审和现场考核结果公布干细胞临床试验研究基地名单。

八、基地管理职责分工是什么？

《干细胞临床试验研究基地管理办法（试行）》明确了各相关部门的职责，基地的日常管理由所在医疗机构负责，省、自治区、直辖市卫生厅（局）和食品药品监督管理局（药品监督管理局）负责基地的日常监督，办公室负责组织专家委员会开展对基地的定期检查和动态考核。

九、违反规定的情形及处罚依据是什么？

取得干细胞临床试验研究基地资格的医疗机构，如发生严重违反《干细胞临床试验研究基地管理办法（试行）》相关规定，违规开展干细胞临床试验研究，向受试者收取费用等情况，取消其干细胞临床试验研究基地资格，同时依据《药品管理法》、《执业医师法》和《医疗机构管理条例》等相关法律法规，追究医疗机构主要负责人和直接责任人员责任。

干细胞临床试验研究管理办法（试行）（征求意见稿）

（卫生部、国家食品药品监督管理局 2013 年 3 月 1 日向各省、自治区、
直辖市卫生厅局、食品药品监督管理局，新疆生产建设兵团卫生局、
食品药品监督管理局，部直属各有关单位征求意见，
于 2013 年 3 月 15 日前返回意见）

第一章 总   则

第一条 为保证干细胞临床试验研究过程规范，结果科学可靠，保护受试者的权益并保障其安全，根据《中华人民共和国药品管理法》、《医疗机构管理条例》和《药物临床试验质量管理规范》等相关法律法规，制定本办法。

第二条 本办法所指干细胞是一类具有不同分化潜能，并在非分化状态下自我更新的细胞。干细胞临床试验研究，是指在临床前研究基础上，应用人自体或异体来源的干细胞经体外操作后回输（或植入）人体，用于疾病预防和治疗的临床试验研究。这种体外操作包括干细胞在体外的分离、纯化、培养、扩增、修饰、干细胞（系）的建立、诱导分化、冻存及冻存后的复苏等过程。用于干细胞治疗的干细胞主要包括成体干细胞、胚胎干细胞以及诱导的多能性干细胞。成体干细胞包括自体或异体、胎儿或成人不同分化组织，以及发育相伴随的组织（如脐带、羊膜、胎盘等）来源的造血干细胞、间充质干细胞、各种类型的祖细胞或前体细胞等。

第三条 干细胞临床试验研究必须具备充分的科学依据，其预防和治疗疾病的预期优于现有的手段，或用于尚无有效干预措施的疾病，优先考虑威胁生命和严重影响生存质量的重大疾病，以及重大医疗卫生需求。

第四条 干细胞临床试验研究必须在干细胞临床研究基地进行，干细胞临床试验研究基地由卫生部和国家食品药品监督管理局组织进行遴选和确定。

第五条 干细胞临床试验研究基地（法人单位）是干细胞临床试验研究的责任主体。申报单位对干细胞制剂质量及相关研究活动负责。

第六条 干细胞临床试验研究应当按照《药物临床试验质量管理规范》要求，遵守以下原则：

（一）符合临床试验研究伦理原则，保护受试者、捐献者生命健康权益；

（二）符合技术安全性、有效性原则，即风险最小化；

（三）符合干细胞制剂质量要求的原则；

（四）认真履行有效知情同意的原则；

（五）有益于促进公众健康的原则；

（六）干细胞临床试验研究透明化原则；

（七）保护个人隐私的原则。

第七条 开展干细胞临床试验研究，不得向受试者收取费用，不得市场化运作，不得发布干细胞治疗广告。

第八条 在中华人民共和国境内从事干细胞临床试验研究，包括境外机构以合作或投资等形式在中国开展的干细胞临床试验研究，必须遵守本办法。

本办法不包括已有规定的造血干细胞移植和以产品注册为目的的临床试验。

中国干细胞研究机构或人员在境外以合作或投资形式开展干细胞临床试验研究，应当遵守当地政府制定的相关法律法规。

第二章 申报与备案

第九条 凡是在中华人民共和国境内合法登记并能独立承担民事责任的机构，均可提出干细胞临床试验研究申请。

第十条 申请进行干细胞临床试验研究，需提供以下材料：

（一）申请表；

（二）申请机构或/和委托临床研究机构的法人登记证书营业执照、医疗机构执业许可证和资质证明；

（三）委托或合作合同样稿；

（四）研究人员的名单和简历（含干细胞研究工作经历）；

（五）供者筛选标准和供者知情同意书样稿；

（六）干细胞制剂制备和检定等符合《药品生产质量管理规范》（GMP）条件的相关材料；

（七）干细胞制剂的制备工艺和工艺过程中的质量控制标准，以及工艺稳定性的数据，并提供制造和检定规程以及自检报告；

（八）干细胞制剂的质控标准和标准制定依据，以及中国食品药品检定研究院质量标准复核报告；

（九）干细胞制备过程中的主要原辅料的标准；

（十）干细胞制备及检定的完整记录；

（十一）干细胞制剂的标签、储存、运输和使用追溯方案；

（十二）不合格和/或剩余干细胞制剂的处理措施；

（十三）临床前研究报告，包括细胞水平和动物水平的安全性和有效性评价实验；

（十四）临床研究的安全性评估及相应处理措施，提供风险分析及评估报告、风险控制方案及实施细则；

（十五）临床研究方案，应当包括以下内容：

1. 研究题目；

2. 研究目的；

3. 立题依据；

4. 预期效果；

5. 试验设计；

6. 受试者入选、排除和剔除标准，选择受试者的步骤和受试者分配入组方法；

7. 根据统计学原理计算要达到预期研究目的所需的病例数；

8. 干细胞制剂的使用方式、剂量、时间及疗程，如需通过特殊手术导入治疗制剂，须提供详细操作过程；

9. 中止和终止临床试验的标准；

10. 疗效评定标准；

11. 不良事件的记录要求和严重不良事件的报告方法、处理措施；

12. 病例记录；

13. 研究结果的统计分析；

14. 随访的计划及实施办法；

15. 病例报告表样稿。

（十六）临床研究进度计划；

（十七）资料记录与保存措施；

（十八）伦理委员会审查意见和伦理委员会成员签名表；

（十九）受试者知情同意书样稿；

（二十）研究者手册；

（二十一）其他相关材料。

第十一条 干细胞临床试验研究申报程序：

（一）申报单位应当将准备好的材料送所在地省级卫生行政和食品药品监管部门进行形式审查和真实性审查。

（二）卫生部和国家食品药品监督管理局依据省级卫生行政和食品药品监管部门的形式审查结果和材料真实性证明，受理申报材料，组织专家委员会进行评审。

（三）根据评审工作需要，卫生部和国家食品药品监督管理局组织专家对申报单位进行现场考察，并综合相关情况，对干细胞临床试验研究项目进行备案。

第三章　临床研究

第十二条 开展干细胞临床试验研究前，必须制订详细、完整、明确的研究方案，必须具有明确的适应症。研究方案必须遵照《药物临床试验质量管理规范》和《干细胞制剂质量控制及临床前研究指导原则（试行）》的相关规定，遵循风险最小化的原则，并经伦理委员会批准。

第十三条 干细胞临床试验研究必须按照药物研发规律推进，一般按照药品临床试验Ⅰ期、Ⅱ期、Ⅲ期的原则次序逐步进行。Ⅰ期临床试验（10-30例）主要确定干细胞治疗方案的安全性。Ⅱ期临床试验（>100例）检验干细胞治疗方案的有效性，并进一步评价其安全性。Ⅲ期临床试验是在大范围内（>300例）进一步明确干细胞治疗方案的有效性，监测其不良反应，评价其与现行的传统治疗方式比较的优势，收集更多的信息为其临床应用做准备。Ⅱ-Ⅲ期的临床研究中，病例数的设计必须符合统计学的要求。对于某些罕见性疾病，或目前尚无有效治疗手段的特殊疾病，可根据疾病临床特点在前述基础上酌情减少临床试验病例数。

第十四条 干细胞临床试验研究中，必须指明干细胞的类型和获取方式。其来源必须符合伦理原则和国家有关规定，符合临床使用的要求。供体必须按照《干细胞制剂质量控制及临床前研究指导原则》中的相关规定，进行相应的筛查。

第十五条 干细胞制备、检定及临床前研究应当符合《干细胞制剂质量控制及临床前研究指导原则（试行）》的相关要求，干细胞制备需符合《药品生产质量管理规范》（GMP）。如果干细胞的体外修饰涉及基因修饰，还应当符合《人基因治疗研究和制剂质量控制指导原则》的相关要求；若与其他生物材料联合使用，必须符合医疗器械的相关管理规定。

第十六条 必须对每一份干细胞制剂从其如何从供者获得，如何体外操作，到最后的丢弃、回输或植入到受试者体内等环节进行追踪。对于剩余的干细胞制剂和/或剩余的捐赠物如供者的胚胎、生殖细胞、骨髓、血液等，必须进行合法、妥善并符合社会伦理的处理。干细胞制剂的追踪资料从最后处理之日起必须保存至少10年。

第十七条 在进行干细胞临床试验研究过程中，所有关于供者和受试者的入选和检查，以及干细胞制剂制备和临床研究各个环节，必须由操作者同步记录，所有资料的原始记录必须做到准确、清晰、无涂改，所有资料应当有电子备份。研究机构必须将所有的原始资料从资料生成之日起保存至少10年。

第十八条 干细胞临床试验研究在纳入第一个自愿受试者之前，应当按照有关要求在我国临床研究登记备案信息系统进行网络登记备案。

干细胞临床试验结束后，应当对参与临床试验的受试者进行长期随访监测，以便更好地评价干细胞临床试验研究的安全性和有效性。

第四章 供者和受试者权益保障

第十九条 进行干细胞临床试验研究，必须认真贯彻受试者和供者的权益、安全和健康高于本试验研究的科学与社会利益的基本原则。伦理委员会和知情同意书是保障受试者和供者权益的必要措施。

第二十条 为保障受试者和供者的权益，临床研究基地必须成立相应的伦理委员会。该委员会必须由从事医学、药学、生物学、伦理学、社会学和法律学等专业的专家组成，其组成和工作不应当受任何参与研究者的影响，其职责是从保障受试者和供者权益的角度，严格审议干细胞临床试验研究方案并监督其执行。

第二十一条 若使用异体干细胞进行临床研究，研究人员必须用通俗、清晰、准确的语言向供者告知其可能用于临床研究的内容和目的意义，并获得其签字同意的知情同意书，以确保该来源的合伦理性和合法性。

第二十二条 在干细胞临床试验研究的过程中必须遵守《药物临床试验质量管理规范》中受试者权益保障的相关条款。

第五章 报 告

第二十三条 严重不良事件报告

（一）如果受试者在干细胞临床试验研究过程中出现了由或可能由使用干细胞引起的严重不良事件，如传染性疾病、死亡、威胁生命的情况、造成人体功能或器官永久性损伤，或必须接受医疗抢救（包括手术和延长住院）的情况，应当立刻停止干细胞治疗及其相关临床试验研究，并且必须在 24 小时之内上报伦理委员会、卫生部和国家食品药品监督管理局。

（二）发生严重不良事件后，必须及时对受试者进行相应处理，在处理结束后 15 日内将后续工作报告上报伦理委员会、卫生部和国家食品药品监督管理局，以说明采取的措施和事件的原因。

（三）在调查事故原因时，应当从以下几方面进行考察：干细胞制剂的制备和质量控制、供者的筛查记录、供者的测试结果、任何违背操作规范的事件。

第二十四条 差错报告

（一）如果在操作过程中出现了违背操作规程或/和本办法要求的事件，并且这种事件可能与疾病传播或潜在性的传播有关，或可能导致干细胞制剂的污染，必须在事件发生后立即上报伦理委员会、卫生部和国家食品药品监督管理局。

（二）报告内容必须包括：对本事件的描述，与本事件相关的信息和干细胞制剂的制备流程，已经采取和将要采取的针对本事件的处理措施。

第二十五条 研究进度报告

（一）凡在卫生部和国家食品药品监督管理局备案的干细胞临床试验研究，应当于备案后每 12 个月向卫生部和国家食品药品监督管理局提交进度报告。

（二）报告内容应当包括阶段工作小结、已经完成的病例数和正在进行的病例数和不良反应的发生情况。

（三）批准备案后两年内未启动临床试验，其临床试验研究资格自动取消。

第二十六条 研究结果报告

（一）各期干细胞临床试验结束后，必须将研究结果进行统计分析，归纳总结，书写研究报告，并提交卫生部和国家食品药品监督管理局。

（二）研究报告应当包括以下内容：

1. 研究题目；

2. 研究申请单位和临床研究单位名称及研究人员名单；

3. 研究报告摘要；

4. 研究方法与步骤；

5. 研究结果；

6. 病例统计报告；

7. 失败病例的讨论；

8. 研究结论；

9. 下一步工作计划和试验方案。

第二十七条　在干细胞临床试验研究过程中，由研究机构自行中止或/和提前终止临床研究的，必须在 30 个工作日内，将中止或/和提前终止临床研究的报告上报卫生部和国家食品药品监督管理局，以说明中止或/和提前终止临床研究的原因和采取的善后措施。

第六章　监管与处罚

第二十八条　卫生部和国家食品药品监督管理局负责组织开展干细胞临床试验研究项目的申报、评价、备案和监管。

第二十九条　省级卫生行政和食品药品监管部门负责本地区干细胞临床试验研究申报材料的形式性和真实性审核；对已备案项目进行监管。

第三十条　干细胞临床试验研究申报单位应当保证研究用干细胞制剂的生产制备过程符合 GMP 要求，对干细胞临床试验研究过程中因干细胞制剂的质量引起的受试者损害负全部责任。

干细胞临床试验研究申报单位应当建立干细胞临床试验研究质量监督制度，委派专人或委托第三方对干细胞临床研究的质量进行监督，保证干细胞临床试验按照设计方案切实有效进行。

第三十一条　干细胞临床试验研究基地负责安排具有相应资格的研究人员承担干细胞临床试验研究，并承担干细胞临床试验研究项目的日常管理，监督研究人员按照药品临床试验管理规范（GCP）原则开展研究工作，对试验研究的真实性和科学性负责，最大限度地保障受试者的生命安全。

第三十二条　从事干细胞临床试验的研究人员应当严格遵守有关法律法规要求，认真按照经卫生部和国家食品药品监督管理局备案的项目研究方案进行临床试验研究，并将试验数据真实、准确、完整、及时、合法地记录；遵循科研诚信伦理原则，保护受试者、捐献者的生命健康权益、隐私和尊严。如发现有违规行为，依法予以处理。

第三十三条　未得到卫生部和国家食品药品监督管理局同意开展干细胞临床试验研究的，责令其停止研究活动并全国通报，违规收取费用的，没收其非法所得，并依法追究医疗机构主要负责人和直接责任人的责任，构成犯罪的，依法追究刑事责任。

第三十四条　已经得到卫生部和国家食品药品监督管理局同意开展干细胞临床试验研究的，应当按照已同意申报项目要求开展临床试验研究活动。试验研究方案如有补充，内容必须得到所有试验参与方的同意，并由研究者和申办者共同签署并备案，在获得伦理委员会批准后方可按照补充的内容实施；研究方案如有重大变更，应当重新申报。擅自更改内容的，将取消项目资质，并予以通报。

第三十五条　开展干细胞临床试验研究的单位及个人违法发布干细胞治疗广告的，依法进行处理。

第七章　附　　则

第三十六条　本办法由卫生部和国家食品药品监督管理局负责解释。

第三十七条　本办法自 2013 年 5 月 1 日起施行。

附件：1. 干细胞临床试验研究项目申报材料

　　　2. 干细胞临床试验研究项目申报说明

附件 1

原始编号：_____
受理编号：_____

干细胞临床试验研究项目申报材料

项目名称：_____

申报单位：(加盖公章)_____

临床研究单位：(加盖公章)_____

申报日期：　　年　　月　　日

卫生部和国家食品药品监督管理局干细胞临床研究与应用
规范整顿工作领导小组办公室

填表说明：

1. 原始编号和受理编号由卫生部和国家食品药品监督管理局干细胞临床研究与应用规范整顿工作领导小组办公室填写。

2. 申报材料请用楷体四号字填写，A4 纸双面打印或复印。不得使用没有规定的符号、代码和缩写。

3. 请将本申报材料编上页码，页码位于底部居中，申请表为第 1 页。

4. 如有多个选项，请在所选选项画（√□）。

5. 如主要原辅料和委托或/和合作单位较多，请自行复制本表中相应部分添加于后。

6. 申报材料各部分独立装订，请在"申报材料目录"页标明各部分材料的起始页码；

7. 请同时提交电子版 1 份和纸质版原件 2 份、复印件 3 份。

8. 邮寄地址：北京市西城区西直门外南路 1 号，卫生部科技教育司干细胞临床研究与应用规范整顿工作领导小组办公室。邮政编码：100044

干细胞临床试验研究项目申请表

【声明】

我们保证：①本申请遵守《干细胞临床研究管理办法（试行）》、《干细胞临床研究基地管理办法》和《干细胞制剂质量控制及临床前研究技术指导原则》等法律、法规和规章的规定；②申请表内容及所提交资料均真实、来源合法，未侵犯他人的权益，其中试验研究的方法和数据均为本干细胞制品所采用的方法和由本干细胞制品得到的试验数据；③提交的电子文件与打印文件内容完全一致。

如查有不实之处，我们承担由此导致的一切后果。

其他特别声明事项：

【项目信息】

1. 名称：＿＿＿＿＿＿＿＿＿＿＿＿＿＿＿＿＿＿＿；

2. 申请临床阶段为：□Ⅰ期；□Ⅱ期；□Ⅲ期

3. 本次申请为：本次申请为：□首次申请；□再次申请；

　　□曾经不予批准，日期：＿＿＿＿＿＿＿＿＿＿＿；原因：＿＿＿＿＿＿＿＿＿＿＿；

4. 适应症：＿＿＿＿＿＿＿＿＿＿＿＿＿＿＿＿＿＿＿＿＿；

5. 研究内容摘要（限400字）：

＿＿＿

＿＿＿；

【干细胞来源情况】

6. 干细胞的供者为：□自体；□异体

7. 干细胞的组织来源为：

　　□骨髓；□外周血；□脐带血；□脐带；□脂肪；

　　□胎盘；□胚胎；□牙髓；□其他（须注明）：＿＿＿＿＿＿＿；

【干细胞制剂情况】

8. 干细胞的类型：

　　□造血干细胞；□间充质干细胞；□神经干细胞；□脂肪干细胞；

　　□胚胎干细胞；□其他类型（须注明）：＿＿＿＿＿＿＿＿＿＿＿；

9. 主要原辅料：

名称	批准文号/注册证号	生产企业	执行标准

续表

10. 剂型：_____；

11. 规格：_____；

12. 用法用量：_____；

13. 直接接触干细胞的包装材料：_____；

14. 保存条件及有效期：_____；

【申报单位（干细胞制剂生产制备机构）】

15. 名称：_____；

16. 性质：□医疗机构；□生产企业；□研发机构；□其他（需注明）：____；

17. 组织机构代码：_____；

18. 注册地址及邮编：_____；

19. 生产地址及邮编：_____；

20. 法定代表人：_____；职位：_____；

21. 申请负责人：_____；职位：_____；业务专长：_____；

　　电话（含区号及分机号）_____；传真：_____；

　　手机：_____；E-mail：_____；

22. 联系人：_____；职位：_____；业务专长：_____；

　　电话（含区号及分机号）_____；传真：_____；

　　手机：_____；E-mail：_____；

23. 法定代表人（签字）

加盖机构公章
年　　月　　日

【临床研究单位（干细胞临床研究基地）】

24. 干细胞临床研究基地 1

1）名称：_____；

2）组织机构代码：_____；

3）注册地址及邮编：_____；

4）执业地址及邮编：_____；

5）法定代表人：_____；职位：_____；

6）项目负责人：_____；职位：_____；业务专长：_____；

　　电话（含区号及分机号）_____；传真：_____；

　　手机：_____；E-mail：_____；

7）联系人：_____；职位：_____；业务专长：_____；

　　电话（含区号及分机号）_____；传真：_____；

手机：_____ ；E-mail：_____ ；
8）法定代表人（签字）：
加盖机构公章
年　月　日
25. 干细胞临床研究基地 2
1）名称：_____ ；
2）组织机构代码：_____ ；
3）注册地址及邮编：_____ ；
4）执业地址及邮编：_____ ；
5）法定代表人：_____ ；职位：_____ ；
6）项目负责人：_____ ；职位：_____ ；业务专长：_____ ；
电话（含区号及分机号）_____ ；传真：_____ ；
手机：_____ ；E-mail：_____ ；
7）联系人：_____ ；职位：_____ ；业务专长：_____ ；
电话（含区号及分机号）_____ ；传真：_____ ；
手机：_____ ；E-mail：_____ ；
8）法定代表人（签字）：
加盖机构公章
年　月　日
【省、自治区、直辖市卫生厅（局）和食品药品监督管理局干细胞临床研究与应用规范整顿工作领导小组办公室初审意见】
盖章
年　月　日
【办公室形式审查结果】
审查人：
年　月　日

申报材料目录

1. 申请机构或/和委托临床研究机构的法人登记证书、营业执照、医疗机构执业许可证和资质证明

2. 委托或合作合同样稿

3. 研究人员的名单和简历

4. 干细胞制品制备和检定等符合《药品生产质量管理规范》（GMP）条件的相关材料

5. 供者筛选标准和干细胞制备过程中的主要原辅料的标准

6. 干细胞制品的制备工艺和工艺过程中的质量控制标准，以及工艺稳定性的数据，并提供制造和检定规程以及自检报告

7. 临床前研究报告，包括细胞水平和动物水平的安全性和有效性评价实验

8. 干细胞制剂的质控标准和标准制定依据，以及中国食品药品检定研究院质量标准复核报告

9. 干细胞制备及检定的完整记录

10. 供者知情同意书样稿

11. 干细胞制剂的标签、储存、运输和使用追溯方案

12. 不合格和/或剩余干细胞制剂的处理措施

13. 临床研究的安全性评估及相应处理措施，提供风险分析及评估报告、风险控制方案及实施细则

14. 临床研究方案

15. 临床研究进度计划

16. 资料记录与保存措施

17. 伦理委员会审查意见和伦理委员会成员签名表

18. 受试者知情同意书样稿

19. 研究者手册

20. 其他相关材料

附件2

干细胞临床试验研究项目申报说明

一、申报

（一）干细胞临床试验研究申报单位根据《干细胞临床研究管理办法（试行）》准备申报材料。申报材料经省级卫生厅局和食品药品监督管理局（药品监督管理局）干细胞临床研究与应用规范整顿工作领导小组办公室初审后，报送卫生部和国家食品药品监督管理局干细胞临床研究与应用规范整顿工作领导小组办公室（以下简称办公室）。

（二）办公室将在收到申报材料后的10个工作日内完成形式审查，作出受理或退回补充材料的决定。

（三）对已受理的申报材料，办公室组织专家组进行评审。评审初步合格的项目，办公室组织专家组对申报单位进行现场考察，出具现场考察意见；综合现场考察意见和专家组的评审意见，办公室在受理后60个工作日内作出是否予以备案的决定，并公布已经备案的干细胞临床试验研究项目。

（四）每期干细胞临床试验研究结束后，须将研究报告提交办公室；办公室将在30个工作日内组织专家组进行评审；根据专家组的评审意见，办公室作出是否可以进行下一期临床试验研究的决定。

（五）干细胞临床研究基地是由办公室确定的可以开展干细胞临床试验研究的医疗机构。干细胞临床研究申报单位和干细胞临床研究基地可以为同一医疗机构。

二、适用范围

（一）第二条中"体外操作"是指有下列任何行为之一的：对干细胞进行分离、纯化、培养、扩增、修饰、诱导分化、冻存和冻存后的复苏，以及其他可能改变细胞生物学行为的处理。

（二）第八条中"已有规定的造血干细胞移植"是指已经在临床上常规使用，用于治疗某些血液疾病如白血病等，卫生部已经公布相应法规管理。不包括将造血干细胞用于超出其原有生物特性的研究，如将造血干细胞移植治疗糖尿病、神经系统疾病等。

三、申请材料

（一）第十条申报材料（五）"供者知情同意书样稿"，如果供者是胚胎干细胞的供者，至少应当包含以下内容：

1. 无论是否捐赠剩余配子（卵子及精子）或胚胎，其所接受的医疗品质绝不受到影响，是否捐赠完全出于自愿。

2. 捐赠的配子或胚胎，其可能用于的研究内容和目的意义，以及在研究中的具体处理方式。

3. 捐赠的配子或胚胎涉及研究的，研究经费和潜在的商业利益与供者无关。

4. 供者对其捐赠的配子或胚胎，可限定其应用的具体范围。

5. 捐赠的配子或胚胎，绝不会植入任何人或动物的生殖系统。

6. 捐赠的配子或胚胎，有可能在研究过程中会因操作而坏损。

7. 决不会将捐赠的配子或胚胎进行买卖。

8. 无条件保证供者的隐私。

（二）第十条申报材料（六）"干细胞制品制备和检定等符合《药品生产质量管理规范》（GMP）条件的相关材料"包括：生产车间概况及工艺车间图（包括：更衣室、盥洗室、人流和物流通道等，并标明生产洁净度等级）；组织机构图以及人员档案；生产工艺流程图，并标明主要生产过程质量控制要点；生产管理和质量管理相关文件目录以及自查报告；主要设备、仪器、空调净化、工艺用水验证情况以及洁净间的验证情况等；三批生产质检的记录等。

（三）第十条申报材料（九）"主要原辅料"是指干细胞制品制备过程中所用的培养基和所有添加物如细胞因子等。

四、临床研究

（一）第十三条确定的各期临床试验的例数是指试验组的例数，不包括对照组。特殊病种可以减少病例数。

（二）第十八条中所述"长期随访监测"是指研究单位需要建立长期的定期随访制度，对试验组的病例尽可能长的进行随访监测。

卫生部办公厅、国家食品药品监督管理局办公室
关于开展干细胞临床研究和应用自查自纠工作的通知

（卫生部、国家食品药品监督管理局 2011 年 12 月 16 日公布）

各省、自治区、直辖市卫生厅局、食品药品监督管理局（药品监督管理局），新疆生产建设兵团卫生局、食品药品监督管理局，部直属各有关单位：

为促进干细胞治疗技术科学、有序地发展，规范干细胞临床研究和应用行为，整顿干细胞治疗工作，经研究，卫生部与国家食品药品监督管理局决定开展为期一年的干细胞临床研究和应用规范整顿工作。该工作将分为自查自纠、重新认证和规范管理等阶段。现将自查自纠阶段有关工作通知如下：

一、全国各级各类从事干细胞临床研究和应用的医疗机构及相关研制单位，应当按照《药物临床试验质量管理规范》和《医疗技术临床应用管理办法》要求，开展干细胞临床研究和应用项目（暂不包括未经体外处理的骨髓移植）自查自纠工作，认真总结已经和正在开展的干细胞临床研究和应用活动，如实报告调查内容。

二、为加强此项工作的组织领导，卫生部和国家食品药品监督管理局已经成立了干细胞临床研究和应用规范整顿工作领导小组，各省（区、市）应当成立由省级卫生行政和食品药品监督管理部门主要负责同志组成的工作组，研究制订本地区自查自纠工作方案。

各省级卫生行政部门应当对正在开展的干细胞临床研究和应用项目进行认真清理。停止未经卫生部和国家食品药品监督管理局批准的干细胞临床研究和应用活动。在自查自纠工作中，对不如实上报干细胞临床研究和应用工作情况，继续开展未经卫生部和国家食品药品监督管理局批准的干细胞临床研究和应用项目的单位将给予重点整顿。对于已经国家食品药品监督管理局批准的干细胞制品临床试验项目，应当严格按照临床试验批件以及《药品临床试验质量管理规范》的要求进行，不得随意变更临床试验方案，更不得自行转变为医疗机构收费项目。

三、2012 年 7 月 1 日前，暂不受理任何申报项目。有关部门将依据现行法律法规，抓紧研究并提出制度性文件草案和相关技术标准、规范，并结合自查自纠工作实际，探索建立适合我国的干细胞临床研究和应用监管模式和长效机制。卫生部和国家食品药品监督管理局联合成立的干细胞临床研究和应用规范整顿工作领导小组办公室负责

规范整顿各项工作的组织实施和在此期间（2012 年 7 月 1 日至规范整顿工作结束）的干细胞临床研究项目的申报受理相关工作，拟按药品申报的项目请注明。

四、各地区、各单位应当本着实事求是、认真负责的态度，认真开展自查自纠工作，如实填写《干细胞临床研究和应用自查情况调查表》（附件），并报告干细胞临床研究和应用中存在的问题，查找原因，提出改进意见。

医疗机构及相关研制单位将本单位干细胞临床研究和应用自查自纠情况报告于 2012 年 1 月 31 日前报送省级干细胞临床研究和应用规范整顿工作组。省级干细胞临床研究和应用规范整顿工作组汇总本地区医疗机构和相关研制单位自查自纠工作情况，形成总结报告，并请于 2012 年 3 月 1 日前报送卫生部、国家食品药品监督管理局干细胞临床研究和应用规范整顿工作领导小组办公室。

军队和武警部队所属医疗机构的相关工作，由总后勤部卫生部和武警部队后勤部根据本通知要求参照执行。

联 系 人：卫生部科教司技术处　　王锦倩
电　　话：010-68792955
传　　真：010-68792234
电子邮箱：kejiaosi@163.com
地　　址：北京市西城区西直门外南路 1 号
邮政编码：100044

附件：干细胞临床研究和应用自查情况调查表

附件

单位名称：（单位公章）
填表日期： 　　年　　月　　日

干细胞临床研究和应用自查情况调查表

<table>
<tr><td>单位地址</td><td colspan="4"></td><td>邮政编码</td><td colspan="3"></td><td rowspan="2">开展干细胞治疗项目总数</td><td rowspan="2"></td></tr>
<tr><td>单位法人</td><td></td><td>单位性质</td><td colspan="4">□1. 公司　　□2. 医院　级　　等</td><td colspan="2"></td></tr>
<tr><td>自查工作负责人</td><td></td><td>职务/职称</td><td colspan="2"></td><td>手机</td><td colspan="2"></td><td>电子邮箱</td><td></td></tr>
<tr><td>自查工作联系人</td><td></td><td>职务/职称</td><td>联系电话</td><td></td><td>传真</td><td></td><td>填表人</td><td colspan="2"></td></tr>
</table>

一、项目资质情况自查

项目名称	项目牵头单位	项目来源（如：863计划）	项目经费	审批机构性质				批件文号	批准时间
				卫生部	国家药监局	其它（列出机构名称）	未审批		

二、干细胞制剂制备情况自查

<table>
<tr><td rowspan="2">干细胞制剂名称</td><td rowspan="2">干细胞制剂是否有质量标准</td><td>是</td><td rowspan="2">采用标准名称</td><td rowspan="2">制剂和标准是否经过相关部门检验、复核</td><td>是</td><td rowspan="2">检验、复核部门名称</td><td rowspan="2">检验报告编号</td></tr>
<tr><td>否</td><td>否</td></tr>
<tr><td colspan="2">干细胞来源</td><td colspan="3">干细胞获取方法</td><td>干细胞是否经体外处理</td><td>干细胞制备方式</td><td colspan="2">是否有完整的临床前研发技术资料和实验记录</td></tr>
<tr><td>自体</td><td>异体</td><td>外周血</td><td>脐带</td><td>骨髓</td><td>其它（请注明具体组织）</td><td>是　否</td><td>自制　他人提供</td><td>是</td><td>否</td></tr>
<tr><td></td><td></td><td></td><td></td><td></td><td></td><td></td><td></td><td></td><td></td></tr>
</table>

续表

| 是否有完整的干细胞制备和质检实验记录 | 是 | | 干细胞制备车间或实验室是否通过 GMP 认证 | 是 | 认证单位 | | 设备投入（万元） | |
| | 否 | | | 否 | 面积（m²） | | 技术人员数 | |

三、项目伦理情况自查

是否通过伦理委员会审批	是		伦理委员会设置单位		伦理批件号及时间（多个批件一并列出）		
	否						
是否签署患者知情同意书	是		知情同意书是否明确告知收费情况	是	是否制订治疗风险处理预案及上报制度	是	
	否			否		否	

四、项目临床研究和应用情况自查

| 开展干细胞临床研究和应用的起始时间 | | 研究和应用总例数 | | 是否收费 | 是 | 收费标准 | | 收费依据 | |
| | | | | | 否 | | | | |

适应症	1	不良反应	1	是否属新药临床试验	是	阶段		治疗组例数	对照组例数
	2		2			I 期			
	3		3			II 期			
	4		4			III 期			
	5		5		否				

注：请在上表中的选择类栏目下标注"√"，在填写类栏目下填写文字内容。需提供的附件：1. 所有批件的复印件；2. 收费文件的复印件。

自体免疫细胞（T 细胞、NK 细胞）
治疗技术管理规范（征求意见稿）

（卫生部 2009 年 6 月 16 日向各省、自治区、直辖市卫生厅局医政处，
新疆生产建设兵团卫生局医政处征求意见，
于 2009 年 7 月 10 日前返回意见）

为规范自体免疫细胞（T 细胞、NK 细胞）治疗技术临床应用，保证医疗质量和医疗安全，制定本规范。本规范为医疗机构及其医师开展自体免疫细胞（T 细胞、NK 细胞）治疗技术的最低要求。

自体免疫细胞治疗技术是指从自体外周血中分离的单个核细胞经过体外激活和扩增后输入患者体内，直接杀伤肿瘤细胞或病毒感染细胞，或调节和增强机体的免疫功能。本管理规范适用于在临床上已完成安全性和有效性认证，并符合伦理要求，只涉及自体 T 细胞和 NK 细胞作为治疗手段的医疗技术。

一、医疗机构基本要求

（一）医疗机构开展自体免疫细胞（T 细胞、NK 细胞）治疗技术，应当与其功能、任务相适应。

（二）三级甲等医院，具有卫生行政部门核准登记的与应用自体免疫细胞（T 细胞、NK 细胞）治疗技术有关的诊疗科目。

（三）具有与自体免疫细胞（T 细胞、NK 细胞）治疗相关的科室，科室人员组成包括有与开展人体免疫细胞（T 细胞、NK 细胞）治疗技术相适应的执业医师、执业护士、具有免疫学专业背景的专家和自体免疫细胞（T 细胞、NK 细胞）制剂制备技术人员；具备开展自体免疫细胞（T 细胞、NK 细胞）治疗技术的场地、设备和设施；具备从事自体免疫细胞（T 细胞、NK 细胞）治疗质量控制的专业检验科室和人员。

（四）医院设有管理规范、运作正常的由医学、法学、伦理学等方面专家组成的自体免疫细胞（T 细胞、NK 细胞）治疗技术临床应用与伦理委员会。

（五）有至少 2 名具备自体免疫细胞（T 细胞、NK 细胞）治疗技术临床应用能力的本院在职医师，有经过自体免疫细胞（T 细胞、NK 细胞）治疗相关知识和技能培训

的、与开展的自体免疫细胞（T 细胞、NK 细胞）治疗相适应的其他专业技术人员。

二、人员基本要求

（一）自体免疫细胞（T 细胞、NK 细胞）治疗医师

1. 取得《医师执业证书》，执业范围为开展本技术应用相关专业。

2. 有 10 年以上开展本技术临床应用相关专业临床诊疗经验，具有副主任医师及以上专业技术职务任职资格，在本医院连续工作不少于 2 年。

3. 经过卫生行政部门认可的自体免疫细胞（T 细胞、NK 细胞）治疗技术系统培训并考核合格。

（二）自体免疫细胞（T 细胞、NK 细胞）制备实验室人员

1. 制备自体免疫细胞（T 细胞、NK 细胞）实验室至少有 1 名副高级及以上专业技术职务任职资格的总体负责人，从事细胞制备的操作人员应具有相关专业（生物、免疫、检验和医学）大学（专）本科及以上学历，有不少于 50 例实验性免疫细胞制备经验，经专业技术培训并考试合格。

2. 从事质量检验的工作人员应具有相关专业大学（专）本科及以上学历，经专业技术培训并考试合格。

（三）其他相关卫生专业技术人员

经过自体免疫细胞（T 细胞、NK 细胞）治疗相关专业系统培训并考核合格。

三、技术管理基本要求

（一）细胞质量控制要求

1. 提供自体免疫细胞（T 细胞、NK 细胞）制剂制备的实验室应具备省级以上药品监督管理部门和疾病预防控制中心认证的 GMP 制备室，有细胞采集、加工、检定、保存和临床应用全过程标准操作程序（SOP）和完整的质量管理记录。制定并遵循 cGMP 实验室维护标准操作程序（SOP）。

2. 自体免疫细胞（T 细胞、NK 细胞）制剂制备要求：体外操作过程的细胞培养成分和添加物（培养液、细胞因子、血清等）以及制备过程所用的耗材，其来源和质量认证，应符合临床使用的质量要求，原则上鼓励采用无血清培养基、自体血清或者自体血浆。不允许使用异种血清或者血浆。

3. 自体免疫细胞（T 细胞、NK 细胞）制剂制备质控标准：

（1）细胞制品外源因子的检测包括：细菌、真菌、支原体和内毒素。参照现行版《中国药典》生物制品相关规程进行。

（2）细胞质量指标：每批细胞应注明来源并加以标记或确定批号；细胞数量应满足临床最低需求，存活率应不低于80%；纯度和均一性已达到临床应用水平；体外检测细胞具备正常功能和生物学效应，如细胞具有的某种生物学功能，分泌某种产物的能力，表达某种标志的水平等。

无菌试验：每批培养的细胞在患者输注前均应进行无菌试验。建议在培养开始后3~4天起每间隔一定时间取培养液样品，包括患者回输前48小时取样，按现行版《中国药典》生物制品无菌试验规程进行。在患者使用前，取培养液及/或沉淀物用丫啶橙染色或革兰染色，追加一次污染检测。进行长期培养的细胞，应进行支原体检查。对每一批细胞终制剂应留样检测。如果留样发现阳性结果或发现几次阳性结果后，应及时对生产过程进行检查。如果在细胞制备的早期发现有污染的情况，应终止该批细胞制品的继续制备。

4. 细胞制备实验室应具有自体免疫细胞（T细胞、NK细胞）制备及检定过程的原始记录和检定报告，并永久保存。

（二）自体免疫细胞（T细胞、NK细胞）治疗技术临床应用伦理要求原则为：科学性原则、不伤害原则、知情同意原则、对病人有利原则、尊重原则。治疗前患者及家属应享有充分的知情权，应当向患者和家属告知治疗目的、治疗风险、治疗后注意事项、可能发生的并发症及预防措施等，并签署知情同意书。

（三）严格遵守自体免疫细胞（T细胞、NK细胞）治疗技术操作规范和诊疗指南，根据患者病情、可选择的治疗方案、患者经济承受能力等因素综合判断治疗措施，因病施治，合理治疗，严格掌握自体免疫细胞（T细胞、NK细胞）治疗技术临床应用适应证和禁忌证。

（四）自体免疫细胞（T细胞、NK细胞）治疗由2名以上具有自体免疫细胞（T细胞、NK细胞）治疗技术临床应用能力的、具有副主任医师以上专业技术职务任职资格的本院在职医师提出，经本院自体免疫细胞（T细胞、NK细胞）治疗技术临床应用与伦理委员会审核通过后实施，并制定合理的治疗与管理方案。

（五）自体免疫细胞（T细胞、NK细胞）治疗医师应当在治疗手术结束后的48小时内书面向本单位自体免疫细胞（T细胞、NK细胞）治疗技术临床应用与伦理委员会报告病例相关情况。

（六）自体免疫细胞（T细胞、NK细胞）产品必须有cGMP细胞实验室负责人完成质量控制检测并签字后方能用于治疗。医疗机构应建立完整的自体免疫细胞（T细胞、NK细胞）治疗技术临床应用不良反应（事件）处理预案和紧急上报程序，并严格遵照执行。

（七）建立并配备专职人员严格管理自体免疫细胞（T细胞、NK细胞）治疗技术临床应用数据库，完善病人的长期跟踪、随访制度，并按规定进行随访、记录。建立细胞样本存档的标准操作程序，样本和文本数据保存期限为30年。

（八）医疗机构和医师按照规定定期接受自体免疫细胞（T细胞、NK细胞）治疗技术临床应用能力评估，包括病例选择、手术成功率、严重并发症，死亡病例，医疗事故发生情况，治疗后病人管理，病人生存质量，随访情况和病历质量等。按规定及时向卫生行政部门上报本技术临床应用情况，上交备份数据及标本。

（九）其他管理要求

1. 分离、纯化细胞产品所需试剂和器械均必须经食品药品监督管理部门审批，具有临床应用的许可证。一次性耗材不能重复使用。使用经药品监督管理部门审批的医用物品和耗材，建立登记制度，保证来源可追溯。

2. 严格执行国家物价、财务政策，按照规定收费。

人的体细胞治疗及基因治疗临床研究质控要点

（卫生部 1993 年 5 月 5 日公布）

本文件主要参考了美国食品与药物管理局生物制品评估与研究中心（FDA，CBER）1991 年制订的"人的体细胞治疗及基因治疗条件"、美国国立卫生研究院重组 DNA 顾问委员会（NIHRAC）关于"人体细胞基因治疗方案考虑要点及管理条例"1990 年的修订件以及美国已批准的几个临床试用方案的文件和最近发展的新的基因导入系统的资料，结合我国的实际情况，制订了在我国进行人的体细胞治疗与基因治疗临床研究的质控要点，内容包括：

Ⅰ、引言

    A. 定义

    B. 治疗的类型

    C. 总体考虑

Ⅱ、立题的依据和基础

    A. 目的与必要性

    B. 国内外情况

    C. 可能出现的副作用或危害

    D. 利弊的权衡

    E. 研究单位与人员的资格审查

Ⅲ、细胞群体的鉴定

    A. 细胞收集

    B. 细胞培养的步骤

    C. 细胞库

    D. 细胞体外生长和操作中所用材料

    E. 基因治疗用构建物的分子遗传学特征

Ⅳ、临床前试验

    A. 安全评价

    B. 有效性评价

    C. 免疫学考虑要点

Ⅰ、引言

A. 定义

体细胞治疗：指应用人的自体、异体或异种（非人体）的体细胞，经体外操作后回输（或植入）人体的治疗方法。将人的细胞经体外操作再回到人体的方式，称为 Ex vivo。这种体外操作包括细胞在体外的传代、扩增、筛选、药物或其它改变细胞生物学行为的处理。上述细胞可用于治疗，也可应用于诊断或预防的目的。

本文件不包括对生殖细胞的基因操作。

基因治疗：指改变人活细胞遗传物质的一种医学治疗方法（a medical intervention based on modification of genetic materials of living cells）。目前，基因治疗按其基因导入人体的途径可分为两大类。

1. Ex vivo 将人体细胞，经体外导入外源基因后再用于人体。

2. 体内（In vivo）将含外源基因的重组病毒在保证不存在复制型病毒（Replication competent virus）的前提下，直接用于人体。另外，也已有用含外源基因的重组 DNA 本身或与人工载体。脂质体或其它介导物质形成复合物后导入人体。以上基因操作用于治疗，也可用于预防的目的。

B. 治疗的类型

体细胞治疗包括多种不同的类型，例如：

1. 细胞的输入或植入，旨在体内释放某些因子，如酶、细胞因子、凝血因子等。

2. 输入激活的淋巴细胞，如淋巴因子激活的杀伤细胞（LAK）或肿瘤浸润淋巴细胞（TIL），以其能杀伤肿瘤细胞。

3. 植入经体外操作的细胞群，如肝细胞、肌细胞、胰岛细胞，以求在体内发挥复合的生物学作用。

基因治疗包括 Ex vivo 及 In vivo（体内）两种类型。前者实际上也是一种体细胞治疗。治疗用的细胞可通过不同的途径导入体内。例如，细胞可通过静脉滴注、不同部位的注射、或是凝聚状态的细胞、连同固体支持物或微囊的手术植入等。任何附加于细胞的基质、纤维、微粒、或其它物质均应被认为是添加的有活性成分。由于细胞与其它成分间存在有复杂的潜在相互作用的可能性，添加物的成分应当作为进入临床前生物制品的一个组成部分而予以鉴定。

鉴于体细胞及基因治疗的多样性，应根据每一种治疗方法的特定目的、最后用于人体的制品的性质（是细胞还是病毒或其它物质）、导入人体的方式等，提出合理、有效和可行的方案，并提供所用的检测方法及获得的实验数据，以保证临床试验的安全性和有效性。这是各种治疗方法均须遵守的共同准则。

C. 总体考虑

由于用于体细胞治疗及基因治疗的最终制品不是一个单一的物质，因此不能象一般生物制品那样制订出具体标准。但是必须强调，应该对整个操作过程和最终制品进行质量控制。为此，对所用的方法、试剂、材料均需详细说明，并对细胞库、关键的中间产物（如产病毒的细胞株）予以监控。必须检测不同批号制品的可重复性。

由于体细胞治疗及基因治疗用制品是属于生物制品，因此还应同时参考以下文件中规定的原则："人用重组 DNA 制品质量控制要点"（卫药政字（90）37 号文），"人用单克隆抗体质量控制要点"（卫药政字（90）37 号文）及其它有关文件等。

本文件将提出制备、生产用于人的体细胞治疗及基因治疗制品的考虑要点。临床试验前，必须提供能保证合理程度的安全性的材料，并提供合适的检测方法，详细数据及这些方法可靠性的证据。

由于体细胞治疗及基因治疗人法的多样性，文件中所提到的各种检测方法，有可能不适用于某一种特定的治疗方案。如属此种情况，必须提出适合的专用治疗方案、能确保安全性和有效性的监控方法、步骤、数据及其依据。

II、立题的依据和基础

A. 目的与必要性：对所申请的体细胞治疗或基因治疗，首先须说明应用该治疗方案的目的，包括：

1. 治疗的病种及其依据。

2. 治疗的预期效果及其依据，与现有的其它疗法相比的优越性或互补性。

B. 国内外情况：应提供国内及国外开展同样或同类疗法的资料，包括其选择的病种、有效性、安全性及可能产生的危害性，并须着重指出申请的方案与国外或围内已批准方案的不同之处、凡属一种新的方案，应详细说明它的优越性及安全性的依据。

C. 可能出现的副作用或危害；应提供应用该方案后可能出现的副作用或危害，并提出如何避免可降低其危险性或副作用的指施。

D. 利弊的权衡：根据该治疗方案的疗效及可能出现的风险，提出总体的利弊权衡估价。这种评估将是该方案能否获得批准的重要依据之一。

E. 研究单位和研究人员的资格审查：

1. 必须提出从事本研究的基础及临床单位的研究设施、主要仪器设备和临床设施。

2. 研究人员应包括基础和临床的重要研究人员以及临床主管该项目的护士长及护士。申请报告可以附件方式提供以上人员的职称、职务、简历。对于研究人员需提供近五年来的重要著作和学术论文清单，并要实行主要负责人承担责任制的原则。

Ⅲ、细胞群体的鉴定

A. 细胞收集：必须提供以下的资料；

1. 细胞类型：须指出细胞来源，是属于自体、同种异体还是异种。同时必须提供上述细胞的组织来源及细胞类别（Identity）的确证资料，其中包括形态、生化或表面标记等。

2. 细胞供体的条件：须注明供体的年龄、性别。若细胞来自动物，还须指出动物的来源、遗传背景、健康状况等。

3. 以 Ex vivo 单核白细胞经激活后使用于人体为例，若使用同种异体材料，其供体必须符合输血供体的要求，并提供测试的方法及符合条件的依据。同时，供体必须经过检测证明乙型肝炎病毒（HBV）、丙型肝炎病毒（HCV）、艾滋病病毒（HIV）为阴性。用于肝炎或肝癌治疗的自体材料，需提供 HBV、HCV 存在状态的资料。

4. 组织分型：若属同种异体供体，除血型外，必须作 HLA Ⅰ 类和 Ⅱ 类分型检查，并证明与受体（病人）相匹配，同时需提供检测方法和依据。

5. 收集细胞的步骤，包括所用的设备、材料、试剂等，必须加以说明。

B. 细胞培养的步骤

1. 质量控制的步骤：包括所用试剂、材料、设备的规格、质量和实验室的质量控制。

2. 培养液：必须说明培养液组分，包括血清和其它添加物（如生长因子、激素及其它组成）的质量及无害性的依据。须提供培养液包括添加物的来源和数量。应避免应用某些具有潜在引起过敏的物质如动物血清，某些抗菌素（如青霉素）、蛋白及血型物质。对生长因子、激素等类物质，应说明它的性质、纯度、活性以及在培养中的作用。

3. 细胞培养中的有害因子：应提供细胞的操作、传代以及旨在减少有害因子污染的步骤及条件的资料。长期培养，细胞应定期检测污染情况，以保证细胞中不存在细菌、酵母、霉菌、支原体及外源病毒。关于有害因子的检测可参照"单克隆抗体"的检测标准。

4. 细胞均一性：来自正常组织的短期培养，应说明"目的细胞"所占的比例。若属于来自肿瘤组织的白细胞，在应用的产物中应无肿瘤细胞的污染。

5. 细胞合成的特殊物质的检定：若治疗是基于细胞所合成的某种特殊物质，应提供该物质的合成状况、生物活性以及致病性的资料。

6. 长期培养的细胞：应提供细胞群体的表型指标（如表面抗原、功能性质或生物学性状）和致瘤性资料，以及上述指标的稳定性。

C. 细胞库：基因治疗所用的细胞库，包括用于生产不同批重组载体的包装细胞、已导入外源基因细胞等，应提供以下资料：

1. 细胞来源及历史。

2. 步骤：包括冰冻、回收细胞的步骤，所用的试剂（如 DMSO 或甘油）的质量、浓度和去除其毒性的方法和操作，以及每个单一批号所有的管数和储存条件等。

3. 融化后的细胞应重新作检测，包括细胞存活率、细胞特性和功能等。还须提供融化后活细胞的得率、与冰冻前细胞功能性质的比较材料，以及再次检测无菌的证明。

4. 失效期：必须提供该细胞库在冰冻状态下的有效保存期限和保存条件。

D. 细胞体外生长和操作中所用材料：细胞体外生长操作过程中所用的材料，例如抗体、抗菌素、血清、蛋白 A、毒素、固相微粒及其它化学试剂等均须注明其来源和性质。同时，须叙述最终产物中如何去除上述物质的步骤和有效性（包括测试的方法）以及最后残余浓度的极限。

E. 基因治疗用构建物的分子遗传学特征。

1. 基因构建物的特征

须提供插入载体的基因及其旁侧顺序的 DNA 序列，并说明其来源。详细说明用于制备最终制品的全部载体、辅助病毒、产病毒细胞株的来源、特征、生长条件及其材料与方法。构建物中所用的调控顺序（如启动子、增强子等）必须加以说明。同时，应说明该构建物在实验阶段和临床应用前的稳定性，即指出是否出现重排、重组、突变或形成变异体。

为控制最终制品的安全性，每一种载体应视作制品的一部分，须对其特征及安全性作单独说明。

2. 外源基因插入的方法

基因导入细胞后，须提供每个细胞插入外源基因的平均拷贝数以及基因存在的形式：染色体内或染色体外。

3. 包装细胞株

须提供包装细胞的来源、历史、生物学性质。同时应提供该细胞包装病毒的稳定性及其安全性（释放复制型辅助病毒的情况），其母库须按ⅢC 的要求说明。

必须说明用于治疗用的产病毒（重组体）细胞从母库传代的次数和允许的传代数，并说明该产重组病毒细胞的上清液的转导（Transduction）能力和它是否存在复制型辅助病毒。每个批号用于转导的上清液同样必须测试其转导能力，检查其是否存在复制型病毒。

Ⅳ、临床前试验

A. 安全评价

动物模型与体外试验相结合一般可以检测产物的安全性。进行安全试验所用的材料必须有不同的剂量范围；即包括相等和超过临床应用的剂量。Ex vivo 需用的材料量根据具体情况而定。

1. 生长因子的依赖性细胞培养若依赖于生长因子，其生长的行为必须予以监检。如果某细胞株出现失去控制的生长，尤其是失去原有的生长因子依赖性，这样的细胞不应再予使用；如果异种细胞应用于人体，其应用的可行性和安全试验务必作特殊说明并提供单独的资料。

2. 致瘤性如果操作过程可改变原有细胞的生长行为、改变细胞原癌基因、生长因子、生长因子受体或反式调控因子的表达与调控，导致细胞生长特性的改变，则用于临床试用前必须进行致瘤试验。同样，当细胞经过长期体外传代或经过基因工程处理的细胞也必须作致癌试验。

常用的致瘤试验是采用裸鼠或其它免疫抑制的动物模型。对于从肿瘤组织中分离出非肿瘤细胞（例如淋巴细胞）必须对制备物中的肿瘤细胞进行定量，并详细叙述去除肿瘤细胞的方法、步骤和效果，以保证输入人体的制备物中不再存在肿瘤细胞（107淋巴细胞中，应不能检出瘤细胞）。若应用基因工程处理的肿瘤细胞输入（或植入）人体，必须有资料证明，此瘤细胞已失去生长和繁殖的能力。

3. 复制病毒的检测

（1）凡应用逆转录病毒作为载体的制备物，必须检测是否存在复制性辅助病毒，测试的对象包括：①制备产病毒（含外源基因）的包装细胞的上清液。②经病毒感染后的靶细胞（用于输入人体）的培养液。③测试的方法必须充分证明它的敏感性，并详细叙述检测的步骤。以逆转录病毒为例，最可靠的方法是：

①检测的细胞及上清液，培养产病毒的细胞株，其数量要大于实际用于感染靶细胞的数量，收获其上清液。

②NIH/3T3 增殖法及 S+/L-检测：取上述上清液总体积的 5%，培养 NIH/3T3 细胞，然后用其培养液作 S+/L-试验。

③共培养法：取产病毒细胞的 5%，与 S+/L-的细胞共培养，然后作 S+/L-检测。

④提供对照材料，证明其检测的灵敏程度。

若应用 PCR 技术，必须做到：

①引物必须是针对该病毒的外壳蛋白（Envelope）基因；

②以 3040A 细胞或相应的细胞（含 molony 小鼠白血病病毒）作对照；

③提供详细的步骤、方法和结果，证明申请者所作的 PCR 结果的灵敏度足以检测出每 ml 中一个病毒。

如果没有以上资料，所采用的 PCR 技术不足以证明该实验室能够排除复制型辅助病毒的存在。

4. 基因的插入

（1）基因插入的稳定性

应检测插入的基因片段，随细胞扩增后是否仍保持其完整性，排除重排，重组和突变的发生。尤其对于长期传代后细胞中的基因片段，必须重复以上检测，并提供所用的检测的方法、步骤及结果。

（2）插入基因的功能

导入基因的细胞必须具有适度的生物学功能，表达过低和过量均应考虑其应用价值及安全性，并须说明其表达的稳定性。

（3）插入性突变（Insertional mutagenesis）

外源 DNA 序列的整合，可引起细胞本身基因功能的改变，称为插入性突变。一般来说，插入性突变将从细胞的生物学性质反映出来。为此，导入基因后，若发生细胞形态学、生长特征或生物学功能改变，将考虑已发生"插入突变"，这种细胞不能使用。

5. 体内安全性试验

（1）导入人体细胞所用的添加物（如胶元、颗粒或其它物质），必须作动物毒性试验。

（2）若以病毒 DNA、或脂质体直接注入（或植入）人体，必须作动物毒性试验。DNA 直接注射（或植入），应作自体免疫的检测。同时须提供详细的毒理试验报告。

6. 逆转录病毒以外的病毒载体（如腺病毒，疱疹病毒，痘苗病毒），安全性试验原则上按 IV-A 1-5 相应条例进行。必须排除有致病性的复制型病毒的存在，并提供其体外和体内安全性实验的全部资料。

B. 有效性的评价

临床前研究应包括实验模型以证明有效性。虽然，通常在临床试验前尚难提供直接的临床疗效的证据，但临床前研究将为临床试验的合理性提供依据。为此，应提供与有效性相关的下述资料：

1. 细胞表型。最终制品如果是细胞，应提供该细胞的形态学、表面标记、功能和生长特征等资料。该细胞应具有预期的功能，例如可在体外试验中产生出某种产物（或因子）或呈现细胞毒效应或干细胞活性等。

2. 细胞的产物。若疗效要依赖于细胞产生的某种特殊因子，则必须说明其因子的类别、生物学活性，并提供合成该因子的速度，分泌状态和分泌的稳定性的资料，说明分泌量的安全性和达到生理学的有效程度。如果这种因子存在一种以上的不同的形式（如分泌型和膜结合型），须说明它们存在的量及比例。

3. 体外试验。应提供外源基因导入体细胞后（或体内）基因表达的状态及持续的情况。若外源基因导入的体细胞能杀伤肿瘤细胞，应提供的有效性证明和详细的资料。

4. 体内试验。如果有可能以动物模型来进行临床前试验，应测定上述细胞在体内存活的时间及其生物学功能。若细胞需到达体内特定的部位才能显示预期效果，则应分析细胞进入体内后的分布状态。若有合适动物的病理模型，应在这种动物模型中分析其治疗的效果。

若某种治疗方法，确实无法以动物体内实验来显示其有效性，应作特殊说明，并提供有效性的其它依据。

C. 免疫学考虑要点

1. 若用异体、异种细胞导入人体，必须提供免疫学的详细检测资料：包括供体与受体间的抗原性差异，组织相容性抗原的匹配性、过敏反应、或自体免疫及移植物对宿主的排斥反应等。

2. 若采用病毒直接导入人体，除保证不存在复制型病毒外，还应提供在动物模型中产生的抗体状态、它对有效性的影响，以及可能产生的副作用等资料。

3. 若采用的材料属 DNA、DNA-脂质体或人工载体复合物（如 DNA-糖蛋白），除一般的毒性试验外，必须通过动物模型提供过敏或自体免疫有关的资料。即使是 DNA 的直接导入，由于 DNA 制备物中可能会有杂蛋白，除了提供其化学定量的资料外，还须进行上述的免疫学研究，以保证其安全性。

V、不同批号制品的质控及临床前试验

一个批号的生物制品是指在一个单一容器中充分混匀的一定量的制品。这个概念，同样适合于体细胞治疗及基因的制品。每一批细胞群、载体制备物或其它用于治疗的制品须进行必要项目的检测后才能发放（Release）用于人体。

用于 Ex vivo 及体内直接导入的基因治疗制品在制备规模上有明显的不同，因此对批号量的概念应有所区别。Ex vivo 的制品多来自某一个人体，并用于其本人，因此应把每一次从病人体内获取的经加工后用于人体的新制品作为一个批号。而直接应用于体内的基因治疗制品（如重组病毒、重组 DNA 或其复合物），可大批量生产，其批号的概念以及其质控和发放原则等同于一般生物技术制品（见"人用重组 DNA 制品质量控制要点"）。

针对 Ex vivo 制品的特殊性，应提出适合于其特点的批号质控标准，例如：

1. 细胞的性质鉴定通过细胞形态、表型或生化分析、确证其细胞的特性以及是否存在异质性。

2. 活性：定量地证明该细胞的功能或合成某种产物的活性。

3. 细胞存活的定量数据以及能用于临床的最低极限。

4. 对细胞的各种检测，证明已排除有害因子（如细菌、霉菌、支原体、病毒等）的污染。

5. 内毒素的检测若由于细胞的性质而不能进行通常的内毒素检测时，须予以说明。

6. 若属于大批量生产的制品，每批均应进行安全试验。

7. 若制品经冰冻保存后继续用于病人、而且应用前需融化或再扩增时，则需按ⅢC 细胞库的要求再次重复以上的批号检测，才能用于临床。

Ex vivo 制品一般由负责治疗的单位进行质控检定，例检定人员必须经过训练，其资格必须经过国家检定机构的认可，并接受其指导。

VI、关于重组病毒的操作及设施

若申请材料涉及重组病毒的操作，必须提供所在单位具有进行重组病毒的设施（相当于 PⅡ级实验室），以保证工作人员的安全和防止对环境的污染。

Ⅶ、临床研究的要点

必须强调，体细胞治疗与基因治疗的临床研究比一般基因工程药物或普通药物的应用更为复杂，如将制品包埋于组织、瘤内注射、大量的细胞输入或施行其它手术等。因此必须有实验室和临床专家的协同和密切配合。提出详细的临床使用方案以及在临床监测和其它治疗方面的具体措施。临床研究的方案除基本上参照卫生部颁布的《新药临床研究的指导原则》外，应包括以下几点：

1. 本单位（相当于 IRB）的审查意见，包括对治疗方案的必要性、可行性、安全性以及对参加研究的临床单位与人员的资料审查意见。

2. 选用的病种、病人的年龄范围、性别、疾病的发展阶段（如恶性肿瘤的临床分期）、试用的病例数。应预先制定病例的选择和淘汰的标准。

3. 给药的方式、剂量、时间和疗程。如需通过特殊的手术导入细胞或基因制品，应提供详细的方案。

4. 确定评估疗效的客观指标，包括临床指标和实验室检测项目。

5. 基因治疗应尽可能提供其特有的指标，如导入细胞体内存活率、功能状态以及产生达到治疗目的的生物活性因子的状态、抗体形成等监测的指标。

6. 若导入病毒或其它制品，应提供是否有病毒复制以及自体免疫和其它免疫等检测指标。对不同的制品应制订相应的监测方法。

7. 对产生的副作用和不良反应必须作详细记录并及时进行总结。

8. 鉴于基因治疗的特殊性，必须建立长期随访的计划及措施，以总结是否有远期的危害性（如致畸变等）。

9. 对公共卫生和环境污染的考虑。如应用病毒直接导入体内，应提供无水平感染的证据，尤其是要防止对儿童和孕妇的影响。

Ⅷ、结语

鉴于体细胞治疗及基因治疗是一类新的生物技术治疗方法，迄今为止，尚有不少未知的因素，本条例将根据发展情况予以修改和补充。

Ⅸ、参考资料

1. Points to consider in human somatic Cell Therapy and Gene Therapy（1991）. CBER, FDA, U. S. A Human Gene Therapy 2：251-256, 1991

2. Regulatory issues, The Revised "Points to Consider Document, For Design and Submission of Human Somatic Cell Gene Therapy Protocols". RAC, NIH' U. S. A. Human Gene Therapy, 1：93-103, 1990

3. S. A Rosenberg et al：Immunization of Cancer Patients Using Autologous Cancer Cells Modified by Insertion of the Gene for Interleukin-2. Human Gene Therapy, 3：75-90, 1990

4. R. A. Mergan et al: Application of the Polymerase Chain Reaction in Retrovlral-Mediated Gene Transfer and the Analysis of Gene-Makled Human TIL Cells. Human Gene Therapy, 1: 135-149, 1990

5. M. J. Stewart et al: Gene Transfer In Vivo With DNA-Liposome Complexes: Safety and Acute Toxicity in Mice. Human Gene Therapy 3: 267-275, 1992

6. W. F. Anderson et al: The ADA Human Gene Therapy Clinical Protocol. Human Gene Therapy, 1: 331-362, 1990

7. J. M. Wilson et al: Clinical, Ex vivo Gene Therapy of Familial Hypercholesterolemia. Human Gene Therapy 3: 179-222, 1992

国家药品监督管理局

药品监督管理行政处罚裁量适用规则

（国家药品监督管理局 2024 年 2 月 23 日公布）

第一章 总 则

第一条 为规范药品监督管理部门依法行使行政处罚裁量权，保障和监督药品监督管理部门行政处罚行为，保护公民、法人和其他组织的合法权益，根据《中华人民共和国行政处罚法》《中华人民共和国药品管理法》《中华人民共和国疫苗管理法》《医疗器械监督管理条例》《化妆品监督管理条例》等法律、法规以及有关规章规定，落实国务院有关文件和《关于规范市场监督管理行政处罚裁量权的指导意见》（国市监法规〔2022〕2 号）要求，结合药品监督管理工作实际，制定本规则。

第二条 本规则所称行政处罚裁量权，是指药品监督管理部门实施行政处罚时，依据法律、法规、规章的规定，综合考虑违法行为的事实、性质、情节和社会危害程度等情形，决定是否给予行政处罚、给予行政处罚种类和幅度的权限。

第三条 药品监督管理部门行使行政处罚裁量权，适用本规则。法律、法规、规章另有规定的，从其规定。

第四条 药品监督管理部门行使行政处罚裁量权，应当坚持下列原则：

（一）合法裁量原则。依据法定权限，符合立法目的，符合法律、法规、规章规定的裁量条件、处罚种类和幅度。

（二）程序正当原则。严格遵守法定程序，充分听取当事人的意见，依法保障当事人的知情权、参与权和救济权。

（三）过罚相当原则。以事实为依据，处罚的种类和幅度与违法行为的事实、性质、情节、社会危害程度等相当。

（四）公平公正原则。对违法事实、性质、情节和社会危害程度等基本相同的违法行为实施行政处罚时，适用的法律依据、处罚种类和幅度基本一致。

（五）处罚和教育相结合原则。兼顾惩戒、纠正违法行为和教育公民、法人和其他组织，引导当事人自觉守法。

（六）综合裁量原则。综合考虑个案的事实、性质、情节、社会危害程度和当事人主客观情况等，兼顾本地区经济社会发展状况、药品产业高质量发展和药品安全风险防控需要等相关因素，惩戒违法行为，预防药品安全风险，保护和促进公众生命健康，实现政治效果、社会效果和法律效果的统一。

第五条 国务院药品监督管理部门制定全国统一的行政处罚裁量规则，可以针对特定药品监督管理行政处罚事项的裁量制定规则或者意见。

省级药品监督管理部门应当根据本规则，结合本地区实际，制定本辖区的行政处罚裁量基准，可以针对特定药品监督管理行政处罚事项的裁量制定意见。

市、县级药品监督管理部门可以在法定范围内，对上级药品监督管理部门制定的行政处罚裁量基准适用的标准、条件、种类、幅度、方式、时限予以合理细化量化。

对同一行政处罚事项，上级药品监督管理部门已经制定行政处罚裁量基准的，下级药品监督管理部门原则上应当直接适用。下级药品监督管理部门细化量化的行政处罚裁量基准不得超出上级药品监督管理部门划定的阶次或者幅度。

第二章 裁量情形

第六条 行使行政处罚裁量权，应当依据违法事实、性质、情节和社会危害程度等因素，并综合考虑下列情形：

（一）当事人的年龄、智力及精神健康状况；

（二）当事人的主观过错程度；

（三）违法行为的频次、区域、范围、时间；

（四）违法行为的具体方法、手段；

（五）涉案产品的风险性；

（六）违法所得或者非法财物的数量、金额；

（七）违法行为造成的损害后果以及社会影响；

（八）当事人对违法行为所采取的补救措施及效果；

（九）法律、法规、规章规定的其他情形。

第七条 对当事人实施的违法行为，按照违法行为的事实、性质、情节和社会危害程度，分别给予从重行政处罚、一般行政处罚、从轻或者减轻行政处罚、不予行政处罚。

从重行政处罚是指在依法可以选择的处罚种类和处罚幅度内，适用较重、较多的处罚种类或者较高的处罚幅度。

从轻行政处罚是指在依法可以选择的处罚种类和处罚幅度内，适用较轻、较少的处罚种类或者较低的处罚幅度。

减轻行政处罚是指适用法定行政处罚最低限度以下的处罚种类或者处罚幅度，包括在违法行为应当受到的一种或者几种处罚种类之外选择更轻的处罚种类，或者在应当并处时不并处，也包括在法定最低罚款限值以下确定罚款数额。

不予行政处罚是指因法定原因对符合处罚条件的违法行为不给予行政处罚。

一般行政处罚是指当事人违法行为不具备法律、法规、规章及本规则规定的从重行政处罚、从轻或者减轻行政处罚、不予行政处罚情形，应当在法定处罚幅度中限给予行政处罚。

第八条 当事人有下列情形之一的，应当给予从重行政处罚：

（一）以麻醉药品、精神药品、医疗用毒性药品、放射性药品、药品类易制毒化学品冒充其他药品，或者以其他药品冒充上述药品的；

（二）生产、销售、使用假药、劣药、不符合强制性标准或者不符合经注册的产品技术要求的第三类医疗器械，以孕产妇、儿童、危重病人为主要使用对象的；

（三）生产、销售、使用的生物制品、注射剂药品属于假药、劣药的；

（四）生产、销售、使用假药、劣药，不符合强制性标准或者不符合经注册备案的产品技术要求的医疗器械，造成人身伤害后果的；

（五）生产、销售、使用假药、劣药，经处理后再犯；生产、销售、使用不符合强制性标准或者经注册的产品技术要求的医疗器械，经处理后三年内再犯的；

（六）在自然灾害、事故灾难、公共卫生事件、社会安全事件等突发事件发生时期，生产、销售、使用用于应对突发事件的药品系假药、劣药，或者用于应对突发事件的医疗器械不符合强制性标准或者不符合经注册备案的产品技术要求的；

（七）因药品、医疗器械违法行为受过刑事处罚的；

（八）法律、法规、规章规定的其他应当从重行政处罚情形。

第九条 当事人有下列情形之一的，可以依法从重行政处罚：

（一）药品有效成份含量不符合规定，足以影响疗效的，或者药品检验无菌、热原（如细菌内毒素）、微生物限度、降压物质不符合规定的；涉案医疗器械属于植入类医疗器械的；

（二）生产、销售、使用的急救药品属于假药、劣药的；

（三）涉案产品主要使用对象为孕产妇、儿童或者其他特定人群的；

（四）生产经营未经注册或者备案的药品、医疗器械、化妆品或者未经许可从事生产经营活动，且涉案产品风险性高的；

（五）教唆、胁迫、诱骗他人实施违法行为的；

（六）明知属于违法产品仍销售、使用的；

（七）一年内因同一性质违法行为受过行政处罚的；

（八）违法行为持续六个月以上或者在两年内实施违法行为三次以上的；

（九）拒绝、逃避监督检查，伪造、销毁、隐匿有关证据材料，或者擅自动用查封、扣押、先行登记保存物品的；

（十）阻碍或者拒不配合行政执法人员依法执行公务或者对行政执法人员、举报人、证人、鉴定人打击报复的；

（十一）被药品监督管理部门依法责令停止或者限期改正违法行为，继续实施违法行为的；

（十二）其他可以从重行政处罚的。

本条第一款第七项、第九项、第十项、第十一项规定的情形，法律、法规、规章规定为应当单独进行处罚、应当从重处罚或者属于情节严重的，从其规定。当事人因前款第九项所涉行为已被行政处罚的，该行为不再作为从重行政处罚情节。同一违法行为同时符合第八条第三项至第六项和前款第一项、第二项的，优先适用第八条相关条款。

本条第一款第七项、第八项规定的情形，自上一次违法行为终了之日起算。

第十条 当事人有下列情形之一的，应当从轻或者减轻行政处罚：

（一）已满十四周岁不满十八周岁的未成年人有违法行为的；

（二）主动消除或者减轻药品、医疗器械和化妆品违法行为危害后果的；

（三）受他人胁迫或者诱骗实施药品、医疗器械和化妆品违法行为的；

（四）主动供述药品监督管理部门尚未掌握的违法行为的；

（五）配合药品监督管理部门查处药品、医疗器械和化妆品违法行为有立功表现的，包括但不限于当事人揭发药品、医疗器械、化妆品监管领域其他重大违法行为或者提供查处药品、医疗器械、化妆品监管领域其他重大违法行为的关键线索或者证据，并经查证属实的；

（六）其他依法应当从轻或者减轻行政处罚的。

本规则所称重大违法行为是指涉嫌犯罪或者依法被处以责令停产停业、责令关闭、吊销许可证件、较大数额罚没款等行政处罚的违法行为。地方性法规或者地方政府规章对重大违法行为有具体规定的，从其规定。

第十一条 当事人有下列情形之一的，可以从轻或者减轻行政处罚：

（一）尚未完全丧失辨认或者控制自己行为能力的精神病人、智力残疾人有违法行为的；

（二）积极配合药品监督管理部门调查并主动提供证据材料的；

（三）涉案产品尚未销售或者使用的；

（四）违法行为情节轻微，社会危害后果较小的；

（五）在共同违法行为中起次要或者辅助作用的；

（六）当事人因残疾或者重大疾病等原因生活确有困难的；

（七）其他依法可以从轻或者减轻行政处罚的。

第十二条 当事人有下列情形之一的，不予行政处罚：

（一）不满十四周岁的未成年人有违法行为的，不予行政处罚，但应当责令监护人加以管教；

（二）精神病人、智力残疾人在不能辨认或者不能控制自己行为时有违法行为的，不予行政处罚，但应当责令其监护人严加看管和治疗；

（三）违法行为轻微并及时改正，没有造成危害后果的，不予行政处罚；

（四）当事人有证据足以证明没有主观过错的，不予行政处罚，法律、行政法规另有规定的从其规定；

（五）违法行为在二年内未被发现的，不再给予行政处罚；涉及公民生命健康安全且有危害后果的，上述期限延长至五年。法律另有规定的除外；

（六）依法应当不予行政处罚的其他情形。

第十三条 初次违法且危害后果轻微并及时改正的，可以不予行政处罚。

初次违法，是指当事人五年内在其全部生产经营地域范围内第一次实施同一性质违法行为。但当事人被处以五年以上职业禁止罚的除外。

经询问当事人，并查询行政处罚案件信息等方式，未发现当事人五年内有同一性质违法行为的，可以认定为初次违法。

危害后果轻微，是指违法行为造成的损害后果较轻、较小，可以结合下列因素综合判定：

（一）危害程度较轻；

（二）危害范围较小；

（三）危害后果易于消除或者减轻；

（四）其他能够反映危害后果轻微的因素。

及时改正，是指当事人在药品监督管理部门尚未立案调查且责令改正之前主动改正。

国务院药品监督管理部门和省级药品监督管理部门可以依照有关规定制定轻微违法行为依法免予行政处罚清单并进行动态调整。

第十四条 药品上市许可持有人、医疗器械注册人备案人、化妆品注册人备案人、生产企业生产依法获得批准或者备案的创新产品，并履行上市后研究和上市后评价等法定义务，当时科学技术水平尚不能发现产品存在质量安全缺陷的，不予行政处罚。经营、使用上述缺陷产品，不予行政处罚。但是发现缺陷后未履行依法召回产品义务和采取其他有效风险控制措施的除外。

第十五条 药品经营企业、使用单位同时具备下列情形的，一般应当认定为符合《中华人民共和国药品管理法实施条例》第七十五条规定的"充分证据"：

（一）进货渠道合法，提供的供货单位生产许可证或者经营许可证、营业执照、供货单位销售人员授权委托书、产品注册或者备案信息、产品合格证明、销售票据等证明真实合法；

（二）产品采购与收货记录、入库检查验收记录真实完整；

（三）产品的储存、养护、销售、使用、出库复核、运输未违反有关规定且有真实完整的记录。

医疗器械经营企业、使用单位，化妆品经营者同时具备前款第一项、第二项情形的，一般应当认定为分别符合《医疗器械监督管理条例》第八十七条规定的"充分证据"和《化妆品监督管理条例》第六十八条规定的"证据"。

第十六条 除药品、医疗器械监管法律、法规、规章明确规定应当按照"情节严重"给予行政处罚的情形外，当事人有下列情形之一的，按照药品、医疗器械监管法律、法规、规章规定的"情节严重"给予行政处罚：

（一）药品生产中非法添加药物成份或者违法使用原料、辅料，造成严重后果的；

（二）医疗器械生产中非法添加药物成份或者非法添加已明确禁止添加的成份，造成严重后果的；

（三）药品上市许可持有人、医疗器械注册人备案人、生产企业、经营企业、使用单位发现其生产、销售、使用的产品存在安全隐患，可能对人体健康和生命安全造成损害，不履行通知、告知、召回、停止销售、报告等法定义务，造成严重后果的；

（四）生产、经营企业不建立或者不执行进货检查验收制度，从非法渠道购进不合格产品或原料，或者生产、销售已禁止销售的产品，造成严重后果的；

（五）故意隐瞒问题产品来源或者流向，导致无法追溯，造成严重后果的；

（六）提供虚假的证明、数据、资料、样品或者采取其他手段骗取药品、医疗器械许可或者备案，社会影响恶劣或者造成人身伤害后果的；

（七）在自然灾害、事故灾难、公共卫生事件、社会安全事件等突发事件期间，生产、销售专用于应对突发事件的药品、医疗器械不符合安全性、有效性强制标准的，或者违反相关管理规定实施违法行为且直接影响预防、处置突发事件的；

（八）因涉案行为构成犯罪被人民法院作出有罪判决的；

（九）其他违法行为，造成人身伤害、重大财产损失或者恶劣社会影响等严重后果的；

（十）其他属于"情节严重"的情形。

当事人有《化妆品生产经营监督管理办法》第六十一条第一款规定情形的，应当按照化妆品监督管理法规、规章规定的"情节严重"给予行政处罚。

第十七条 当事人的违法行为具有从重行政处罚情形，且同时具有从轻或者减轻行政处罚情形的，应当结合案情综合裁量。

第十八条 当事人同时有多个违法行为的，应当分别裁量，合并处罚。

第十九条 当事人的同一个违法行为，不得给予两次以上罚款的行政处罚。同一个违法行为违反多个法律规范应当给予罚款处罚的，按照罚款数额高的规定处罚。

第二十条 当事人的同一个违法行为，法律、法规、规章规定有多种处罚种类的，应当实施并处处罚；对同一个违法行为规定可以实施多种处罚的，可以实施并处处罚。

除法律、法规、规章另有规定外，对同一个违法行为规定可以并处处罚的，应当结合当事人违法行为的情节，按照下列规则实施处罚：

（一）对认定减轻处罚的，应当实施单处；

（二）对认定从轻处罚的，可以实施单处或者并处；

（三）对认定一般处罚的，应当实施并处；

（四）对认定从重处罚的，应当实施并处。

第二十一条 对当事人的违法行为依法不予行政处罚的，药品监督管理部门应当对当事人通过劝导示范、警示告诫、约谈指导等方式进行教育。药品监督管理部门应当建立健全对当事人的事前指导、风险提示、告诫、约谈、回访等制度。

第二十二条 药品监督管理部门对当事人作出不予行政处罚的，应当对涉案产品采取适当、必要的风险控制措施。

第三章 裁量程序

第二十三条 药品监督管理部门行使行政处罚裁量权应当遵守法律、法规、规章有关回避、告知、听证、期限、说明理由等程序规定。

第二十四条 责令限期改正的，应当明确提出要求改正违法行为的具体内容和合理期限。确有正当理由不能在规定期限内改正，当事人申请延长的，经药品监督管理部门负责人批准，可以适当延长。

第二十五条 药品监督管理部门作出行政处罚决定前，应当依法、全面、客观收集下列可能影响行政处罚裁量的证据：

（一）证明违法行为存在的证据；

（二）证明从轻、减轻、不予行政处罚的证据；

（三）证明从重行政处罚、情节严重的证据。

第二十六条 药品监督管理部门作出行政处罚决定前，应当告知当事人拟作出行政处罚的内容及事实、理由、依据、裁量基准的适用情况，并告知当事人依法享有的陈述、申辩、要求听证等权利。

第二十七条 药品监督管理部门应当充分听取当事人的陈述和申辩。对当事人提出的事实、理由和证据，应当进行复核。当事人提出的事实、理由或者证据成立的，应当采纳。

药品监督管理部门不得因当事人陈述、申辩而给予更重的处罚。当事人应当如实陈述、申辩，不得故意提供虚假或者编造的证据材料。

第二十八条 药品监督管理部门举行听证时，案件调查人员提出当事人违法事实、证据、裁量理由和行政处罚建议及依据。

听证主持人应当充分听取当事人提出的陈述、申辩和质证意见。

听证笔录应当全面、客观记载案件调查人员提出的裁量理由和当事人对于行政处罚裁量的陈述、申辩和质证意见。

第二十九条 对依据《市场监督管理行政处罚程序规定》属于情节复杂或者重大违法行为的案件，药品监督管理部门负责人应当集体讨论决定。行政处罚裁量情况应当在集体讨论记录中予以载明。

第三十条 药品监督管理部门实施行政处罚，适用本部门制定的行政处罚裁量基准可能出现明显不当、显失公平，或者行政处罚裁量基准适用的客观情况发生变化的，可以在不与法律、法规、规章相抵触的情况下，经本部门主要负责人批准或者负责人集体讨论通过后调整适用，并充分说明理由；批准材料或者集体讨论记录应当列入行政处罚案卷归档保存。

适用上级药品监督管理部门制定的行政处罚裁量基准可能出现前款情形的,逐级报请该基准制定部门批准后,可以调整适用。

第三十一条 药品监督管理部门作出行政处罚决定,应当在行政处罚决定书中说明裁量理由。

药品监督管理部门作出行政处罚决定,不执行上级和本级药品监督管理部门制定的行政处罚裁量基准的,应当在行政处罚决定书中明确说明裁量适用的依据和理由。

第三十二条 本规则第二十八条和第三十一条规定的裁量理由包括下列内容:

(一)行政处罚裁量规则、裁量基准适用的事实依据和法律依据;

(二)对当事人的陈述、申辩和听证意见是否采纳的意见和理由。

第三十三条 药品监督管理部门对违法行为实施行政处罚适用简易程序的,应当合理裁量。

第三十四条 药品监督管理部门实施行政处罚,应当以法律、法规、规章为依据,并在裁量基准范围内作出相应的行政处罚决定。行政处罚裁量规则和裁量基准作为裁量说理依据,不得单独引用作为行政处罚的实施依据。

第四章 裁量基准

第三十五条 裁量基准,是指药品监督管理部门根据法律、法规、规章规定,在实施行政处罚时,综合考虑违法行为的事实、性质、情节和社会危害程度等因素,合理适用处罚种类和幅度的具体规范和标准。

第三十六条 制定行政处罚裁量基准,应当坚持合法性、适当性和可操作性原则。

第三十七条 行政处罚裁量基准应当包括违法行为、法定依据、裁量阶次、适用条件和处罚标准等内容。

第三十八条 制定行政处罚裁量基准,应当依照法律、法规、规章规定细化、量化:

(一)可以选择是否给予行政处罚的,应当明确是否给予行政处罚的具体裁量标准和适用条件;

(二)同一个违法行为,可以选择行政处罚种类的,应当明确适用不同种类行政处罚的具体情形和适用条件;

(三)同一个违法行为,可以选择行政处罚幅度的,应当根据违法事实、性质、情节和社会危害程度,划分具体裁量阶次,并列明每一阶次处罚的裁量标准;

(四)可以单处也可以并处行政处罚的,应当明确单处或者并处行政处罚的具体情形和适用条件;

(五)需要在法定处罚种类或者幅度以下减轻行政处罚的,应当在严格评估后明确具体情形、适用条件和裁量标准;

(六)其他应当明确的事项。

第三十九条 除法律、法规、规章另有规定外,罚款的数额按照下列规则确定:

（一）罚款为一定金额的倍数的，减轻处罚应当低于最低倍数，从轻处罚应当低于最低倍数和最高倍数区间的 30%，一般处罚应当在最低倍数和最高倍数区间的 30%—70% 之间，从重处罚应当超过最低倍数和最高倍数区间的 70%；

（二）罚款为一定幅度的数额的，减轻处罚应当低于最低罚款数额，从轻处罚应当低于最低罚款数额与最高罚款数额区间的 30%，一般处罚应当在最低罚款数额与最高罚款数额区间的 30%—70% 之间，从重处罚应当超过最低罚款数额与最高罚款数额区间的 70%；

（三）仅规定最高罚款数额没有规定最低罚款数额的，从轻处罚应当低于最高罚款数额的 30% 确定，一般处罚应当在最高罚款数额的 30%—70% 之间，从重处罚应当按超过最高罚款数额的 70% 确定。

第四十条 除法律、法规、规章另有规定外，职业禁止罚的年限按照下列规则确定：

（一）依法规定特定年限内或者终身禁止从事药品、医疗器械、化妆品生产经营活动的，应当直接适用该禁业年限；

（二）依法规定特定的年限区间或者直至终身禁止从事药品、医疗器械、化妆品生产经营活动的，应当区分处罚阶次。

第四十一条 对法定代表人、主要负责人、直接负责的主管人员和其他责任人员的行政处罚，应当结合其岗位职责范围、主观过错程度、履行职责情况、在违法行为中所起的作用和其他应当考虑的因素进行综合判断。

第四十二条 因违法行为被行政处罚时，违法所得的计算一般不扣除成本。法律、行政法规、部门规章对违法所得的计算另有规定的，从其规定。

第四十三条 药品监督管理部门制定行政处罚裁量基准，应当遵守规范性文件制定发布程序，公开征求社会公众意见，经过科学论证，并经本单位集体讨论决定后公布施行。

第四十四条 各级药品监督管理部门应当建立行政处罚裁量基准动态调整机制，行政处罚裁量基准所依据的法律、法规、规章作出修改，或者客观情况发生重大变化的，及时进行评估论证和调整完善。

根据新公布的法律、法规、规章应当细化和量化行政处罚裁量标准的，应当自新的法律、法规、规章施行之日起六个月内，完成行政处罚裁量基准制定、公布和施行工作。

第五章 裁量监督

第四十五条 各级药品监督管理部门应当加强行政执法规范化建设，规范行政处罚裁量权，落实行政执法责任制和过错责任追究制，建立健全行政处罚裁量监督机制。

第四十六条 药品监督管理部门实施行政处罚，不得出现下列情形：

（一）违法行为的事实、性质、情节以及社会危害程度与当事人受到的行政处罚相比，畸轻畸重的；

（二）依法应当对当事人不予行政处罚或者应当从轻、减轻行政处罚，但滥施行政处罚或者未予从轻、减轻行政处罚的；

（三）在同一个或者同类案件中，不同当事人的违法行为的事实、性质、情节以及社会危害程度相同或者基本相同，但所受处罚明显不同的；

（四）采取引诱、欺诈、胁迫、暴力等不正当方式，致使当事人违法并对其实施行政处罚的；

（五）其他滥用行政处罚裁量权的情形。

第四十七条 省级以上药品监督管理部门应当结合工作实际，推进典型案例指导工作，规范行政处罚裁量权的行使。

第四十八条 药品监督管理部门制定的行政处罚裁量规则和裁量基准应当作为执法监督中审查具体行政行为合法性和适当性的依据。

第四十九条 各级药品监督管理部门发现本部门制定的行政处罚裁量基准或者在行政处罚裁量权行使过程中有下列情形之一的，应当主动、及时自行纠正：

（一）超越制定权限的；

（二）违反法定程序的；

（三）制定的裁量基准不科学、不合理、不具有操作性的；

（四）其他应当纠正的情形。

第五十条 各级药品监督管理部门应当通过行政执法监督检查、行政处罚案卷评查、执法评议考核等方式，对下级药品监督管理部门行使行政处罚裁量权的情况进行指导和监督，发现已经制定的行政处罚裁量基准或者行政处罚裁量权行使存在违法或者明显不当情形的，责令限期改正；必要时可以直接纠正。

第六章　附　　则

第五十一条 本规则所称同一性质违法行为是指适用相同的法律条款作出行政处罚决定的违法行为。

第五十二条 本规则中"以上""以下"包括本数，"超过""不足""低于"不包括本数。

第五十三条 药品监督管理部门及其工作人员不执行本规则，或者滥用行政处罚裁量权致使行政处罚显失公正的，依照相关规定追究责任。涉嫌违纪、犯罪的，移交监察部门、司法机关依法处理。

第五十四条 本规则自 2024 年 8 月 1 日起施行。《国家食品药品监督管理局关于印发药品和医疗器械行政处罚裁量适用规则的通知》（国食药监法〔2012〕306 号）同时废止。

人源干细胞产品非临床研究技术指导原则

（国家药品监督管理局药品审评中心 2024 年 1 月 18 日公布）

目　录

一、概述

(一) 前言

干细胞是一类具有自我更新和多向分化潜能的细胞，在疾病治疗方面具有应用潜力。近年来，随着干细胞技术的发展、认知的深入和经验的积累，干细胞治疗已逐步成为生物医学领域的一大热点。

为规范和指导人源干细胞产品（以下简称干细胞产品）非临床研究和评价，在《细胞治疗产品研究与评价技术指导原则（试行）》《基因修饰细胞治疗产品非临床研究技术指导原则（试行）》基础上，根据目前对干细胞产品的科学认识，制定本指导原则，提出对干细胞产品非临床研究和评价的特殊考虑和要求。

随着技术的发展、认知程度的深入和相关研究数据的积累，本指导原则将不断完善和适时更新。

(二) 适用范围

本指导原则主要为按照药品管理相关法规进行研发和注册申报的人源干细胞产品的非临床研究提供技术指导。

本指导原则中的人源干细胞产品是指起源于人的成体干细胞（adult stem cells, ASCs）、人胚干细胞（embryonic stem cells, ESCs）和诱导多能干细胞（induced pluripotent stem cells, iPSCs），经过一系列涉及干细胞的体外操作（一般包括扩增、基因修饰、诱导分化、转分化等）获得的干细胞及其衍生细胞产品。

二、总体考虑

(一) 研究目的

非临床研究是药物开发的重要环节。干细胞产品的有效成分是具有一定生物学功能且具有不同程度分化潜力的细胞，与常规治疗药物相比，其治疗机制、体内活性和毒性可能存在明显差异，细胞与人体的相互作用也更具有种属特异性，因此，与常规治疗药物相比，干细胞产品的非临床研究具有其特殊性。

干细胞产品非临床研究的主要目的是：（1）对拟定的作用机制进行概念验证，考察有效性潜力，明确其在拟定患者人群中使用的生物学合理性；（2）研究干细胞体内命运和行为；（3）根据潜在风险因素，阐明毒性反应特征，预测人体可能出现的不良反应，确定临床监测指标，为制定临床风险控制措施提供参考信息。应通过开展非临床研究，收集用于获益-风险评估的信息，以确定拟开发产品在目标患者人群中预期具有合理的、可接受的获益-风险比，同时为临床试验的设计和风险控制策略的制定以及产品上市提供支持性依据。

（二）基本原则

1. 具体情况具体分析

由于干细胞产品的物质组成和作用机制与小分子药物、大分子生物药物不同，所以传统、标准的非临床研究试验方法可能不完全适用于干细胞产品。干细胞产品种类多、差异大、情况复杂、风险程度不同，因此，不同产品所需的非临床研究内容和具体试验设计应遵循"具体情况具体分析"的原则。

2. GLP 要求

干细胞产品的非临床安全性研究一般应当在经过药物非临床研究质量管理规范（GLP）认证的机构开展，并遵守 GLP。当某些特殊情况下无法遵守 GLP 时，例如采用非常规动物模型、在概念验证或生物分布试验中整合安全性检测指标、检测某些特殊指标等，应最大限度地按 GLP 原则进行试验，确保试验质量和数据的完整性及可追溯性。

3. 随机、对照、重复

试验应遵循随机、对照、重复的原则。

（三）制定非临床研究策略时的重要关注点

1. 非临床研究考虑因素

干细胞具备自我更新和多向分化潜能，细胞类型多样，细胞本身具备体内存续、增殖和/或分化、细胞间相互作用等能力。由于细胞本身生物学特性、制备工艺的复杂性、给药方式的多样性等因素，各类型干细胞产品的风险程度也可能不同。在非临床研究中需要考虑以下因素（包括但不限于）：细胞来源、生物学特性、作用机制；生产过程（如体外培养、纯化、诱导分化、扩增、基因修饰/改造等）；终产品中不同分化阶段细胞的数量/比例；终产品中可能残留的非目的细胞（如未分化细胞、非预期分化细胞等）、非细胞成分（如杂质、外源因子等）；临床拟用人群、给药方式、预期的药理作用靶部位；细胞在受者体内的迁移、定植、分化、存续等；细胞的免疫原性和受者对细胞的免疫反应；成瘤性和致瘤性的风险等。此外，对于已有人体数据的干细胞产品，还可结合人体信息综合评估预期的人体风险和获益。

涉及基因修饰的干细胞产品还需考虑以下因素（包括但不限于）：（1）基因修饰的目的、方式、技术；（2）基因转导/编辑效率；（3）载体自身风险；（4）基因修饰脱靶风险；（5）基因修饰对细胞表型和生物学特性的影响；（6）对于导入目的基因，还应考虑目的基因的表达情况和表达产物的生物学作用。

2. 受试物

非临床研究所用受试物应能代表临床拟用样品。体外、体内非临床研究所使用的样品均应符合相应开发阶段的质量标准要求。若后续制备工艺发生变更，应阐明非临床研究用样品与临床试验拟用样品的异同及其对人体有效性和安全性的可能影响，必要时开展变更前后样品的非临床桥接研究。

当无法采用临床拟用产品进行动物试验而采用动物源替代产品开展试验时，动物源替代产品应与临床拟用产品采用相似的生产工艺，并对可能影响有效性和安全性的关键质量参数进行对比研究，以评估替代产品与临床拟用产品的相似性及其对非临床数据预测性的影响。目前，对于不同种属来源的干细胞之间的相似性的研究尚不充分，尚缺乏统一的相似性评价标准。因此，采用从动物源替代产品非临床试验中获得的数据进行临床转化时，存在一定的不确定性。

3. 动物种属/模型选择

应尽可能选择相关动物种属/模型进行非临床体内研究。动物种属/模型的选择应该具有科学合理的依据。选择相关动物时需要考虑产品特性和临床拟用情况，包括但不限于以下因素：（1）动物对人源干细胞及其分化后细胞的生物学反应与预期的人体反应的相似性；（2）动物对人源干细胞的免疫耐受性；（3）动物的解剖学和病理生理学特征与拟定适应症人群的相似性；（4）临床拟用给药途径/给药方式的可行性；（5）涉及基因修饰的干细胞产品，还应考虑动物对目的基因或基因表达产物的敏感性、表达产物在动物体内的生物学效应。

采用疾病动物模型开展的研究可以同时提供干细胞产品的药理活性和毒性信息，也可以模拟临床患者的病理生理状态，因此，必要时可考虑采用疾病动物模型进行非临床研究。

免疫功能正常的动物给予人源干细胞后，可能出现免疫应答反应，导致细胞被过早或快速清除，此种情况下，可考虑采用免疫缺陷或免疫系统人源化的动物模型开展非临床研究。免疫缺陷动物包括遗传性免疫缺陷动物模型、经免疫抑制剂/物理照射方法构建的免疫抑制动物模型等，可根据情况进行合理选择。

需要关注的是，每种动物种属/模型均有其优点和不足，没有一种动物种属/模型可全面预测干细胞产品在患者人群中的有效性和安全性。因此，在选择动物种属/模型时，应评估所采用的动物种属/模型与人体的相关性和局限性。若有多种相关动物种属/模型，且这些动物种属/模型可提供互补的证据，建议采用多种动物种属/模型开展研究。当缺少相关动物种属/模型时，基于细胞和组织的模型（如二维或三维组织模型、类器官和微流体模型等）可能为非临床有效性和安全性的评估提供有用的补充信息。

同源动物模型（即在同一动物种属中使用动物源替代产品来模拟人类细胞产品的

动物模型）可能可以为概念验证提供支持性信息，在无法采用临床拟用产品进行动物试验（应提供依据）的情况下可以考虑采用。然而，由于动物干细胞和人类干细胞之间的差异性，从该模型获得的研究数据在预测人体反应方面存在不确定性，因此对该动物模型中获得的数据应进行谨慎分析。

4. 给药方式/途径

非临床研究中的给药方式/途径应能最大程度模拟临床拟用给药方式/途径。如果在动物试验中采用其他的给药方式/途径，应阐明其科学性和合理性依据。

某些情况下，干细胞产品可能涉及干细胞产品以外的其他材料（如生物材料、细胞支架、特殊给药设备等）的应用，也可能与其他医学干预措施联合使用（如手术、组织提取操作、免疫抑制），这些材料或干预措施可能会与干细胞产品相互作用，且这些材料或干预措施之间也可能发生相互作用。此种情况下，非临床研究应尽可能模拟临床给药方案。

5. 整合试验

基于干细胞产品特点、相关动物种属/模型的可获得性，某些非临床试验可整合在其他试验中进行。例如，如果可行且科学合理，在疾病动物模型的药效学试验中伴随考察毒理学指标，将药代动力学试验整合至药效学试验和/或毒理学试验中。整合试验设计有助于阐明药代动力学、药效、毒性的相关性。

三、基本内容

（一）药理学研究/概念验证

应通过药理学试验阐述干细胞产品的可能作用机制以及在拟定患者人群中使用的生物学合理性。试验设计应考虑干细胞产品的作用机制、给药方式、产品特性和存续时间等因素。

干细胞产品的药理学研究通常包括体外和体内试验。体外试验应对细胞的表型和功能特性进行研究，如细胞增殖能力、分化潜力、分泌能力以及其他生理功能活性等。若涉及基因修饰或其他改造，还应研究这些修饰或改造对细胞生理、行为和功能活性的潜在影响。体内试验应尽可能在与人类疾病相关的疾病动物模型中验证细胞产品可发挥预期的药理学作用。疾病动物模型和主要终点的选择应结合细胞的药理学作用机制和拟用的患者人群综合考虑。对于涉及组织再生/修复的产品，应关注对长期效应的评估。

体外和体内试验应足以全面验证产品的设计理念。

（二）药代动力学研究

干细胞产品的药代动力学研究信息对提示其有效性和安全性至关重要。应参考《细胞治疗产品研究与评价技术指导原则（试行）》中对细胞治疗产品药代动力学的一般要求，采用相关动物种属开展药代动力学试验，以阐明干细胞产品在体内的命运和行为。根据产品特性，检测与药效和毒性相关的药代动力学行为，如生物分布、迁移、定植、增殖、分化、存续性等。疾病动物模型可能对评估干细胞产品的分布特征更有意义，鼓励在药效学试验中伴随生物分布研究。生物分布试验设计时应考虑到干细胞的体内命运是一个多步骤过程，应动态观察干细胞的生物分布特征，可采用的技术方法有影像技术、聚合酶链式反应（polymerase chain reaction，PCR）技术、免疫组化技术、原位杂交技术等，试验设计需要考虑技术方法的适用性和优缺点。

涉及基因修饰的干细胞产品还应参考 ICH S12 指导原则对目的基因的存续、表达（部位、水平、持久性）以及表达产物的生物学活性进行必要的研究。

（三）非临床安全性研究

在制定非临床安全性研究策略时，除参考《细胞治疗产品研究与评价技术指导原则（试行）》中对细胞治疗产品的一般要求外，还应根据每个产品的特点，按照基于风险的原则具体问题具体分析，除参考本指导原则"二、总体考虑"项下"1. 非临床研究考虑因素"小节内容外，还应考虑的因素包括已有的非临床/临床数据、类似产品的有效性和安全性信息等。

1. 安全药理学

干细胞及其分化的功能细胞和/或其分泌的活性物质、处方中非细胞成分等可能会对中枢神经系统、心血管系统、呼吸系统等产生影响。在首次临床试验前，应结合细胞产品的特性、细胞在体内的分布特征评估其对中枢神经系统、心血管系统、呼吸系统的潜在影响。经评估存在安全性担忧时，应考虑进行安全药理学试验，若无法进行，应说明理由。这些试验可结合在一般毒理学试验中，若结合进行，需按安全药理学试验的要求进行设计。在必要时，可能需要开展补充和追加的安全药理学研究。

2. 一般毒理学

一般毒理学试验主要用于评价干细胞产品的全身毒性和局部毒性、急性毒性和长期毒性或延迟毒性、剂量和效应关系等。应基于干细胞产品的生物学特性、可能的风险因素和安全性担忧，采用基于风险、科学导向的灵活设计方案。

2.1 动物种属选择

关于毒理学试验动物种属的选择，应基于干细胞产品的风险大小、相关动物种属/模型的可获得性等因素综合分析，总体目标是尽可能最大程度地阐明干细胞产品的安全性特征，为人体安全性提供有价值的预测信息。在可行的情况下，尽量考虑获得两种相关动物种属的非临床安全性信息；若不可行，需提供不可行的科学合理的依据。在某些情况下，基于品种的特点和对同类品种已有的安全性认识，一种动物种属的毒理学试验可能也是能接受的，但是应提供科学合理性依据。动物种属选择的考虑因素参考本指导原则"二、总体考虑"项下"3. 动物种属/模型选择"的建议。

通常在一般毒性试验开展前，应探索与人体相关的潜在动物种属/模型，基于充分的科学合理的信息，来支持动物种属的选择。

通常采用雌雄两种性别动物进行试验。若采用单性别进行试验，应提供合理性依据。

2.2 分组和剂量设计

通常情况下，一般毒理学试验中的给药剂量应包括多个剂量。合适的剂量间距，有助于评估毒性反应-剂量关系的陡峭程度和Ⅰ期临床剂量递增方案的设计。高剂量一般期望获得明显毒性反应的相关信息，通常为药效学最高剂量的一定倍数或拟推荐临床最高剂量的一定倍数。最高剂量的设置可能会受到动物模型、给药部位容量/大小、给药途径和制剂最高浓度等限制，可选择最大可行剂量作为最高剂量。

需结合处方组成和生产工艺，设置合适的对照组，以帮助确定试验中发现的不良结果是否与受试物相关。

2.3 给药方案

试验中的给药方案应最大程度地模拟临床拟用给药方案，给药途径、给药频率和试验期限应能反映临床使用情况。结合产品的预期存续特点和在动物中的药代动力学特征设置合适的给药次数、给药频率和试验期限，并确保试验中动物暴露于受试物和/或表达产物。

2.4 检测指标

对于在体内可能长期存续发挥作用的产品，建议一般毒理学试验中设置多个剖检时间点，以评估可能的急性期反应和长期存续导致的长期毒性或延迟毒性。除常规观察指标外，还需结合产品特点和风险，选择合适的检测指标。对于系统给药的干细胞产品，应关注异位组织形成的风险。当形成异位组织时，应考虑其类型和发生率、解剖位置和起源。必要时应采用免疫组化等方法对异位组织的细胞来源进行分析评估。

3. 成瘤性和致瘤性

干细胞产品、干细胞产品中残留的未分化细胞或转化细胞可能会存在致癌性风险，致癌性是干细胞产品安全性评价的重点关注内容，但是标准的啮齿类动物致癌性试验不适用于干细胞产品，需采用成瘤性和致瘤性试验评估干细胞产品的致癌性潜力。成瘤性和致瘤性试验应采用临床拟用产品进行试验，不可采用动物源替代产品。

3.1 成瘤性（Tumorigenicity）风险

干细胞产品的成瘤性系指动物接种细胞后由接种细胞本身形成肿瘤的可能性，即接种的细胞自身形成肿瘤的可能性。

干细胞产品的成瘤性风险来源包括但不限于：终产品、终产品中残留的未分化细胞、终产品中其它未知的未分化完全细胞具有较高的增殖和分化能力，在体内可能具有形成肿瘤的风险；基因修饰、长时间体外培养等操作可能导致细胞的基因、表观遗传学改变，使细胞可能具有转化为肿瘤细胞的风险。

干细胞产品的成瘤性风险大小取决于细胞的来源、表型、分化状态、增殖能力、体外培养条件、体外处理方式/程度、注射部位和注射途径等。

多能干细胞（如 iPSCs 和 ESCs）与成体干细胞［如间充质干细胞（mesenchymal stem cells，MSCs）、造血干细胞（hematopoietic stem cells，HSCs）］在肿瘤形成的固有风险方面存在明显差异。正常的成体干细胞通常没有固有的成瘤性，但如果在体外培养过程中发生转化，它们在体内也有可能形成肿瘤。多能干细胞具有形成畸胎瘤的固有特征，当在敏感解剖部位（例如中枢神经系统）形成畸胎瘤时，会引起安全性担忧。未分化的多能干细胞也可能产生恶性畸胎瘤。

3.2 致瘤性（Oncogenicity）风险

干细胞产品的致瘤性系指终产品通过临床拟用途径给予受者（受试者/患者）后，导致受者形成肿瘤的可能性，即终产品促使正常细胞转变为肿瘤细胞的可能性。

3.3 成瘤性和致瘤性非临床研究策略

在开展首次临床试验前，应基于干细胞产品的生物学特性（细胞成瘤的可能性）、体外处理方式/程度（培养传代次数、基因修饰等）、细胞存续特点、临床拟用给药途径等因素，评估干细胞产品的成瘤性和/或致瘤性风险。

目前评价干细胞产品成瘤性的体外试验包括但不限于：核型分析（用于评估遗传稳定性）、软琼脂克隆形成试验（用于检测转化细胞）、端粒酶活性检测（用于评估端粒酶活性水平）、数字 PCR（用于检测未分化的 iPSCs 或 ESCs）等。可根据产品特点选择合适的体外试验方法。

动物成瘤性和致瘤性试验是干细胞产品致癌性潜力评估的重要内容，但是应认识到其在相关动物模型选择及临床预测价值方面尚存在局限性。设计体内成瘤性和致瘤性试验时，干细胞产品应能在所选择的动物模型中存活足够长的时间以评价肿瘤形成的潜力，因此试验中需伴随评估植入细胞的存续情况。试验应设计合适的对照（如未分化细胞、部分分化细胞或阳性对照、溶媒对照等）以确立实验系统的敏感性和可靠性；设置合适的动物数量，使得足以对结果进行科学分析；应包含一个最大可行剂量；应至少包含临床拟用给药途径，以确保可将细胞产品递送到临床拟用靶部位（除下文所述在有合理依据时体内成瘤性试验可采用敏感给药途径外）；试验期限应足以观察到肿瘤形成。（注释1）

对于成瘤性和致瘤性风险较低的成体干细胞产品，通常应在首次临床试验前至少完成体外成瘤性评价；对于拟用于非晚期肿瘤适应症且风险较低的干细胞产品，通常在上市前完成体内成瘤性和/或致瘤性试验。

对于成瘤性和/或致瘤性风险较高的干细胞产品（例如多能干细胞产品、其他分化程度较低的干细胞产品、药学和/或已有非临床研究提示风险较高的产品等），在首次临床试验前，应完成体外成瘤性评价、临床给药途径或敏感给药途径（如皮下注射、睾丸注射、肌腱注射、脊髓内注射等，应有合理依据）的体内成瘤性试验；若成瘤性试验出现阳性结果，或者一般毒理学试验中发现受者来源的癌前病变、可疑癌变等，首次临床试验前还应完成临床给药途径的致瘤性试验。若成瘤性试验结果为阴性，上市前完成临床给药途径的致瘤性试验。

当在动物成瘤性和/或致瘤性试验中观察到肿瘤发生时，需进行肿瘤细胞的种属来源分析，以明确其来自于接种的干细胞产品还是来自于受者，分析属于成瘤性还是致瘤性。

考虑到非临床评价方法在预测干细胞产品成瘤性和致瘤性风险方面的局限性，需在临床试验中对受试者进行长期随访，关注肿瘤形成风险。

对于拟用于肿瘤患者的人源干细胞产品，建议结合产品特性评估促进肿瘤进展的风险，必要时开展促瘤性试验。

4. 免疫毒性和免疫原性

干细胞产品需关注其诱导产生的免疫毒性，需采用合适的方法开展免疫毒性研究。

在非临床研究阶段，可根据产品的特性和风险评估考虑是否开展干细胞产品的免疫原性研究。对于涉及基因修饰的干细胞产品，其表达的蛋白质与天然产物相比结构可能发生改变，或基因修饰可能产生非预期的肽/蛋白质等，需评价免疫原性。可开展免疫原性发生机制/影响因素相关的体外研究，尤其当体内免疫原性研究无法开展时（注释2）。

5. 遗传毒性

干细胞产品通常不需要进行标准组合的遗传毒性试验。如果终产品中的非细胞成分与DNA或其他遗传物质存在直接的相互作用，需评估其遗传毒性风险，必要时开展试验。

对于涉及基因修饰的干细胞产品，需参考《基因修饰细胞治疗产品非临床研究技术指导原则（试行）》进行基因插入突变、基因编辑脱靶等风险评估。

6. 生殖毒性

干细胞产品应根据产品的特性、作用机制、临床适应症和临床拟用人群、一般毒理学试验中的发现、生物分布特征等信息评估潜在的生殖和发育毒性风险。干细胞产品生殖毒性试验的研究策略和风险评估可参考相关指导原则。

7. 制剂安全性

应根据干细胞产品的特点与临床应用情况考虑开展终产品制剂的刺激性、溶血性试验。

8. 其他

目前，干细胞产品的细胞来源、生产工艺、适应症定位、临床应用情况等方面存在较大的多样性，必要时，应基于产品特点及风险考虑开展或追加其他试验。

四、注释

注释1：对于干细胞产品的成瘤性和致瘤性试验，目前尚无国际公认的试验方法，尚需不断积累经验。但是，成瘤性和致瘤性试验的目的是为了提示干细胞产品的致癌性潜力，试验设计应达到能够敏感地检测到潜在的成瘤性和致瘤性的目标。关于成瘤性、致瘤性试验的试验期限，基于试验目的、动物模型寿命、不同给药途径下肿瘤发生的敏感程度等因素考虑，基于现有的认知，建议静脉给药途径的成瘤性和致瘤性试验的观察期限不短于 6 个月，若采用敏感的其他给药途径进行成瘤性试验，建议观察期限不短于 4 个月；但在可行的情况下延长观察期限可能更有利于成瘤性和致瘤性评价。

注释 2：非临床免疫原性研究通常指体内研究，如采用免疫功能正常的动物给予干细胞产品后检测免疫原性，通常可伴随在一般毒理学试验中开展。针对干细胞产品，有文献报道与免疫原性发生机制/影响因素有关的体外研究方法，例如检测干细胞表面的 MHC Ⅰ 类和 MCH Ⅱ 类分子、共刺激分子的表达情况，混合淋巴细胞共培养试验等，这些试验对预测和评估人体免疫原性风险也有一定参考价值。但是，这些方法尚处于研究中，尚未形成公认的方法，需继续积累经验。

五、参考文献

［1］ NMPA. 细胞治疗产品研究与评价技术指导原则（试行）. 2017 年.

［2］ NMPA. 人源干细胞产品药学研究与评价技术指导原则（试行）. 2023.

［3］ NMPA. 基因修饰细胞治疗产品非临床研究技术指导原则（试行）. 2021.

［4］ ISSCR. ISSCR Guidelines for stem cell research and clinical translation. 2021.

［5］ EMA. Reflection paper on stem cell-based medicinal products. 2011.

［6］ ICH. M3（R2）：Guidance on nonclinical safety studies for the conduct of human clinical trials and marketing authorization for pharmaceuticals. 2009.

［7］ ICH. S12：Nonclinical biodistribution considerations for gene therapy products. 2023.

［8］ FDA. Preclinical assessment of investigational cellular and gene therapy products. 2013.

［9］ EMA. Guideline on quality, non-clinical and clinical aspects of medicinal products containing genetically modified cells. 2021.

［10］ EMA. Guideline on human cell-based medicinal products. 2008.

［11］ ICH. S5（R3）：Detection of reproductive and developmental toxicity for human pharmaceuticals. 2020.

［12］ ICH. S6（R1）：Preclinical safety evaluation of biotechnology-derived pharmaceuticals. 2011.

［13］ WHO. Recommendations for the evaluation of animal cell cultures as substrates for the manufacture of biological medicinal products and for the characterization of cell banks（R）. 2018.

人体细胞治疗研究和制剂质量控制技术指导原则

（国家药品监督管理局 2023 年 3 月 20 日公布）

一、序言

体细胞治疗是指应用人的自体、同种异体或异种（非人体）的体细胞，经体外操作后回输（或植入）人体的治疗方法。这种体外操作包括细胞在体外的传代、扩增、筛选以及药物或其他能改变细胞生物学行为的处理。经过体外操作后的体细胞可用于疾病的治疗，也可用于疾病的诊断或预防。体细胞治疗具有多种不同的类型，包括体内回输体外激活的单个核白细胞如淋巴因子激活的杀伤细胞（LAK）、肿瘤浸润性淋巴细胞（TIL）、单核细胞、巨噬细胞或体外致敏的杀伤细胞（IVS）等等；体内移植体外加工过的骨髓细胞或造血干细胞；体内接种体外处理过的肿瘤细胞（瘤苗）；体内植入经体外操作过的细胞群如肝细胞、肌细胞、胰岛细胞、软骨细胞等等。

由于体细胞治疗的最终制品不是某一种单一物质而是一类具有生物学效应的细胞，其制备技术和应用方案具有多样性、复杂性和特殊性，因此不能象一般生物制品那样制订出适合于每一种方案的具体标准，本指导原则只提出一个共同的原则，具体的申报资料和应用方案应根据本技术指导原则加以准备、申请和实施。对每个方案的整个操作过程和最终制品必须制定并严格执行（实施）标准操作程序，以确保体细胞治疗的安全、有效。

二、申报资料

（一）体细胞治疗制剂的名称、选题目的与依据、国内外研究现状或生产使用情况

1. 申请表
2. 体细胞治疗制剂的名称及命名依据
3. 选题的目的和立题依据
4. 国内外有关该制剂的研究现状、生产及临床应用情况（包括专利查询情况）
5. 临床应用的风险性评估

（二）体细胞的采集、分离和检定

1. 体细胞类型和供体的情况

（1）体细胞类型

须指出细胞来源是属于自体、同种异体、异种还是细胞系。必须提供细胞的组织来源及细胞类别的确证资料，其中包括形态生化或表面标志等。

（2）供体

若体细胞来源于同种异体，需说明供体的年龄、性别，供体必须符合国家对献血员的要求，并提供测试的方法及符合条件的依据。供体必须经过检验证明 HBV 抗原、抗 HCV、抗 HIV-1/2、梅毒抗体、细菌、霉菌均为阴性，必要时需说明供体的既往病史、家族史等临床资料。对于那些需通过激活体内免疫功能发挥作用或需体细胞在体内长期存活的体细胞治疗项目，除 ABO 血型外，还必须对供体做 HLA-I 类和 II 类分型检查，并证明与受体（病人）相匹配，同时提供检测方法和依据。

若体细胞来源于动物，必须提供动物的来源，遗传背景，健康证明（如重要病原体，包括人畜共患疾病的病原体），饲养条件，应用此类体细胞的必要性和安全性。

（3）细胞系

若采用细胞系进行体细胞治疗，应按国家相关规定进行主细胞库、种子细胞库及生产细胞库三级细胞库的建立及管理。应详细记述细胞的来源、鉴别标志、保存、预计使用寿命，在保存和复苏条件下稳定性的依据。生产细胞库不应含有可能的致癌因子，不应含有感染性外源因子，如细菌、霉菌、支原体及病毒。

2. 体细胞的采集

应对采集体细胞的技术方法的安全性、可行性、稳定性进行充分论证，应提供体细胞采集技术的标准操作程序，应说明采集体细胞的地址/环境，所用的设备和设施、保存和运输的环节和条件，预防微生物及病毒等有害因子污染的方法，预防共用设备和设施可能带来的交叉污染等措施。

3. 体细胞的分离

应详细规定分离体细胞用的方法、材料及设备，应提供在此过程中所用的各种材料的资料，如果是购买的原材料，应有供应商/制造商提供的产品说明及分析合格证明。当应用单克隆抗体进行有关操作时，应参照国家药品管理当局有关规定进行。

4. 体细胞的检定

在体细胞采集及分离过程中的适当阶段，应对体细胞进行质控检定，包括采集与分离体细胞的收率、存活率、纯度、均一性等。应详细说明检定体细胞所用的方法、材料及设备，并制定合格标准。

（三）体细胞的体外操作

1. 培养基

（1）所有成分应有足够纯度（例如水应符合注射用水标准），残留的培养基或受者不应有明显影响。每个培养细胞的部门应保证所用的各种成分的质量都经过鉴定，并制定标准规格。若用商业来源的培养基，应由厂商提供全部培养基成分资料。

（2）血清的使用

除能证明体细胞培养或激活需要血清外，应避免使用任何血清。不得使用同种异体人血清或血浆。

如必须使用动物血清，应考虑每批血清都应对潜在的外源因子（包括人的病原体）进行检查、筛选。例如，牛血清应进行病毒和支原体污染的检查筛选等。

（3）人血液成份的应用

若培养基中含有人的血液成份，如白蛋白及转铁蛋白，应说明其来源、批号、质量检定合格报告，应尽可能用已批准上市的产品。

（4）条件培养基的应用

在体细胞培养中使用细胞培养来源的条件培养基时，有可能增加了制剂的危险性及降低产品的一致性。因此，尽可能确定条件培养基的必要成份，以及尝试用确定的试剂取代条件培养基。在应用条件培养基时应考虑以下几点：

①应详细提供条件培养基的来源、加工及使用说明。

②当用供者（人）细胞制备条件培养基时，应对供者按献血员标准进行传染因子的检查。

③当用自体细胞制备条件培养基时，应减少传播病毒性疾病的危险，病毒在体外扩增的能力亦应考虑。

（5）抗生素的应用

培养基中尽量避免使用内酰胺类抗生素。若采用青霉素类抗生素，应做青霉素皮试，该细胞制剂应标明加用的抗生素，并不得用于已知对该药过敏的患者。另外，应做不加抗生素的培养对照，以证明能够保持无菌。

（6）其他成份

应充分说明体细胞培养和激活时所采用的有丝分裂原、抗体、细胞因子、化学物质，以及培养物。应尽可能采用国家批准临床应用的产品。如上述成份的生产厂家已获国家批准临床应用，可以引用该批件。如上述成份的生产厂家未获国家批准临床应用，应参照国家对相应产品的质控要点，提供质量标准，并对每批产品提供详尽的质量检定报告。

（7）培养基的检定

对每批制成的培养基（例如已加入血清及生长添加物等）应进行无菌试验，以及对拟给病人用的体外培养细胞的激活及/或支持生长试验。

2. 生产过程

生产部门对制备工艺流程应有详细的标准操作程序和适时修订的程序。收获时应保留细胞及培养基样品，供检定用。若细胞培养技术有改进，则应评估对细胞得率、生物学效应、均一性及纯度的影响。

应叙述保证细胞批同一性和防止交叉污染的质量控制系统，以及适用于长期培养时定期进行的和在体外培养后输注前对所有培养物进行的质量控制系统。

3. 质量控制

应对所有成份分离、培养及最后处理细胞所用的器具进行质量控制。各种成份都应进行同一性及污染物检查。有生物活性的成份还应进行功能检定。批记录应予保存，该记录应反映制备每批体细胞的所有步骤，记载每一成份的批号及所有检定结果。

（四）体细胞制剂的检定与质量控制

各批体细胞的检定包括为验证操作过程对最初数批体细胞所进行的检定及在操作过程做任何改变后进行的检定，以及确定安全性和生物学效应等对每批体细胞所进行的检定，应依据实施方案制定合格标准。

1. 每批体细胞的检定

（1）得率及存活率：于回输前应进行体细胞得率及存活率检定。

（2）每批细胞来源的确认：应注明供者的来源并加以标记或确定批号。

（3）无菌试验：每批培养的体细胞在患者输注前均应进行无菌试验。建议在培养开始后 3~4 天起每间隔一定时间取培养液样品，包括患者回输前 24 小时取样，按现行版《中国药典》生物制品无菌试验规程进行。在患者使用前，取培养液及/或沉淀物用丫啶橙染色或革兰染色，追加一次污染检测。

进行长期培养的体细胞，应进行支原体检查。对大多数自体体细胞产品而言，有效期很短，因此有些试验（如支原体检测）可能对制品的应用来说耗时太长，但每批制品的留样检测是必需的，其结果可以为制品的质量控制提供完整资料。虽然单个病人应用的体细胞不会等到检测完成后再回输，但是如果留样发现阳性结果或发现几次阳性结果后，应及时对生产过程进行检查。如果在体细胞制备的早期发现有污染的情况，应终止该批体细胞制品的继续制备。如果某些检测结果在制品应用时还无结果，应说明可获得结果的时间。

（4）体细胞的纯度与均一性

在体细胞回输前，应证明其纯度和均一性已达到可应用水平。对于经过数代培养的体细胞应进行细胞的鉴定及无污染检查，以保证未被其他类型细胞污染或取代。

对于体细胞体外操作中所用的非人用成份应测定其成品中的含量，并制定相应的限量指标。

（5）生物学效应

如有可能，应尽量检测每批体细胞的生物学效应，例如体细胞具有的某种生物学功能，分泌某种产物的能力，表达某种标志的水平等。

2. 体细胞制剂的检定（申报临床前完成）

检定项目：

（1）体细胞制品的得率和存活率；

（2）体细胞制品的纯度和均一性或特征性表面标志；

（3）体细胞制品的生物学效应；

（4）体细胞制品外源因子的检测包括：

· 细菌

· 真菌

· 支原体

· 病毒

· 内毒素

（5）体细胞制品其他添加成份残余量的检测（如牛血清蛋白、抗体、血清、抗生素、固相微粒等）。

3. 体细胞制剂的制造及检定过程，及原始记录和中国药品生物制品检定所的复核检定报告。

4. 体细胞制剂的稳定性

根据稳定性的实验结果确定有效期，说明体细胞制剂的保存条件、保存液的成份与配方。如果体细胞在处理之前、处理当中或处理之后需由一地运到另一地，应说明运输条件对保存体细胞存活率和功能的影响，应确保运输过程中体细胞制品达至上述检定标准。应提供运输容器能适用运输材料的合格证明。若体细胞制品经冻存后继续用于病人。应在冻融或再扩增后进行上述检定，达到检定标准。

（五）体细胞治疗的临床前试验

1. 安全性评价

（1）生长因子依赖性细胞，对其生长行为必须予以监测，若某细胞株在传代过程中失去对该生长因子的依赖，不能再予以使用。

（2）对同种异体细胞的移植，必须从免疫学方面提供其安全性依据。

（3）对异种细胞，必须提供该种细胞在体内存活的时间及安全性的依据。

（4）毒性试验

尽可能模拟临床回输方式，高于临床用量的相同组织类型的动物体细胞制品回输入动物体内，观察其毒性反应、过敏反应、局部刺激反应。对特殊来源的体细胞，按具体情况制定毒性反应的评价方法。

（5）致癌试验

对于某些长期培养的体细胞，应进行致癌性试验。

①体外试验：软琼脂克隆形成试验

②体内试验：采用裸鼠试验，按国家药品管理当局有关细胞株检定和质量控制要求进行，应证明经体外处理后已失去生长和增殖能力。

（6）对于体细胞终制品所用的附加物，应视为体细胞制品的一部分，应做动物毒性试验。

2. 有效性评价

（1）体细胞的表型

应提供该类体细胞的形态学、表面标志等，该体细胞应具有预期的功能如分泌某种产物（或因子），可通过体外试验加以检测。

（2）体外试验

检测体细胞制品的生物学效应如细胞毒效应、免疫诱导/增强或抑制效应、造血细胞增殖能力等。

（3）体内试验

如果有可能以动物模型来进行，临床前试验应测定体细胞制品在体内生物学功能及其治疗效果。

若某种体细胞治疗方法，因种属特异性等原因无法用动物模型体内试验来证实其有效性，应做特别说明，并提供和引证有效性的其它依据。

（六）体细胞治疗临床试验方案

1. 临床试验方案除参照国家有关临床研究的规定外，必须包括所选用的病种、病人的年龄范围、性别、疾病的发展阶段（临床分期）、试用的病例数、事前制定病例选择与淘汰的标准。

2. 给药的方式、剂量、时间及疗程。如果通过特殊的手术条件导入治疗制品，必须提供详细的操作过程。

3. 评估疗效的客观标准，包括临床指和实验室检测项目。

4. 评估毒副作用及其程度的标准及终止治疗的标准、以及监控毒副作用必须的临床与实验室检测的项目。

（七）研制及试用单位及负责人资格认证

提供研究与临床单位的全部主要研究人员和临床工作人员（包括负责医师、护士和实验室操作人员）的工作简历及从事与实施该项体细胞治疗方案有关的经验。提供研究单位从事符合 GMP 生产临床制品的条件和证明以及临床单位实施该方案的医疗条件。

（八）体细胞治疗伦理学考虑

详细要求参见国家药品监督管理局颁发的 GCP 有关规定。

自体 CAR-T 细胞治疗产品药学变更研究的问题与解答

（国家药品监督管理局药品审评中心 2023 年 11 月 16 日公布）

目　　录

一、概述

　　近年来，中国自体 CAR-T 细胞治疗产品（以下简称 CAR-T 产品）的申报量增加，不同阶段的临床试验在全面开展，多个产品不同适应症在中国批准上市。该领域技术迭代速度快，生产工艺、检测方法以及临床试验设计和实施与传统生物制品不同，业界对产品工艺和质量等方面的理解仍处于逐步加深过程中，因此临床试验期间和上市后常出现工艺优化等各个方面的药学变更。其中，生产场地新增/转移，基因修饰系统工艺变更，生产用原材料更新换代以及分析方法的优化等是常见的变更事项。自体 CAR-T 产品为个性化治疗产品，生产用原材料种类多，供者细胞采集、CAR-T 细胞生产、检验、保存、运输和回输过程复杂，起始原材料、工艺和质量的变异性大，每批细胞产量有限，质量管理体系特殊，变更研究的设计和实施存在较大挑战。

技术指南方面，CAR-T 产品上市后药学变更研究总体可参照 ICH Q5E 和我国 2021 年发布的《已上市生物制品药学变更研究技术指导原则（试行）》的基本理念和要求[1-2]。以上两个指南提供了蛋白、多肽及其衍生物等药学变更可比性研究的技术要求，CAR-T 产品生产使用的病毒载体和重组蛋白等原材料方面的变更研究，如适用，可适当参考。但考虑到自体 CAR-T 产品的特殊性，这些指南中具体的变更技术要求可能不完全适用。欧盟药品监督管理局（European Medicines Agency，EMA）在 2019 年 12 月发布的问题和解答文件中撰写了先进治疗产品可比性研究的考虑[3]。2022 年，中国药品监督管理局（National Medcial Products Administration，NMPA）在相关文件中提及了细胞治疗产品药学变更研究的一般原则[4]，然而未对具体的药学变更事项发布对应技术要求。2023 年 7 月，美国食品药品监督管理局（US Food and Drug Administration，US FDA）发布了相关研究的技术指南，尚处于征求意见阶段[5]。

因此，在遵循生物制品药学变更研究一般规律的基础上，需充分考虑自体 CAR-T 类产品的特殊性进行相应的药学变更研究。本文结合现阶段对自体 CAR-T 产品的科学认知和审评经验，对临床试验至上市后阶段的自体 CAR-T 产品申报和沟通交流中常见的药学变更问题进行了答复，供申请人/持有人参考。本文件仅反映当前对自体 CAR-T 产品药学变更研究的监管考虑，随着科学技术的发展和 CAR-T 产品监管经验的逐步积累，相关内容将不断完善和更新。

本文主要适用于自体 CAR-T 产品，其他细胞治疗产品的药学变更研究，例如 TCR-T 细胞、TIL 细胞、成体干细胞等产品，如经评估适用，也可以参考。

二、常见问题与技术要求

1、药学变更一般原则

问题：对于 CAR-T 类细胞治疗产品的药学变更，有哪些研究设计的一般原则？

答复：

申请人/持有人是变更管理的责任主体，对变更研究及研究结果的评估负责。鼓励申请人/持有人通过工艺优化持续提高产品的质量和安全性，同时证明变更不对产品产生任何不良影响。

（1）变更计划

考虑到 CAR-T 产品技术迭代和研发流程的特点，鼓励申请人/持有人基于"质量源于设计"的研发理念，探索 CAR-T 产品生产模式、生产用物料和生产工艺等各个药学方面对产品质量和安全性的影响。在研发阶段研究并逐步明确 CAR-T 产品的关键质量属性，有利于更深入地理解产品质量属性与临床安全性、有效性的相关性，也有利于评估变更对产品质量的可能影响。

工艺优化过程中，鼓励申请人/持有人采用安全性级别更高的原材料和更安全的基因修饰系统，开发封闭或半封闭的制备工艺，提高质量标准，优化分析方法等。基于CAR-T产品的特殊性和变更研究的复杂性，建议在研发期间提早制定CAR-T产品变更研究的研发计划和策略，减少非预期变更对产品研发进程的影响。随着研发数据的不断积累，持续修订和完善变更研究计划。在产品批准上市后，建议基于科学的风险评估，合理拟定变更计划。对于上市后的频繁变更，建议及时与监管机构沟通相关研究与补充申报策略。

（2）基于风险的变更研究设计原则

建议申请人/持有人基于研发阶段、变更事项等情况，进行变更风险分析，科学设计相应的变更研究方案。

研发期间，变更可比性研究的程度一般随着临床研究的推进而不断加强。通常，由于早期临床阶段的生产工艺处于不断优化过程中，该阶段发生的药学变更，可结合临床试验进展重点关注安全性风险，适当进行有效性评估，基于风险程度设计变更研究方案。考虑到CAR-T产品的工艺特点、自体产品的变异性和现有科学认知的局限性等方面，原则上，应在确证性临床试验阶段开始前完成重大药学变更，锁定生产工艺，使确证性临床试验阶段的场地、产能、工艺、物料、检测、质量等方面与商业化生产密切衔接。一般不建议在确证性临床完成后实施药学重大变更，如有充分理由确需发生，应开展充分的可比性研究，并鼓励与监管机构进行沟通交流。

变更事项方面，终产品的质量与供者细胞采集、CAR元件的设计、生产用原材料、体外操作复杂程度、生产模式、运输贮藏条件、检验方法等方面的变化密不可分，不同类型和程度的变更对CAR-T产品质量的影响存在较大差异。一般地，变更程度越高，变更事项越复杂，对产品安全性、有效性的影响可能更大，风险可能更高。例如，关键原材料改变（如基因修饰系统工艺变更）、重要细胞培养操作的改变等可能显著影响CAR-T产品的质量。当多个较低风险的变更事项关联时，可能导致整体变更的风险提升，建议关注多项关联变更对产品质量产生的叠加影响。因此，变更研究设计时应遵循具体情况具体分析的原则，基于科学评估综合分析变更的潜在风险因素和关联影响。

变更可比性研究是递进式的研究，目前CAR-T产品的关键质量属性仍在不断完善中，其与体内安全性和有效性之间的相关性尚需积累更多研究数据。当药学可比性研究数据显示变更前、后产品的质量属性存在差异，且基于现有科学认知认为该差异可能对产品安全性、有效性有潜在影响，或者评估认为药学变更存在较大风险或不确定性时，不论是在临床试验阶段还是产品上市后，都可能需要进行非临床试验和/或临床的桥接研究。

2、变更研究的特殊性

问题：自体CAR-T产品的药学变更研究中，有哪些方面与传统生物制品不同？

答复：

CAR-T 产品在生产用物料、生产工艺、质量研究等方面的药学变更研究存在特殊性，并且，CAR-T 产品为活细胞产品，性质结构复杂且研究积累经验有限，变更研究的风险和挑战较大。

（1）生产用物料方面，自体 CAR-T 产品是个体化细胞治疗产品，起始细胞来自不同供者，且存在医疗机构端供者细胞采集过程，不同供者细胞的组成、扩增能力和其他质量属性均有差异。供者细胞采集和处理过程相关的变更研究可能使用不同供者的样品，供者细胞的个体差异使得变更研究相对复杂。另外，其他生产用原材料成分多样，磁珠、培养基等关键原材料的变更对于细胞终产品的组成和生物学活性等方面可能存在显著的影响。变更研究中除开展原材料本身的工艺、质量等变更可比性研究外，还需要关注原材料对 CAR-T 产品的影响。

（2）生产工艺方面，CAR-T 产品的生产可能存在不同生产模式。CAR-T 产品生产厂房设计特殊，存在按工艺步骤或按批次划分生产区域等不同的情形。产能扩大策略也包括增加批生产量（scaleup）和增加生产批次但保持生产工艺、批生产量不变（scale-out）等不同情况。生产过程涉及细胞的体外基因修饰操作，工艺步骤中缺少病毒去除/灭活步骤，而且工艺步骤较多，生产时间相对较长，产品外源因子污染的风险相对较高。随着技术的发展，新型的基因修饰系统及修饰工艺逐渐应用于 CAR-T 制备，细胞培养环节常见自动化生产设备和新型在线过程控制分析技术的应用。上述先进生产模式和技术的应用在变更研究中可能引入较多未知的风险因素，也为变更可比性研究的设计和实施带来较大挑战。

（3）质量研究和分析方法方面，CAR-T 产品细胞组成复杂，表征研究中常涉及对不同亚型、活性和代谢状态的细胞亚群等的质量分析，产品相关杂质分析涉及目的细胞群和非目的细胞群的研究和界定等。考虑到起始细胞为自体来源，不同供者经历的放化疗治疗手段等和自身响应程度各有不同，供者之间 T 细胞的亚群组成、分化状态和功能等也存在差异，且细胞数量有限，获得足够的代表性样品用于可比性研究较为挑战。另外，由于 CAR-T 产品作用机制复杂，建立可精确反映作用机制的稳定的生物学活性分析方法仍存在困难。此外，表面标志物的多样性和方法的变异性也提高了质量比较和结果判读的难度。

（4）数据收集与分析方面，现阶段 CAR-T 产品相关科学研究不断进展，建议申请人/持有人持续收集变更后的数据，对变更研究的内容、方法、结果等进行回顾性分析，进一步确认变更对产品质量的影响，加深对产品质量属性的认知，有利于更好地进行质量和风险控制。

因此，CAR-T 产品变更研究需要对细胞生产过程中的各种变量有深刻的理解和合理的控制，同时需要关注质量管理体系对风险控制和质量控制的有效性。需重点关注的内容包括供者细胞采集和运输过程，原材料审计和质量控制，生产厂房、公共设施、工艺路线的设计与验证，混淆、污染及交叉污染防控的策略，质量分析方法的适用性和精准度，以及生产、检验人员与产能的匹配性等多个方面。

3、变更可比性研究方案

问题：如何设计自体 CAR-T 产品药学变更可比性研究方案？

答复：

CAR-T 产品可比性研究可采用两种策略：变更前后批次的头对头对比分析（head-to-head or side-by-side comparison）和变更后批次与变更前历史批次数据的对比分析。考虑到工艺和质量分析等的变异性，如条件允许，建议申请人/持有人优先采用头对头的可比性分析策略。同时，辅以与历史批次的数据对比分析，包括评估分析方法、生产用物料、生产操作人员、生产设备等方面的差异对可比性分析的影响。

变更可比性研究包括研究样品的选择，研究方案的设计和可比性验收标准的制定等方面。研究样品方面，建议结合 CAR-T 产品特点和具体变更事项，选择代表性样品进行可比性研究。考虑到自体产品的个体差异，建议根据研究阶段、变更事项和所用统计方法等具体情况，充分评估可比性研究样品的选择合理性。选择研究样品时建议考虑患者来源细胞与健康供者细胞的差异。考虑到一些情况下健康供者细胞不能准确体现变更对患者来源细胞的影响，建议细胞数量充足时，优先采用患者来源细胞进行研究。如果采用健康供者细胞进行研究，建议结合对健康供者和患者细胞生产过程中的参数控制、过程样品检测、产品质量属性数据等进行总结和比较，说明工艺的稳健性及健康供者细胞的代表性。为减少供者细胞的变异性对可比性研究的影响，建议将同一供者单采血细胞一分为二后分别生产，开展配对可比性研究（split-based approach）。对于涉及质量标准的变更，标准制修订时建议主要参考患者来源细胞产品相关数据，谨慎使用健康供者样品来源的数据。

可比性研究方案可包括工艺可比性、表征特性、产品质量可比性和稳定性可比性分析等。对于涉及工艺的变更，建议进行工艺参数和过程控制参数的比对。可在关键生产阶段设置留样节点进行变更前后可比性分析。例如，可以收集不同步骤对应的细胞培养物，进行细胞生长、活率等指标的对比分析。质量可比性分析方面，建议在质量标准研究项目的比对分析基础上，进行扩展的质量属性（如细胞表型等）的比对分析。稳定性对比研究方面，建议根据变更事项进行评估，开展代表性批次长期、加速（如适用）、偏离预期贮藏运输（如适用）和临床使用等条件下的比对分析，分析时选择敏感的指标，特别是经评估有潜在影响的指标。

可比性验收标准制定时，可以结合研究阶段、样本量等的具体情况，考虑采用变更前的工艺研究批次、临床试验批次等历史批次的数据（包括最大值、最小值、平均值、中位数等）进行分析。采用统计学方法计算可验收标准范围时，应说明统计学方法的合理性。数据收集方面，建议尽可能收集变更前多个批次（检测结果符合拟定质量标准）的数据，避免选择性挑取批次。数据分析时建议综合考虑样品来源（患者、健康供者）及变更分组等具体情况对验收标准制定和可比性结果判断的影响。

由于不同阶段及不同变更事项的风险存在差异，针对具体问题的可比性研究内容，建议申请人/持有人与监管机构沟通交流。现阶段 CAR-T 产品的质量属性与安全性及有效性之间的关系仍未充分建立，如果变更风险较高，或对产品质量影响存在不确定性，或者变更后产品的质量属性与变更前产品存在差异，经评估对产品安全性、有效性有潜在影响时，可能需要进行非临床和/或临床桥接研究。例如，可以开展变更前、后样品的体内外活性比较，评估变更对产品体内存续时间和分布行为、分化状态的影响，以及对系统毒性的影响等。

4、生产场地、生产线（生产模块）、生产频次的变更（工艺不变）

问题（1）：生产场地、生产线发生"镜像"增加，但生产工艺、批次规模等均不改变，应如何开展变更相关研究？

答复：

如发生生产场地、生产线的"镜像"增加，首先，新增的生产场地需符合现行的药品生产质量管理规范的要求。在厂房布局、质量管理体系不变的前提下，需充分评估新增生产场地或生产线后的生产环境、公共设施、生产人员、分析检测人员及设备等是否满足生产的需求。场地变更后需在新的生产厂房进行无菌工艺模拟验证，并根据生产模式，设计合理批次的生产研究，确认或/和验证其是否可正常运行并稳健地生产出质量符合标准的样品。同时，对场地变更前后的样品开展充分的可比性研究，具体参考本文问题 1、3。

此外，根据产品所处阶段合理开展产能验证研究。验证条件应根据产品生产模式、厂房布局和工艺特点，尽可能模拟扩大产能后不同生产区域或操作间同时段的相同或不同工序的最差生产条件（建议重点关注人员干预多、混淆风险大、产品暴露或复杂工序等操作步骤）。考虑到不同产品的生产模式存在差异，建议申请人/持有人开展研究前与监管机构进行沟通交流。

问题（2）：对于生产工艺、生产场地、生产线不发生变更，仅通过增加生产频次以扩大产能的情况，应如何开展变更相关研究？

答复：

如通过生产频次改变以增加产能，而生产设备、工艺和人员等未发生变更，申请人/持有人需首先结合生产经验和工艺特点等评估生产频次变更的合理性以及增加生产频次可能引入的风险。评估时建议分析既往生产偏差是否与生产频次相关，如有，需进行相应的整改和优化。重点评估生产环境、公共设施、生产人员、分析检测人员及设备、清场/清洁/消毒（或灭菌）程序等，以及其他辅助功能的适配性，并结合生产经验、历史数据以及无菌工艺模拟验证等综合分析，拟定产能验证方案，开展产能确认研究。以产能确认研究的生产频次为基础，结合厂房布局和工艺特点等，充分评估最差排产情况和极端条件下生产人员、QC 检测能力、设施设备等实际情况，综合拟定产能。另外，建议重点关注复杂操作步骤等在相同生产区域或操作间的同时段生产过程中出现混淆、污染、交叉污染等的风险。考虑到不同产品的生产模式存在差异，建议申请人/持有人开展研究前与监管机构进行沟通交流。

5、生产场地、生产线的变更（工艺改变）

问题：在生产场地、生产线变更的同时变更生产工艺，如改变细胞培养操作，改变培养基组分等，应如何开展可比性研究？

答复：

这类变更可能对产品的质量有较大的影响，鼓励申请人/持有人进行全面的可比性研究，通过工艺优化提高产品质量和安全性，同时合理安排变更计划，积累工艺和产品相关知识，深入探索工艺变更对 CAR-T 产品质量的影响。

场地变更如伴随工艺改变，建议结合产品研发阶段、场地变更前生产和临床使用等情况，基于变更事项对产品安全性、有效性等影响的程度进行评估，参考本文问题 1、3 开展相应可比性研究。对于变更工艺步骤，建议开展针对性的取样检验和研究。例如可以增加连续取样频次，基于对工艺过程的理解，开展适宜的工艺性能监测。也可以通过开展扩展的检验分析或采用更精确的检验方法，细化对变更后中间产物和产品的质量属性的研究，以加强对生产过程的风险管控等。对于变更生产用原材料，请参考问题 6、7 开展变更研究。研究时建议纳入多个代表性批次，关注对比项目的全面性、预设可比性验收标准的合理性、检测方法的有效性和检测结果分析的客观性等。研究结果应证明变更后的工艺能稳健地生产出符合质量标准的 CAR-T 产品。

6、基因修饰系统变更

本文涉及的基因修饰系统变更，是指在不改变基因修饰系统类型的情况下（例如不改变慢病毒载体的病毒结构和生物特性），其生产用原材料、生产工艺、质量标准等方面改变的情形。

由于不同类型基因修饰系统的药学研究存在较大差异，建议就具体变更情况与药审中心开展沟通交流。

问题（1）：慢病毒载体工艺变更如何开展可比性研究？

答复：

采用病毒载体对 T 细胞进行基因修饰是 CAR-T 产品生产的重要步骤。对于病毒载体变更，需评估其生产用原材料、生产工艺、质量属性、稳定性等方面的变化。建议根据变更内容开展风险评估，设计研究方案。如变更的风险较高，建议开展完整的病毒载体工艺、质量和稳定性可比性研究。如经评估病毒载体工艺变更可能影响 CAR-T 细胞的安全性和有效性时，需开展病毒载体可比性研究和 CAR-T 细胞可比性研究。

对于采用质粒瞬转工艺制备病毒载体的情况，质粒变更研究相关技术要求见问题 6、（2）。

病毒载体质量可比性研究除了放行检测项目的对比外，还需要结合变更事项（包括质粒、宿主细胞等）进行风险综合分析，必要时开展扩展的质量属性的对比。例如，可能需关注病毒载体生产过程中外源因子污染情况、病毒载体的全基因组序列、病毒载体纯度、转导效率、工艺相关杂质和载体相关杂质等有无变化，以支持病毒载体变更后的安全性和有效性。研究中建议结合变更事项和风险评估结果等综合考虑开展头对头可比性研究和/或与历史批次载体数据的对比研究，采用科学的统计学方法设定合理的病毒载体分析可比性研究验收标准。

当病毒载体工艺变更可能影响载体的纯度、杂质水平和生物学活性等方面，进而影响 CAR-T 细胞的安全性和有效性时，需要在 CAR-T 细胞水平开展可比性研究，研究时建议纳入变更前后的多个代表性病毒载体批次。建议采用等分血（即相同供者细胞一分为二）进行多个 CAR-T 产品批次的生产，开展配对可比性研究，关注采用变更前、后病毒载体生产的 CAR-T 细胞的质量差异。需要对比的细胞产品关键的质量属性可能包括细胞活率、转导效率、载体拷贝数、CAR 基因表达水平、生物学活性、复制型病毒等。如有，可结合 CAR-T 临床批次或工艺验证批次数据，并根据统计分析拟定合理的 CAR-T 分析可比性验收标准。

目前，病毒载体可能存在自行生产、委托生产、购买等多种来源，不同来源病毒载体的变更可比性研究遵循相同的技术要求。如病毒载体通过委托生产或购买获得，供应商应及时将变更情况告知申请人/持有人，申请人/持有人需做好变更的研究计划，并通过与供应商签订质量协议等措施进行风险控制。申请人/持有人可结合对病毒载体的供应商审计、放行检测、质量控制策略及批次供应等情况，对病毒载体质量控制的风险进行整体的评估，建立合理的内控质量标准。同时，结合运输验证研究情况充分评估病毒载体在运输过程中的稳定性，确保病毒载体质量符合 CAR-T 产品生产要求。

确证性临床试验开展后，包括上市后阶段，建议谨慎考虑变更病毒载体工艺，如确需发生病毒载体工艺重大变更，经变更研究或评估认为风险较大时，需要开展体内桥接研究，具体研究内容可与药审中心沟通交流。

问题（2）：慢病毒载体包装用质粒变更，如何开展可比性研究？

答复：

慢病毒载体包装系统变更包括包装系统改变（包装细胞、质粒个数改变）、质粒序列改变和质粒生产工艺的变更等多种情况。

慢病毒载体包装系统改变一般属于慢病毒载体变更风险较高的情况。该情况下，可参考问题 6、（1）开展慢病毒载体可比性研究和 CAR-T 细胞可比性研究。

如果所用质粒序列发生变更，需要根据 CAR 序列（CAR 氨基酸序列变化的情况除外）和其他元件序列的具体变化情况综合评估。如果抗生素抗性、调控元件、增强子、启动子等元件序列发生变化，可根据序列是否包装进入病毒载体基因组、对转基因表达水平的影响等评估序列变更对病毒载体以及细胞终产品质量的影响。如改变的序列不包装进入病毒载体基因组，且对转基因表达影响较小，建议开展慢病毒载体可比性研究，结合病毒载体的可比性研究结果综合评估，拟定 CAR-T 产品的可比性研究方案。如改变的序列进入慢病毒载体基因组，建议开展慢病毒载体和 CAR-T 产品的可比性研究。经可比性研究或评估认为风险较大时，需要开展体内桥接研究，具体研究内容可与药审中心沟通交流。考虑到 CAR 元件是影响 CAR-T 细胞安全性和有效性的重要元件，如果 CAR 元件的氨基酸序列改变，建议与药审中心沟通交流后按照新产品进行研究与申报。

如质粒序列不变，仅发生质粒生产工艺变更，建议结合具体工艺变更事项开展风险评估，分析变更前后质粒质量的变化。当变更后质粒的纯度和杂质水平变化较大时（例如超螺旋比例、残留宿主 DNA 等），建议开展慢病毒载体工艺和质量可比性研究，分析质粒工艺变更对慢病毒载体工艺及质量等方面的影响。如质粒变更对慢病毒载体质量影响较大，应进一步开展 CAR-T 细胞可比性研究。

7、其他关键生产用原材料变更

问题：工艺优化过程中将生产过程使用的自体血清变更为血清替代物，改变磁珠的供应商，应如何开展可比性研究？

答复：

鼓励申请人/持有人工艺优化时采用化学成分确定的原材料替代人源/动物源性原材料，或替代使用质量控制等级更高的生产用原材料（例如采用药用级别原材料进行替代）。当关键原材料（例如血清、磁珠、培养基等）发生变更时，如经评估可能影响 CAR-T 细胞的质量，需开展原材料自身的可比性研究和 CAR-T 细胞可比性研究。

生产用原材料自身的可比性研究中，可结合原材料的类型、变更的具体情况以及原材料在 CAR-T 产品工艺中的作用开展相应研究。如果涉及到原材料生产场地转移、生产工艺变更等，应提供相关支持性数据，证明变更前后原材料质量具有可比性，各质量指标均在可比性研究接受标准范围内。对于重组表达生产的原材料，原材料自身的可比性研究可以参考 ICH Q5E 等生物制品变更指南开展，研究时建议重点关注原材料变更前后的成分、纯度、杂质和生物学活性等方面的变化。

如果原材料变更对 CAR-T 产品的细胞组成、生物学活性等质量属性有潜在影响，进而影响到产品安全性和有效性，应开展 CAR-T 细胞的可比性研究。考虑到供者细胞的个体化差异和统计学分析的效力（statistical power）等，对于临床试验期间的关键原材料变更，建议采用变更前后的多个批次原材料，采用等分血生产多个批次 CAR-T 产品进行可比性研究。结合 CAR-T 产品的生产过程、产品质量和稳定性分析结果等，研究原材料变更对 CAR-T 产品生产工艺性能和最终产品质量的影响，说明变更前后原材料的等效性。

对于细胞因于用量改变、培养基成分改变等变更，考虑到该类变更可能影响终产品细胞组成和生物学活性等，建议进行全面的可比性研究，可比性研究中除了在线控制测试和放行测试外，还应纳入 CAR-T 产品扩展的质量属性的对比分析，开展稳定性对比研究。

如发生供者细胞采集过程变更，建议明确供者细胞采集、保存和运输的流程、步骤及参数的变化，分析可能对产品产生影响的操作步骤，说明不同的采集过程可能对起始细胞质量、产品质量和可比性研究的影响。

8、制剂处方的变更

问题：变更 CAR-T 细胞成品的制剂处方，例如变更细胞保存液，应如何开展可比性研究？

答复：

常见的制剂处方的变更包括剂型（冻存/新鲜）、制剂规格和辅料（冷冻保护剂、细胞保存液等）的改变。发生制剂处方的变更时，应开展制剂处方的对比研究，提供新的制剂处方确定的依据，包括辅料（如细胞保存液）的药学研究数据、安全性数据、证明性资料以及制剂处方研究、稳定性研究等支持性研究数据。

如果辅料的种类和用量不变，仅变更或增加新的供应商，需进行变更前后辅料的质量对比分析，变更后的辅料安全级别和质量标准不应低于变更前辅料。辅料变更后，不应对制剂的安全性和有效性产生影响。

辅料的种类/用量改变和剂型改变的风险相对较高。更换细胞保存液的种类时，需结合变更前后细胞制剂批次的工艺控制和实际放行数据说明细胞保存液选用的合理性。同时应开展变更前后制剂的质量可比性和稳定性可比性研究。制剂处方变更后需要开展与内包材、输液装置等的相容性评估或研究。制剂处方变更后，需依据长期贮存条件下产品实时稳定性研究数据，确定变更后制剂的有效期。

当研究数据不足以确定可比性时，或者辅料种类变更引入较高风险时，应进一步开展非临床和/或临床的桥接研究。

9、贮藏、运输和使用条件的变更

问题：CAR-T产品工艺变更后有效期延长，CAR-T产品从工厂运输至医院所用的保温箱变更，应如何开展变更相关研究？

答复：

发生运输、贮藏和使用条件的变更时，需根据变更事项开展对应条件下的稳定性研究和稳定性可比性研究。对于变更事项可能对产品稳定性产生较大影响的情况（例如贮藏和运输温度改变），建议采用同材质包装容器开展代表性批次长期、加速、运输及使用条件下的稳定性研究项目的全面比对分析，考察条件应能代表实际最差条件。如申请人/持有人评估认为具体变更事项对产品的稳定性影响较小（例如仅改变产品次级包装不改变贮藏、运输温度），依据完整的温度记录等相关数据可减免部分稳定性研究。如涉及运输条件的改变，应开展相应的运输验证研究。

考虑到加速稳定性研究有利于阐明CAR-T产品在极端条件下的降解特征和评估现有分析方法对降解产物的检出水平，有利于评估意外暴露于非预期储存运输条件下产品的质量，鼓励申请人/持有人开展合理的加速稳定性对比研究，分析变更前后产品降解特征等方面的变化。

考虑到CAR-T产品的特殊性及部分适应症临床患者使用的急迫性，如存在一批次样品或产品检测量不够的情况，可以采用多个批次互相补充研究的方式尽量最大整体呈现出样品或产品的稳定性性能。对于不满足检测量的一个批次可以基于已有相关和适宜的研究数据的支持适当减免一些稳定性考察项目（仅限于不随贮藏过程增加风险的检测项目，如工艺相关杂质等）或适当减少检测频率，但是减免需要有依据且尽量与其他批次进行互补。如样品或产品足够，建议进行全面充分的研究。稳定性研究中关注细胞活率、生物学活性、CAR 阳性细胞数量等与安全和有效性相关的考察指标。如生产过程中存在暂停、放置等步骤，应对工艺中间产物开展稳定性研究。

如延长 CAR-T 产品有效期，需提供能够覆盖拟定效期的变更后制剂的长期稳定性研究数据，以支持全效期的批准。

10、分析方法变更

问题：CAR-T 产品分析方法优化，检测场地变更，并进行分析方法转移，相关变更研究如何开展？

答复：

随着 CAR-T 产品研发经验的积累和技术的进步，CAR-T 细胞的分析检测手段快速更新，基于不同原理的检测方法逐渐增加，分析方法的灵敏度和特异性不断增强。为准确反映产品质量属性，鼓励申请人/持有人采用更适宜的分析方法进行 CAR-T 产品的检测，并不断优化方法。

发生分析方法优化/变更，需对拟变更的分析方法进行方法学确认或验证，对变更前、后的方法进行对比分析，证明拟定分析方法与变更前方法等效或更优。一般情况下，应开展方法学桥接研究，建议使用新方法进行多个代表性批次产品的分析，并对方法变更前后的数据进行比较。如方法变更后相同样品的检测数据发生变化，需确认变更后方法的合理性，并评估是否需要修订质量标准。

检测场地变更时应开展方法学转移研究，申请人/持有人需提前开展差异分析，制定方法学转移研究方案。方法学转移研究方案应包括分析方法的操作细节、材料和仪器、使用的样品、预先制定的验收标准等。对于流式细胞法，如有，可采用参考品进行不同检测场地的仪器校准，以保证仪器的一致性。完成方法学转移后，可采用相同的样品在变更前后检测场地分别进行多次的检验，以确认方法学转移前后检测方法的等效性。

用于检测 CAR 阳性率（如流式细胞法）和细胞数量等的分析方法，其变更可能对细胞给药剂量的计算产生影响，需要时，可通过调整剂量计算方式确保临床给药剂量的准确性。生物学活性作为细胞产品重要的质量属性，发生变更时建议对其开展深入充分的研究，结合体内作用机制和方法学确认或验证研究等情况，随着研究的不断推进，合理选择与作用机制相关的方法作为放行检测方法。

11、质量标准项目和限度范围变更

问题：变更 CAR-T 产品质量标准项目和限度范围，应开展哪些研究？

答复：

质量标准的制修定贯穿产品的整个生命周期。鼓励申请人/持有人在临床试验期间、上市后阶段，通过研发数据的不断积累，探索产品质量和临床疗效的相关性，不断完善 CAR-T 细胞的质量标准。

如发生 CAR-T 产品检测项目和可接受标准限度的变更，应具有充分的变更理由，以及支持性数据。相关数据包括变更前后多批次产品的质量研究数据、分析方法验证数据（包括对于参考品的研究数据）、稳定性研究数据以及人体临床批次数据等。质量标准变更不应导致产品质量控制水平的降低。如涉及稳定性研究，修订后的标准还应适用于监测产品贮藏期间稳定性的变化情况，且产品的稳定性能够符合变更后标准限度。对于中间产物的质量标准、过程控制标准的变更，可参考上述要求开展研究。

鼓励申请人/持有人在临床试验期间和产品上市后持续收集临床数据，分析和完善临床安全性、有效性和药学数据的相关性，结合积累的研究数据，定期进行回溯性质量趋势分析，进一步修订和完善质量标准。

三、参考文献

[1] ICH Q5E, Comparability of Biotechnological/Biological Products Subject to Changes in Their Manufacturing Process, 2005.

[2] NMPA.《已上市生物制品药学变更研究技术指导原则（试行）》, 2021.

[3] EMA. Questions and answers-Comparability considerations for Advanced Therapy Medicinal Products（ATMP）, 2019.

[4] NMPA.《免疫细胞治疗产品药学研究与评价技术指导原则（试行）》, 2022.

[5] FDA. Draft Guidance for Industry-Manufacturing Changes and Comparability for Human Cellular and Gene Therapy Products, 2023.

药物临床试验方案提交与审评工作规范

(国家药品监督管理局药品审评中心 2023 年 10 月 13 日公布)

目 录

一、背景

国家药品监督管理局于 2018 年 7 月发布了《关于调整药物临床试验审评审批程序的公告》（2018 年第 50 号），对药物临床试验的审评审批做出了调整，在明确 60 日默示许可的同时，也对沟通交流、临床试验申请提出明确规定。其中，沟通交流会议资料的准备以及临床试验申请时申报资料要求中都明确了对临床试验方案的提交与评价。

临床试验方案作为承载临床试验目的、设计、方法学、统计学考虑和组织实施等详细内容的文件，是国家药品监督管理局药品审评中心（以下简称药审中心）对临床试验申请开展审评和基于临床试验方案进行沟通交流的核心资料，临床试验方案设计关系到药物临床试验的质量，同时也是保障受试者安全和获得高质量数据的关键内容。

根据《中华人民共和国药品管理法》《中华人民共和国疫苗管理法》《药品注册管理办法》的相关规定，为提高申请人撰写临床试验方案的质量、规范针对临床试验方案的沟通交流和各类注册申请，提高临床试验方案的审评质量，加强对申请人的技术指导，保证审评工作依法依规、公开透明，特制定本工作规范。

二、适用范围和基本要求

根据相关法律法规的规定，申请人可在药物研发的不同阶段，通过沟通交流申请、临床试验申请、补充申请等方式提交临床试验方案。按照时间顺序，大体分为临床试验申请前沟通交流、临床试验申请、临床试验期间特别是确证性临床试验开展前沟通交流、临床试验期间方案变更的沟通交流或补充申请以及临床试验方案登记等。本工作规范适用于上述临床试验申请、补充申请和沟通交流申请中涉及临床试验方案的资料提交与审评，尤其是针对确证性临床试验（或关键性临床试验）方案。

申请人对药物的临床研发负主体责任，提交药物临床试验申请和与临床试验相关的补充申请、沟通交流申请时，应提交完整的临床研发总体计划以及临床试验方案。申请人起草临床试验方案时，应遵守相应的法律法规，技术层面可参考 ICH 系列指导原则、我国发布的临床试验相关的技术指导原则、相关适应症和个药指导原则等。如国内尚无相关指导原则，可参考国外严格监管机构（Stringent Regulatory Authority, SRA）发布的指导原则、同类产品临床试验以及上市审评经验等。

药审中心应按照相关的法律法规、技术指导原则等对申请人提交临床试验方案的科学性、完整性、可操作性和风险可控性进行评价。对于仅提交临床试验方案框架未提供完整临床试验方案、临床试验方案存在重大缺陷或无法保证受试者安全的临床试验申请或补充申请，药审中心应不批准开展临床试验；对于仅提交临床试验方案框架未提供完整临床试验方案、临床试验方案存在重大缺陷或无法保证受试者安全的的沟通交流申请，药审中心退回给申请人，要求申请人重新整理完善资料后再次提交。

三、沟通交流中临床试验方案的提交与回复

(一) 临床试验申请前的沟通交流

1. 沟通交流的申请

根据《药物研发与技术审评沟通交流管理办法》的规定，申请人在首次新药临床试验申请前，原则上应当向药审中心提出沟通交流申请。

申请人在提出此类沟通交流时，应提交临床研发总体计划、完整的首次临床试验方案、风险管理计划以及后续临床试验方案或方案框架（如适用）、非临床研究综述、药学研究综述等，并应明确拟沟通交流的问题。如果申请人未提供支持拟沟通交流问题的必要信息，无法就申请人拟咨询问题进行有效交流的，药审中心可告知申请人重新整理完善资料后再次提交。

2. 对沟通交流问题的审核与回复

药审中心在收到沟通交流申请后，项目管理人员对申请人提供的资料按相关要求进行初步审核，存在资料不全等不符合要求的，终止沟通交流，告知申请人进行完善；符合要求的，送达相关专业审评团队。

审评团队应针对临床试验方案的科学性、完整性、可操作性、风险可控性等进行审评，重点关注药物的立题依据、安全性以及风险管理措施是否支持开展临床试验。除明确回复申请人提出的具体问题外，应基于受试者保护原则，审核提交的临床试验方案，并提出针对临床试验方案的意见或建议，列出应修改和关注的内容。

审评团队可采用召开会议（面对面会议或者线上会议）或书面答复的方式与申请人进行沟通交流，并将沟通交流会议纪要或书面回复反馈申请人。会议纪要或书面回复内容包括但不限于：药物研发基本情况；申请人本次提交的临床试验方案题目、编号、版本号及日期；申请人对问题意见的阐述及药审中心对申请人所提问题的回复；对该临床试验方案的修订意见等。

（二）确证性（或关键性）临床试验前的沟通交流

1. 沟通交流的申请

《药物临床试验批准通知书》要求申请人"在完成探索性临床试验，开展确证性（或关键性）临床试验前，向药审中心提出沟通交流申请，对后续临床试验方案进行评估。"的，申请人应提出沟通交流申请。

申请人应对已开展的早期临床试验结果进行初步分析，并基于已有的临床试验数据，设计科学合理、完整可行的确证性（或关键性）临床试验方案。

申请人在提交沟通交流申请时，应同时提交已完成的临床试验初步总结、拟开展临床试验的完整方案以及风险管理计划、非临床研究综述、药学研究综述等。

2. 对沟通交流问题的审核与回复

药审中心基于拟开展的确证性临床试验方案进行审评。

审评团队首先对申请人提交的早期临床试验的初步总结及其对后续临床试验的支持性进行评价，明确目前获得的早期临床试验的安全性和有效性结果是否充分，是否支持开展确证性临床试验。针对确证性（或关键性）临床试验方案，重点关注目标人群的适宜性、给药剂量及周期和主要终点指标的科学性、统计假设的可接受性、样本量估算的合理性、风险管理计划的可操作性以及获益/风险评估要素的可评价性等内容，对临床试验整体方案的科学性、完整性、可操作性、风险可控性等进行综合评价。

审评团队对于确证性临床试验方案，除回答申请人提出的问题外，还应明确临床试验方案中存在的问题及修订建议，是否同意按此方案或修订后的方案开展临床试验。必要时可要求申请人完善临床试验方案后再次沟通交流。

审评团队可采用召开会议（面对面会议或者线上会议）或书面答复的方式与申请人进行沟通交流，将沟通交流会议纪要或书面回复反馈申请人。会议纪要或书面回复内容包括但不限于：药物研发基本情况；申请人本次提交的临床试验方案题目、编号、版本号及日期；明确该临床试验是否是用于注册的关键性临床试验；明确是否同意按照该临床试验方案或修订后的方案开展临床试验；对申请人所提问题是否与申请人达成共识，明确双方的共同观点、分歧意见等；药审中心对该临床试验方案的修订建议。

如有只提供临床试验方案框架导致无法评价等情况，必要时，可在会议纪要或书面回复中要求申办者完善方案后，再次提出沟通交流申请。

(三) 临床试验期间的其他沟通交流

在临床试验期间，如申请人认为有必要就探索性临床试验方案或临床试验中遇到的问题与药审中心进行沟通交流时，可随时提出申请，明确拟沟通交流的问题。具体可参照本规范三（一）、三（二）相关内容执行。

(四) 申请附条件批准上市的沟通交流

对于申请附条件批准上市的沟通交流可在临床试验期间的任何阶段提出，相关内容根据《药品附条件批准上市技术指导原则（试行）》执行。具体的申请和审评要求同三（二）。需要特别关注的是确证性（或关键性）临床试验方案的替代终点或中间临床终点或期中分析等是否合适。

在上市申请前沟通交流时，还应对"所附条件"中在相同适应症人群开展的临床试验方案进行审评，特别是基于早期临床试验数据或替代终点申请附条件批准上市的情况，应详细审核支持常规批准的确证性临床试验方案，并以会议纪要或书面回复的形式进行确认。

(五) 会议纪要或书面回复意见的撰写

沟通交流会议纪要或书面回复，是药审中心与申请人就沟通交流中的问题进行讨论的结果以及后续技术审评的重要参考，应慎重撰写每一条信息。沟通交流会议纪要应完整呈现和反映沟通交流会的情况，鼓励双方当场完成会议纪要的起草和确认。对于无法当场完成的，审评团队应在时限内完成修订并与申请人确认。会议纪要中不应增加会议中未讨论的内容。

会议纪要或书面回复中，语言应准确、简练、明晰，内容完整，结论明确。不能使用模棱两可或容易引起误解的语言，如让申请人与研究者讨论协商、对方案中的关键问题在批准后完善、对关键问题持保留意见等。对于问题的回复应慎重选择双方是否达成一致。如未完全达成一致，应如实、明确列出各自的观点和依据。针对未达成一致的内容，后续可通过沟通交流会议等形式再沟通。如目前不具备开展临床试验的基础或条件，应明确目前的研发情况不支持开展确证性（或关键性）临床试验或者列出确证性（或关键性）临床试验方案的缺陷，明确不能以此临床试验方案开展临床试验。待完善临床试验方案后，应再次与药审中心通过沟通交流确认后，方可开展临床试验。

对于创新药的确证性（或关键性）临床试验前沟通交流，由于涉及临床、统计和临床药理等专业，各专业间应尽可能统筹组织召开面对面会议（或者线上会议）；如以书面形式回复申请人，在各专业单独、及时反馈申请人的基础上，由主审报告部门对各专业意见进行协调汇总后，再统一反馈给申请人。

四、临床试验申请中试验方案的提交与审评

（一）临床试验方案的提交

申请人在提交临床试验申请时，应根据《中药注册分类及申报资料要求》《化学药品注册分类及申报资料要求》《生物制品注册分类及申报资料要求》提交完整的临床研发计划、拟开展临床试验的完整方案（至少为首次临床试验方案）、风险管理计划以及后续临床试验方案框架（如适用）。

（二）对临床试验方案的审评

审评团队应对所提交临床试验方案中的关键要素进行科学性、完整性、可操作性、风险可控性的评价。必要时，可召开专家咨询会。

对于经综合审评认为可批准开展临床试验的，技术审评结论和"临床试验批准通知书"中应明确适应症、临床试验方案题目、编号、版本号、版本日期等，必要时可提出对临床试验方案的修订意见或建议；同时还应注明：在开展后续分期药物探索性临床试验前，应当制定相应的药物临床试验方案，经伦理委员会审查同意后开展；在完成探索性临床试验，开展确证性（或关键性）临床试验前，向药审中心提出沟通交流会议申请，对后续临床试验方案进行评估（如适用）；药物临床试验应当在批准之日起3年内实施，3年内未有受试者签署知情同意书的，本件自行失效。

对于经审评认为临床试验方案中需修订内容较多的，可通过专业问询函与申请人进行沟通，明确告知目前方案中存在的问题和修订意见，并要求申请人根据《药品审评中心补充资料工作程序（试行）》在规定的5日内提交经修订的临床试验方案，以确保审评通过的临床试验方案具备科学性、可行性。

对于经审评认为申请人提交的临床试验方案不具备可行性，或存在导致受试者安全无法保证的缺陷，或存在其他严重缺陷等问题，且在问询函所规定的时限内申请人无法修改完善的，应不同意本次临床试验申请。在审评结论和"药物临床试验不予批准通知书"中应明确告知申请人目前资料暂不支持开展临床试验的理由，记录临床试验方案的题目，并明确临床试验方案中的具体缺陷（如不完整、不科学、不符合法规、相关指导原则要求、风险不可控等），并提出如申请人再次申报，建议修订或关注的内容。

五、临床试验方案变更

随着科学的发展以及临床试验的进展，需要对临床试验方案进行变更时，申办者可根据《药品注册管理办法》《药物临床试验期间方案变更技术指导原则》等相关要求，首先对变更的情况进行自评估，根据自评估结果，开展进一步的工作。临床试验期间的方案变更，分为以下三种情况：

（一）申办者评估认为可能显著增加受试者安全性风险的实质性变更，应当提出补充申请。

（二）申办者评估认为不会显著增加受试者安全风险，但可能显著影响试验科学性、试验数据产生的可靠性的其他实质性变更，若为确证性（或关键性）临床试验方案，申请人应向药审中心提出沟通交流申请。若为其他阶段临床试验方案的变更，申办者认为必要的，也可向药审中心提出沟通交流申请。

（三）申办者评估认为是非实质性变更的，经伦理审查同意或备案后即可实施。

对于前两种情况，申办者应参照《药物临床试验期间方案变更技术指导原则》相关要求提交资料。审评团队对临床试验方案变更补充申请的审评/沟通交流的审核，应针对变更事项，逐条明确是否同意方案变更，对于不同意变更的事项，应表述明确并说明理由。

六、临床试验登记与信息公示

根据《药品注册管理办法》规定，申办者应当在开展药物临床试验前在药物临床试验登记与信息公示平台（简称登记平台）登记药物临床试验方案等信息。申办者应参照《药物临床试验登记填写指南》提交资料，药审中心根据现行法律法规、药物临床试验许可文件、登记平台填写指南、沟通交流会议纪要等要求对申请人登记的药物临床试验信息进行规范性和逻辑性审核。如登记的临床试验方案涉及变更的，必要时，可经审评团队确认后再予以公示。

本工作规范所规定的期限以工作日计算。

与已发布文件要求不一致的，按照本工作规范执行。

本工作规范自发布之日起施行。

人源性干细胞及其衍生细胞治疗产品
临床试验技术指导原则（试行）

（国家药品监督管理局药品审评中心 2023 年 6 月 26 日公布）

目　录

一、概述

（一）前言

干细胞指一类具有自我更新、多向分化潜能的细胞，在再生医学领域有广阔的应用前景。人源性干细胞及其衍生细胞治疗产品（以下称"干细胞相关产品"）作为重要的再生医学产品，可能应用到几乎涉及人体所有重要组织器官的修复及研究人类面临的许多医学难题，在细胞替代、组织修复、疾病治疗等方面具有巨大潜力。本指导原则中"人源性干细胞"的来源包括人胚干细胞、成体干细胞和诱导多能干细胞，上述来源细胞的具体定义可参见《人源性干细胞产品药学研究与评价技术指导原则》。人源性干细胞衍生细胞治疗产品指由上述人源性干细胞诱导分化，或成熟体细胞转分化获得的细胞治疗产品。

当干细胞相关产品进入临床试验时，应遵循《药物临床试验质量管理规范》（2020年修订版）（GCP）等一般原则要求。干细胞相关产品在细胞来源、类型、制备工艺等方面差异较大，而治疗机制和体内活性等相较传统药物更加复杂。为了获得预期治疗效果，干细胞相关产品还可能需要通过特定的给药方法或联合治疗策略来进行给药，因此，在干细胞相关产品的临床研究过程中，需要针对该类产品特点设计严谨科学的试验方案，以保护受试者安全并得到可靠的临床试验数据。

（二）目的和适用范围

本指导原则适用于按照《药品管理法》、《药品注册管理办法》等药品管理相关法规进行研发和注册申报的干细胞相关产品，旨在为该类产品开展临床试验的总体规划、设计、实施和试验数据分析等方面提供必要的技术指导，规范药品研发注册申请人（以下简称申请人）及开展药物临床试验的研究者（以下简称研究者）对干细胞相关产品的安全性和有效性的评价方法，并最大程度地保护受试者参加临床试验的安全和权益。

部分干细胞相关产品兼具细胞治疗产品和基因治疗产品的特性。本指导原则的目的不是对其监管属性或分类进行认定，而是基于现有认识，对干细胞相关产品开展临床试验时若干技术问题的建议和推荐，内容不具有强制性，随着研究和认识的深入，本原则内容将继续修订和完善。鼓励申请人适时与药品审评中心就具体试验方案的设计和实施细节进行沟通。

（三）定义

干细胞相关产品临床试验指应用人自体或异体来源的干细胞经体外操作形成产品后输入（或植入）人体，用于疾病防治的临床试验。体外操作包括供体的采集和运输、干细胞相关产品在体外的提取、分离、纯化、培养、扩增、体外刺激、基因编辑或基因修饰、诱导分化、冻存及复苏、运输等。

二、临床试验设计

（一）一般考虑

1、伦理考量

伦理审查是保护受试者权益和安全的重要措施，涉及干细胞相关产品的临床试验项目必须进行充分的伦理审查。我国的《药物临床试验质量管理规范》（2020年）、世界医学会的《赫尔辛基宣言》（2013版）以及国际医学科学组织委员会（CIOMS）的《涉及人类健康相关研究的国际伦理指南》（2016年），均制定并确立了人体生物医学研究的伦理标准和科学标准，所有干细胞相关产品临床试验均应遵循临床试验伦理原则和要求。干细胞相关产品临床试验的伦理审查过程应符合我国《药物临床试验质量管理规范》、ICH GCP（E6）等规范文件的要求。

干细胞相关产品的临床试验均应符合《涉及人的临床研究伦理审查委员会建设指南》（2019版，附则六：干细胞临床研究伦理审查）规定。

2、研究人群

临床试验的受试人群选择应该充分评估预期获益和潜在风险，在不同的临床研究阶段，应利用已获得的研究证据分析受试者的获益-风险预期。在干细胞相关产品的早期临床试验中，可依据预期的作用机制、非临床研究数据、临床文献数据、临床经验数据及既往相同或类似的干细胞相关产品的人体研究数据等评估受试者的潜在获益和风险。除了潜在获益和风险的评估，试验数据的可评价性也是选择研究人群的重要考量。

（1）健康志愿者

鉴于干细胞相关产品的组织来源、处方工艺和制剂形式的多样性，在体内的存活和作用时间尚不明确，且具备自我复制和多向分化潜能，其长期安全性风险尚不明确。此外，鉴于干细胞相关产品特性，体内药物代谢动力学（PK）以及药物效应动力学（PD）的研究方法与传统药物相比尚不成熟，可能给健康受试者带来不确定的安全性风险。因此，干细胞及其衍生细胞治疗产品的临床试验通常不考虑在健康志愿者中进行。

（2）适应症人群

为一项临床试验选择最适当的受试者时有多方面考量，包括潜在风险和获益，以及研究数据的可解读性等。常规治疗失败、缺乏有效治疗手段的受试者能够承受的治疗风险可能更高，或者其病情更能支持承担风险的合理性。因此，干细胞及其衍生细胞治疗产品在开展临床试验时，应结合产品作用特点、潜在风险和获益、疾病严重性和病情进展等多个因素综合考虑。

研究数据的可解读性也是选择适当研究人群时的重要考量，例如，目标适应症的常规治疗（如药物、手术、物理治疗等）可能影响干细胞相关产品安全性和有效性的评估。选择常规治疗无效、且缺乏有效治疗手段的受试者，可能有助于降低常规治疗对干细胞相关产品安全性及有效性评价的影响。如果无法避免干细胞相关产品与常规治疗联合使用，则有必要在临床试验中采用稳定的常规治疗方案，如药物类型、剂量、给药频率等，以提高试验结果的可解读性。

（3）儿童受试者

对于纳入儿童受试者的临床试验，在儿童开展临床试验前，原则上应已获得相关干细胞相关治疗产品的成人受试者的安全性和耐受性数据。如果申请人拟在无成人安全性研究数据的情况下进行儿童受试者试验，应提供成人研究不可行原因或不首先开展成人研究的依据。

3、受试者保护和风险控制

（1）受试者筛选

除研究人群的一般考虑外，在某些干细胞相关产品的临床试验中，受试者入组时可能正在接受针对目标适应症或其他疾病的治疗。如果受试者在临床试验期间需要暂停现有治疗、或改变现有治疗药物的剂量或给药频率，申请人应谨慎评估暂停或改变现有治疗可能导致受试者病情进展的风险，以及试验产品预期产生的临床获益。只有预期临床获益显著高于暂停或改变现有治疗的疾病进展风险时，才考虑采用该试验方法，同时有必要制定详细的补救治疗方案，避免延误或加重受试者的病情。

（2）研究者培训和操作程序记录

干细胞相关产品较传统化药或大分子药物，在药物存储监测、细胞复苏、使用配制等方面有较大区别，应该给研究者以及参与临床试验相关操作的研究中心工作人员进行专门培训。对于干细胞相关产品可能产生的不良事件以及预防和处理措施也需要制定相关文件，并对研究者进行相关培训。

当研究者和操作人员的临床经验和技能可能影响产品使用的安全性和有效性时，申请人应该明确参与临床试验的研究者和操作人员的基本资质要求，并对研究者和操作人员进行必要培训。某些情况下（例如同一研究中心有多个操作者），对相关人员进行统一的、特定给药及治疗操作程序的培训，可有效减少配药、给药治疗过程操作差异对于试验数据的影响，有助于研究结果的解读。详细的书面标准操作规程（SOP）也能有助于确保产品给药的安全性和一致性。仔细记录给药过程和后续观察有助于识别研究者和操作人员对方案的依从性，还有助于分析操作或治疗差异与临床结局之间的相关性，并识别可能的操作或治疗优化。

（3）研究停止规则

在目前国内已经开展的干细胞相关产品药物临床试验中，尚未观察到反复出现的严重安全性风险，但考虑到有限的数据量以及观察时间较短，产品安全性仍需要持续评估。此类产品的试验方案建议包括研究停止规则，以及时控制暴露于风险的程度和受试者人数。研究停止规则通常规定事件（如同适应症或给药方式相关的特定医学事件或死亡）的严重性或发生频率，达到后将暂停入组和给药，直至情况得到评估。基于评估结果，可能修订临床研究方案以降低受试者的安全风险。修订内容一般包括入组标准的修订（例如排除出现特定不良事件风险较高的受试者人群），或者剂量降低、产品配制或给药方式的调整、或受试者安全监测方案的改进等。在研究方案进行调整改进以后，可能考虑恢复试验。

因此，研究停止规则不一定终止试验。合理设计的停止规则允许研究者评估和解决在试验过程中识别的风险，确保受试者风险维持在合理水平。

（4）风险控制

干细胞相关产品的临床安全性受细胞来源、细胞类型、增殖和分化潜能、制备工艺、作用活性等多重因素影响，不良反应的发生时间和严重性也与细胞在体内的存活、增殖和分布等特征密切相关。在临床试验方案中需根据产品特点和前期研究结果，针对临床试验中可能出现的安全性风险，制定全面、可操作的风险控制方案，对具体风险的预防、识别、诊断、处理和预后随访等进行详细描述。

4、其他考虑

（1）个体化治疗产品的考虑

对于自体来源的干细胞及其衍生细胞治疗产品，其生产过程高度个体化，需要为每例受试者单独生产，生产过程可能需要数周时间。如果产品生产出现问题，可能导致受试者无法参加临床试验。临床试验过程中出现生产失败时，深入分析失败原因非常重要，这些分析可能有助于改善后续试验的受试者筛选标准，降低生产失败概率，或者针对生产失败制定应急治疗方案，改进后续临床试验设计。

研究方案还应明确规定，对于生产失败无法按计划给药的受试者，是否再次尝试生产和治疗，以及是否将招募新的受试者入组，以替换未接受治疗的受试者。不能按计划治疗是临床试验可行性评估的一部分，也可能是一个重要的试验中止点（甚至终点），应制定计划统计未能治疗的受试者比例，分析未能进行产品给药的原因，并评估未能给药对受试者造成的后果。

（2）临床试验的可行性评估

很多干细胞相关产品的生产环节和给药过程需要专门的设备和操作程序，产品的保存、转运和使用过程较传统药物复杂，建议在首次人体试验正式实施前，研究评估干细胞及其衍生细胞治疗产品运输、研究中心存储、配制、放行检验等各个环节操作的可行性，并制定相应的实施方案，对临床试验早期发现的产品供应、保障程序中存在的问题，需要及时处理解决。

（3）非临床研究数据

非临床研究数据有助于了解干细胞相关产品的作用机制、体内增殖/分化/迁移、急性和长期毒性、致瘤性等生物学特性，是人体临床研究的重要补充，对于确定临床研究的给药方案、预测细胞在人体内的分布和安全性等有重要意义。申请人开展干细胞相关产品的临床研究前，须参考药品审评机构及 ICH 等发布的相关指导原则开展非临床研究，并在注册申报时递交给药品审评机构。

（二）探索性临床试验

1、探索性试验的目的

早期探索性试验，尤其是首次人体试验（first in human，FIH）的主要目的是探索安全性和耐受性。安全性评估包括对潜在不良反应性质和发生率的评估及其与剂量之间关系的估计。干细胞相关产品的探索性试验设计，通常还会考虑不同于其他药品的临床安全性问题（例如体内异常增殖和成瘤性、宿主抗移植物反应等）。探索性试验的一个常见次要目的是对产品活性进行初步评估，如临床症状改善、细胞在体内的增殖存活和生物分布、药效学活性及生物学活性相关指标等，为后续验证性临床试验确定给药剂量和给药方案，以及明确研究设计、研究终点、统计假设等提供数据基础。

2、剂量选择和递增探索

（1）临床起始剂量

与其他传统药物相比，干细胞相关产品的非临床研究方法受到多种因素影响，例如动物模型的选择、免疫应答的种属差异等，对人体安全起始剂量的预测可能不如小分子药物精确。如果有可用的动物实验或体外数据，可能有助于判断初始细胞剂量的风险水平。如果有同类或相关产品的既往临床数据（即使采用不同给药途径或不同适应症），也有助于预测临床起始剂量。

（2）剂量递增和队列规模

干细胞相关产品在 FIH 试验中选择剂量增幅时，应考虑非临床研究及类似产品的临床数据中剂量变化对受试者安全性和有效性的影响。对每一剂量水平的受试者数量的要求，应考虑不同适应症人群对风险的可接受程度，或者安全性的评价要求。相对于严重危及生命疾病的患者，在慢性病或非致命性疾病患者中开展临床试验时，可能需要通过更大的队列规模提供更高的安全保障。此外，其他研究目的，如耐受性和临床药理学活性评估等也可能影响队列规模及剂量增幅的设计。

（3）给药方式

在 FIH 试验中，一般采用受试者之间设置一定间隔、逐例给药的方式，避免多个受试者同时暴露而增加安全性风险。对首例患者应加强不良事件监测，还要考虑迟发性不良事件。向同一剂量组内下一例受试者或下一个剂量组受试者给药前，应规定一定的随访间隔，以观察急性和亚急性不良反应。间隔期的选择一般基于非临床研究中急性或亚急性毒性的发生情况，细胞在体内的活性持续时间和/或既往类似产品在人体中的应用经验。

干细胞相关产品可能在受试者体内长期存活，在对产品毒性和活性持续时间有初步了解之前，可能较难预测重复给药的风险。因此，建议首次用于人体的干细胞相关产品采用单次给药方案。当已有研究证据提示安全性风险较低且多次给药可能增加活性时，在早期试验中有可能采用多次给药的方式。

（4）最大耐受剂量

对最大耐受剂量（maximum tolerance dose，MTD）的摸索通常通过剂量递增设计实现。干细胞相关产品可接受的毒性或不良反应的严重程度，应基于疾病的严重性和获益风险预期进行判断，建议申请人在临床试验方案中明确探索方法。

对于干细胞相关产品，还可以通过剂量探索确定其生物学活性范围或最佳有效剂量，如果在较低剂量水平可以观察到稳定的生物学活性或临床获益，申请人可能不必要确定 MTD。但须认识到，早期研究往往难以准确估计产品的有效推荐剂量，申请人需仔细评估早期研究未能确定 MTD 对后续试验的影响，原则上确证性临床试验剂量不应超出探索性研究的剂量范围。

3、探索性试验对照设置

早期探索性临床试验以观察安全性为主，对照设置的重要性不如确证性试验，如果合并用药影响本品的不良反应观察，或者在早期探索性研究中初步观察产品活性或疗效，申请人可能有必要设置对照。当临床上对疾病进程的认识尚不充分，或入组受试者的疾病严重程度差异很大时，设置平行对照组对于评价试验产品的安全性或有效性就更加重要。

如果需要设置对照，对照品的选择应考虑研究目的、疾病的进展程度和严重性、治疗选择等多重因素，例如，I 期临床试验采用安慰剂对照/空白对照可能有助于评价试验产品的安全性，并初步评价有效性。

4、探索性试验的其他考虑

申请人可以基于总体临床研究规划考虑早期探索性研究的设计，在早期研究中纳入有助于未来产品研发的设计要素，例如，在 I 期临床试验中设置有效性或体内药效学观察指标，以收集有效性的初步证据。申请人可能考虑将早期研究设计为 I 期和 II 期合并进行的 I/II 期试验，在剂量递增和推荐剂量明确后，进入扩展期，以推荐的剂量水平继续入组额外的患者，进一步观察干细胞相关产品的疗效。如果采用该类设计，在试验方案中应明确从剂量递增阶段转到扩展阶段的原则和方法。

（三）确证性临床试验

与其它药物一样，干细胞相关产品的确证性研究（或关键研究）的目的是确认探索性研究中初步提示的安全性和疗效，为药品注册提供关键的获益/风险评估证据。确证性研究的目标人群、主要和次要终点的选择、研究持续时间、样本量估计和统计学设计等应符合具体治疗领域的一般指南要求。

1、对照和设盲

良好的随机对照试验（randomized controlled trial，RCT）是确证性研究中优先推荐的设计方法，该研究方法可以消除受试者的基线差异、减少偏倚，有利于客观评价试验产品的治疗效果。对于某些适应症，可能缺少合适的对照药物，或伦理上不宜采用安慰剂作为对照药，可考虑与最佳支持性治疗进行对照。

干细胞相关产品的确证性试验通常建议保持盲法，对于部分自体来源的干细胞及其衍生细胞治疗产品，研究者或医务人员参与细胞的采集并配合操作给药过程，这种情况下有必要采用其它方法降低试验的偏倚，如设立不受研究者影响的独立审评委员会（independent review committee，IRC），对临床终点进行判读并作为主要终点的判定标准，或对研究者评估的结果进行敏感性分析。

2、疗效和安全性

在确证性临床试验中，针对适应症或目标人群选择合理的临床疗效终点是临床评价的基础，支持干细胞相关产品批准的临床试验终点通常应当是直接反映临床获益的指标，疗效指标的评价标准须与适应症相关的诊疗指南或临床共识保持一致。生物学活性指标如细胞因子或生物标志物的变化、合并用药或伴随治疗的减量或停止等通常不作为确证性临床试验的主要疗效评价标准。任何未经验证的终点或替代终点应首先在探索性研究中确认与患者临床获益的相关性后，才能用于确证性临床试验。

干细胞相关产品可以在体内存活较长时间，并产生长期疗效。对于异体来源的干细胞相关产品，反复给药可能诱导机体产生免疫应答，进而降低重复给药的有效性或增加安全性风险。因此，确证性试验的临床终点还应关注疗效的持续时间，建议申请人根据目标人群的疾病特点和临床获益评价标准，设置足够的观察期以评价受试者的长期获益。

在确证性临床研究阶段应继续监测安全性风险，分析重要和潜在的风险信息，包括迟发性不良事件（如致瘤性）的发生率、严重性和危险因素等，并有必要采取措施使风险最小化。安全性分析集应足够大，以充分评价干细胞相关产品的安全性，以确保上市后的安全使用。

如果临床试验过程中出现药学重大变更，应在确证性试验开始之前实施这些变更，并从临床角度评价工艺变更对产品疗效和安全性的影响。

三、临床试验结束后研究

（一）临床试验受试者的长期随访

由于干细胞相关产品长期存活及持久性作用的不确定性，申请人应对临床试验期间接受治疗的所有受试者进行适当的长期随访。建议申请人在完成临床试验方案设定的访视后，继续关注受试者的疾病预后、长期疗效、免疫功能变化以及肿瘤形成等迟发性安全风险，并观察产品在体内的持续存在时间、免疫原性等。随访时间主要取决于干细胞相关产品的风险水平、疾病进程的认识等，应在不短于迟发不良反应事件预期发生的时间段内，尽量观察到由于产品特性、暴露性质等给受试者造成的风险。

干细胞相关产品的风险水平与多种因素有关，如细胞来源、增殖或分化潜能、体内存活和作用时间、是否有外源基因表达、是否具有转分化能力等。例如，间充质干细胞产品的增殖或分化潜能有限、免疫原性相对较低，建议对于异体间充质干细胞或符合间充质干细胞特征的细胞治疗产品进行不少于 2 年的随访，对于自体间充质干细胞或符合间充质干细胞特征的细胞治疗产品进行长期随访，以观察成瘤性等迟发性安全风险。其他类型的干细胞相关产品，需要根据细胞特性或风险水平进行适当调整。

根据临床试验的研究计划和持续时间，长期随访可能作为临床试验的一部分，或者设计为一项单独研究，如果对长期监测有一个单独的研究方案，在受试者参加临床试验前，除获得受试者对临床试验的知情同意外，还应获得其对长期随访研究计划的知情同意。如果长期随访作为临床试验的一部分，随访时间可能超过主要终点或获益风险评估所需要的观察时间，这种情况下，通常无需在开始后续试验或提交上市申请之前完成长期随访。

儿童受试者可能因较为年幼而存在长期药物活性影响，干细胞相关产品给药后的长期随访可能需要监测对生长和发育的影响，因此，较长时间的临床随访数据对于评估安全性和发育影响可能很重要，尤其是在婴儿和年幼儿童中进行临床试验时。与成人相比，在儿童受试者中监测长期安全性和作用持续时间可能更加困难，申请人在拟定长期随访计划时应予以妥善考虑。

（二）上市后研究或监测

干细胞相关产品的治疗方式和体内活性特征与传统小分子或生物大分子药物有较大区别，目前尚缺乏该类产品在人体中大规模研究和应用的经验。由于临床试验的持续时间和受试者数量有限，上市后通过收集真实世界数据，有助于进一步观察产品的长期疗效，或暴露罕见的不良反应等。因此，申请人取得产品的上市许可后，可能有必要通过上市后观察性研究或重点监测等方式，收集真实世界中的有效性及安全性等信息，并通过药品定期安全性更新报告（PSUR）或药品再注册等途径与监管部门进行沟通。

四、干细胞备案临床研究结果用于药品注册审评的评价要点

原国家卫生计生委和原国家食品药品监管总局于 2015 年 7 月印发的《干细胞临床研究管理办法（试行）》（以下称"管理办法"）和《干细胞制剂质量控制及临床前研究指导原则（试行）》对干细胞备案临床研究提出了明确的技术要求，依据管理办法开展干细胞临床研究后，如申请药品注册临床试验，可将已获得的临床研究结果作为技术性申报资料提交并用于药品评价。

如果申请人向药品监督管理部门递交药物临床试验申请之前，已按管理办法要求开展了备案的干细胞临床研究，并拟用于药品注册申报，应按照《生物制品注册分类及申报资料要求》，提供备案临床研究中使用的干细胞相关产品的药学、非临床及临床研究相关信息，其中，临床研究报告应按照《ICH E3：临床研究报告的结构与内容》进行撰写并提交。如果申请人未能提供符合药品注册相关法规要求的研究信息，药品审评部门可能无法对备案临床研究结果进行技术评价。

药品审评部门对备案临床研究结果进行技术评价的主要目的和评价标准与药物临床试验相同，即判断干细胞相关产品的安全性、有效性或体内增殖存活和代谢特性等是否达到临床研究的预期目标。如果申请人拟将备案临床研究数据用于支持药品注册，应基于取得的备案临床研究结果，制定后续研发规划或后续临床试验方案，明确研究目标、研究人群和研究方法等。

（一）干细胞备案临床研究用于药品注册审评的必要条件

1、工艺和质量一致性

稳定的生产工艺可以保证细胞治疗产品的质量稳定性，有助于确保临床试验结果的一致性。干细胞备案临床研究数据用于药品注册申报时，申请人应确保干细胞相关产品的药学研究符合药品注册申报的相关技术要求，并提供备案研究中使用的干细胞相关产品的生产工艺参数和生产检验记录等，以证明备案研究中使用的干细胞相关产品与药品注册申报产品的药学一致性或可比性。如果药品注册申请人在临床研究过程中变更了干细胞相关产品的原材料、生产或制备工艺及质量标准等，应解释变更原因，对变更后的产品进行质量可比性研究，并评估变更对产品安全性或有效性的影响，相关研究结果应在递交新药临床试验申请时提供给药品审评部门。

2、临床研究的合规性和数据完整性

当申请人拟将干细胞备案临床研究结果用于支持药品注册申报时，备案临床研究的策划准备、实施过程、改进和监查记录，以及研究者对临床研究报告真实性、完整性、准确性和可溯源性的确认过程和记录，均应按照《药物临床试验必备文件保存指导原则》的要求进行保存，供药品注册申请人稽查或药品监督管理部门检查。

如果临床研究过程中存在违反我国《药物临床试验质量管理规范》、损害受试者利益等情况，或未按照《药物临床试验必备文件保存指导原则》等指导原则保存临床研究原始资料或文件，导致临床研究结果无法溯源，或申请人递交的备案临床研究报告缺乏临床研究的关键信息，如受试者筛选入组和基线情况、给药方法、安全性及有效性评价和随访结果、合并用药等，导致难以对备案研究结果进行评价时，干细胞备案临床研究结果不能作为干细胞相关产品注册申报的支持性证据。

（二）干细胞备案临床研究用于药品注册审评的评价结论

干细胞相关产品不同临床研究阶段的主要目的、观察指标和试验方法不同，探索性临床试验的研究目的是探索干细胞相关产品的安全性、耐受性以及后续临床试验的给药方案，为确证性临床试验的研究设计、给药方法、观察终点等提供基础。确证性临床试验的研究目的是确证干细胞相关产品的疗效和安全性，为支持注册提供获益/风险评价的基础，同时确定剂量与效应的关系。

当备案临床研究数据用于药品注册申报时，申请人需要基于备案临床研究结果，制定产品研发计划及相应的临床试验方案。药品审评部门将对备案研究的科学性、研究进展程度以及积累的安全性或有效性结果等进行分析，在此基础上判断申请人拟定的临床研发计划或临床试验方案是否科学合理。鼓励申请人与药品审评中心就备案临床研究结果，以及拟实施的临床研发计划或临床试验方案等进行沟通交流。

基于备案临床研究结果，药品审评部门的评价结论可能包括：

1、备案临床研究数据提示较高安全性风险，可能无法获准开展注册临床试验。

如果备案临床研究中出现损害受试者健康和安全的严重不良事件，且申请人制定的风险控制措施不能确保及时识别和处置相应安全性风险，并保障受试者安全；或者非临床安全性研究提示重要安全性风险，且已有人体研究数据无法排除相关风险时，申请人可能有必要暂停临床试验，待查明安全性风险原因，完善相关研究并排除安全性风险后，再考虑继续开展临床试验。

2、备案临床研究能够提供初步安全性信息，可能需要扩展探索性临床试验以初步探索有效性，并进一步观察安全性。

如果备案临床研究对干细胞相关产品的安全性和耐受性进行了初步探索，研究结果可以提供安全剂量范围和/或给药间隔、体内活性和/或药代动力学、剂量效应关系等信息。在这种情况下，申请人可能在备案研究探索的剂量和给药频率范围内，选择特定的剂量和给药频率，在更大规模的受试者中进一步观察安全性，并初步探索干细胞产品的治疗作用，为明确后续临床试验的试验设计、受试人群、主要终点等提供依据。

3、备案临床研究结果初步提示干细胞相关产品在目标适应症中的有效性，且预期获益显著高于风险，可能需开展确证性试验以证明干细胞相关产品的临床价值。

如果备案临床研究对干细胞相关产品的安全性、体内活性和/或药代特性、剂量效应关系等积累了较充分的研究数据，研究结果初步提示干细胞在特定剂量和/或给药频率下治疗目标适应症的有效性，且预期获益可能显著高于风险。在这种情况下，申请人可能开展确证性临床试验，利用科学的试验设计和统计假设，选择合理的主要终点，对干细胞相关产品的安全有效性进行科学严谨的研究，以提供关键的获益/风险评价证据，证明干细胞相关产品相对于现有治疗手段的临床优势。

鼓励申请人在递交申报资料前与药品审评部门进行沟通，就备案临床研究的科学性、研究结果的可靠性及临床研发计划和临床试验方案等进行交流，以提高干细胞相关产品的研究和申报效率。

参考文献

1. 人胚胎干细胞研究伦理指导原则，2003，科学技术部和卫生部
2. 人体细胞为基础的药物产品指南，2008，欧洲药品管理局
3. 安全性和有效性随访指南-前沿治疗药物的风险管理，2008，欧洲药品管理局
4. 临床试验数据监察委员会的操作规范和实践，2013，姚晨等
5. 干细胞临床研究管理办法（试行），2015，国家卫生计生委、国家食品药品监管总局
6. 细胞和基因治疗产品早期临床试验设计的考量，2015，美国食品药品监督管理局生物制品评估和研究中心
7. 药物临床试验数据管理与统计分析的计划和报告指导原则，2016，国家食品药品监管总局

8. 细胞治疗产品研究与评价技术指导原则（试行），2017，国家食品药品监管总局

9. 干细胞通用要求，2017，中国细胞生物学学会干细胞生物学分会

10. 涉及人的临床研究伦理审查委员会建设指南，2019，国家卫生健康委医学伦理专家委员会办公室、中国医院协会

11. 药物临床试验质量管理规范，2020，国家食品药品监管总局、国家卫生健康委

12. 生物制品注册分类及申报资料要求，2020，国家药品监督管理局

13. 药物临床试验必备文件保存指导原则，2020，国家药品监督管理局

细胞治疗产品生产质量管理指南（试行）

（国家药品监督管理局食品药品审核查验中心 2022 年 10 月 31 日公布）

目　录

一、目的

我国细胞治疗产品领域当前处于快速发展的阶段，为进一步推进该领域的健康发展，基于当前的科学认知以及针对细胞治疗产品相关技术的发展现状，提出本指南，主要为细化和完善细胞治疗产品产业化阶段生产质量管理方面的技术要求，旨在为细胞治疗产品生产企业提供指导意见，同时，也可作为监管机构开展各类现场检查的重要参考。由于细胞治疗产品行业的迅速发展，创新技术的不断涌现，未来可能会出现更加先进和完善的生产质量管理技术手段或者与本指南中有不相适应的内容，据此，生产企业可提供详细的说明及科学、完整的支持理由和依据，以证明其生产质量管理方面的可控性。随着未来科学技术的发展、认知的深入和经验的积累，针对本指南内容后续将逐步修订和完善。

二、法规依据

1. 《中华人民共和国药品管理法》
2. 《中华人民共和国药品管理法实施条例》
3. 《中华人民共和国生物安全法》
4. 《中华人民共和国药典》
5. 《药品注册管理办法》
6. 《药品生产监督管理办法》
7. 《药品生产质量管理规范》及其附录
8. 《药品注册核查管理规定》
9. 《药品不良反应报告和监测管理办法》
10. 《药品召回管理办法》
11. 《药品说明书和标签管理规定》
12. 《药品生产企业现场检查风险评定原则》
13. 《医疗废物管理条例》
14. 《病原微生物实验室生物安全管理条例》
15. 药品监督管理部门批准的制造及检定规程

三、范围

（一）本指南所述的细胞治疗产品（以下简称细胞产品）是指按药品批准上市的经过适当的体外操作（如分离、培养、扩增、基因修饰等）而制备的人源活细胞产品，包括经过或未经过基因修饰的细胞，如自体或异体的免疫细胞、干细胞、组织细胞或细胞系等产品；不包括输血用的血液成分、已有规定的移植用造血干细胞、生殖相关细胞以及由细胞组成的组织、器官类产品等。

（二）本指南适用于细胞产品从供者材料的运输、接收、产品生产和检验到成品放行、储存和运输的全过程。

直接用于细胞产品生产的基因修饰载体或其他赋予其特定功能的材料（如病毒、质粒、RNA、抗原肽、抗原蛋白、蛋白质-RNA 复合物等）的生产、检验和放行等过程应符合《药品生产质量管理规范》及其相关附录的要求。

（三）因细胞产品的供者材料来源于人体，其生产还应当符合国家生物安全和人类遗传资源管理的相关规定，防止引入或传播传染病病原体。

四、原则

（一）细胞产品生产具有以下特殊性：

1. 供者材料来源于人体，可能含有传染病病原体。
2. 供者材料的质量受其来源、类型、特性等因素影响，具有差异性。自体细胞产品生产工艺需要充分考虑供者材料个体化差异的影响，制定合理的工艺步骤和参数并在经批准的范围内实施生产。

3. 受供者材料来源和产品类型影响，产品生产批量差异可能较大，生产组织模式相对灵活，生产与临床需求结合更为紧密。

4. 温度和时限对供者材料和产品的质量具有更为显著的影响。

5. 由于细胞产品为活细胞，包含维持细胞生存的营养物质，供者材料采集后的生产过程受到污染后更利于微生物的繁殖和扩散，且无法终端灭菌，污染不易去除。

6. 自体细胞产品或采用异体供者材料生产的需与患者配型使用的产品，一旦发生混淆或差错，造成供者材料或细胞产品与患者之间的不匹配，可能会对患者产生危及生命的严重后果。

（二）鉴于细胞产品的以上特殊性，企业应当对从供者材料采集到患者使用的全过程采取特殊控制措施，至少包括：

1. 对从供者材料的接收直至成品储存运输的全过程进行风险评估，并制定相应的风险控制策略，以保证产品的安全、有效和质量可控。

2. 建立生物安全管理制度和记录，具有保证生物安全的设施、设备，预防和控制产品生产过程中的生物安全风险，防止引入、传播病原体。

3. 在供者材料运输、接收及产品生产、储存、运输全过程中监控供者材料、产品或生产环境的温度及操作时限，确保在规定的温度和时限内完成相应的操作。

4. 产品生产全过程应当尤其关注防止微生物污染或交叉污染，包括载体的生产过程可能对产品带来的污染或交叉污染，以及不同载体生产过程中可能存在的交叉污染等。

5. 从供者材料采集到患者使用的全过程中，供者材料、中间产品或成品应当予以正确标识且可追溯，防止混淆和差错。

五、人员

（一）生产管理负责人、质量管理负责人和质量受权人应当具有相应的专业知识（微生物学、生物学、免疫学、生物化学、生物制品学等），并能够在生产、质量管理中履行职责。

（二）从事细胞产品生产、质量保证、质量控制及其他相关工作（包括清洁、维修人员等）的人员应当经过生物安全防护的培训并获得授权，所有培训内容应符合国家关于生物安全的相关规定，尤其是预防传染病病原体传播的相关知识培训。

（三）生产期间，从事载体生产的人员如未按规定采取有效的去污染措施不得进入细胞产品的生产区域，直接接触含有传染病病原体供者材料的人员不得进入其他生产区域。

六、厂房、设施与设备

（一）直接用于细胞产品生产的基因修饰病毒载体应与细胞产品、其他载体或生物材料相隔离，分别在各自独立的生产区域进行生产，并配备独立的空调净化系统。

（二）使用含有传染病病原体的供者材料生产细胞产品时，其生产操作应当在独立的专用生产区域进行，并采用独立的空调净化系统，产品暴露于环境的生产区域应保持相对负压。

（三）宜采用密闭系统或设备进行细胞产品的生产操作；密闭系统或设备放置环境的洁净度级别可适当降低，应当定期检查密闭系统或设备的完整性。

（四）细胞产品、直接用于细胞产品生产的基因修饰载体或其他赋予其特定功能的材料，其生产操作环境的洁净度级别可参照表格中的示例进行选择。

洁净度级别	生产操作示例
B 级背景下的 A 级	1. 处于未完全密闭状态下的生产操作和转移； 2. 无法除菌过滤的溶液和培养基的配制； 3. 载体除菌过滤后的分装。
C 级背景下的局部 A 级	1. 生产过程中采用无菌注射器对处于密闭状态下的产品和生产用溶液进行穿刺取样等操作； 2. 病毒载体生产用细胞的传代操作； 3. 可除菌过滤的溶液和培养基的除菌过滤； 4. 载体的除菌过滤。
C 级	1. 可除菌过滤的载体的纯化操作； 2. 可除菌过滤的溶液和培养基的配制。
D 级	1. 采用密闭管路转移产品、溶液或培养基； 2. 采用密闭系统或设备进行细胞产品、载体的生产操作（如在隔离器中进行产品的无菌分装）、取样； 3. 质粒生产用工程菌或病毒载体生产用细胞在密闭罐中的发酵或培养。

备注：表格中除 D 级以外的生产操作示例，均指在非密闭系统下的操作。

（五）含有传染病病原体的供者材料和相应细胞产品应有单独的隔离区域或设备予以贮存，与其它供者材料和相应细胞产品的储存区域分开，且采用独立的储存设备，隔离区域和储存设备都应当有明显标识。

（六）用于供者材料和细胞产品的传染病病原体标志物检查，或对含有传染病病原体样品进行检测的实验室，应符合国家关于实验室生物安全的相关规定，应当有原位灭活或消毒的设备。

七、供者筛查与供者材料

（一）企业应当建立供者筛查和检测标准及供者材料的质量标准，并综合考虑微生物的生物安全等级、传染病类别和细胞产品的预定用途等因素进行风险评估，定期回顾其适用性。

企业不得接收不符合质量标准的供者材料。

（二）企业应当选择具有合法资质的医疗机构作为供者材料采集和细胞产品使用的机构，并明确双方职责。质量管理部门应当定期对医疗机构进行质量评估，并根据评估情况会同企业有关部门对医疗机构进行现场质量审计，以确保医疗机构供者筛查和检测、供者材料采集以及产品的使用符合相关要求。

（三）企业应当建立对医疗机构进行质量评估和认可的操作规程，明确医疗机构的资质、选择的原则、质量评估方式、评估标准及合格医疗机构认可的程序，并明确现场质量审计的内容、周期、审计人员组成及资质。

（四）企业质量管理部门应当指定专人负责医疗机构的现场质量审计，确定经认可的合格医疗机构名单，并建立每家医疗机构的质量档案。

（五）企业应当与经认可的合格医疗机构签订质量协议。质量协议的内容应当至少包括医疗机构和企业双方的职责，供者材料的采集方法、保存条件、质量标准、接收规程和/或细胞产品的使用。

（六）企业应当定期对医疗机构采集供者材料和使用细胞产品的情况进行回顾和评估，一旦发现医疗机构出现不符合操作规程，可能会对患者造成不利影响的情况，应当及时要求医疗机构采取纠正措施和预防措施，必要时不再纳入合格医疗机构名单。

（七）企业应当制定供者材料采集、保存、运输、接收的书面要求，详细说明供者材料的采集方法、保存和运输条件以及接收的标准。

（八）企业对每批接收的供者材料，至少应当检查以下各项内容：

1. 来源于合法且经企业评估认可的合格医疗机构。

2. 运输过程中的温度和时限监控记录完整，温度和时限符合规定要求；如对供者材料采集后的储存温度和时限有特殊要求，还应有完整的温度和时间监控记录，且符合标准要求。

3. 包装完整无破损。

4. 包装标签内容完整，至少含有能够追溯到供者的个体识别码、采集日期和时间、采集量及实施采集的医疗机构名称等信息；如采用计算机化系统的，包装标签应当能追溯到上述信息。

5. 供者材料采集记录。

6. 供者筛查和临床检验结果，至少应当有检查特定传染病病原体标志物的结果。

（九）已知含有传染病病原体的自体供者材料在运输、接收、贮存、发放或转运过程中应当与其他供者材料彼此隔离，每个包装都应有明显标识。

（十）投产使用前，企业应当对每批供者材料进行质量评价，内容至少应当包括：

1. 确认供者材料来自于合法的且经过企业评估认可的医疗机构及符合筛查标准的供者，并按照上述第（八）中第4条内容核对相关信息。

2. 供者材料从医疗机构采集结束至企业放行用于生产前的储存温度和时限符合规定要求。

3. 供者材料包装完整，无破损。

4. 运输、储存过程中出现的偏差已按相关规程进行调查和处理。

八、物料与产品

（一）细胞产品生产用的生物材料，如细胞株/系、工程菌、载体、动物来源的试剂和血清等，企业应当保证其来源合法、安全并符合质量标准，防止引入外源因子。

（二）企业应当对物料进行风险评估，并确定主要物料（如直接用于细胞产品生产的基因修饰载体或其他赋予其特定功能的材料、细胞因子、生长因子、酶、血清、饲养细胞、一次性耗材等）。主要物料的确定应当有记录。对主要物料应开展入厂检验，并可根据特定风险，考虑建立降低风险的其他措施（如加强质量控制等）。

（三）用于特定传染病病原体（HIV、HBV、HCV 及梅毒螺旋体等）标志物检测的体外诊断试剂，应当优先选择获得药品监督管理部门批准的产品，且应当首选获得药品监督管理部门批准的用于血源筛查的产品。

（四）供者材料和细胞产品的运输应当经过确认。

（五）应当建立安全和有效地处理不合格供者材料、中间产品、成品的操作规程，处理应当有记录。

九、生产管理

（一）细胞产品根据其工艺特点，产品批次可考虑定义为：在同一生产周期中，采用相同生产工艺、在同一生产条件下生产的一定数量的质量均一的产品为一批。单一批次所生产出来的所有细胞的总量为此次生产的批量。

（二）细胞产品、直接用于细胞产品生产的基因修饰载体或其他赋予其特定功能的材料的无菌工艺模拟试验至少应当符合以下要求：

1. 采用非密闭系统进行无菌生产操作的，无菌工艺模拟试验应当包括所有人工操作的暴露工序。

2. 采用密闭系统进行无菌生产操作的，无菌工艺模拟试验应当侧重于与密闭系统连接有关的步骤；如有未模拟的无菌生产操作，应当进行风险评估，并书面说明不开展无菌工艺模拟的合理性。

3. 需要较长时间完成的无菌生产操作，应当结合风险评估，说明缩短模拟某些操作（如离心、培养）时长的合理性。

4. 对微生物生长有抑制作用从而可能影响无菌工艺模拟试验结果的无菌生产操作（如冻存），经风险评估后可不包含在无菌工艺模拟试验中。

5. 同一生产区域有多条相同生产线的，每条生产线在成功通过无菌工艺模拟试验的首次验证后，可采用极值法或矩阵法，或两者联用的方法，至少每班次半年进行 1 次无菌工艺模拟试验，每次至少一批。

使用相同设备和工艺步骤生产不同的产品，如采用极值法进行无菌工艺模拟试验，应当模拟某些生产操作的最差条件；如采用矩阵法进行无菌工艺模拟试验，应当模拟相似工艺步骤的最差条件；如采用两者联用方法的，应当书面说明理由及其合理性，模拟应当包括所有的无菌生产操作及最差条件、所有生产用的设备类型。

（三）细胞产品生产工艺应该经过验证，其工艺验证应当符合以下要求：

1）采用自体供者材料生产细胞产品的生产工艺有一定的特殊性，其验证所用的供者材料可来源于健康志愿者；如果来源于患者的，可采用同步验证的方式。

2）对于用自体供者材料生产细胞产品，应当根据风险评估考虑实际生产中的最差条件。如同一生产区域有多条相同生产线的，或者同一生产操作间内有多个隔离器的，最多可同时进行生产操作的生产线数量，或隔离器的数量，同时还应将生产环境、操作人员及实验室检验能力等影响因素作为最差条件予以考虑，并经过验证。

（四）直接用于细胞产品生产的基因修饰载体或其他赋予其特定功能的材料生产工艺应当经过验证，工艺验证至少应包含三个连续的、完整生产工艺的批次。

（五）细胞产品生产过程中应当采取措施尽可能防止污染和交叉污染，控制质量风险，如：

1. 含有传染病病原体的自体供者材料，在生产、转运过程中应与其它不含有传染病病原体的供者材料或细胞产品相互隔离。

2. 采用非密闭系统或设备进行生产时，同一生产区域内不得同时生产不同品种的细胞产品，同一生产操作间内不得同时生产相同品种的不同批次细胞产品。

3. 同一生产区域的不同生产操作间内同时进行同一品种不同批次细胞产品生产时，宜采用密闭系统，如无法保证全部生产过程的密闭控制，则应充分进行风险评估，并采取有效的控制措施，如密封转移、房间压差控制、不得跨越房间操作、直接操作人员不得交叉走动、灭菌与消毒以及单向流传递等。

4. 同一生产区域内采用密闭系统进行同一品种不同批次细胞产品生产时，除细胞培养步骤外应避免在同一生产操作间内同时进行多个相同或不同步骤的生产操作，在完成一个步骤生产操作后应及时进行清场。还应采取有效的控制措施，如房间压差控制、人员管控、交替操作、定置管理、灭菌与消毒以及单向流传递等。

5. 同一生产操作间内有多个隔离器时，应当定期对其进行完整性检查，隔离器不应直接向操作间内排风，且排风不可循环利用。还应采取有效的控制措施，如密封转移、交替操作、定置管理、灭菌与消毒以及单向流传递等。

6. 采用密闭系统进行细胞培养，同一生产操作间或同一培养箱内可同时培养和保存不同批次产品，但应当采取有效措施避免混淆；采用非密闭系统进行细胞培养，应对培养箱内不同批次产品进行物理隔离（如采用蜂巢式培养箱）或采用不同生产操作间的独立培养箱，培养箱内应保持一定的洁净程度且可以进行消毒或灭菌。还应进行充分的风险评估，采取有效措施以避免交叉污染和混淆。

7. 密闭系统或设备发生意外开启或泄漏的，应当进行风险评估并采取有效的应急措施。

（六）应当制定监测各生产工序环境微生物污染的操作规程，并规定所采取的措施。处理被污染的产品或物料时，应当对生产过程中检出的微生物进行鉴定并评估其对产品质量的影响。

应当保存生产中所有微生物污染和处理的记录。

（七）细胞产品生产过程中应当采取措施尽可能防止混淆和差错，如：

1. 生产过程中的供者材料和产品都应当有正确的标识，低温保存的产品也应当有标识。

2. 自体细胞产品供者材料和产品的标识信息中应当有可识别供者的具有唯一性的编号（或代码）。

3. 生产前应当仔细核对供者材料和产品的标识信息，尤其是用于识别供者的具有唯一性的编号（或代码），核对应有记录。

4. 生产过程中需对产品进行标识的，应当确认所标识信息的正确性，自体细胞产品应当与自体供者材料上用于识别供者的具有唯一性的编号（或代码）一致，确认应有记录。

（八）细胞产品生产用包装容器及其连接容器（如有）应当在使用前和灌装后立即进行外观检查，以确定是否有损坏或污染迹象，外观检查应有记录。

（九）直接接触细胞产品的无菌耗材应当尽可能使用一次性耗材。

（十）生产过程中的中间产品和物料的转运有特殊要求的，如温度、时限等，应当对转运条件有明确的规定，并在转运过程中进行相应的监控，且有相应记录。

（十一）生产过程中含有传染病病原体的污物、废弃物或可疑污染物品应当原位消毒，完全灭活后方可移出工作区域。处理过程应符合国家医疗废物处理的相关规定。

十、质量管理

（一）细胞产品的供者材料、关键物料和成品应该按规定留样。特殊情况下，如因供者材料或物料稀缺，产品批量小、有效期短和满足临床必需等，供者材料、物料和细胞产品的留样量、留样包装、保存条件和留样时间可进行如下适当的调整：

1. 供者材料的留样

自体和异体供者材料一般应当保存留样，稀缺的供者材料如需调整留样要求或不保存留样的，应书面说明其合理性。

2. 物料的留样

关键物料（如直接用于细胞产品生产的基因修饰载体或其他赋予其特定功能的材料、细胞因子、生长因子、酶、血清、饲养细胞等）对调查产品可能出现的质量问题至关重要，企业应当对有效期或货架期内的关键物料保存留样。

3. 成品的留样

①成品留样量可以根据不同细胞产品的批量适当减少。

②因满足临床必需，确实无法留样的，应当在留样记录中附有成品的照片，能够清晰体现成品标签的完整信息。

③需要缩短留样保存时间的，企业应当进行评价并有相应报告。

④因产品有效期较短，而需要延长其留样保存时间的，应当采取适当的方法（如低温冻存）以满足留样的预定目的。如新鲜细胞低温冻存后不能作为表征质量的样品，但可作为病毒检测的样品。如成品留样经冷冻保存不能满足预定目的，企业应考虑采用替代方法（如采用中间产品的留样替代成品留样）。

⑤无法使用成品留样的，可选择与成品相同成分的中间产品留样，留样的包装、保存条件及期限应当满足留样的目的和要求。留样的包装方式和包装材质应当与上市产品相同或相仿。

（二）细胞产品放行前应当开展质量检验并符合要求，放行前的质量评价应当确认每批产品的信息完整、正确且可追溯，否则不得放行。

自体细胞产品或采用异体供者材料生产的需与患者配型使用的细胞产品，企业放行前应当核实供者材料或细胞的来源信息，并确认其与患者之间的匹配性。

使用检验完成前即投入使用的供者材料生产细胞产品的，放行前的质量评价应当评估供者材料对最终产品质量的影响。

（三）细胞产品的批记录应当至少保存至产品有效期后五年。供者材料、关键物料的追溯以及供者与患者关联识别等关键追踪记录或资料，至少保存三十年。

（四）企业应当建立应急处理规程，当获知细胞产品在运输和使用过程中发现有质量风险，如包装袋破损、标签信息错误和脱落，或者产品温度在运输过程中超标，应当立即启动应急处理并展开调查，相关应急处理和调查应当有记录和报告。必要时还应当启动产品召回。

十一、产品追溯系统

（一）企业应当建立产品标识和追溯系统，确保在供者材料运输、接收以及产品生产和使用全过程中，来源于不同供者的产品不会发生混淆、差错，确保供者材料或细胞与患者之间的匹配性，且可以追溯。

该系统宜采用经验证的计算机化系统，应当可以实现对产品从供者到患者或从患者到供者的双向追溯，包括从供者材料接收、运输、生产、检验和放行，直至成品运输和使用的全过程。

（二）企业应当对每一个供者编制具有唯一性的编号（或代码），用于标识供者材料和产品。

（三）企业应当建立书面操作规程，规定供者材料和产品在接收、运输、生产、检验、放行、储存、发放过程中正确标识与核对标识信息的操作和记录，确保可识别供者且具有唯一性的编号（或代码）不会发生标识错误或遗漏，确保供者材料或细胞产品与患者之间的匹配性，且具有可追溯性。

（四）企业应当与医疗机构建立信息交流机制，及时交流供者材料采集、产品使用以及与产品质量相关的关键信息等。

十二、其他

（一）企业应当制定详细的产品使用指导手册。产品在医疗机构使用前需要现场配制的，应当详细描述操作规程，如细胞复苏、稀释清洗的方法，配制的环境，无菌操作要求，产品暂存的温度和时限，转运方式等，必要时可以图片或视频形式说明。

（二）企业应当制定相应的制度，定期对医疗机构人员进行供者材料采集要求和产品使用的培训和考核，培训和考核应当有记录。

十三、术语

下列术语含义是：

（一）供者：指提供用于细胞产品生产用细胞或组织的个体，可以是健康人，也可以是患者。

（二）供者材料：指从符合筛查标准的供者获得的用于细胞产品生产的细胞或组织等。

（三）载体：指由生物材料组成或由生物材料衍生而成的可用于传递遗传物质的工具，如质粒、病毒或细菌等，它们被修饰以转移遗传物质。对于 CAR-T 细胞来说，载体是为疾病治疗提供药效活性的重要组成部分。

（四）自体细胞产品：指将从患者采集到的细胞经生产加工后再用于同一患者体内的细胞产品。

（五）生产区域：指建筑物内一组特定的用于生产操作的房间，通常配备相对独立的空调系统（包括通风、温度和必要的湿度调节，以及必要的空气过滤净化）和人、物流通道。

（六）生产操作间：指在生产区域内相互物理隔离的若干区域或房间，用于特定产品或工序的生产操作，通常配备固定的设备和仪器，并严格控制人员的进出和物料、产品的转移，以降低污染、交叉污染、混淆和差错的风险。

（七）密闭系统：指为了避免产品或物料暴露于室内环境而设计和操作使用，且可经验证的系统。产品或物料被转入该密闭的系统时，必须以非暴露的方式（例如通过无菌连接器或密闭的转移系统）进行，避免产品或物料暴露于室内环境。如需打开密闭的系统（例如进行暴露的无菌操作、安装过滤器或进行组件连接等），在回到密闭状态或者使用前需要进行消毒或灭菌（非无菌环境下暴露），且应对其"回到密闭状态"的能力进行必要的确认或验证。

免疫细胞治疗产品药学研究与评价技术指导原则（试行）

（国家药品监督管理局药品审评中心 2022 年 5 月 31 日公布）

目　　录

一、前言

近年来，生物技术发展迅速，促进了免疫细胞治疗产品的研发，为一些严重及难治性疾病提供了新的治疗手段。2017 年，原国家食品药品监督管理总局发布了《细胞治疗产品研究与评价技术指导原则（试行）》，该指导原则对按照药品进行研究和申报的细胞治疗产品药学技术要求进行了总体阐述。由于不同免疫细胞治疗产品的细胞来源、类型、体外操作等方面差异较大，质量研究和质量控制相较传统药物更加复杂，为规范和指导免疫细胞治疗产品按照药品管理规范进行研发和评价，制定本指导原则。

本指导原则仅基于当前的科学认知，对免疫细胞治疗产品的药学研究提出一般性技术原则和建议，内容不具有强制性。申请人/持有人也可基于产品具体情况采用其他有效的方法开展研究，并说明合理性。随着技术的发展、认知的深入和经验的积累，将逐步修订和完善相关产品的技术要求。

二、适用范围

本指导原则中免疫细胞治疗产品是指源自人体（自体/异体）细胞或人源细胞系的细胞，经过体外操作，包括但不限于分离、纯化、培养、扩增、诱导分化、活化、遗传修饰、细胞库（系）的建立、冻存复苏等，再输入或植入到患者体内，通过诱导、增强或抑制机体的免疫功能而治疗疾病的免疫细胞治疗产品，例如嵌合抗原受体 T 细胞（Chimeric Antigen Receptor T - Cell，CAR - T）、树突状细胞（Dendritic Cell，DC）等。

胰岛细胞、软骨细胞等体细胞，以及细胞与非细胞成分的组合产品的细胞部分也可以参考本指导原则。细胞衍生产品，如细胞外泌体、细胞裂解物、灭活细胞等产品，其细胞部分的药学研究也可能适用。对于经基因修饰的免疫细胞治疗产品（如 CAR-T 等），其细胞部分可以参考本指导原则，基因修饰部分可以参考其他相关技术指南。本指导原则不适用于干细胞、输血或移植用的造血干细胞、生殖细胞，以及由细胞组成的类组织、类器官产品等。

本指导原则适用于按照药品管理相关法规进行研发和注册申报的免疫细胞治疗产品，主要适用于上市申请阶段的药学研究。

二、一般原则

按照药品研发和申报的免疫细胞治疗产品应符合《中华人民共和国药品管理法》、《药品注册管理办法》、《中华人民共和国药典》（简称《中国药典》）等相关法律法规的要求。免疫细胞治疗产品的生产过程应当符合《药品生产质量管理规范》（简称 GMP）的基本原则和相关要求。生物安全性方面，应符合国家相关法律法规要求。人体组织、细胞、基因的来源和处理应符合国家人类遗传资源管理的相关法律法规要求。

（一）研究开发规律

免疫细胞治疗产品的药学研究遵循药品研发的一般规律，贯穿产品的整个生命周期。该类产品个性化较强、工艺复杂多样、对环境敏感、非冷冻状态下有效期较短，同时细胞本身具备体内生存、自主增殖和/或分化、细胞间相互作用等能力，其药学研究应充分考虑产品的以上基本特征和特殊性，在符合不同阶段技术要求的同时，药学研究需要不断优化和完善，提高产品的质量。

1. 申报临床试验阶段

申报临床试验阶段的药学技术要求需结合产品的自身特点和生产工艺具体情况进行整体的评价与判断。为了保障受试者的安全，临床试验申请通常重点关注与安全性相关的方面，例如生产用原材料的质量控制、降低混淆/污染/交叉污染风险的措施、工艺稳定性、与安全性相关的关键质量属性、非临床研究样品/非注册临床研究样品（如适用）与临床试验样品的质量可比性等。另外，临床试验样品的生产条件应符合GMP 的基本原则。

一般情况下，申报临床试验时需要完成以下研究：对生产过程中使用的原材料和辅料，尤其是人源/动物源性材料，开展充分的安全性分析，评估使用的必要性和合理性。生产工艺需经过实验室工艺至临床试验用工艺的转化研究评估，确定与临床试验阶段相适应的细胞生产工艺的步骤、参数，以及生产过程控制措施等，支持工艺的合理性和稳定性，能够满足临床试验用样品的产能需求，保证产品的安全性和质量可控性。完成安全性相关的质量研究，例如外源因子、杂质等，并完成相关方法学确认。质量控制方面，设定与临床试验阶段相适应的质量标准，安全性相关的质量控制可结合质量研究并可参考同类产品的已有安全性标准或共识标准。另外，需要比较分析非临床研究、非注册临床试验（如适用）与临床试验的生产工艺（广义的包括原材料、场地、生产工艺、规模等）和样品质量的异同，必要时，进行风险评估和深入的研究。申报临床试验阶段，贮存、运输和使用的稳定性研究条件应具有代表性，稳定性研究数据应能支持临床样品的实际贮存等条件。直接接触样品的材料需经过安全性和适用性的评估。

2. 申报上市阶段

在充分的工艺开发和研究基础上，建立成熟稳定的商业化生产工艺，能持续稳定地生产出安全、有效、质量可控的产品。商业化生产工艺应经过全面的工艺验证，严格控制生产用材料的质量，明确关键生产步骤、关键工艺参数范围、关键过程控制项目和可接受标准。经过充分的质量研究、方法学验证和稳定性研究，建立合理的质量标准。根据规范的稳定性研究和包材相容性研究，制定产品有效期，明确运输、使用过程中的条件和时长，以及确定合适的包装容器/材料。

3. 工艺变更

鼓励申请人/持有人不断改进和优化生产工艺，持续提高产品质量。如发生工艺变更，应根据变更情况开展相应的可比性研究，分析变更前、后产品质量的可比性，以证明变更不对产品的安全性、有效性和质量可控性产生不良影响。

（二）产品特点相关技术考量

1. 生产用原材料

免疫细胞治疗产品生产用原材料来源多样且存在不同程度的风险，应按照《中国药典》的相关要求进行风险评估和质量控制，建立良好、规范的生产用原材料的质量管理体系。优先选用质量标准级别高的或风险级别低的原材料，对人源/动物源性原材料进行生物安全性评估和控制，降低外源因子的引入或传播的风险。

免疫细胞治疗产品生产用细胞可为自体来源、同种异体来源、人源细胞系来源等。涉及细胞/组织采集时需建立合理明确的医疗机构质量评估内容、审核和筛选的原则及标准。建议申请人/持有人对合作医疗机构进行质量评估、审核和筛选，通过建立和使用采集操作文件等方式确保采集过程的规范性。另外，结合质量研究情况，需建立供者筛查标准和制定采集细胞/组织的质量要求，并对采集后细胞/组织的保存、运输和入厂检验等过程建立明确的操作规范。

2. 生产工艺

免疫细胞治疗产品生产工艺复杂，无病毒清除、终端灭菌步骤，其生产应遵循GMP 的原则和要求，生产工艺经过验证并建立清晰的过程控制。应特别关注人员、厂房与设备、原材料控制、环境与设施等。生产厂房的总体分区布局应合理，各区根据工艺步骤及相应的洁净度级别应合理设计、布局及运维，能符合免疫细胞治疗产品生产的质量管理要求，建议尽量采用自动化的、连续的、封闭或半封闭的生产设备，使用专用的、产品特定的、可以满足控制污染风险的装置，最大限度降低微生物、各种微粒的污染风险。建立开场和清场制度，建立全过程控制体系，避免生产用原材料和生产操作过程中可能引入的外源性污染或交叉污染。生产过程中，应注意不同供者批次细胞的操作时间和空间隔离，避免不同批次样品的混淆、交叉污染。建立产品可追溯的管理体系，以确保产品从供者到受者全过程的可追溯性。

3. 质量控制

免疫细胞治疗产品的质量控制策略包括物料质量控制、生产工艺过程控制、中间样品质量检验、终产品放行检验以及留样检验等。原则上，每批产品均需通过质量控制并检验合格后放行。但是，考虑到免疫细胞治疗产品的特殊性，在最大程度控制风险的前提下，可结合临床使用紧急程度、产品贮存和运输的方式/时间等，制定合理、灵活的质量控制策略。

4. 贮存和运输

免疫细胞治疗产品的贮存和运输过程可能涉及到冷冻或冷藏，贮存和运输的条件、时间，以及相应的包装等应经过验证。对于冷冻产品，需关注冻融对产品质量的影响，复苏后产品质量应能满足临床使用要求。对于不需冷冻的新鲜产品，贮存及运输的条件和时间既要保证产品质量，又需要满足临床使用的时效需求。

四、风险评估与控制

免疫细胞治疗产品具有多样性、异质性、复杂性等特点，不同类型产品可能存在不同程度的风险。因此，需要基于产品的特点，从原材料、生产过程、产品质控、稳定性、临床应用过程等多方面因素，进行综合风险评估。可参考 ICH Q9 的风险管理理念，科学利用风险评估工具，对具体品种的各类风险因素进行识别、分析和评估，并根据风险评估结果制定相应的风险控制措施。风险评估和控制贯穿于整个产品生命周期，需随着研究的深入、产品认知的积累，不断对风险因素进行跟踪分析和更新，收集数据以进一步确定其风险特征并制定相应控制策略。

根据目前产品研究情况，免疫细胞治疗产品药学方面的风险因素可能来源于以下几大类：

（1）细胞的来源（如自体/同种异体、人源细胞系等）、获取方式、类型和生物学特点（如增殖、分化、迁移能力、细胞自身功能、分泌活性物质、启动/增强/抑制免疫应答的能力等）。

（2）物料的安全性风险，如人源/动物源性原材料的使用。

（3）细胞的生产过程，如设备开放/密闭性、生产过程可能的混淆、内外源性污染/交叉污染；对细胞的操作程度，如体外培养/扩增/活化/诱导/基因修饰/冷冻贮存/复苏/运输等；操作对细胞特性的影响程度，如基因修饰对细胞功能的影响等。

（4）质量研究和质量控制，已有的研究和检验手段或方法是否能充分表征产品的特性和控制产品的质量，如生物学活性、纯度研究（例如非目的细胞群、杂质残留、非细胞成分）等。检测方法和检测指标是否适用，新建检测方法验证是否充分，例如，新建检测方法是否与药典方法等效，新型快速检测方法出现假阴性或假阳性结果的风险等。

（5）生产用细胞和细胞终产品的贮存、运输条件和时间，贮存容器的密封性、相容性等。

（6）与非细胞材料（生物活性分子或结构材料）形成组合产品等。

其他的风险因素类型可能包括：给药方式（如系统性输注、局部应用或经手术应用）；受者的不同条件（如是否需要对受者进行预处理，疾病的种类、分期、严重程度或进展速度等）对产品的质量、生产周期、贮存方式或运输时间的要求；既往类似产品的经验或相关经验的可借鉴性等。

五、生产用物料

生产用物料系指免疫细胞治疗产品生产过程中使用的所有原材料、辅料和耗材等，其来源应当清晰，质量应有保证，应特别关注防止外源因子的引入或传播。物料供应商及合同生产商需经过评估、审核，必要时，通过签订质量协议等方式控制质量风险。

（一）原材料

原材料直接关系到产品的质量，应按照《中国药典》"生物制品生产用原材料及辅料的质量控制"的要求进行风险评估和质量控制，建立良好、规范的原材料质量管理体系。基于免疫细胞治疗产品自身的特点及其生产工艺的特点，建议尽量采用符合药典标准或已经批准用于人体的原材料，否则应尽量使用质量标准级别高、风险级别低的原材料，并确保其安全性和适用性。原材料包括起始原材料（如生产用细胞、生产辅助细胞、体外基因修饰系统）和其他原材料（如培养基、添加因子、其他生化试剂等）。

1. 起始原材料

1.1 生产用细胞

根据目前生物技术的发展，生产用细胞来源包括人体供者来源（自体细胞、同种异体细胞）和人源细胞系来源。供者细胞的来源应符合国家相关的法律法规和伦理的要求，并建立"知情与保密"管理体系。细胞系应来源明确、传代历史清楚、安全性风险可控。

1.1.1 供者来源的生产用细胞

供者的筛选：

为了保证产品质量以及生产环境和生产人员的生物安全性，基于研究、产品风险和供者细胞使用需求，需建立合理的供者筛选程序和标准，并尽量收集供者的相关特征，包括但不限于年龄、性别、既往已知的用药情况和辐射暴露、疫区停留情况、既往病史、家族史、病原微生物筛查信息、HLA（human leukocyte antigen）分型信息、血型、血常规检测等。供者筛选的标准因产品特点而异，但需要合理设定且能控制相应风险。

病原微生物筛查方面，同种异体供者应至少符合国家对于献血的相关规定，如筛查供者是否存在人类免疫缺陷病毒（Human immunodeficiency virus，HIV）、乙型肝炎病毒（Hepatitis B virus，HBV）、丙型肝炎病毒（Hepatitis C virus，HCV）、梅毒螺旋体等感染。根据产品实际情况，还可增加相应的检测项目，对于一些特定产品，有明确风险且有明确病毒检测要求的则需要进行检测，如T细胞治疗产品的供者除上述病原微生物外，还建议进行人巨细胞病毒（Human cytomegalovirus，HCMV）、人EB病毒、人类嗜T淋巴细胞病毒（Human T-cell Leukemia Virus，HTLV）的筛查。自体供者也需要开展相应的病原微生物筛查，以确保生产过程和产品使用不会造成污染，或不会对患者自身增加额外的风险。根据供者健康/疾病史或疫区生活停留等的具体情况还可适时增加相应的筛查项目，并建立验收的标准和程序。为了确保检测方法的灵敏度和检测结果的可靠性，建议采用经监管机构批准的试剂盒，并优先采用血源筛查试剂盒检测病原微生物。同种异体供者还需考虑窗口期对病原微生物筛查的影响。

除病原微生物检测外，根据临床使用和生产需求，可增加对供者的筛查项目，例如对于同种异体来源的产品，建议适时评估包括多态性的分型，例如血型、供者和受者之间主要组织相容性抗原（Ⅰ类和/或Ⅱ类HLA）的匹配，在某些情况下可能需关注次要组织相容性抗原，明确并建立分型程序和标准。

细胞/组织的获取、处理和检验：

为了保证供者细胞质量满足生产要求，需对负责细胞/组织采集的医疗机构进行评估和审核，选择具有相关资质的医疗机构作为供者细胞/组织获取的机构，建立合作医疗机构名单，制定相应的细胞采集操作规范，并鼓励签订相关质量协议，同时定期对医疗机构采集供者细胞/组织和临床应用细胞终产品的质量情况进行回顾分析和评估。

细胞/组织的获取操作过程需经过充分研究。根据产品特点并基于研究，确定细胞或组织来源、采集方法和其他相关识别信息，包括但不限于采集场所/环境要求、使用的设备和程序、采用的试剂耗材、采血量等。细胞/组织获取包括单采血采集、外周血采集、淋巴组织分离、脐带血采集、肿瘤组织分离等多种采集方式，建议综合考虑细胞类型、供者健康状况和细胞需求量等，优先选用易于标准化操作的采集方式，如血液成分单采技术等。对获得细胞/组织的方法需进行研究和论证，包括但不限于有关酶的类型、抗凝剂、血分仪器和程序（循环血量、流速等）、手术方式等。采集中尽量减少相关杂质，如细胞碎片、非目的细胞含量等，并考虑降低对供者组织、器官施加的破坏程度。避免不必要的或不适当的加工和处理步骤，以避免损坏细胞的完整性和/或功能，进而降低发生不良反应或者治疗失败的风险。采集细胞/组织的医务人员必须经过严格培训，获得相应的资质和授权方可上岗操作，培训应当有记录。实施采集操作的环境应能保证采集细胞/组织的微生物安全性。采集过程中应对微生物污染、样品交叉污染或混淆风险进行控制。

采集的细胞/组织如果需要进一步处理，如混合、分批、包装、保存、运输等，需开展相应的研究、验证工作，并根据研究情况确定适宜的保存条件、运输方式和时间，制定相应操作规范。

采集的细胞/组织在入厂时，需进行外观、包装完整性等方面的检查，以及运输温度、时间和供者信息等方面的确认。生产前，根据工艺要求、产品特点等，可进行细胞类型、数量、表型、活率以及微生物等方面的检测，如细胞类型可通过相关的基因型和/或表型标志物进行鉴定和确认，标志物阳性的细胞比例可以作为预期细胞群指标评估的依据。鼓励研究与成品质量相关的细胞/组织质量指标，并纳入采集细胞/组织质量放行标准中。

1.1.2　细胞系来源的生产用细胞

人源细胞系来源的免疫细胞治疗产品，其使用的细胞系应满足来源清楚，传代历史明确，检定结果全面且合格等要求。原则上，应对细胞系建立细胞库并进行分级管理，以用于生产。细胞库的层级可根据细胞自身特性、生产情况和临床应用情况综合考虑；并参照《中国药典》、ICH Q5A、ICH Q5D等相关要求建立细胞库的检验标准，检验结果应符合要求。细胞系可能经过基因修饰后用于生产，如有可能，建议对基因修饰后的细胞系进行建库和检验。

1.1.3 生产用细胞的贮存

建议建立或采用稳定可控的细胞存储体系或平台，研究确定供者细胞或细胞系合适的保存条件和包装材料，在不改变细胞特性的情况下，对细胞进行妥善的保存，确保贮存过程中不增加微生物污染风险，并且细胞的活率、密度、纯度和生物学功能等可满足生产要求。

1.2 生产辅助细胞

根据用途或功能，生产辅助细胞可能为病毒包装细胞、滋养细胞（Feeder cells）等。生产辅助细胞，应符合来源和培养传代历史清楚、安全性风险可控、进行细胞库分级管理（如适用）、检验结果合格的基本原则。生产辅助细胞如需要扩大培养，建议尽可能一次性完成最终生产辅助细胞的扩大培养，或确保每次扩大培养工艺和质量的一致性，并评估扩大培养过程中是否引入了新的风险。如适用，建议建立不同生产步骤/阶段的检测程序，如检测时间、检验项目、检测方法和验收标准等。需要关注其种属特异性病毒检测和可能引入的安全性风险。涉及滋养细胞失活处理的工艺，如辐照或添加药物等，应经过研究与验证。

1.3 基因修饰系统

如涉及基因修饰，基因修饰系统部分请参考相关技术指南，不在本文赘述。

2. 其他原材料

细胞的采集、分选、培养以及对细胞进行基因修饰过程中还需要使用多种材料，如培养基、酶、抗体、细胞因子、血清、抗生素、磁珠、其他化学品或固体支持物（例如凝胶基质）等，这些材料的使用可能会影响免疫细胞治疗产品的质量。其风险评估内容包括原材料的来源、组分、功能、使用阶段、质量控制等，需要具备的相关文件包括来源证明、检验报告书（COA）、说明书、无 TSE/BSE 声明等，以证明其符合使用要求，适用于其预期用途。基于风险情况，其生产过程可参照 GMP 的相关原则或要求。

生产过程中如需使用抗原，需满足来源清楚、风险和质量可控的要求。重组表达或合成的抗原需明确选择依据、抗原的序列、生产工艺相关的风险因素和质量控制，明确抗原的杂质控制（包括外源病毒因子等）情况。肿瘤细胞裂解物抗原需关注生产工艺的稳定性和质量相关风险，如成瘤性或外源因子污染等。需充分评估免疫细胞治疗产品中抗原残留可能引起的免疫相关风险等。

生产过程中尽量避免使用具有潜在致敏性的材料，如β-内酰胺类抗生素（如青霉素）等。尽量避免使用动物源原材料，如动物血清、动物来源的蛋白质，尽可能使用成分明确的非动物源性材料替代。如果必须使用动物源原材料，需要开展相应的研究证明其使用的必要性和合理性，根据原材料的物种来源、生产地区、生产工艺等特点建立完整的质控体系，评估 TSE/BSE 安全性风险，并对动物源原材料残留量进行检测及开展安全性风险评估。严禁使用疫区来源的动物血清/血浆，不得使用未经过安全性验证的血清/血浆。如生产过程使用自体血清或自体血浆，需要开展血清/血浆的生产工艺、质量、稳定性、包装、贮存等研究。生产过程中尽量避免非药用异体人血源性材料的使用，如确需使用，需要基于风险，可以参考血液制品的相关要求，开展外源因子污染、有效性和批间一致性等方面的研究，并结合生产商放行检测标准制定合理的内控标准。

（二）辅料

辅料请见"生产工艺"章节中"制剂处方和工艺"部分。

（三）耗材

生产过程中使用的培养瓶、管路、滤器等一次性耗材、培养与包装容器，及与中间样品接触的生产设备和材料等需经过严格的筛选，开展适用性和生物安全性评估，并根据评估结果开展相应的相容性研究。

免疫细胞治疗产品可能与其他医疗器械、基质、微囊等材料形成组合产品。细胞部分可以参考本指导原则。整体组合产品需考察和评估细胞与器械等材料的互相作用及风险。

六、生产工艺

免疫细胞治疗产品生产厂内的生产工艺通常包括从供者细胞/组织接收或细胞系起始培养到最终细胞收获、制剂、贮存和运送出厂的全过程。整体生产工艺需进行充分的研究和验证，以确定稳定可行的商业化生产工艺，包括但不限于细胞接收、采集细胞的冻存（如适用）、体外操作、制剂、产品冷冻等。确定的生产工艺包括合理的工艺操作步骤和参数、生产过程控制和可接受标准等。生产的全过程需进行监控，包括工艺参数和过程控制指标的监测等。组合产品生产工艺的研究和验证还需包括单独成分组合形成最终组合产品的所有工艺步骤，以保证生产工艺的可行性和稳定性。

（一）工艺研究

随着研究的深入，生产工艺需不断优化。工艺研究中建议尽量采用与生产实际来源、质量一致的细胞/组织开展研究。如果细胞量有限（如自体细胞产品），可考虑采用具有相似特征、具有代表性且有足够数量的细胞进行研究。

1. 生产产能和批次定义

免疫细胞治疗产品生产产能的大小直接影响到可接受治疗的患者人数、治疗的次数及产品的质量，由细胞特性、生产工艺、厂房、人员、设施设备、临床用途等多种因素决定。生产产能的制定需要经过研究验证。在从实验室制备向工业生产转化的阶段，需关注生产产能扩大的方式，开展研究保证产品质量。如果在生产产能扩大研究中，始终保持生产工艺不变和每批产品批生产量不变，而是通过增加生产批次的方式扩大生产产能时，需重点关注原辅料、人员、公共设施、设备、生产环境和质量监控及检验等方面的验证，以确保产能扩大不会对产品质量产生影响。如果在生产产能扩大研究中，引入了新的生产工艺，如采用了多层细胞工厂或者细胞反应器等设备，需重点关注变更工艺对质量的可能影响，开展相应的可比性研究或评估。

定义批次的目的是保证免疫细胞治疗产品的质量均一性和可追溯性。同一批次的产品，应来源一致、质量均一，按规定要求抽样检验后，能对整批产品做出质量评定。由于免疫细胞治疗产品工艺多样、复杂，可结合产品工艺特点制定适用的批次定义。根据现有产品工艺情况，免疫细胞治疗产品批次可考虑定义为：在同一生产周期中，采用相同生产工艺、在同一生产条件下生产的一定数量的质量均一的产品为一批。单一批次所生产出来的所有细胞的总量为此次生产的批量。

2. 生产工艺开发

免疫细胞治疗产品工艺开发需根据目标产品质量概况，结合理化特性和生物学特征，合理设计试验，不断优化，逐步建立稳定的生产工艺和关键工艺参数。对于目标产品质量概况研究，需从多个方面对产品的特征如表面标志物、细胞活率、纯度、生物学活性、目的基因转导效率等进行分析，并从中初步获得可能影响产品安全性和有效性的关键质量属性。根据工艺参数对关键质量属性的影响来确定关键工艺参数，并建立相匹配的参数范围，随着工艺研究的深入和经验的积累而不断优化。可能的关键工艺参数包括但不限于：起始细胞数量，培养基组成，细胞扩增、诱导、基因修饰操作相关工艺参数等。

在细胞体外培养工艺开发中，需考虑细胞体外生长的条件和任何操作可能对细胞的影响，以保持细胞的完整性和功能特性。对操作的步骤（换液、传代、激活、基因修饰、诱导等）、添加的成分（培养基、重组蛋白及相关生长因子、血清替代物、磁珠、病毒载体、核酸物质、促转导/转染试剂等）、培养容器、培养条件（如温度、溶氧、pH 等）、杂质去除、培养时间或最大传代次数、培养规模和参数设置等都应当进行相应的研究和验证。为了监测细胞质量情况，建议建立检测方法和标准，持续监测生产过程中细胞的特性情况，如细胞培养扩增后细胞的基因型和/或表型以及功能的变化等以确定或优化生产工艺。

如果细胞的培养介质不是液态培养基，而是非液态基质/器械/支架内（上）等培养介质，需考虑其对细胞生长、功能和完整性的影响，例如可降解生物材料可能引起的细胞环境变化（如 pH 值、离子浓度、气-液界面等改变），同时还应考虑细胞可能对培养介质产生的影响（如降解速率、介质形态、介质组成成分等）。

若存在细胞体外诱导的操作，需对诱导的方法和条件进行研究，结合细胞生长特性的变化、细胞的表型和/或基因型的变化、细胞功能的变化、诱导物质的残留、目的细胞群和非目的细胞群的比例变化进行研究和验证，并不断优化。

若存在细胞体外基因修饰的操作，需对操作的方法（如电转、病毒载体转导等）和条件，例如促转导/转染试剂的选择、转导设备（如电转仪）、病毒感染复数

（MOI）等条件进行研究，并可结合目的基因的转导/转染效率、目的基因在染色体中的整合情况、目的基因表达稳定性、细胞基因型和/或表型、功能的变化、致癌性等风险基因的残留和去除、病毒复制能力回复突变、插入突变或插入位点等进行工艺的研究、优化和验证。

3. 制剂处方和工艺

制剂研究的总体目标是确保剂型和处方合理，工艺稳定，有效控制生产过程，适合工业化生产。研究中根据产品自身的特性和临床应用情况确定产品的剂型、制剂处方和处方工艺。制剂研究一般包括：

（1）剂型的选择

免疫细胞治疗产品一般为注射剂。如果使用其他剂型，应当结合临床使用情况合理选择。

（2）处方研究

根据免疫细胞治疗产品的特性、稳定性研究结果等，结合剂型特点、用法和给药途径，合理设计试验，进行处方筛选和优化，最终确定处方。处方研究主要关注规格、辅料成分和用量、用法，以及产品在贮存、运输、使用等过程中的稳定性表现等。制剂处方应与贮存条件相适应，免疫细胞治疗产品常涉及冷藏和/或冷冻。研究中，应验证细胞冷藏和/或冷冻条件和时间等对细胞特性和活力状态的影响，以确定制剂处方。非冷冻免疫细胞治疗产品的贮存时间通常较短，其制剂处方应能满足在贮存、运输和使用期间产品质量稳定的要求。

辅料的使用、用量和质量情况应加以研究和验证，证明其使用的必要性、安全性和合理性。宜优选药用或经批准可用于人体的辅料，否则需要开展全面的研究与评估。对于新型的辅料，除以上研究外，建议开展适当的非临床安全性研究，具体可以参考已经发布的相关技术指导原则。冷冻的免疫细胞治疗产品常用冷冻保护剂，其主要分为穿透性冷冻保护剂（如二甲基亚砜（DMSO）、甘油、乙二醇等）和非穿透性冷冻保护剂（如聚乙烯吡咯烷酮、白蛋白、蔗糖、海藻糖等）。在选择细胞冷冻保护剂时，可能考虑的因素：细胞冷冻保护剂本身的毒性及免疫原性（如DMSO、白蛋白等），对细胞特性、功能及稳定性的影响，去除方法或残留量的可接受标准，冷冻的设备和程序方法，细胞冷冻保护剂的质量、来源、成分、用量、用法等。研究中应当验证细胞冷冻保护剂（如DMSO等）的成分、用量及其合理性。结合选用的冷冻保护剂，如果产品在给受者使用前需要经过物理状态改变、过滤、清洗、容器转换、调整剂量、与其他材料联用等操作，应进行充分的研究和验证。

（3）制剂工艺研究

根据免疫细胞治疗产品的特性、稳定性研究结果等情况，结合生产条件和设备，进行工艺研究和验证，确定制剂生产工艺并建立适当的过程控制标准。制剂工艺研究可以单独进行，也可以结合处方研究同时进行。制剂工艺研究需要考虑混淆和污染的风险防控，制剂工艺过程中接触材料（容器）对细胞的吸附或作用，灌装产生的剪切力对细胞的影响等，同时确保细胞数量和密度等满足要求。

(二) 过程控制

良好的过程控制是保证产品质量的关键。合理设立生产过程控制的取样时间点、检测项目和标准或相关工艺参数的输出标准，以确保产品生产工艺的稳定性和不同批次间产品质量的一致性。对于封闭式细胞培养体系，可依据封闭系统结构、取样流程等特点酌情安排过程控制的取样操作，防止污染。

根据产品和生产工艺特点建立合理的过程控制策略，建议关注以下几个方面：(1) 监控样品混淆和交叉污染，包括生产过程中的供者材料、中间样品和产品，尤其注意不同供者或细胞系来源的细胞操作应进行时间/空间有效隔离；每次生产结束后需进行清场，采用经验证的标准程序进行清洁及消毒处理。每次生产操作前，对清场情况进行确认。(2) 监控微生物及其代谢产物/衍生物（如内毒素）污染，如适用，建议在关键时间点对适合的中间样品开展无菌、支原体等安全性相关检测或采取相关的措施加以控制。(3) 监控生产过程中的关键工艺参数或关键质量属性，如细胞活率、增殖能力、细胞表型、杂质含量、生物学活性等。过程中的质量监控与放行检测可相互结合与补充。(4) 确保生产全过程样品和生产物料（包括从细胞/组织采集过程、生产、运输到临床应用整个过程）的可追溯性。

(三) 工艺验证

免疫细胞治疗产品工艺验证可遵循生物制品工艺验证的一般原则，对已经确定生产工艺的各个操作单元、中间样品存储条件和时间、培养基/缓冲液制备和存储条件、运输过程等进行工艺验证。工艺验证应当能证明生产工艺按照规定的工艺参数能够持续生产出符合预定用途和注册要求的产品。

在符合伦理和知情同意的情况下，工艺验证中建议采用与临床应用情境类似的细胞（如患者来源细胞）开展相应的研究；在工艺研究充分的情况下，自体细胞治疗产品或其他细胞来源受限的产品，也可以考虑采用经研究和评估认为具有代表性的健康供者细胞进行相关工艺验证，并同时考虑在上市后开展同步验证。

验证工作中需关注同时同阶段生产最大产能的研究与验证，实际生产的最大产能不得超过经验证的最大产能，产能的增加需要经过适当的验证。研究中需考虑原辅料、人员、设施设备、环境、质量检测能力、整体运行能力等方面对最大产能的支持能力，考虑对最差条件的验证。完成商业化生产工艺验证后，还需进行持续工艺研究与验证，保证工艺处于受控状态。

七、质量研究与质量控制

(一) 质量研究

质量研究是工艺优化与改进、制定整体控制策略及保证产品质量的基础，贯穿于产品的全生命周期，全面的质量研究有利于关键质量属性的确定，需随着对产品认识的深入和技术的发展不断补充和完善。质量研究需采用相应研究阶段（如非临床研究批次、临床试验批次、商业化生产批次）或适当步骤（如供者细胞或细胞系细胞、生产过程中间样品或成品）的代表性样品。

免疫细胞治疗产品的质量研究一般包括安全性研究、纯度和杂质研究、功能性研究、其他项目的研究等，也可根据产品的自身特点增加其他相关的研究。

1. 安全性研究

主要包括微生物安全性研究和产品本身相关的安全性研究。前者是指对微生物污染和微生物代谢产物/衍生物污染的研究，如真菌、细菌、支原体、病毒、内毒素等；后者是指除微生物学安全性外，对产品本身可能导致安全性问题的相关研究，如细胞恶性转化、非目的细胞残留等。根据细胞种类、特性和来源、生产工艺和相关物料特点进行上述两方面的安全性研究。建议至少包括以下几个方面（如适用）：

外源因子：生产用细胞、生产辅助细胞、其他人源/动物源性原材料，以及生产过程中都可能引入外源因子。在进行常规外源因子检测的基础上，根据可能引入的外源因子，可结合体内和体外方法开展特定外源因子的检测。例如，生产中若使用牛血清，需进行牛源特定病毒的检测；若使用猪胰酶，需进行猪源特定病毒的检测；若使用滋养细胞，需进行细胞种属特异性病毒的检测。对于同种异体治疗产品，在开展人源病毒检测时，应关注供者处于感染窗口期的可能，适时开展二次取样和检测。

复制型病毒（Replication competent virus，RCV）：RCV 通过病毒载体回复突变产生，是与产品安全性相关的重要检测项目，需要通过适用的检测方法进行研究。

细胞恶性转化：某些情况下，产品中的细胞有发生恶性转化（包括但不限于成瘤性、促/致瘤性等）的可能性。在此种情况下，可根据免疫细胞的来源、产品中目的细胞的特点或残留杂质情况等因素，结合体内和体外实验对细胞发生恶性转化的可能性进行研究和评估。

基因插入位点和拷贝数：由于其关系到产品的安全性和有效性，需采用适用的检测方法进行研究，探索其与安全性和疗效的相关性。

异常免疫反应：建议对异体来源的细胞产品选择适用的方法进行免疫学反应检测。

非目的细胞和杂质研究：具体见下文。

2. 纯度和杂质研究

免疫细胞治疗产品的质量和生物学活性往往和产品中目的细胞的纯度相关。实际情况可能比较复杂：一方面，不同类型产品对目的细胞纯度要求各不相同；另一方面，同一类型产品中不同的细胞群或亚群对产品生物学活性的影响也各不相同，需要研究不同细胞群或亚群的细胞比例。细胞纯度研究可能包括但不限于：

活细胞比例：需要采用适用的方法对活细胞比例进行研究。当免疫细胞治疗产品为单一细胞种类并具有均一性时，可以通过直接检测产品中活细胞的比例来研究产品的纯度。

细胞群或亚群比例：当免疫细胞治疗产品为多种不同类型或不同基因型/表型细胞所组成的混合物时，建议研究样品中细胞的组成成分，如细胞群或亚群的组成和比例。如，根据成熟阶段（幼稚、衰老、耗竭等），对免疫细胞群或亚群进行研究。

目的细胞的比例：可通过检测目的细胞比例来研究产品的纯度。比如在 CAR-T 产品中，在进行了 CAR 转入的操作后，纯度分析的目的细胞群应选择能同时正确表达 CAR 和 T 细胞表面标志物的目的细胞，不能包括未表达 CAR 的 T 细胞和虽表达 CAR 但 T 细胞表面标志物不正确的细胞。

非目的细胞的比例：非目的细胞对产品质量可能具有不利的影响，因此，细胞纯度研究还应包括非目的细胞的定性和/或定量研究。例如肿瘤细胞、iPS 细胞等非目的细胞的残留具有较高安全性风险，因此需要进行其比例的研究并进行严格的控制。经研究，当非目的细胞对产品安全性和有效性不产生影响时，需研究其组成和比例，必要时，控制批间一致性。

杂质：

工艺相关杂质：是指工艺中引入的杂质，如残留的蛋白酶、诱导试剂、促转导/转染试剂、血清、病毒载体、以及残留的磁珠、纤维和塑料微体、滋养细胞等，需采用适用的方法进行研究。

产品相关杂质：如非目的细胞、细胞非预期表达的产物、死细胞残留、细胞碎片和其他可能的降解产物等，需采用适用的方法进行研究。

对于产品中可能存在的高风险杂质成分，应当建立和明确去除方法及残留定量检测方法，如果杂质成分不能有效去除，则应当在动物模型或其他系统中进行安全性和毒性评估，并根据人体暴露最大剂量或体内安全性研究结果设定残留限度。

3. 功能性研究

功能性研究是通过体内/外功能分析实验来评价免疫细胞治疗产品是否具备预期的生物学功能的研究。根据细胞产品的性质、特点和预期用途（适应症），尤其是实现临床治疗效果的具体机制和指标，建立和验证合适的体内/外功能性分析方法，开展功能性研究。其功能性研究可能包括但不限于以下方面：

分化/发育潜能：可涵盖产品中细胞可能的分化/发育方向。其中，与临床应用安全性和有效性相关的分化/发育功能建议作为代表性评价内容纳入质量控制。

表达产物的定性与定量研究：当免疫细胞治疗产品功能涉及内源或外源基因产物的表达时，应开展对表达产物的研究，例如表达产物的种类、特性、表达水平、修饰程度（如糖基化、磷酸化等）、聚合性（如同源或异源聚合物等）等。

对外源性刺激的应答：可研究相关因素作用于细胞后产生的细胞学反应，如细胞形态的改变、细胞增殖能力的改变、细胞因子的分泌、表型的变化、信号通路的改变、代谢的改变等。

生物学活性：根据产品特点和作用机制，开展与产品体内预期功能相应的生物学活性研究，如靶细胞的效应（如溶解反应、诱导细胞凋亡或增殖）、分泌特定因子等。

如果生产过程中通过添加成分刺激（如诱导、抗原负荷等），或者进行基因修饰（如基因编辑、外源基因表达等）后获得功能性细胞，需对刺激或操作前、后的细胞开展适用的生物学活性研究，对比分析刺激或操作前、后细胞的功能情况。当直接的研究试验受到所需细胞数量或其他条件限制时，可研发和实施合理的替代性检测方法。

4. 其他项目的研究

理化特性方面，可根据产品特性和剂型，对外观、pH、渗透压、明显可见异物等进行研究。

细胞活率和增殖能力方面，可采用适用的检测方法，如活细胞计数、细胞倍增时间分析、细胞周期分析、克隆形成率分析等进行研究。

某些免疫细胞治疗产品的生产和/或使用可能需要将多种不同类型的细胞产品进行混合，可对产品的混合特性进行质量研究，并确定混合产品的关键质量属性。在混合前，应对各独立的免疫细胞治疗产品分别开展相关质量研究，分别确定各自的关键质量属性。

（二）质量控制

1. 质量标准

质量标准需基于全面的风险分析、积累的生产和临床研究经验以及统计分析（如适用）、可靠的科学知识，并结合质量研究、稳定性研究等结果而制定。质量标准包括检验项目、检测方法与标准限度。可依据检测需求合理设置样品检测阶段，如中间样品、放行检测、留样样本等，以有效控制产品质量。检验项目一般包括鉴别、生物学活性、纯度、杂质、转基因拷贝数（如适用）、细胞数量（活细胞数、功能细胞数/比例等）和一般检测（如 pH、渗透压、无菌、支原体、细菌内毒素、外观、明显可见异物等）等。

（1）检验项目和检测方法

细胞鉴别：建议采用适用的、特异性强的检测方法，必要时，采用多种方法进行鉴别。采用的方法可能为细胞形态、HLA 分析、遗传多态性分析、核型分析、STR 分析、代谢酶亚型谱分析、细胞表面标志物及特定基因表达产物分析等。

纯度：结合质量研究，根据产品特征选用纯度检测的指标，如细胞表面标志物、特定生物学活性等。

无菌和支原体：依据《中国药典》无菌检查法和支原体检查法，对细菌、真菌及支原体进行检测。当检验样品量有限，或需要快速放行等特殊情况下，如药典方法无法满足，可考虑开发新型的无菌和支原体的检测方法进行放行检测，但是新型检测方法应经过充分验证。在积累数据阶段，可以并行采用经充分验证的新型方法和药典方法。

细菌内毒素：依据《中国药典》中的细菌内毒素检查法对细菌内毒素进行检测，或采用其他经过验证的适用方法。

细胞内源和外源病毒因子：根据质量研究的结果确定免疫细胞治疗产品及其生产过程中可能引入的内、外源病毒因子，在此基础上选择合适的方法如细胞培养法、核酸或蛋白检测法、荧光抗体检测法等进行内、外源病毒因子检测。

复制型病毒（RCV）：对于使用病毒载体进行基因修饰的免疫细胞产品，RCV作为重要的安全性风险关注点，除了病毒载体阶段的检测控制外，细胞终产品还需建立完善的检测和风险控制策略。当细胞放行检测采用快速RCV检测方法时，建议进行留样。在临床试验阶段或上市早期阶段用指示细胞培养法采用留样进行并行检测分析，积累数据；在上市后成熟阶段，留样可以作为必要时的研究分析。

生物学活性：建议选择可表征产品生物学活性且适宜用于放行检测的方法。某些情况下，如产品具有多种作用机制，或单一检测方法不能充分反映其作用机制的情况下，可考虑采用一种以上的方法进行生物学活性检测。

杂质控制：根据生产工艺和质量研究的结果，明确产品生产过程中残留的、可能影响产品质量的工艺相关杂质和产品相关杂质，选择适用的方法进行检测和控制。对于一般工艺相关杂质，如经充分验证证明工艺可对其有效、稳定地清除，可结合工艺进行控制。

成瘤性/致瘤性：如适用，可根据质量研究结果，考虑是否纳入成瘤性/致瘤性控制项目。

除以上例举的检测项目和方法外，可以结合实际研究情况进行合理的调整。

（2）标准限度

质量标准限度制定可依据产品研发相关数据、非临床研究批次检测数据、临床试验批次检测数据、工艺验证数据以及稳定性研究数据等，同时可兼顾产品的特点和目前的科学认知与共识。建议重点依据临床试验批次的检测数据制定标准限度。

2. 检测方法的验证

检测方法应经过研究与验证，特别是自建的产品特异性的方法。药典中收录的方法应进行适用性确认。药典方法经过修订或替代时，需验证其合理性。

方法学验证研究需关注阳性对照、阴性对照、抑制性对照（如适用）、供试品取样代表性和取样量、检测指标、判定标准等方面的合理性。

对于有效期短或样本量小的产品，可考虑采用快速、微量的新型检测方法。新型检测方法应进行充分的验证，并与药典检测方法进行比较和评估（如适用）。

研发过程中如出现检测方法的变更，应对变更方法进行评估和研究，证明拟变更方法优于或等效于变更前方法。

3. 标准品/对照品

在条件许可的情况下，可依据需要建立标准品/对照品，以满足检测的需求，并有助于确定设备和试剂在规定的范围内工作，提高检测结果的可靠性和准确性。

建立的标准品/对照品需有明确的预期用途，采用经验证的检测方法进行检验和标定，开发各个阶段使用的标准品/对照品应可以溯源，并且还需开展相应的稳定性研究。

4. 其他情况

产品放行检测是确保产品质量满足临床应用的重要保障，但是部分免疫细胞治疗产品因时效较短，可能无法在临床使用前完成全部放行检测。在这种情况下，如果风险被充分研究评估，并经过验证证明可控的情况下，可以考虑在完整放行检测结果获得前先行使用（使用放行）；当风险未被充分研究评估或评估认为可能造成严重的无法挽回的后果时，则不建议考虑使用放行。

为加强质量控制，降低风险，建议考虑以下一些措施：

（1）在放行检测时间受限时，可考虑加强原材料的质量控制和过程控制，将其与放行检测相结合，控制风险。

（2）检测方法方面，可采用快速替代检测方法进行检测，以最大程度控制风险。在充分完成替代检测方法验证前，需开展药典方法和替代检测方法的平行检测，积累数据并在研究中不断优化。

（3）在使用放行的同时，应继续完成完整的放行检测。需充分考虑相关风险，提前制定措施，当后置的放行检测结果出现异常或不合格时，需启动相关风险适用的紧急预案。

5. 使用前的质量核准

产品在给药前需进行质量核准，特别是存在使用前细胞复苏、稀释等操作的情况。核准的内容可包括但不限于：标签核对；贮存和运输条件复核；操作步骤复核；外观、明显可见异物的观察；细胞形态观察（如适用）；活细胞数及比例测定（如适用）；快速无菌检测（如适用）等。

八、稳定性研究

免疫细胞治疗产品的稳定性研究是通过设计试验，获得其质量属性在各种环境因素（如温度、冻融等）的影响下随时间变化的规律，是产品质量标准和产品有效期（或中间样品暂存期）制定的重要依据。同时，也可用于判定工艺参数、制剂处方、包装材料等是否合理。

（一）基本原则和贮存稳定性研究

免疫细胞治疗产品可参照一般生物制品稳定性研究的要求，并根据产品自身的特点、临床用药的需求，以及包装、贮存和运输的情况设计合理的研究方案。

研究用样品：依据特定生产工艺的需要和相应细胞的可获得性，选择代表性样本开展研究，包括采集的起始细胞、生产过程中间样品、细胞成品、临床使用过程中样品等，研究用样品的生产、使用和质量（如总细胞密度和体积范围等）应可代表实际情况。样品的包装容器与密封系统应选择与实际贮存相同或同材质的小规格包装容器与密封系统。对于自体免疫细胞治疗产品，如患者细胞使用受限时，可采用经评估具有代表性的健康供者细胞开展研究。

考察条件：根据产品在贮存、运输和使用过程中的实际情况和可能的暴露条件选择合理、全面的稳定性考察条件。例如，对于需冷冻贮存的细胞成品、起始细胞或中间样品，需研究其在冷冻和复苏条件下细胞质量（如细胞数量、活率、外观完整性、功能等）的变化情况；需要时，还可研究多次冻融的影响。此外，可根据产品在贮存、运输、使用中可能暴露的剧烈条件，开展如高温、辐照、振荡等影响因素研究。

检测指标和检测方法：通常结合产品特性，设定合理、全面的检测指标，包括但不限于理化特性、细胞活率、目的细胞比例、生物学活性、微生物安全性指标等。研究需合理设置各项指标的考察频次，如至少在拟定有效期的初期和末期进行无菌试验或替代试验（如容器/密封系统的完整性试验）。若稳定性数据提示辅料在有效期内可能发生氧化、降解等对产品质量产生不良影响时，有必要在稳定性试验中对辅料含量或相关活性加以监测。所用的检测方法应经过验证研究，可灵敏地反映产品稳定性变化趋势。

（二）运输稳定性研究

免疫细胞治疗产品通常要求冷链运输，对产品的运输过程应进行相应的稳定性模拟验证研究。稳定性研究需充分考虑运输路线、交通工具、距离、季节、时间、条件（如温度、辐射、振动情况等）、产品包装情况（如外包装、内包装等）、产品放置情况和监控器情况（如温度监控器的数量、位置等）等各方面因素，建议模拟实际运输的最差条件开展研究。对于悬浮在液体中保存的细胞成品、起始细胞或中间样品，需要在研究中关注产品的放置方向（如正立、倒立或水平放置等）和振荡对细胞的影响。通过运输稳定性研究，确认产品在运输过程拟定的贮存条件下可以保持产品的稳定性。并建议评估产品在短暂的脱离拟定贮存条件（如产品脱离冷链的温度、次数、总时间等）对产品质量的影响。

（三）使用稳定性研究

使用稳定性研究设计时应考虑临床实际使用的场景对产品质量的影响，如注射器及针头种类、抽吸与推注及滴注的速率、静脉滴注的输液管道种类、输注压力，以及给药环境条件（如温度、光照等）和时间等。对于在使用过程中需要复苏、稀释、混合和/或暂存的样品，需开展研究来支持产品在使用贮存期的稳定性。使用稳定性研究中，还需关注操作过程中引入微生物污染的风险。根据使用稳定性研究数据合理拟定产品解冻或临床配伍后的放置条件和时间。

（四）贮存条件标识

根据稳定性研究结果，需在产品说明书和/或标签中明确产品的贮存条件和有效期。不能冷冻的产品需另行说明。若产品要求防辐射或避免冻融等，建议在各类容器包装的标签和说明书中注明。

九、包装及密封容器系统

为避免生产过程中接触样品的材料、存储容器和包装材料对免疫细胞治疗产品质量产生非预期影响，需对其进行安全性评估、相容性研究和功能适用性研究。

安全性评估方面，需对材质成分及其来源、生产工艺过程可能引入的风险（如适用）和质量控制等进行充分的安全性评估。可采用供应商对包装材料进行的基本性能测试和生物安全性评估等结果作为参考依据。

相容性研究方面，其基本原则可参照一般生物制品包材相容性研究的要求。基于风险评估，可对直接接触的材料或容器开展可提取物/浸出物研究，并进行安全性评估。研究中需充分评估相容性风险较高的成分（如辅料 DMSO）与材料或容器的相互作用等。

功能适用性方面，一般可考虑容器密闭性/密封性、冷冻适用性等方面的研究等。

另外，对于运输用的次级包装容器（非直接接触细胞）或材料也应开展验证研究，研究的项目包括但不限于保温性、密封性、抗机械压力和遮光性（如需要）等方面。

十、参考文献

1. U. S. FDA. Guidance for Industry Guidance for Human Somatic Cell. 1998.

2. U. S. FDA. Eligibility Determination for Donors of Human Cells. Tissues，and Cellular and Tissue-Based Products（HCTPs）. 2007.

3. U. S. FDA. Content and Review of Chemistry，Manufacturing，and Control（CMC）Information for Human Somatic Cell Therapy Investigational New Drug Applications（INDs）——Guidance for FDA Reviewers and Sponsors. 2008.

4. EMA. Human cell-based medicinal products. 2008.

5. EMA. Risk-based approach according to AnnexI，part IV of Directive 200183EC applied to advanced therapy medicinal products. 2001.

6. EMA. Xenogeneic cell-based medicinal products. 2009.

7. Canada. GUIDANCE DOCUMENT：Preparation of Clinical Trial Applications for use of Cell Therapy Products in Humans，Health Products and Food Branch. 2015.

8. EMA. guideline on quality，non-clinical and clinical requirements for investigational advanced therapy medicinal products in clinical trials. 2019.

9. EMA. guideline on quality，non-clinical and clinical aspects of medicinal products containing genetically modified cells. 2019.

10. U. S. FDA. Chemistry，Manufacturing，and Control（CMC）Information for Human Gene Therapy Investigational New Drug Applications（INDs）；Draft Guidance for Industry. 2018.

11. EMA. Scientific requirements for the environmental risk assessment of gene-therapy medicinal products. 2008.

12. EMA. Quality, preclinical and clinical aspects of gene therapy medicinal products. 2018.

13. U. S. FDA. Considerations for the Design of Early-Phase Clinical Trials of Cellular and Gene Therapy Products; Guidance for Industry. 2015.

14. U. S. FDA. Guidance for Industry; Potency Tests for Cellular and Gene Therapy Products. 2011.

15. U. S. FDA. Guidance for Industry; Preparation of IDEs and INDs for Products Intended to Repair or Replace Knee Cartilage. 2011.

16. U. S. FDA. Determining the Need for and Content of Environmental Assessments for Gene Therapies, Vectored Vaccines, and Related Recombinant Viral. 2015.

17. 国家食品药品监督管理总局. 细胞治疗产品研究与评价技术指导原则（试行）. 2017.

18. 国家食品药品监督管理总局. 生物制品稳定性研究技术指导原则（试行）. 2015.

19. 《中国药典》通则"血液制品生产用人血浆".

20. 卫医发［2000］184 号《临床输血技术规范》.

嵌合抗原受体 T 细胞（CAR-T）治疗产品申报上市临床风险管理计划技术指导原则

（国家药品监督管理局药品审评中心 2022 年 1 月 29 日公布）

目　录

一、概述

嵌合抗原受体（Chimeric antigen receptor，CAR）-T 细胞（CAR-T）是指通过基因修饰技术，将病毒等载体导入自体或异体 T 细胞，从而表达由抗原识别结构域、铰链区、跨膜区、共刺激信号激活区等组成的嵌合抗原受体（CAR）而形成的一种可以识别某种特定抗原的 T 细胞。CAR-T 输注到患者体内后，可与肿瘤细胞表面特异性抗原相结合而激活，通过释放穿孔素、颗粒酶等直接杀伤肿瘤细胞达到治疗肿瘤的目的。CAR-T 对多种血液淋巴系统肿瘤显示了较好的临床效果，对实体瘤治疗也表现出了较大的治疗潜力。目前已有多个产品经美国、欧盟、中国批准上市，适应症涉及复发/难治的急性 B 淋巴细胞白血病和 B 细胞淋巴瘤及多发性骨髓瘤等。由于 CAR-T 细胞治疗产品的特点和作用机制，在开展临床试验过程中也暴露出了细胞因子释放综合征（Cytokine release syndrome，CRS）、免疫效应细胞相关神经毒性综合征（Immune Effector Cell-associated Neurotoxicity Syndrome，ICANS）等不良反应，还有淋巴细胞清除术预处理等治疗相关的其它操作引起的血细胞减少、感染等，如不及时采取妥当的救治措施可能导致严重后果。除自体来源的 CAR-T 细胞外，移植供体来源 CAR-T 细胞以及通用型 CAR-T 细胞也已进入临床试验阶段。由于它们的新颖性、复杂性和技术特异性，可能会给患者带来远期的、潜在的安全性风险。

为促进及早发现此类风险并提供有效的风险控制措施，本指导原则在借鉴 ICH E2E 药物警戒计划、《药物警戒质量管理规范》和国内外风险管理计划相关指导原则的基础上，列举了 CAR-T 细胞治疗产品可能存在的安全性风险，以及常规和本类产品特异的额外药物警戒活动和风险最小化措施。CAR-T 细胞治疗产品的风险识别应尽早开始，并在整个研发过程中持续进行，以在可能的情况下预防风险的发生或将风险最小化。随着对风险认知的变化，应及时更新风险管理计划。本指导原则包括 CAR-T 细胞治疗产品申报上市临床风险管理计划的结构和内容，重点就撰写 CAR-T 细胞治疗产品风险管理计划时的特殊考虑进行描述，CAR-T 细胞治疗产品申报上市临床风险管理计划还应参考 ICH E2E、《药物警戒质量管理规范》以及我国药品监管机构发布的有关技术指导原则。随着技术的发展和相关研究数据的积累，本指导原则也将适时进行更新。

二、主要内容

CAR-T 细胞治疗产品申报上市风险管理计划的主要内容应包括安全性说明、药物警戒活动、上市后有效性研究计划、风险最小化措施。

安全性说明是一个关于药物重要的已确认风险，重要的潜在风险，和重要的缺失信息的摘要。主要包括适应症流行病学、重要的已确认风险、重要的潜在风险、重要的缺失信息等。

药物警戒活动的目的是控制风险，包括常规药物警戒活动、特殊药物警戒活动等。与其他药品相同，CAR-T 细胞治疗产品上市后必须执行常规药物警戒活动，如不良反应的收集、分析和报告。因 CAR-T 细胞治疗产品重要的已确认/潜在风险中可能有不确定因素影响对风险的认知，或需要对重要缺失信息作进一步研究，因此应当考虑特殊的药物警戒活动，如长期安全性随访。

上市后有效性研究计划包括附条件批准要求的强制性有效性研究、监管机构要求的强制性有效性研究、申办方承诺/计划开展的其他有效性研究等。

风险最小化措施的目的是预防或降低风险的发生，包括常规风险最小化措施、额外风险最小化措施等。药品说明书是最重要的常规风险最小化措施的工具。对于 CAR-T 细胞治疗产品来说，还应采取额外的风险最小化措施如上市许可持有人对医疗机构的评估和认证、开展医务人员和患者的教育培训、发放患者提示卡等。

三、安全性说明

(一) 一般考虑

安全性说明包括药物重要的已确认风险，重要的潜在风险和重要的缺失信息。CAR-T 细胞治疗产品安全性风险较高，应在产品整个研发过程中持续进行风险识别，以预防和降低风险。根据 CAR-T 细胞治疗产品特点、作用靶点和作用机制，其安全性风险可能包括：CRS、ICANS、治疗后感染尤其是相应的迟发性感染、肿瘤溶解综合征、针对正常组织细胞的在靶脱瘤效应 (on-target/off-tumor)、遗传物质整合到宿主基因组中和/或基因编辑等原因有可能导致的染色体异常及基因突变、诱导自身免疫或免疫原性反应、出现移植物抗宿主病或原有移植物抗宿主病加重、由于 CAR-T 细胞用药错误/用药不当而造成伤害等。此外，接受 CAR-T 细胞治疗产品前使用化疗药物、单克隆抗体等进行淋巴细胞清除治疗 (清淋预处理) 引起不良反应也应给予特别关注。

(二) CAR-T 细胞治疗产品可能存在的安全性风险

根据产品从生产、运输、处理、给药、随访等流程的时间顺序，将关于 CAR-T 细胞治疗产品可能存在的安全性风险列举如下。以下所列举的风险并非全部，应结合产品特性、作用靶点、作用机制、非临床研究和临床试验中暴露的安全性信息等来制定 CAR-T 细胞治疗产品的风险管理计划。

1. 与产品的质量特征、储存和分配相关的对患者造成的风险

1.1 疾病传播的风险：应考虑 T 细胞的来源 (自体或异体)，可能存在与传染病有关的风险 (如病毒)。

1.2 致瘤性的风险：应考虑产品特征，所使用整合性载体 (如逆转录病毒或转座子等) 将外源基因插入到基因组中可能会插入到原癌基因附近激活该基因、或所使用基因编辑技术可能会对基因组产生非目的的靶向，导致患者肿瘤风险增加。

1.3 与产品的制备、储存、运输和分配有关的风险 (如保存、冷冻和解冻过程)、冷链或其他类型受控温度条件被突破的风险、与产品稳定性有关的风险，这可能会影响 CAR-T 细胞的生物学活性进而导致治疗失败，各种可能会影响 CAR-T 细胞的生物学活性进而导致不能如期治疗的风险。

2. 与产品作用相关的风险

2.1 T 细胞激活引起的 CRS、ICANS、其它神经毒性等。

2.2 CAR-T 细胞攻击表达靶抗原的正常组织细胞，从而引起的正常组织损伤或免疫缺陷等。

2.3 长期安全性风险，如持续低丙种球蛋白血症或无丙种球蛋白血症导致的感染风险、恶性肿瘤和自身免疫性疾病。

2.4 因免疫原性反应引起的过敏反应、产生中和抗体等。

3. 与患者基础疾病（或潜在疾病）或与合并使用其他药物的相互作用相关的风险

3.1 与患者自身情况如肿瘤负荷、合并移植物抗宿主病等相关的风险。

3.2 对患者或供者细胞进行预期和非预期基因修饰有关的风险，如细胞凋亡、功能改变、恶性肿瘤。

3.3 与预处理相关的风险，如淋巴细胞清除术用化疗药物或处理并发症时使用免疫抑制剂等。

3.4 诊断或治疗之前、目前伴随或未来可能出现的各种疾病对 CAR-T 细胞治疗产品的潜在影响。

4. 与给药程序和给药方式有关的对患者造成的风险

4.1 与操作或产品注射相关的风险。

4.2 与产品剂量错误和/或用药错误等有关的风险。

5. 与患者不良事件处理相关的风险

出现不良事件时，急救措施或药物的可及性及其风险。

6. 其他尚未排除的风险，如与患者生殖和遗传相关的风险等。

四、药物警戒活动

（一）常规药物警戒活动

CAR-T 细胞治疗产品的常规药物警戒活动应包括不良事件的收集、处理、随访、分析评估；不良反应和定期安全性更新报告的提交；附条件批准产品按要求开展的临床试验中对可疑且非预期严重不良反应（SUSAR）和研发期间安全性更新报告（DSUR）的提交；对产品安全性特征的持续监测。必要时与监管机构及时沟通。

（二）特殊药物警戒活动

为识别、定性或定量描述 CAR-T 细胞治疗产品的安全风险，补充缺失信息，应采取特殊药物警戒活动。包括但不限于：持续开展针对接受产品治疗患者的长期安全性随访，并通过研究收集和评估 CAR-T 细胞治疗产品在获批适应症人群中的安全性和疗效。

建立产品从生产、运输、使用到后续随访的全链条管理体系，在出现不良反应时可对应到特定产品，实现可追溯。

五、风险最小化措施

风险最小化措施包括常规风险最小化措施和额外风险最小化措施，上市许可持有人应该对风险最小化措施是否有效进行评估。

（一）常规风险最小化措施

CAR-T 细胞治疗产品的常规风险最小化措施包括：通过说明书和标签等载体中相

关项目如【不良反应】、【注意事项】、【用法用量】等部分传递药品存在的风险，并提供管理该风险的常规风险最小化措施的临床建议。在风险信息发生变化时，应及时更新说明书和标签。

（二）额外风险最小化措施

为进一步降低 CAR-T 细胞治疗产品的安全风险，保护患者，应采取额外风险最小化措施。主要包括上市许可持有人对医疗机构的评估和认证、开展医务人员和患者的教育培训并保证培训效果、发放患者提示卡等。在出现教育材料中某环节相关的大量不良反应或出现新的安全性信息时，需考虑对教育材料进行评估和适时更新。

1. 上市许可持有人对医疗机构的评估和认证

为了最大限度地降低与 CAR-T 细胞用药相关的安全风险，上市许可持有人应对医疗机构进行评估和认证。应至少包括单采（如需）、输注前处理（如复融、稀释等）、输注、不良反应处理（如急救人员、设备、药品等）等过程的硬件、软件、人员资质等方面。

2. 开展医务人员和患者的教育培训和发放患者提示卡

上市许可持有人应开展医务人员和患者的教育培训，医务人员的教育培训材料应至少包括以下方面：

· CAR-T 产品简介

· 适应症

· 细胞采集（如需）

· 淋巴细胞清除术

· 产品储存和使用过程说明（如产品的储存条件、产品配制、给药、剩余产品和包装的处理的标准操作程序）

· 产品已知的不良反应（如 CRS、ICANS 等）

· 给药后对不良反应的监测包括出院后与患者的定期联系和评估

· 对不良反应的管理及相关急救药品的配备要求（如输注后出现 CRS，根据分级给予相应的治疗）

· 长期安全性随访方案

· 可追溯性（如将批号信息记录在患者的病历和患者的提示卡中，在报告不良反应时提供产品标识信息）

· 不良反应的报告程序

· 告知患者产品相关风险信息和提醒患者如出现相关症状或体征及时携带患者提示卡就医

患者的教育培训材料应采用通俗易懂的语言，内容包括产品相关信息，如产品简介、给药过程、产品安全风险、风险监测计划、报告不良反应的重要性和程序等。

患者提示卡包括致医务人员信息和患者提示信息，致医务人员信息中告知患者已接受 CAR-T 产品治疗，可能出现的不良反应，患者提示信息中告知风险的严重性和及时就医的必要性，如出现某些症状时即刻就医。

药品注册申请人应切实提高主体意识，在 CAR-T 细胞治疗产品研发过程中和产品上市后持续识别风险、控制风险，以最大限度地保障患者的用药安全。

六、参考文献

［1］ICH. E2E Pharmacovigilance Planning. 2004

［2］NMPA.《药物警戒质量管理规范》. 2021

［3］EMA. Guideline on safety and efficacy follow-up and risk management of Advanced Therapy Medicinal Products. 2018

［4］NMPA. 细胞治疗产品研究与评价技术指导原则（试行）. 2017

［5］CDE. 免疫细胞治疗产品临床试验技术指导原则（试行）. 2021

［6］中国研究型医院协会. CAR-T 细胞治疗 NHL 毒副作用临床管理路径指导原则. 2021

药品生产质量管理规范-细胞治疗产品附录
（征求意见稿）

*（国家药品监督管理局综合司 2022 年 1 月 6 日公开征求意见，
2022 年 2 月 7 日前截止）*

第一章 范 围

第一条【范围】 本附录所述的细胞治疗产品（以下简称细胞产品）是指人源的活细胞产品，包括经过或未经过基因修饰的细胞，如自体或异体的免疫细胞、干细胞、组织细胞或细胞系等产品，不包括输血用的血液成分、已有规定的移植用造血干细胞、生殖相关细胞，以及由细胞组成的组织、器官类产品等。

第二条【适用范围】 本附录适用于细胞产品从供者材料的运输、接收、产品生产和检验到成品放行、储存和运输的全过程。

直接用于细胞产品生产的基因修饰载体或其他起始生物材料（包括：病毒、质粒、RNA、抗原肽、抗原蛋白、蛋白-RNA 复合体等）的生产、检验和放行等过程应符合现行版《药品生产质量管理规范》正文及其相关附录以及本附录的要求。

第三条【通用要求】 因细胞产品的供者材料来源于人体，其生产还应当符合国家相关规定，防止引入或传播传染病病原体。

第二章 原 则

第四条【特殊性】 细胞产品具有以下特殊性：

（一）【供者材料的安全性】 供者材料来源于人体，可能含有传染病病原体；

（二）【生产工艺特点】 供者材料的质量受其来源、类型、特性等因素影响，具有差异性。受其影响，产品生产工艺可能需要根据供者材料的质量差异，并在产品注册批准的范围内进行必要的调整；

（三）【生产批量特点】 受供者材料来源及使用范围的限制，产品生产批量通常较小，生产组织模式相对灵活，生产与临床需求结合更为紧密；

（四）【温度的影响】 温度对供者材料和产品的质量具有更为显著的影响；

（五）【防止污染和交叉污染】 供者材料采集后的生产过程，由于产品为活细胞，容易受到微生物污染或交叉污染，且污染物不易去除；

（六）【防止混淆和差错】 自体细胞产品或采用异体供者材料生产的需与患者配

型使用的产品，一旦发生混淆，造成供者材料或细胞与患者之间的不匹配，可能会对患者产生危及生命的严重后果。

第五条【特殊控制】 鉴于细胞产品的以上特殊性，企业应当对供者材料采集和产品生产的全过程采取特殊控制措施，至少包括：

（一）对产品及其从供者材料的接收直至成品储存运输的全过程进行风险评估，制定相应的风险控制策略，以保证产品的安全、有效和质量可控；

（二）建立生物安全管理制度和记录，具有保证生物安全的设施、设备，预防和控制产品生产过程中的生物安全风险，防止引入、传播病原体；

（三）在供者材料运输、接收及产品生产、储存、运输全过程中监控产品或生产环境的温度及操作时限，确保在规定的温度和时限内完成相应的操作；

（四）产品生产全过程应当尤其关注防止微生物污染或交叉污染，包括载体的生产过程可能对产品带来的交叉污染，以及不同载体生产过程中可能存在的交叉污染等；

（五）从供者材料采集到患者使用的全过程中，产品应当予以正确标识且可追溯，防止混淆和差错。

第三章 人　员

第六条【关键人员资质】 生产管理负责人、质量管理负责人和质量受权人应当具有相应的专业知识（微生物学、生物学、免疫学、生物化学、生物制品学等），并能够在生产、质量管理中履行职责。

第七条【人员安全防护培训】 从事细胞产品生产、质量保证、质量控制及其他相关人员（包括清洁、维修人员）应当经过生物安全防护的培训，尤其是预防经供者材料传播传染病病原体的相关知识培训，所有培训内容应符合国家关于生物安全的相关规定。

第八条【人员活动限制】 生产期间，未按规定采取有效的去污染措施，从事载体生产的人员不得进入细胞产品的生产区域，接触含有传染病病原体供者材料的人员不得进入其他生产区域。

第四章 厂房、设施与设备

第九条【厂房分区设计】 直接用于细胞产品生产的基因修饰病毒载体应与细胞产品及其他载体或生物材料分别在各自独立的生产区域进行，并配备独立的空调净化系统。

第十条【含有传染病病原体的供者材料生产厂房要求】 使用含有传染病病原体的供者材料生产细胞产品时，其生产操作应当在独立的专用生产区域进行，并采用独立的空调净化系统，保持产品暴露于环境的生产区域相对负压。

第十一条【密闭系统】 宜采用密闭系统或设备进行细胞产品的生产操作；密闭系统或设备放置环境的洁净度级别可适当降低。

第十二条【生产操作环境的洁净度级别】 细胞产品、直接用于细胞产品生产的基因修饰载体或其他起始生物材料，其生产操作环境的洁净度级别可参照表格中的示例进行选择。

洁净度级别	细胞产品生产操作示例
B 级背景下的 A 级	1. 处于未完全密闭状态下的生产操作和转移； 2. 无法除菌过滤的溶液、培养基的配制； 3. 载体除菌过滤后的分装。
C 级背景下的局部 A 级	1. 生产过程中采用注射器对处于密闭状态下的产品和生产用溶液进行取样； 2. 病毒载体生产用细胞的传代操作； 3. 可除菌过滤的溶液和培养基的配制； 4. 载体的除菌过滤。
C 级	1. 采用非密闭系统（如使用透气盖的细胞培养瓶等）在培养箱中培养； 2. 载体的纯化操作。
D 级	1. 采用密闭管路转移产品、溶液或培养基； 2. 采用密闭系统或设备进行细胞产品、载体的生产操作（如在隔离器中进行产品的无菌分装）、取样； 3. 质粒生产用工程菌或病毒载体生产用细胞在密闭罐中的发酵。

备注：表格中除 D 级以外的生产操作示例，均指在非密闭系统下的操作。

第十三条【隔离贮存】 含有传染性疾病病原体的供者材料和相应细胞产品应有单独的隔离区域予以贮存，与其它不含有传染性疾病病原体的供者材料和相应细胞产品的储存区域分开，且采用独立的储存设备，隔离区域和储存设备都应当有明显标识。

第十四条【检验实验室】 供者筛查、供者材料和细胞产品检验实验室用于传染病病原体标记检查，或对含有传染病病原体样品进行检测的，应符合国家关于实验室生物安全的相关规定，必要时应当有原位灭活或消毒的设备。

第五章 供者筛查与供者材料

第十五条【供者筛查标准和供者材料质量标准】 企业应当根据细胞产品注册批准的要求建立供者筛查标准和供者材料的质量标准，并综合考虑微生物的生物安全等级、传染病类别和细胞产品的预定用途等因素进行风险评估，定期回顾其适用性。

第十六条【医疗机构资格】 企业应当选择具有合法资质的医疗机构作为供者材料采集和细胞产品使用的机构，并明确双方职责。质量管理部门应当对医疗机构进行质量评估，并会同企业有关部门对医疗机构进行现场质量审计，以确保医疗机构供者筛查、供者材料采集以及产品的使用符合相关要求。

第十七条【对医疗机构的认可程序】 企业应当建立对医疗机构进行质量评估和批准的操作规程，明确医疗机构的资质、选择的原则、质量评估方式、评估标准及合格医疗机构认可的程序，并明确现场质量审计的内容、周期、审计人员组成及资质。

第十八条【合格机构名单和质量档案】 企业质量管理部门应当指定专人负责医疗机构的现场质量审计，确定经认可的合格医疗机构名单，并建立每家医疗机构的质量档案。

第十九条【质量协议】 企业应当与经认可的合格医疗机构签订质量协议。质量协议的内容应当至少包括医疗机构和企业双方的职责，供体材料的采集方法、保存条件、质量标准接收规程和产品的使用。

第二十条【医疗机构资格取消】 企业应当定期对医疗机构采集供者材料和使用产品的情况进行回顾和评估，一旦发现医疗机构出现不符合操作规程，且可能会对患者造成不利影响的情况，应当及时要求医疗机构采取纠正措施和预防措施，必要时不再纳入合格医疗机构名单。

第二十一条【采集操作规程】 企业应当制订供者材料采集、运输、接收的书面要求，详细说明供者材料的采集方法、保存和运输条件以及接收的标准。

第二十二条【供者材料接收】 企业对每批接收的供者材料，至少应当检查以下各项内容：

（一）来源于合法且经企业评估认可的医疗机构；

（二）运输过程中的温度和时限监控记录完整，温度和时限符合规定要求；如对供者材料采集后的储存温度有特殊要求，还应有完整的温度监控记录，且符合标准要求；

（三）包装完整无破损；

（四）包装标签内容完整，至少含有能够追溯到供者的个体识别码、采集日期和时间、采集量及实施采集的医疗机构名称等信息；如采用计算机化系统的，包装标签应当能追溯到上述信息；

（五）供者材料采集记录；

（六）供者筛查的临床检验结果，至少应当有检查特定传染病病原体标记的结果。

第二十三条【阳性供者材料】 已知含有传染病病原体的自体供者材料，企业应当隔离存放，每个包装都有明显标识。

企业不得接收不符合注册标准的异体供者材料。

第二十四条【质量评价】 投产使用前，企业应当对每批供者材料进行质量评价，内容至少应当包括：

（一）确认供者材料来自于合法的且经过企业评估批准的医疗机构及符合筛查标准的供者，并按照第二十一条第（四）款内容核对相关信息；

（二）运输过程中的温度监控记录完整，温度符合规定要求；如对供者材料采集后的储存温度有特殊要求，还应有完整的温度监控记录，且符合标准要求；

（三）供者材料从医疗机构采集结束至企业放行用于生产前的储存温度和时限符合规定要求；

（四）供者材料包装完整，无破损；

（五）运输、储存过程中出现的偏差已按相关规程进行调查和处理。

第二十五条【阳性供者材料隔离】 含有传染病病原体的供者材料在运输、接收、贮存、发放或发运过程中应当与其他供者材料彼此隔离。

第六章　物料与产品

第二十六条【原材料控制】　细胞产品生产用的生物材料，如细胞株、工程菌、载体、动物来源的试剂和血清等，企业应当保证其来源合法、安全并符合质量标准，防止引入或传播传染病病原体。

第二十七条【关键物料】　企业应当对物料进行风险评估，以确定关键物料（如直接用于细胞产品生产的基因修饰载体或其他起始生物材料、细胞因子、生长因子、酶、血清等），关键物料的确定应当有记录。对关键物料应开展入厂检验，并考虑特定风险及降低风险的其他措施（如加强质量控制）。

第二十八条【体外诊断试剂】　用于特定传染病病原体（HIV、HBV、HCV 及梅毒螺旋体）标记检查的体外诊断试剂及其管理，应采用经国家药品监督管理部门批准的体外诊断试剂。

第二十九条【运输确认】　供者材料和细胞产品的运输应当经过确认。

第三十条【不合格材料处理】　应当建立安全和有效地处理不合格供者材料、中间产品、成品的操作规程，处理应当有记录。

第七章　生产管理

第三十一条【批的划分】　细胞产品根据其工艺特点批次可定义为在同一生产周期中，采用相同生产工艺、在同一生产条件下生产的一定数量的质量均一的产品为一批。单一批次所生产出来的所有细胞的总量为该批次生产的批量。

第三十二条【工艺调整】　因供者材料固有的质量差异而需对细胞产品的生产工艺参数进行调整的，企业应当在产品注册批准的范围内进行调整。

第三十三条【无菌工艺模拟】　细胞产品、直接用于细胞产品生产的基因修饰载体或其他起始生物材料的无菌工艺模拟试验至少应当符合以下要求：

（一）采用非密闭系统进行无菌生产操作的，无菌工艺模拟试验应当包括所有人工操作的暴露工序；

（二）采用密闭系统进行无菌生产操作的，无菌工艺模拟试验应当侧重于与密闭系统连接有关的步骤；如有未模拟的无菌生产操作，应当进行风险评估，并书面说明不模拟的合理性；

（三）需要较长时间完成的无菌生产操作，应当结合风险评估，说明缩短模拟某些操作（如离心、培养）时长的合理性；

（四）对微生物生长有抑制作用从而可能影响无菌工艺模拟试验结果的无菌生产操作（如冻存），经风险评估后可不包含在培养基模拟试验中；

（五）同一生产区域有多条相同生产线的，每条生产线在成功通过无菌工艺模拟试验的首次验证后，可采用极值法或矩阵法，或两者联用的方法每班次每半年再进行一次无菌工艺模拟试验。

使用相同设备和工艺步骤生产的不同产品，可采用极值法进行无菌工艺模拟试验，模拟某些生产操作的极端条件；如采用矩阵法进行无菌工艺模拟试验，应当模拟相似工艺步骤的最差条件；采用两者联用方法的，应当书面说明理由及其合理性，模拟应当包括所有的无菌生产操作及最差条件、所有生产用的设备类型。

第三十四条【工艺验证】 细胞产品生产工艺应该经过验证，其工艺验证应当至少符合以下要求：

（一）采用自体供者材料生产细胞产品的生产工艺有一定的特殊性，其验证所用的供者材料可来源于健康志愿者；如果来源于患者的，可采用同步验证的方式。

（二）应当根据风险评估考虑实际生产中的最差条件。如同一生产区域有多条相同生产线的，或者同一生产操作间内有多个隔离器或采用密闭系统的，最多可同时进行生产操作的生产线数量，或隔离器、密闭系统的数量，同时还应将生产环境、操作人员及实验室检验能力等影响因素作为最差条件予以考虑，并经过验证。

第三十五条【载体工艺验证】 直接用于细胞产品生产的基因修饰载体或其他起始生物材料生产工艺应当经过验证，工艺验证至少应包含三个连续的、完整生产工艺的批次。

第三十六条【生产中污染和交叉污染的防控】 细胞产品生产过程中应当采取措施尽可能防止污染和交叉污染，控制质量风险，如：

（一）含有传染病病原体的自体供者材料，在生产、转运过程中不得接触其它不含有传染病病原体的供者材料或细胞产品；

（二）采用非密闭系统或设备进行生产时，同一生产区域内不得同时生产不同品种的细胞产品，同一生产操作间内不得同时生产相同品种的不同批次细胞产品；

（三）同一生产操作间内有多个隔离器，应当定期对其进行完整性检查，隔离器不应直接向操作间内排风，且排风不可循环利用。还应采取有效的措施避免物料、产品和废弃物的差错和混淆，如密封转移、交替操作、定置管理、灭菌与消毒以及单向流传递等；

（四）同一生产区域内的多个生物安全柜，分布于不同生产操作间，宜采用密闭系统同时进行同一品种不同批次细胞产品的生产；如无法保证全部生产过程的密闭控制，则应充分进行风险评估，并采取有效的措施避免物料、产品和废弃物的差错和混淆，如密封转移、房间压差控制、不得跨越房间操作、人员不得交叉走动、灭菌与消毒以及单向流传递等；

（五）同一生产区域内采用密闭系统进行同一品种不同批次细胞产品生产的，除细胞培养步骤外应避免在同一生产操作间内同时进行多个相同或不同步骤的生产操作，在完成一个步骤生产操作后应及时进行清场。还应采取有效的措施避免物料、产品和废弃物的差错和混淆，如房间压差控制、人员管控、交替操作、定置管理、灭菌与消毒以及单向流传递等；

（六）采用密闭系统进行细胞培养，同一生产操作间或同一培养箱内可同时培养和保存不同批次产品,但应当采取有效措施避免混淆;采用非密闭系统进行细胞培养,应对培养箱内不同批次产品进行物理隔离(如采用蜂巢式培养箱)或采用不同生产操作间的独立培养箱,培养箱内应保持一定的洁净度且可以进行消毒或灭菌。还应进行充分的风险评估,采取有效措施以避免交叉污染和混淆;

(七)密闭系统或设备发生意外开启或泄漏的,应当进行风险评估并采取有效的应急措施。

第三十七条【微生物污染的处理】 应当制定监测各生产工序微生物污染的操作规程,并规定所采取的措施,确定消除污染后可恢复正常生产的条件。处理被污染的产品或物料时,应当对生产过程中检出的外源微生物进行鉴定并评估其对产品质量的影响。

应当保存生产中所有微生物污染和处理的记录。

第三十八条【生产中混淆和差错的防控】 细胞产品生产过程中应当采取措施尽可能防止混淆和差错,如:

(一)生产过程中的供者材料和产品都应当有正确的标识,低温保存的产品也应当有标识;

(二)供者材料和产品的标识信息中应当有可识别供者的具有唯一性的编号(或代码);

(三)生产前应当仔细核对供者材料和产品的标识信息,尤其是用于识别供者的具有唯一性的编号(或代码),核对应有记录;

(四)生产过程中需对产品进行标识的,应当确认所标识信息的正确性,并与供者材料上用于识别供者的具有唯一性的编号(或代码)一致,确认应有记录。

第三十九条【及时外观检查】 细胞产品生产用包装容器及其连接容器(如有)应当在使用前和灌装后立即进行外观检查,以确定是否有损坏或污染迹象,外观检查应有记录。

第四十条【一次性耗材】 直接接触细胞产品的无菌耗材应当尽可能使用一次性材料。

第四十一条【中间品转运】 生产过程中的中间产品和物料的转运有特殊要求的,如温度、时限等,应当对转运条件有明确的规定,并在转运过程中进行相应的监测或控制,且有相应记录。

第四十二条【废弃物处置】 生产过程中含有传染病病原体的污物、废弃物或可疑污染物品应当原位消毒,完全灭活后方可移出工作区域。处理过程应符合国家危险废物处理的相关规定。

第八章 质量管理

第四十三条【留样】 细胞产品的供者材料、关键物料和成品应该按规定留样。特殊情况下,如因供者材料或物料稀缺,产品批量小、有效期短和满足临床必需等,供者材料、物料和细胞产品的留样量、留样包装、保存条件和留样时间可进行如下适当的调整:

（一）供者材料的留样

自体和异体供者材料一般应当保存留样，稀缺的供者材料如需调整留样策略或不保存留样的，应书面说明其合理性。

（二）物料的留样

关键物料（如直接用于细胞产品生产的基因修饰载体或其他起始生物材料、细胞因子、生长因子、酶、血清等）对调查产品可能出现的质量问题至关重要，企业应当在其有效期或货架期内保存留样。

（三）成品的留样

1、成品留样量可以适当减少；

2、因满足临床必需，确实无法留样的，应当在批记录中附有成品的照片，能够清晰体现成品标签的完整信息；

3、需要缩短留样保存时间的，企业应当进行评价并有相应报告；

4、因产品有效期较短，而需要延长其留样保存时间的，应当采取适当的方法（如低温冻存）以满足留样的预定目的。如新鲜细胞低温冻存后可能不能作为表征质量的样品，但可作为无菌检查或病毒检测的样品。如成品留样经冷冻保存不能满足预定目的，企业应该考虑采用替代方法（如采用中间产品、分化的细胞的留样替代成品留样）。

5、无法使用成品留样的，可选择与成品相同成分的中间产品留样，留样的包装、保存条件及期限应当满足留样的目的和要求。留样的包装方式和包装材质应当与上市产品相同或相仿。

第四十四条【产品放行前质量评价】 细胞产品应按注册标准要求开展检验，放行前的质量评价应当确认每批产品的信息完整、正确且可追溯，否则不得放行。

自体细胞产品或采用异体供者材料生产的需与患者配型使用的细胞产品，企业放行前应当核实供者材料或细胞的来源信息，并确认其与患者之间的匹配性。

使用检验完成前投入使用的供者材料生产细胞产品的，放行前的质量评价应当评估供者材料对最终产品质量的影响。

第四十五条【记录保存】 细胞产品的批记录应当至少保存至产品有效期后五年。

采用异体供者材料生产的细胞产品，其批记录应当长期保存。

第四十六条【质量缺陷的处理】 企业应当建立应急处理规程，当获知细胞产品在运输和使用过程中发现有质量缺陷，如包装袋破损、标签信息错误和脱落，或者产品温度在运输过程中超标，应当立即启动应急处理并展开调查，相关应急处理和调查应当有记录和报告。必要时还应当启动产品召回。

第九章 产品追溯系统

第四十七条【产品追溯系统】 企业应当建立产品标识和追溯系统，确保在供者材料运输、接收以及产品生产和使用全过程中，来源于不同供者的产品不会发生混淆、差错，确保供者材料或细胞与患者之间的匹配性，且可以追溯。

该系统宜采用经验证的计算机化系统，应当可以实现对产品从供者到患者或从患者到供者的双向追溯，包括从供者材料接收、运输、生产、检验和放行，直至成品运输和使用的全过程。

第四十八条【唯一供者编号】　企业应当对每一个供者编制具有唯一性的编号（或代码），用于标识供者材料和产品。

第四十九条【书面操作规程】　企业应当建立书面操作规程，规定供者材料和产品在接收、运输、生产、检验、放行、储存、发放过程中正确标识与核对标识信息的操作和记录，确保可识别供者且具有唯一性的编号（或代码）不会发生标识错误或遗漏，确保供者材料或细胞与患者之间的匹配性，且具有可追溯性。

第五十条【信息交流】　企业应当与医疗机构建立信息交流机制，及时交流供者材料采集、产品使用以及与产品质量相关的关键信息等，必要时采取相应的措施。

第十章　其　　他

第五十一条【产品使用指导】　企业应当制定详细的产品使用指导手册。产品在医疗机构使用前需要现场配制的，应当详细描述操作规程，如细胞复苏、稀释清洗的方法，配制的环境，无菌操作要求，产品暂存的温度和时限，转运方式等，必要时可以图片或视频形式说明。

第五十二条【培训】　企业应当对医疗机构人员进行供者材料采集要求和产品使用的培训和考核，培训和考核应当有记录。

第十一章　术　　语

第五十三条【术语】　下列术语含义是：

（一）供者

指提供用于细胞产品生产用细胞或组织的个体，可以是健康人，也可以是患者。

（二）供者材料

指从符合筛查标准的供者获得的用于细胞产品生产的细胞或组织等。

（三）自体细胞产品

指将从患者采集到的细胞经生产加工后再回输到患者体内的细胞产品。

（四）生产区域

指建筑物内一组特定的用于生产操作的房间，通常配备空调系统（包括通风、温度和必要的湿度调节，以及必要的空气过滤净化）。

（五）密闭系统

指为了避免产品或物料暴露于室内环境而设计和操作使用的系统。产品或物料被转入该密闭的系统时，必须以非暴露的方式（例如通过无菌连接器或密闭的转移系统）进行，避免产品或物料暴露于室内环境。如需打开密闭的系统（例如安装过滤器或进行连接），在回到密闭状态或者使用前需要进行消毒或灭菌。

基因修饰细胞治疗产品非临床研究技术指导原则（试行）

（国家药品监督管理局药品审评中心 2021 年 12 月 3 日公布）

目　录

一、前言

近年来，随着基因修饰技术的迅速发展，基因修饰细胞治疗产品已成为医药领域的研究热点。由于基因修饰细胞治疗产品物质组成和作用方式与一般的化学药品和生物制品有明显不同，传统的标准非临床研究策略和方法通常并不适用于基因修饰细胞治疗产品。为规范和指导基因修饰细胞治疗产品非临床研究和评价，在《细胞治疗产品研究与评价技术指导原则》（试行）基础上，根据目前对基因修饰细胞治疗产品的科学认识，制定了本指导原则，提出了对基因修饰细胞治疗产品非临床研究和评价的特殊考虑和要求。随着技术的发展、认知程度的深入和相关研究数据的积累，本指导原则将不断完善和适时更新。

二、适用范围

本指导原则适用于基因修饰细胞治疗产品。基因修饰细胞治疗产品是指经过基因修饰（如调节、替换、添加或删除等）以改变其生物学特性、拟用于治疗人类疾病的活细胞产品，如基因修饰的免疫细胞，基因修饰的干细胞及其来源的细胞产品等。

三、总体考虑

非临床研究是药物开发的重要环节之一。对于基因修饰细胞治疗产品，充分的非临床研究是为了：（1）阐明基因修饰的目的、功能以及产品的作用机制，明确其在拟定患者人群中使用的生物学合理性；（2）为临床试验的给药途径、给药程序、给药剂量的选择提供支持性依据；（3）根据潜在风险因素，阐明毒性反应特征，预测人体可能出现的不良反应，确定不良反应的临床监测指标，为制定临床风险控制措施提供参考依据。因此，应充分开展非临床研究，收集用于风险获益评估的信息，以确立拟开发产品在目标患者人群中预期具有合理的、可接受的获益风险比，同时为临床试验的设计和风险控制策略的制定提供支持性依据。

细胞经基因修饰后会改变其生物学特性，同时也会带来新的安全性风险，如基因编辑脱靶风险、载体插入突变风险、载体重组风险、表达的转基因产物的风险等。在制定非临床研究计划时，除参考《细胞治疗产品研究与评价技术指导原则》（试行）中的对细胞治疗产品的一般要求外，还应具体问题具体分析，基于产品特点和目前已有的科学认知，结合拟定适应症、患者人群、给药途径和给药方案等方面的考虑，科学合理的设计和实施非临床研究，充分表征产品的药理学、毒理学和药代动力学特征。在进行获益风险评估时，还应重点关注由非临床向临床过渡时非临床研究的局限性和风险预测的不确定性。

四、受试物

非临床研究所用受试物应可代表临床拟用样品的质量和安全性，关键性非临床研究应尽可能采用临床拟用基因修饰细胞治疗产品作为受试物。体外、体内非临床研究所使用的样品均应符合相应开发阶段的质量标准要求。若后续制备工艺发生变更，应阐明非临床使用样品与临床拟用样品的异同及其对人体有效性和安全性的可能影响。

在某些情况下，受种属特异性的限制，可考虑采用替代产品（表达动物同源基因的人源细胞产品或动物源替代细胞产品）。替代产品应与临床拟用产品采用相似的生产工艺，并对可能影响有效性和安全性的关键质量参数进行对比研究，以评估替代产品与临床拟用产品的质量相似性及其对非临床数据预测性的影响。

五、动物种属/模型选择

进行非临床体内研究时，应尽可能选择相关的动物种属/模型。基因修饰细胞应能以其预期的作用方式在所选择的动物中表现出所期望的功能活性。因此，选择相关动物时需要考虑产品的特性以及临床拟用情况，包括但不限于以下因素：（1）动物对基因修饰细胞及转基因表达产物的生物学反应与预期的人体反应的相似性；（2）动物对异种来源的基因修饰细胞的免疫耐受性；（3）动物病理生理学特征与拟用患者人群的相似性；（4）临床拟用递送/给药方式的可行性。

由于免疫排斥反应以及细胞和/或转基因的种属特异性，常规实验动物很可能并不适用，而免疫缺陷动物、转基因动物或采用同源替代产品作为受试物可能会更合适。对于某些作用机制涉及与疾病环境相互作用的基因修饰细胞（例如 Chimeric Antigen Receptor T-Cell，CAR-T 细胞），采用疾病模型动物可能会提供有用的信息。

每种动物种属/模型均有其优点和不足，没有一种模型可全面预测基因修饰细胞在患者人群中的有效性和安全性。在选择动物种属时，应评估所采用的动物种属/模型与人体的相关性和局限性。若有多种相关动物模型，且这些模型可提供互补的证据，建议采用多种动物/模型开展研究。当缺少相关动物模型时，可采用基于细胞和组织的模型（如二维或三维组织模型、类器官和微流体模型等）为有效性和安全性的评估提供有用的补充信息。

六、非临床有效性与概念验证

对于基因修饰细胞治疗产品，应参照《细胞治疗产品研究与评价技术指导原则》（试行）的要求进行药效学研究。

此外，还应进行概念验证试验，阐明对细胞进行基因修饰的理由和可行性。通常，对细胞进行基因修饰的理由可能包括但不限于：（1）引入突变基因的功能拷贝以纠正遗传性疾病；（2）改变/增强细胞的生物学功能；（3）引入一个安全开关，以在必要时能够清除细胞。应根据基因修饰的目的，进行相应的体外和体内验证试验。

概念验证试验评估终点可能包括：（1）对细胞基因组修饰的特异性；（2）引入的外源调控序列对内源基因表达的影响，或转基因的表达及功能活性；（3）基因修饰对细胞生物学特性和生理功能的影响。设计概念验证试验时，应考虑设置合适的平行对照，如未修饰的细胞。

虽然体外试验可在一定程度上验证基因修饰细胞的设计理念和拟定作用方式，但对于功能复杂的活细胞，仅依靠体外试验并不足以预测基因修饰细胞的体内行为和功能。因此，除非有充分的理由，均应尽可能考虑进行体内概念验证试验。在设计体内概念验证试验时，建议采用疾病模型动物。对于预期在人体内会长期存续或长期发挥功能的基因修饰细胞，如果缺乏相关的动物模型，建议采用替代方法评估基因修饰细胞的潜在长期效应，如采用替代产品进行体内概念验证试验，在足够的、可行的时间窗内评估基因修饰细胞的长期效应。

七、非临床药代动力学

参考《细胞治疗产品研究与评价技术指导原则》（试行）中的对细胞治疗产品药代动力学的一般要求，采用相关动物模型开展药代动力学试验以阐明基因修饰细胞在体内的命运和行为（包括生物分布、迁移、归巢、定植、增殖、分化和存续性）。这些试验可以单独开展，也可以整合到概念验证试验和/或毒理学试验中。

若基因修饰细胞表达的转基因产物可分泌到细胞外，应阐明其在局部和/或全身的暴露特征及免疫原性。

八、非临床安全性

（一）一般考虑

由于不同基因修饰细胞治疗产品的细胞的来源、类型、生物学特性、基因修饰方式/技术、生物学功能/作用方式、生产工艺、非细胞组分等各不相同，在制定非临床安全性评价策略时，除参考《细胞治疗产品研究与评价技术指导原则》（试行）中对细胞治疗产品的一般要求外，还应基于每个产品的特点，具体问题具体分析。在制定非临床安全性评价策略时，考虑因素包括但不限于：（1）临床拟用适应症、目标患者人群和临床给药方案；（2）细胞的来源、类型及其在体内的细胞命运；（3）基因修饰目的、方式及技术；（4）作用方式/机制或预期的功能活性；（5）诱导免疫应答/免疫耐受；（6）产品的质量因素；（7）已有的非临床/临床数据；（8）类似产品的已知有效性和安全性信息。

基因修饰细胞治疗产品的非临床安全性研究一般应当在经过药物非临床研究质量管理规范（GLP）认证的机构开展，并遵守药物非临床研究质量管理规范。对于某些采用特殊动物模型、药理毒理整合性研究、特殊指标检测等非常规试验内容，可以考虑在非 GLP 条件下进行，但应保证数据的质量和完整性。

（二）转基因表达产物的风险评估

通常，转基因会随基因修饰细胞的存在而持续表达，对于有复制能力的细胞，转基因还可能会随细胞的增殖而过度表达，导致基因表达产物的蓄积，进而导致毒性。因此，若基因修饰细胞编码表达转基因产物，应在体内试验中评估转基因表达产物的毒性风险。在设计试验时，应根据转基因的表达情况和功能活性设计试验期限和必要的终点指标，考虑因素包括：（1）基因表达水平和持续时间；（2）基因表达产物的分布部位；（3）基因表达产物的功能活性。

一些转基因产物（如，生长因子、生长因子受体、免疫调节物等）若长期持续表达，可能会存在长期安全性风险，如导致细胞非受控的生长、恶性转化等不良反应。因此，对于长期持续表达或具有长期效应的转基因修饰细胞，非临床安全性研究的期限应足以评估其长期安全性风险。为确定基因表达产物的量效关系，解释预期和非预期的试验结果，建议在试验中伴随对转基因表达水平的定量检测以及免疫原性检测。

（三）插入突变风险评估

一些整合性载体（如逆转录病毒、慢病毒、转座子）可将外源基因插入整合到细胞基因组中，这可能会导致关键基因突变或激活原癌基因，从而导致恶性肿瘤风险增加。

影响插入突变的关键风险因素包括：（1）载体的整合特征，如插入位点的偏好性；（2）载体的设计，如增强子、启动子等构建元件的活性，影响邻近基因的潜力；产生剪接突变体的潜在剪接位点或多聚腺苷酸信号等；（3）细胞载体拷贝数；（4）转基因表达产物的功能活性（如与细胞生长调控相关）和表达水平；（5）靶细胞群的转化可能性，这可能与细胞的分化状态、增殖潜力、体外培养条件和体内植入环境等有关。

基于已有科学经验和既往非临床/临床研究结果，如果认为基因修饰细胞所采用的载体系统可将外源基因整合到细胞基因组中并可在体内长期存续，需综合分析以上风险因素，评估潜在的插入突变、致瘤/致癌性风险。非临床研究，应采用具有代表性的基因转导细胞进行基因整合位点分析，分析细胞的克隆组成以及在关注基因（如肿瘤相关调控基因）附近有无优先整合迹象，含有关注整合位点的细胞有无优先异常增殖。

九、对特定类型基因修饰细胞产品的特殊考虑

鉴于基因修饰细胞的产品种类繁多、各有特点，除上述一般技术要求外，还应基于产品的特性进行相应的特殊考虑。本指导原则列举了以下三种情形的特殊考虑。

（一）CAR 或 TCR 修饰的免疫细胞

对于嵌合抗原受体（Chimeric antigen receptor，CAR）或 T 细胞受体（T cell receptor，TCR）修饰的免疫细胞，应尽可能采用多种方法评估其靶点相关毒性和脱靶毒性风险。

对于靶点相关毒性，应采用体外方法深入分析靶点在人体器官、组织和细胞中的表达分布情况，基因表达分析库和文献调研也可能会有助于阐明靶点在不同病理生理状态下的表达是否存在差异。应采用表达和不表达靶抗原的细胞作为靶细胞进行体外试验，确认 CAR 或 TCR 修饰的免疫细胞可特异性的识别和杀伤靶细胞。

对于 CAR 修饰的免疫细胞，应采用多种体外方法评估其胞外抗原识别区的脱靶风险。

TCR 修饰免疫细胞的脱靶毒性可通过评估 TCR 与人体自身抗原肽的交叉识别能力来评估。首先，应采用体外试验测定 TCR 修饰的免疫细胞与人自身抗原肽-HLA（与递

呈靶抗原肽的 HLA 等位基因相同）复合物的亲和力，并说明抗原肽的选择依据及选择范围。此外，还应研究其他相关或不相关的蛋白中是否含有靶抗原肽序列。如果 TCR 与人自身抗原肽有交叉反应可能，应确定靶抗原肽的最小识别基序（motif），并采用计算机预测分析评估交叉反应性。如果计算机预测可识别出具有潜在交叉反应性的抗原肽，应在体外测定 TCR 修饰免疫细胞对表达相应蛋白或递呈相应抗原肽的的细胞的识别能力。如果不能排除交叉反应性，应基于含有潜在交叉反应性抗原肽的蛋白的表达模式以及 TCR 与潜在交叉反应性抗原肽的亲和力来进行风险评估。为获得 TCR 与其他等位 HLA 潜在交叉反应性的信息，应进行充分的 HLA 交叉反应性筛选。

对于 TCR 修饰的 T 细胞，还应关注引入 TCR 链和内源性 TCR 之间的错配可能性，应描述和说明旨在降低错配可能性的 TCR 设计策略。

（二）诱导多能干细胞来源的细胞产品

诱导多能干细胞（induced pluripotent stem cell，iPS）自身具有致瘤性风险，在体内可形成畸胎瘤，整合病毒载体的使用和诱导多能性可能增加 iPS 细胞插入致突变性和致癌性的风险。因此，应在首次临床试验前完成致瘤性试验。若设计科学合理，能够满足评价要求，也可在持续时间足够长的毒性研究中评估致瘤性风险。体内致瘤性试验建议采用掺入未分化 iPS 细胞的细胞产品作为阳性对照，以确认实验系统的灵敏度。如果 iPS 细胞设计了自杀机制以降低致瘤风险，应在体内试验中确认/验证此类自杀机制的功能。

重编程可能会诱导细胞的表观遗传学改变，其后果尚不完全清楚。为评估 iPS 细胞衍生细胞的表观遗传学改变所引起的潜在异常特征，应采用体外和/或体内非临床研究来阐明细胞具有适当的行为和生理功能，毒理学试验还应评估细胞异常行为引起的不良反应。应结合质量表征数据、非临床安全性数据以及文献数据进行深入的风险评估，并就旨在保护患者安全的风险减轻措施进行讨论。如果发现遗传学和/或表观遗传学改变，应解决相应的安全性问题。

（三）采用基因编辑技术制备的细胞产品

对于采用基因编辑技术制备的基因修饰细胞产品，应进行体外在靶和脱靶活性评估，以确认修饰酶或向导 RNA 对靶基因序列的特异性。

在评估基因编辑的脱靶风险时，应说明所选择的评价策略的合理性和敏感性。虽然采用计算机分析预测基因编辑的潜在脱靶位点，并对潜在脱靶位点进行深度测序分析，可用于评估基因编辑的脱靶风险；但选择的评价策略仍应包含体外全基因组测序比对，以证明潜在脱靶位点未出现脱靶。此外，在评估脱靶活性时，还应评估种属特异性的差异、细胞病理生理状态的差异或细胞类型的差异对非临床数据预测性的影响。必要时，还应分析基因编辑对细胞表型和生理功能的潜在影响。

参考文献

1. 细胞治疗产品研究与评价技术指导原则（试行），NMPA，2017 年.

2. Quality, non-clinical and clinical aspects of medicinal products containing genetically modified cells. EMA, 2020.

3. Preclinical Assessment of Investigational Cellular and Gene Therapy Products. FDA, 2013.

4. Guideline on Quality, Non-clinical and Clinical Requirements for Investigational Advanced Therapy Medicinal Products in Clinical Trials. EMA, 2019.

5. Long Term Follow-Up After Administration of Human Gene Therapy Products. FDA, 2020.

6. Guideline on the Non-Clinical Studies Required Before First Clinical Use of Gene Therapy Medical Products, EMA, 2008.

免疫细胞治疗产品临床实验技术指导原则（试行）

（国家药品监督管理局药品审评中心 2021 年 2 月 10 日公布）

目　　录

一、概述

（一）前言

2017 年，原国家食品药品监督管理总局发布《细胞治疗产品研究与评价技术指导原则（试行）》，对细胞治疗产品按照药品管理相关法规进行研发时的技术要求进行了总体阐述。该指导原则发布以来，我国细胞治疗产品的研发和注册申报数量明显增加，特别是免疫细胞治疗产品。

免疫细胞治疗是利用患者自身或供者来源的免疫细胞，经过体外培养扩增、活化或基因修饰、基因编辑等操作，再回输到患者体内，激发或增强机体的免疫功能，从而达到控制疾病的治疗方法，包括过继性细胞治疗（adoptive cellular therapy，ACT）、治疗性疫苗等。根据作用机制的不同，目前的细胞免疫治疗研究类型主要包括：肿瘤浸润淋巴细胞（tumor-infiltrating lymphocytes，TILs）、嵌合抗原受体 T 细胞（chimeric antigen receptor modified T cells，CAR-T）以及工程化 T 细胞受体修饰的 T 细胞（T-cell receptor-engineered T cells，TCR-T）等，此外，还存在基于自然杀伤细胞（natural killer cells，NK）或树突状细胞（dendritic cells，DC）等其它免疫细胞的治疗方法，如细胞因子诱导的杀伤细胞（cytokine-induced killer cells，CIK）等。

当免疫细胞治疗产品进入临床试验时，应遵循《药物临床试验质量管理规范》（GCP）、国际人用药品注册技术协调会（ICH）E6 等一般性原则要求。同时，免疫细胞治疗产品的细胞来源、类型、体外操作等方面异质性较大，治疗原理和体内作用等相较传统药物更加复杂。为了获得预期治疗效果，免疫细胞治疗产品可能需要通过特定的操作措施、给药方法或联合治疗策略来进行给药。严谨科学的临床试验对保障受试者安全、产生可靠的临床试验数据至关重要，鉴于免疫细胞治疗产品特殊的生物学特性，在临床试验研究中，需要采取不同于其他药物的临床试验整体策略。因此，在上述指导原则的框架下，有必要进一步细化免疫细胞治疗产品开展临床试验的技术建议，以便为药品研发注册申请人（以下简称申请人）及开展药物临床试验的研究者（以下简称研究者）提供更具针对性的建议和指南。

（二）目的和适用范围

本指导原则适用于以在国内注册上市为目的，按照《药品管理法》、《药品注册管理办法》等药品管理相关法规进行研发和注册申报的免疫细胞治疗产品，旨在为该类产品开展临床试验的总体规划、试验方案设计、试验实施和数据分析等方面提供必要的技术指导，以最大程度地保障受试者参加临床试验的安全和合法权益，并规范对免疫细胞治疗产品的安全性和有效性的评价方法。

对于经过基因修饰或编辑的免疫细胞治疗产品如 CAR-T 和 TCR-T 等，还兼具基因治疗产品的特性。本指导原则的目的不是对其监管属性或分类进行认定，而是基于现有认识，对免疫细胞治疗产品开展临床试验时若干技术问题的建议和推荐，内容不具有强制性，随着研究和认识的深入，本指导原则内容将继续修订和完善。鼓励申请人适时与药品审评中心就具体试验方案的设计、实施及结果等进行沟通。

（三）免疫细胞治疗产品的特性

免疫细胞治疗产品的特征与传统药品有显著区别，例如：

· 起始原材料来源多样（如自体来源、同种异体来源等）；采集（如血细胞单采、从肿瘤组织中分离肿瘤浸润淋巴细胞（TILs）等）和制备工艺复杂（如细胞筛选和纯化、抗原孵育、体外活化、基因修饰或编辑等）；制备失败或延迟可能导致受试者无法按计划接受治疗；运输和储存条件要求高；自体来源的产品高度个体化，制备规模有限、质量研究和质量控制难度较大；往往需要伴随用药（如淋巴细胞清除等预处理）等。

· 临床前动物实验数据外推存在局限性并受多种因素影响，如选择的动物模型、给药途径、起始剂量、生物分布、免疫应答、脱靶效应以及致瘤性等；

· 不良反应的发生率、持续时间和严重性、细胞在人体内增殖存活和免疫原性的不确定性；

· 复制型病毒（replication competent lentivirus/retrovirus，RCL/RCR）、遗传毒性、致瘤性的不确定性；

· 基于免疫细胞在体内可能长期存活和持续作用，需要长期的疗效和安全性随访；

不同类型免疫细胞治疗产品制备工艺的复杂程度、体内生物学特性存在显著差异，在临床应用中的安全性风险也有明显不同。非同源性异体使用、外源基因片段的导入、体外诱导/扩增、全身性作用等因素均可能影响细胞回输后的生物学特性。较复杂的体外操作、培养过程使用多种外源因子或试剂等均可能增加细胞质量控制的难度，进而增加临床应用的安全性风险。例如，CIK 的制备工艺和外源性干预相对简单，耐受性总体良好。相比之下，CAR-T 细胞体外操作的复杂性远高于 DC-CIK，在明显增强 T 细胞体内杀伤作用的同时，细胞因子释放综合症（cytokine release syndrome，CRS）、免疫效应细胞相关神经毒性综合征（Immune Effector Cell-associated Neurotoxicity Syndrome，ICANS）和/或噬血细胞综合征（hemophagocytic lymphohistiocytosis，HLH）等严重不良反应的发生风险也相应增加。

免疫细胞治疗产品的作用方式与其他类型药品有明显差异，因此，设计临床试验时需考虑这类产品的特点，并结合既往临床经验和国内外临床研究进展，及时完善试验设计和风险控制方案。

二、临床试验设计

（一）一般考虑

1、受试人群

选择临床试验的受试人群应充分考虑预期获益和潜在风险，在不同的临床研究阶段，应利用可获得的研究证据分析受试者的获益-风险预期。在免疫细胞治疗产品的早期临床试验中，可依据作用机制、临床前研究数据及既往人体研究和应用经验等估计潜在获益和风险，临床前研究选择的动物模型应可以向人体进行可借鉴的、可预测的外推。

（1）健康志愿者

免疫细胞治疗产品在体内的存活和作用持续时间较长，除存在短期安全性风险外，长期安全性风险尚不明确，且细胞采集和产品给药往往需要有创操作，可能增加受试者的安全性风险，因此，免疫细胞治疗产品的临床试验通常不考虑在健康志愿者中进行。

（2）疾病分期或严重程度

选择免疫细胞治疗产品临床试验的受试人群时，疾病分期或严重程度是最重要的考虑要素之一。考虑到疾病严重程度更重或更晚期的受试者对免疫细胞治疗风险的接受度更高，或者其病情更能支持承担风险的合理性。因此，申请人经常将早期试验的入组受试者限制在疾病严重程度更重或分期更晚的受试者中。但在某些情况下，选择疾病分期较早或严重程度更轻的受试者可能更适当。例如，当出现疗效的时间与细胞输注时间之间的间隔较长时，选择晚期或病情严重的受试者可能不利于有效性的观察，在不显著增加受试者的安全性风险的情况下，申请人可能考虑在较早期或病情更轻的受试者中进行临床试验。

对于自体来源的免疫细胞治疗产品，病情进展迅速的晚期或病情严重的受试者可能无法采集到合格的制备原材料、或无法制备出符合标准的细胞产品、或无法等待免疫细胞治疗产品的制备时间（通常需要数周），或无法耐受制备或给药所需进行的有创操作（如血细胞单采）或合并用药（如淋巴细胞清除）。因此，在决定临床试验中研究的疾病严重程度之前，必须先考虑对受试者所造成风险的预期性质和严重程度，以及这些风险在不同分期或严重程度疾病中的影响。

此外，在选择研究人群时，还应考虑试验结果的可评价性。病情复杂的受试者可能存在干扰结果分析的不良事件，或正在接受基础疾病相关的伴随治疗，这可能导致安全性或有效性数据难以解读。如果最终目标人群是病情较轻的患者，在患有重度或晚期疾病的受试者中进行试验时，可能无法获得足以满足获益-风险评价所需的安全性及有效性信息。

因此，在免疫细胞治疗产品的临床试验中，选择纳入特定疾病研究的适当受试者时，应结合产品作用特点、疾病严重性和病情进展、未满足的临床需求和现有治疗选择等多个因素综合考虑。

（3）儿童及青少年受试者

对于纳入儿童及青少年受试者的临床试验，在开展试验前，应获得同一试验产品来自成人受试者的安全性和耐受性数据。如果申请人拟在无成人安全性或疗效研究的情况下进行儿童试验，应提供不首先开展成人研究的依据。

（4）其他考虑

对于某些特定产品类型，在选择受试者人群时还存在其他方面的考虑。例如，对于治疗性癌症疫苗，可能须识别相应靶抗原的表达。对于经过基因修饰的免疫细胞治疗产品，对载体或外源基因表达产物的既存抗体可能影响产品的安全性或有效性；因此，早期临床试验中应对存在这类抗体的受试者的安全性和有效性进行分析，为后期临床试验受试者的选择提供参考。

对于安全性风险较高的免疫细胞治疗产品，一般不考虑纳入孕妇或准备妊娠的育龄期受试者（包括其伴侣准备妊娠的男性受试者）。受试者在临床试验期间应采取必要的避孕措施，并且有生育潜能的受试者在研究过程中需要采取高效避孕措施。此外，某些特定免疫细胞治疗产品的表面标志物可能与受试者体内的异常组织或细胞具有一定程度的相似性和交叉性（例如，正常 T 细胞与起源于胸腺或具有 T 细胞表面标志物的恶性肿瘤细胞），如果采集外周血细胞时混有异常细胞，且制备过程无法完全分离，则可能影响产品的安全性和有效性，因此，在该类临床试验中，应考虑排除外周血或骨髓高度受累的受试者。

2、受试者保护和临床安全性

（1）受试者筛查

部分免疫细胞治疗产品的临床试验存在的风险显著、且获益不确定。因此，这类产品的临床试验往往仅入组对现有治疗手段缺乏应答或没有其他治疗方法可供选择的受试者。对于这类临床试验的设计，应制定相应操作程序，确保每例受试者在筛查时经过充分评估，并符合临床试验的入组标准，试验设计中应包括这些评估措施的具体信息。如果免疫细胞治疗产品的制备及给药程序需要血细胞单采、淋巴细胞清除预处理或人组织相容性抗原（HLA）配型等程序，试验方案中还应明确受试者在单采前、预处理前和细胞治疗产品回输前的安全性标准和评估程序，以降低受试者参加临床试验的风险。

在某些免疫细胞治疗产品的临床试验中，受试者入组时可能正在接受针对适应症或其他疾病的治疗。如果受试者在临床试验期间需要暂停现有治疗、或改变现有治疗药物的剂量或给药频率，申请人应谨慎评估暂停或改变现有治疗可能导致受试者病情进展的风险，以及试验产品预期产生的临床获益。只有预期临床获益显著高于暂停或改变现有治疗的疾病进展风险时，才考虑采用该试验方法，同时有必要制定详细的补救治疗方案，避免延误或加重受试者的病情。

（2）不良反应处理

免疫细胞治疗产品的临床安全性受细胞类型、作用活性、靶抗原选择、是否经过基因修饰等多重因素影响，不良反应的发生时间和严重性也与细胞在体内的存活、增殖和分布等特征密切相关。在临床试验方案中需根据产品特点，针对临床试验中可能出现的安全性风险，制定全面、可操作的风险控制方案，对具体风险的预防、监测、识别、诊断、处理和预后随访等进行详细描述。

细胞免疫疗法正处于快速发展期，对于其安全性风险的认识和处置能力也在不断完善，建议申请人及时参考国内外最新的临床共识或重要研究，以及时更新完善其风险控制措施，提高试验方案的科学性和合理性。例如，国内外研究者对 CAR-T 细胞治疗相关的常见不良反应，如 CRS、ICANS、或 HLH 等积累了较丰富的临床经验，其分级和处置方法也在国内外研究者中达成很多共识，对于有效控制临床试验中的安全性风险有重要的借鉴价值。

（3）研究者培训和程序记录

有些细胞免疫治疗有较高的安全性风险，研究者的临床经验和技能水平对及时发现和处理不良事件起关键作用，并可能需要重症监护等相关科室的配合支持。对于涉及复杂给药程序或需经特殊培训的递送方式，如瘤内或局部给药，操作人员的技能水平也可能影响产品的安全性和疗效。

当研究者和操作人员的临床经验和技能可能影响产品的安全性和有效性时，申请人应对研究者和操作人员培训、研究或熟练度水平规定最低要求。某些情况下（例如多中心临床试验），对操作人员进行特定给药及治疗程序的培训可能降低给药或治疗过程的变异，有助于研究结果的解读。详细的书面标准操作规程（SOP）也可能有助于确保产品给药的安全性和一致性。仔细记录给药过程和后续观察有助于识别研究者和操作人员对方案的依从性，还有助于分析操作或治疗差异与临床结局之间的相关性，并识别可能的操作或治疗优化。

（4）试验停止规则

由于免疫细胞治疗产品临床试验中的不良反应发生率或严重程度存在很大的不确定性，这些产品的试验方案应包括试验停止规则，以控制面临风险的受试者人数及单个受试者面临的风险程度。试验停止规则通常规定事件（如受试者在研究期间出现可检出的有复制能力的慢病毒（RCL）、严重不良事件或死亡）的严重性或发生频率，达到后将暂停入组和给药，直至情况得到评估。基于评估结果，可能需要修订临床研究方案以降低受试者的安全风险。修订内容可能包括入组标准的变化（例如排除出现特定不良事件风险较高的受试者），或者剂量降低、产品制备或给药方式的调整、或监测方案的改进等。在研究方案进行调整改进以后，可能能够在确保安全性的前提下恢复试验。

因此，试验停止规则不一定终止试验。合理设计的停止规则允许申请人和研究者评估和解决在试验过程中识别的风险，确保受试者风险维持在合理水平。建议申办方建立数据监察委员会，在方案中规定数据监察委员会审核数据的时间点，并做出暂停、停止或继续研究的建议。

3、个体化治疗产品的特殊考虑

很多免疫细胞治疗产品制备过程高度个体化，需要为每例受试者单独制备，制备过程可能需要数周或更长时间。受试者在首次采集组织或细胞时符合研究入组标准，但在计划的给药时间可能不再符合这些标准。例如，受试者的病情可能在产品制备期间恶化，导致无法耐受试验程序或预计存活时间不超过研究持续时间。入组标准中应考虑这类因素，降低受试者无法按计划接受细胞回输的可能性，并制定受试者接受产品输注需满足的条件。

如果产品制备出现问题，可能导致受试者失去治疗机会。临床试验过程中出现制备失败时，深入分析失败原因及导致失败的受试者因素非常重要，这些分析可能有助于改善后续试验的受试者筛选标准，降低制备失败概率。应针对制备失败制定补救治疗方案，改进后续临床试验设计。为了降低制备问题对受试者造成的影响，在确定免疫细胞治疗产品可用之前，不应对受试者进行高风险的回输前处理（例如淋巴细胞清除预处理）。

研究方案还应明确规定，对于制备失败无法按计划给药的受试者，是否再次尝试制备和治疗，以及是否将增加入组，以替换未接受治疗的受试者，以满足方案预设的接受规定剂量治疗的患者数量。不能按计划治疗是临床试验可行性评估的一部分，也可能是一个重要的试验终点，应制定计划统计未能治疗的受试者比例，分析未能进行产品给药的原因，并评估未能给药对受试者造成的后果。

很多免疫细胞治疗产品的制备环节和给药过程需要专门的设备和操作程序，产品的保存、转运和使用过程也与其他药物有显著差别，需要在临床试验过程中持续评估各制备和给药程序的可行性，发现产品供应和保障程序中存在的问题。如果临床试验过程中出现制备放行或运输等环节出现问题导致的不良事件，申请人应及时停止临床试验，完善或改进制备、质检、运输以及回输前检验等操作程序，在改进措施未得到充分验证前，不应恢复开展临床试验，以保障受试者参加临床试验的安全性。

（二）探索性临床试验

1、探索性试验的目的

（1）安全性和耐受性

早期探索性试验，尤其是首次人体试验，主要目的是安全性和耐受性。安全性评估包括对潜在不良反应性质和发生率的评估及其与剂量之间关系的估计。免疫细胞治疗产品的探索性试验设计，通常还会考虑不同于其他药品的临床安全性问题（短期安全性如 CRS、ICANS，长期或迟发性不良反应，外源基因随机整合到细胞基因组形成插入突变，导致成瘤性和恶性转化等）。

最大耐受剂量（maximum tolerance dose，MTD）通常通过剂量递增设计实现。细胞治疗产品可接受的毒性或不良反应的严重程度，会基于疾病的严重性和获益风险预期进行判断，申请人应在研究方案中明确探索方法。

对于免疫细胞治疗产品，可以通过剂量探索确定其生物学活性范围或最佳有效剂量，如果在较低剂量水平可以观察到稳定的生物学活性或临床获益，申请人可能不必要确定 MTD。此外，很多免疫细胞治疗产品受制备及运输等实际情况的限制，仅能达到特定的暴露量范围，临床试验中可能只能观察部分剂量水平的安全性特征，而无法确定 MTD。但须认识到，早期研究往往难以准确估计产品的有效推荐剂量，申请人需仔细评估早期研究未能确定 MTD 对后续试验的影响。原则上确证性临床试验剂量不应超出探索性研究的剂量范围。

如果免疫细胞治疗产品拟与其他药物或治疗方法联合治疗，有必要通过探索性试验观察联合治疗的安全和耐受性，以及其他药物或治疗方法对免疫细胞治疗产品体内活性、增殖或存活、给药频率等的影响。

（2）体内活性评估

探索性试验的一个常见次要目的是对产品活性进行初步评估，例如，细胞在体内的增殖存活和生物分布（如药代动力学）、药效学活性（如产品回输后的细胞因子水平）、免疫原性、有效性如肿瘤缓解或其他类型的临床改善等，用以改善后续临床研究计划。

2、剂量探索和剂量递增

（1）起始剂量的估算

首次人体试验的起始剂量，通常基于非临床安全性研究结果。与小分子或生物大分子药物相比，免疫细胞治疗产品的非临床研究方法受到多种因素影响，例如动物模型的选择、免疫应答的种属差异等，对人体安全起始剂量的预测可能不如其他药物精确。如果有可用的动物实验或体外数据，可能有助于判断起始细胞剂量的风险水平。

如果有同靶点同机制的同类或相关产品的既往临床经验（即使采用不同给药途径或不同适应症），也有助于临床起始剂量的选择。

（2）免疫细胞治疗产品的剂量描述

很多免疫细胞治疗产品的细胞组成并非均一，往往包含多种类型的细胞，起主要治疗作用的可能是其中一种细胞类型，但不良反应可能受同一产品中其它类型细胞的影响。在描述免疫细胞治疗产品的剂量时，需要考虑产品的特定属性，例如细胞类型和来源（自体与同种异体来源等）、转导效率、单个细胞的载体平均拷贝数和细胞活力、效价和生物学活性等。

在尚无法明确不同细胞亚群对活性作用或不良反应的影响时，明确终产品中的细胞亚群和所占比例，并比较不同细胞亚群对临床结局的影响，可能有助于识别与产品安全性和有效性最相关的细胞亚群。当产品预期的活性成分可以明确时，申请人往往选择最能代表预期活性的特定细胞亚群来描述产品剂量，例如，很多导入外源基因的免疫细胞治疗产品中的载体阳性细胞数。在这种情况下，申请人还应描述载体阳性细胞数与其它细胞成分的比例，并分析转导效率对患者安全性及有效性的影响。

（3）剂量递增

在恶性肿瘤患者中开展早期探索性临床试验时，申请人经常选择3+3、改良毒性概率区间（mTPI）和贝叶斯最优区间（BOIN）等设计。对于首次开展人体临床研究的免疫细胞治疗产品，在选择剂量探索试验每个剂量组的样本量以及组间剂量增幅时，还应考虑非临床研究及类似产品的临床经验中剂量变化对受试者安全性和有效性的影响。在开展除恶性肿瘤外其他适应症的临床研究时，每一剂量水平的受试者数量还应考虑不同适应症人群对风险的可接受程度，或者安全性的评价要求，可能需要通过更大的样本量提供更充分的安全性信息。此外，其他研究目的，如耐受性、制备可行性和药理学活性评估，也可能影响样本量或剂量增幅的选择。

免疫细胞治疗产品可能在受试者体内长期存活，在对产品毒性和活性持续时间有初步了解之前，可能较难预测重复给药的风险。因此，很多首次用于人体的免疫细胞治疗产品采用单次给药方案。但是，对于某些产品如治疗性细胞疫苗，当已有研究证据提示安全性风险较低且多次给药可能增加活性时，在早期试验中有可能采用多次给药的方式。

3、对照设计

早期探索性临床试验以观察安全性为主，对照设计的重要性不如确证性试验，但如果合并用药可能影响本品的不良反应观察，或者在早期探索性研究中初步观察产品活性，申请人可能有必要设置对照。当临床上对疾病进程的认识尚不充分，或入组受试者的疾病严重程度差异很大时，设置平行对照组对于评价试验产品的安全性或活性更加重要。

如果需要设置对照，对照品的选择可能考虑研究目的、疾病的进展程度和严重性、治疗选择等多重因素，例如，早期探索性研究采用安慰剂或标准治疗对照可能有助于评价试验产品的安全性。

4、给药间隔

对于首次在人体中开展临床试验（first in human，FIH）的免疫细胞治疗产品，采用受试者间隔给药的方式，可以避免多个受试者同时暴露而出现预期外的安全性风险。在FIH试验中，对首例患者应加强不良事件监测，还要考虑迟发性不良事件。向同一剂量组内下一例受试者或下一个剂量组受试者给药前，应规定一定的随访间隔，以观察急性和亚急性不良事件。间隔期的选择一般基于非临床研究中急性或亚急性毒性的发生情况，细胞在体内的活性持续时间和/或既往类似产品在人体中的应用经验。

5、药代动力学（PK）和药效学（PD）研究

免疫细胞治疗产品的药代动力学特点与传统的小分子或生物大分子药物有明显差异，可能无法进行吸收、分布、代谢和排泄（ADME）等传统药代动力学评估。由于检测技术的快速发展，申请人应利用科学合理的药代动力学评估方法，监测细胞活力、增殖/分化（例如细胞表型和功能性标记物）、持续存在（例如血药浓度–时间曲线下

面积)、致瘤性、免疫原性、体内分布、异位灶、组织嗜性/迁移以及细胞/产品预期存活期内的功能（或其替代指标）等特性。如果一种方法不能完全反映细胞在体内的 PK特性，建议申请人采用多种方法监测细胞在体内的增殖和存活情况，例如，对于经过基因修饰的免疫细胞治疗产品如 CAR-T，采用实时荧光定量聚合酶链式反应（qPCR）和流式细胞术（Flowcytometry）进行 PK 分析，分别通过测定外源基因拷贝和CAR+细胞数量的变化，有助于互相验证检测方法的可靠性，可以更全面的分析产品在体内的扩增和存活情况。

对于大多数免疫细胞治疗产品，可以通过细胞和/或体液免疫应答分析药效学活性。有多个特异性靶点的治疗产品，应分析其对每个靶点的作用活性。如果细胞经体外基因修饰，在体内分泌特定蛋白、多肽或其它活性成分，或敲除了特定基因的表达，也需要进行针对性的药效学分析，如检测特定蛋白的活性、持续时间和变化情况等。

申请人可以基于总体临床研究规划考虑早期探索性研究的设计，在早期研究中纳入有助于未来产品研发的设计要素，例如，在 I 期临床试验中设置有效性或体内药效学观察指标，以收集有效性的初步证据。申请人有时会考虑将早期研究设计为 I 期和 II期合并进行的 I/II 期试验，在剂量递增和推荐剂量明确后，进入扩展期，以推荐的剂量水平继续入组额外的患者，进一步观察免疫细胞治疗产品的疗效。如果采用该类设计，在试验方案中应明确从剂量递增阶段转到扩展阶段的原则和方法。

(三) 确证性临床试验

与其它药物一样，免疫细胞治疗产品的确证性研究（或关键研究）的目的是确认探索性研究中初步提示的疗效和安全性，为注册提供关键的获益/风险评估证据。确证性研究的目标人群、主要和次要终点的选择、研究持续时间、样本量估计和统计学设计等应符合具体治疗领域的一般指南要求。

1、对照和设盲

良好的随机对照试验（randomized controlled trial，RCT）是确证性研究中优先推荐的设计方法，该研究方法可以消除受试者的基线差异、减少偏倚，有利于客观评价试验产品的治疗效果。对于某些适应症，可能缺少合适的对照药物，或伦理上不宜采用安慰剂作为对照药，可考虑与最佳支持性护理或治疗进行对照。

如果 RCT 设计不可行，申请人可能在确证性临床试验中采用单臂试验（single arm trial，SAT）。在这种情况下，申请人应解释无法开展 RCT 试验的理由并提供相应研究证据，并有必要利用回顾性数据、前瞻性真实世界研究、荟萃分析或流行病学调查等数据及探索性研究结果，对受试人群、主要终点和预期临床疗效等研究要素进行合理说明。

RCT 确证性试验应在可行的情况下尽量保持盲法。对于很多免疫细胞治疗产品，由于研究者或医务人员参与细胞的采集并配合操作给药过程，可能难以对研究者设盲，这种情况下有必要采用其它方法降低试验的偏倚，例如对受试者设盲。如果盲法不可行，如 SAT，应设立不受研究者影响的独立审评委员会（independent review committee, IRC），对临床终点进行判读并作为主要终点的判定标准，或对研究者评估的结果进行敏感性分析。

2、疗效和安全性

在确证性临床试验中，针对适应症或目标人群选择合理的临床疗效终点是临床评价的基础，支持药物批准的临床试验终点通常应当是直接反映临床获益的指标，疗效指标的评价标准须与适应症相关的诊疗指南或临床共识保持一致。基于免疫细胞治疗产品的作用特点，可能考虑采用包含临床症状改善或生活质量提高的复合终点，或增加免疫相关的临床疗效评估方法，如实体肿瘤的缓解评估通常采用世界卫生组织（WHO）标准或实体瘤疗效评价标准（response evaluation criteria in solid tumors, RE-CIST），随着对免疫疗法作用特点的了解，免疫细胞治疗产品的临床试验中可能增加免疫治疗疗效评价标准（如实体瘤免疫疗效评价标准，immune response evaluation criteria in solid tumors, iRECIST）。任何未经验证的终点或替代终点应首先在探索性研究中获得验证，然后才能用于确证性临床试验。对于免疫细胞治疗产品，免疫反应相关的指标可能有助于准确评估临床疗效，如特异性细胞或体液免疫应答、活性分析等，但免疫功能评价通常不作为支持上市的主要依据。

免疫细胞治疗产品可以在体内存活较长时间，并产生长期疗效。由于细胞来源和制备等因素的限制，很多产品的治疗次数有限。因此，确证性试验的临床终点还应关注疗效的持续时间。例如，在 CAR-T 治疗淋巴组织和造血系统恶性肿瘤的临床试验中，相对于最佳缓解率，在第三个月时的持续缓解率更能反应患者的长期获益。建议长期随访以获得缓解持续时间（DOR）、无进展生存时间（PFS）、总生存时间（OS）等反映该产品有效性持续时间的指标，以更好的了解产品特征和长期获益。

在确证性临床研究阶段应继续监测安全性风险，分析重要的已知和潜在的风险信息，包括迟发性不良事件（如致瘤性）的发生率、严重性和危险因素等，并有必要采取措施使风险最小化。安全性分析集应能够评价免疫细胞治疗产品的主要安全性风险。

如果临床试验过程中出现药学重大变更，应在确证性试验开始之前完成这些变更，并从临床角度评价药学变更对产品疗效和安全性的影响。

三、临床试验结束后研究

（一）临床试验受试者的长期随访

由于免疫细胞治疗产品的长期存活及持久性作用，申请人应对临床试验期间接受治疗的所有受试者进行适当的长期随访，关注受试者生存、新发或继发癌症、感染、免疫功能变化及迟发性不良反应等安全性风险，以及非临床或临床数据提示需要关注的潜在风险，并观察产品在体内的持续存在时间、转基因表达时间（如有）、是否有致瘤性、免疫原性等。随访时间主要取决于免疫细胞治疗产品的风险水平、体内的存活和作用时间、疾病进程的认识等，应足以观察到可能由于产品特性、暴露性质等导致的受试者风险，并不应短于迟发不良事件的预期发生时间。

免疫细胞治疗产品的风险水平与多种因素有关，如细胞来源和类型、体内活性和存活时间、是否有外源基因表达、基因表达使用的载体类型以及是否存在基因组整合等。针对不同风险水平的免疫细胞治疗产品，随访持续时间的建议如下：

· 对于没有外源基因表达、且体外操作不改变细胞存活时间及分化潜能的免疫细胞治疗产品，长期随访的持续时间不应短于细胞在体内的自然存活时间，建议对受试者进行 1 年或以上的随访。

· 对于有外源基因表达、但不存在基因整合或基因重组风险，或载体的基因整合或重组风险较低的免疫细胞治疗产品，建议对受试者进行不少于 5 年的随访。

· 对于有外源基因表达、而且表达载体存在基因整合或有基因重组风险的免疫细胞治疗产品，建议对受试者观察不少于 15 年。

上述建议是基于现有科学认识，随着临床研究和应用数据的积累，以及对免疫细胞治疗产品了解的深入，可能会对随访时间的建议进行调整。

根据临床试验的研究计划和持续时间，长期随访可能作为临床试验的一部分，或者设计为一项单独研究，如果对长期监测有一个单独的研究方案，在受试者参加临床试验前，除获得受试者对干预性临床试验的知情同意外，还应获得其对长期随访研究计划的知情同意。如果长期随访作为临床试验的一部分，随访时间可能超过主要终点或获益风险评估所需的观察时间，这种情况下，通常无需在开始后续试验或提交上市申请之前完成长期随访。

儿童受试者可能因较为年幼而存在长期暴露，免疫细胞治疗产品给药后的长期随访可能需要监测治疗对生长和发育的影响，因此，较长期间的临床随访数据对于评估安全性和发育结局可能很关键。与成人相比，在儿童受试者中监测长期安全性和作用持续时间可能更加困难，申请人在拟定长期随访计划时应予以妥善考虑。

（二）上市后研究或监测

免疫细胞产品的治疗方式和体内作用特征与传统小分子或生物大分子药物有较大区别，目前尚缺乏该类产品在人体中大规模应用的经验。由于临床试验的持续时间和受试者数量有限，上市后通过收集真实世界数据，有助于进一步观察产品的长期疗效，或暴露罕见的不良反应等。因此，申请人取得产品的上市许可后，可能有必要通过 IV 期试验、上市后观察性研究或重点监测等方式，收集真实世界中的有效性及安全性等信息，并通过药品定期安全性更新报告（PSUR）或药品再注册等途径与监管部门进行沟通。

参考文献

1. 国家食品药品监督管理总局. 细胞治疗产品研究与评价技术指导原则（试

行）. 2017.

2. U. S. FDA, CBER. Considerations for the Design of Early-Phase Clinical Trials of Cellular and Gene Therapy Products. June 2015.

3. EMA/CAT. Draft guideline on quality, non-clinical and clinical requirements for investigational advanced therapy medicinal products in clinical trials. February, 2019.

4. Rosenberg SA, Restifo NP. Adoptive cell transfer as personalized immunotherapy for human cancer. Science 2015; 348: 62-8.

5. Brudno JN, Kochenderfer JN. Toxicities of chimeric antigen receptor T cells: recognition and management. Blood 2016; 127: 3321-30.

6. Bonifant CL, Jackson HJ, Brentjens RJ, Curran KJ. Toxicity and management in CAR T-cell therapy. Molecular therapy oncolytics 2016; 3: 16011.

7. Brudno JN, Kochenderfer JN. Recent advances in CAR T-cell toxicity: mechanisms, manifestations and management. Blood reviews 2019; 34: 45-55.

8. Seymour L, Bogaerts J, Perrone A, et al. iRECIST: guidelines for response criteria for use in trials testing immunotherapeutics. The Lancet Oncology 2017; 18: e143-e52.

9. Park JH, Riviere I, GonenM, et al. Long-Term Follow-up of CD19 CAR Therapy in Acute Lymphoblastic Leukemia. The New England journal of medicine 2018; 378: 449-59.

10. Locke FL, Ghobadi A, Jacobson CA, et al. Long-term safety and activity of axicabtagene ciloleucel in refractory large B-cell lymphoma (ZUMA-1): a single-arm, multicentre, phase 1-2 trial. The Lancet Oncology 2019; 20: 31-42.

11. Schuster SJ, Bishop MR, Tam CS, et al. Tisagenlecleucel in Adult Relapsed or Refractory Diffuse Large B-Cell Lymphoma. The New England journal of medicine 2019; 380: 45-56.

12. EMEA/CHMP/GTWP. Guideline on follow-up of patients administered with gene therapy medicinal products. November, 2009.

13. U. S. FDA, CBER. Long term follow-up after administration of human gene therapy products. January 2020.

细胞治疗产品申请临床试验药学研究和
申报资料的考虑要点

（国家药品监督管理局药品审评中心 2018 年 3 月 13 日公布）

近年来，肿瘤免疫治疗技术突飞猛进，以嵌合抗原受体修饰 T 细胞（CAR-T）为代表的基因修饰细胞产品陆续进入临床。细胞治疗类产品获得的突破性进展和国外 CAR-T 细胞治疗产品的批准上市，为晚期肿瘤患者的治疗带来新希望。CAR-T 细胞产品属于"活"的细胞药物，且不能耐受病毒灭活/终端灭菌处理，产品本身具有高度的"个性化"和"异质性"，生产工艺与质量控制具有较强的"复杂性"和"特殊性"。此前，按照"医疗技术"开展的非注册临床试验取得了一些研究资料，但是按照药品研发与申报，已受理申报资料的完整性、规范性、溯源性及质量体系和风险控制要求存在较多缺陷，影响审评进度。

为鼓励 CAR-T 类产品创新，满足临床用药亟需，做好申请临床试验阶段药学研究和申报资料的整理准备，提请申请人在遵循技术指导原则要求开展相关研究的基础上，特别关注以下方面药学研究和申报资料的考虑要点。

1、生产原料（供者细胞、试剂/培养基）

自体细胞筛查应参照医疗管理的相关规定，进行 HIV-1/2、HBV、HCV、梅毒等感染项筛查。供者细胞的采集需使用单采机进行。

质粒生产过程中建议避免使用 β-内酰胺类抗生素。如需使用，应对抗生素的残留量进行控制和安全性评估；包装细胞培养过程中如使用胰酶，建议采用重组来源胰酶；应说明 CAR-T 细胞生产过程中细胞培养基来源，是否含有人源/动物源性成分并进行风险评估。如培养基中含有血清成分，应符合总局关于《细胞治疗产品研究与评价技术指导原则》（试行）相关规定及解读文件的要求。

2、生产工艺（质粒、病毒，CAR-T 细胞）

质粒应提供调控元件和改构序列的研究资料。重组工程菌应按照《中国药典》相关要求完成二级或三级菌种库的建立和检定，质粒应进行全基因测序并完成菌株传代稳定性研究。

病毒包装细胞（如：293T 细胞）应提供细胞来源、传代历史等资料，并按照《中国药典》相关要求完成二级或三级细胞库的建立和检定。细胞建库过程应符合 GMP 规范（可参照疫苗生产用细胞基质相关要求）。

CAR-T 细胞生产工艺方面，在申报临床阶段应提供初步的工艺可行性开发资料和关键步骤的可控性资料，拟定生产工艺应有相应的研究数据支持。CAR-T 细胞产品生产过程，应对不同患者的细胞操作进行严格的时间/空间隔离，防止混淆和交叉污染等问题的发生。CAR-T 细胞产品生产过程应严格符合 GMP 规范。

质粒、病毒载体、CAR-T 细胞的生产和环境要求应符合 GMP 规范。

3、质量研究（质粒、病毒，CAR-T 细胞）

质量研究应重点关注安全性相关项目并进行风险评估。

质粒的质量标准，建议包括：pH 值、外观、含量、260/280 纯度、质粒 DNA 同质性、酶切鉴定、基因测序、无菌、内毒素、宿主 RNA 残留、宿主基因组残留、宿主蛋白残留等。

病毒载体质量标准，建议包括：外观、pH 值、渗透压摩尔浓度、CAR 基因鉴定、病毒滴度（物理化学测定及生物学功能测定）、DNA 残留、残留宿主 DNA 转移（如 SV40、E1A 等）、蛋白质残留、BSA 残留、核酸酶残留、RCR/RCL、无菌、内毒素、支原体、外源性病毒检测等。

CAR-T 产品的质量标准，建议包括：pH 值、外观、渗透压、活细胞密度、细胞活率、CD3+T 细胞比例、CD3+CAR+细胞（比例、计数）、无关细胞比例（如 CD19+B 细胞）、细胞分型、生物学活性、载体拷贝数、RCR/RCL、无菌、内毒素、支原体、磁珠残留（如适用）等。

参比品方面，质粒和病毒建议建立参比品；CAR-T 细胞的参比品应能满足指示细胞生物活性的要求和提示检测系统中的偏移，同时应提供必要的方法学研究与验证资料。

基于 RCR/RCL 的高风险性和检测方法的复杂性，关于检测的方法学、灵敏度、样品的代表性（病毒生产的终末细胞、收获的上清液、CAR-T 细胞产品）等相关研究，可参照国内外已颁布的通用技术指导原则。

4、稳定性研究

质粒、病毒载体在保存过程中，应对其稳定性进行考察，同时应尽量避免病毒载体反复冻融。

CAR-T 细胞应模拟实际贮存、运输与临床应用条件开展稳定性研究。

5、其他

对于以 CAR-T 为代表的基因修饰细胞产品，药学研究与评价的考虑要点应与其研发阶段相适应，关注不同类型细胞自身的风险性、体外培养操作过程中引入的风险，以及细胞生物学及遗传学改变的潜在风险，申报临床阶段重点关注临床用药（回输细胞及附带成分）的整体安全性问题，并结合临床医疗探索实践中反馈的风险提醒及其他专业意见进行综合判断。上述 CAR-T 产品的临床前药学研究申报资料的考虑要点，主要基于专家研讨会的基本共识。随着对此类产品科学认知的深入，以及审评和监管经验的丰富，申请临床阶段药学要求将做进一步调整和完善。

细胞治疗产品研究与评价技术指导原则（试行）

（国家食品药品监督管理总局 2017 年 12 月 22 日公布）

一、前言

近年来，随着干细胞治疗、免疫细胞治疗和基因编辑等基础理论、技术手段和临床医疗探索研究的不断发展，细胞治疗产品为一些严重及难治性疾病提供了新的治疗思路与方法。为规范和指导这类产品按照药品管理规范进行研究、开发与评价，制定本指导原则。由于细胞治疗类产品技术发展迅速且产品差异性较大，本原则主要是基于目前的认知，提出涉及细胞治疗产品安全、有效、质量可控的一般技术要求。随着技术的发展、认知的提升和经验的积累，将逐步完善、细化与修订不同细胞类别产品的具体技术要求。由于本指导原则涵盖多种细胞类型的产品，技术要求的适用性还应当采用具体问题具体分析的原则。

二、范围

本指导原则所述的细胞治疗产品是指用于治疗人的疾病，来源、操作和临床试验过程符合伦理要求，按照药品管理相关法规进行研发和注册申报的人体来源的活细胞产品。本指导原则不适用于输血用的血液成分，已有规定的、未经体外处理的造血干细胞移植，生殖相关细胞，以及由细胞组成的组织、器官类产品等。

三、风险控制

由于细胞治疗产品种类多、差异大、性质复杂多变、研究进展快、技术更新迅速、风险程度不同，因此，对于不同类型产品，可基于风险特征和专项控制措施，采用适合其产品的特有技术。

细胞治疗产品的风险很大程度上取决于细胞的来源、类型、性质、功能、生产工艺、非细胞成分、非目的细胞群体、全生产过程中的污染和/或交叉污染的防控，以及具体治疗途径及用途等。不同细胞治疗产品的制备及使用过程可能会给患者带来不同程度的风险。细胞治疗产品应根据不同的风险制订相应的风险控制方案。从细胞治疗产品研发初始，应根据已有认识及其预期用途进行全面分析，并应在整个产品生命周期内不断地收集和更数据，明确和防范风险。

在评估产品的整体风险时，应考虑各种因素对产品风险的影响，比如细胞的来源，细胞的操作程度，细胞的增殖、分化、迁移能力，细胞体外暴露于特定培养物质时间、细胞培养时间、细胞存活情况和细胞代次，非细胞成分的毒性作用，物理性及化学性处理或基因修饰/改造对细胞特性的改变程度，细胞和生物活性分子或结构材料组成的组合产品，激活免疫应答的能力，免疫识别的交叉反应，使用方式以及对受者的预处理，类似产品的经验或相关临床数据的可用性等多方面因素。

在细胞治疗产品的研发中，应不断综合各种风险因素进行分析评估，特别是应将综合风险分析结果用于：确定与产品的质量和安全性相关的风险因素；确定在非临床和临床应用中所需数据的范围和重点；确定风险最小化措施的过程等。

细胞治疗产品中的细胞来源、获取和操作过程应当符合伦理。生产者应建立"知情与保密"管理体系，一方面让供者充分了解细胞的用途和使用情况，另一方面让供者的个人信息得到充分的保护。对于制备过程中不合格及临床试验剩余的细胞治疗产品或供体细胞，必须采用妥善、合法并符合伦理和生物环境安全性相关要求的处理方式。

细胞治疗产品的生产者应建立产品可追溯的管理体系，以确保产品从供者到受者全过程的可追溯性。需列出供者—产品—受者链，或自体产品—受者链，需规范和监控生产操作过程，严格防控不同供者样品（或不同批次样品）的混淆。

四、药学研究

(一) 一般原则

由于细胞本身具备体内生存、自主增殖或/和分化的能力，其药学研究和质量控制应充分考虑以上基本特征，同时细胞治疗产品应符合药品质量管理的一般要求，临床用样品的生产全过程应当符合《药品生产质量管理规范》的基本原则和相关要求。生产过程中应特别关注人员、环境、设备等要求。细胞治疗产品的生产应建立全过程控制体系，生产工艺应经过严格的工艺验证并建立清晰的关键控制点；应严格控制生产用材料的质量并建立生产线清场的操作规范，避免生产用原材料和生产操作过程中可能引入的外源性污染或交叉污染；应制订有效的隔离措施，防止不同供者来源制品或不同批次产品的混淆。

研究者需根据产品自身的特点综合评估供者细胞应用的合理性。一般情况下，采集前应对供者进行筛查，包括健康状况的全面检查（如一般信息、既往病史和家族性遗传病等）、病原微生物的感染筛查和在危险疫区停留情况的调查等。

(二) 生产用材料

生产用材料是指用于制备细胞治疗产品的物质或材料，包括细胞、培养基、细胞因子、各种添加成分、冻存液、基因修饰/改造用物质和辅料等。生产用材料直接关系到产品的质量，因此研究者应建立良好、规范的生产用材料的质量管理体系，包括使用风险的评估、对关键生产用材料的供应商的审计和制订质量放行检测机制等工作程序。

1. 细胞

1.1 供者细胞

供者细胞来源应符合国家相关的法律法规和伦理的要求，供者细胞的获取、运输、分选、检验或保存等操作步骤应经过研究和验证，并在此基础上制订明确的规范和要求，比如供者细胞的特征、培养情况、代次、生长特性、保存状态、保存条件以及检验情况等。原则上，对于适合于建立细胞库的供者细胞应建立细胞库进行保存和生产。细胞库的层级可根据细胞自身特性、生产情况和临床应用情况综合考虑；并应建立细胞库的检验标准，检验应满足安全性、质量可控性和/或有效性的基本要求。

1.2 生产过程细胞

生产过程细胞，如生产病毒用细胞，原则上应该符合来源和历史培养情况清楚、安全性风险可控、符合生产技术的需要和建立细胞库管理的基本原则。

2. 其他生产用材料

2.1 原材料

生产用原材料的来源、组成、用途、用量和质量控制等情况应明确并合理。选择原材料时应考虑其使用的必要性、合理性和安全性，比如可能导致细胞突变或存在致敏可能性的非预期影响等，并应开展工艺去除效果验证和安全性风险评估，必要时对其残留量进行放行检测。应尽量采用已经获得批准用于人体的或符合药典标准的原材料。生物来源的原材料，应进行全面的外源因子检测，并应考虑到技术发展对新型外源因子的认知。自体使用产品应严格防止可能存在的外源因子传播的风险。

细胞治疗产品生产过程中使用的筛查试剂盒、分选试剂或材料、细胞分离或活化用抗体或磁珠、培养基、培养过程的添加物和与产品或中间样品接触的生产设备或材料等应经过严格的筛选和适用性的评估，应关注感染性病原微生物和免疫原性等安全性风险，建议尽量使用经监管当局批准的产品，否则建议使用适合产品的高质量级别的产品。细胞培养过程中，应尽量避免使用动物或人来源的物质，比如应尽量避免血清的使用，若必须使用血清，需要提供相关的研究资料说明使用的必要性和合理性；严禁使用疫病流行区来源的动物血清；不得使用未经过安全性验证的血清。

对于需要经过基因修饰/改造的产品，应明确基因修饰/改造过程中采用的基因物质材料的来源、组成和质量控制情况，具体要求可参考相关的技术指导原则和/或文件。由于基因修饰/改造用物质可作为终产品的物质组成，因此应符合药品的生产质量管理规范。

2.2 辅料

细胞治疗产品中辅料的使用、用量和质量情况应加以研究和验证，证明其使用的必要性、安全性和合理性。宜优选经批准可用于人体的辅料,否则需要开展全面的研究与评估。对于新型的辅料应开展适当的非临床安全性研究。

(三) 制备工艺与过程控制

细胞治疗产品的制备工艺指从供者获得供者细胞到细胞成品输入到受者体内的一系列体外操作的过程。研究者应进行工艺的研究与验证,证明工艺的可行性和稳健性。生产工艺的设计应避免细胞发生非预期的或异常的变化,并满足去除相关杂质的要求;需建立规范的工艺操作步骤、工艺控制参数、内控指标和废弃标准,对生产的全过程进行监控。研究者应不断优化制备工艺,减少物理、化学或生物学作用对细胞的特性产生非预期的影响,以及减少杂质的引入,比如蛋白酶、核酸酶、选择性的抑制剂的使用等。建议尽量采用连续的制备工艺,如果生产过程中有不连续生产的情况时,应对细胞的保存条件和时长进行研究与验证。建议尽量采用封闭的或半封闭的制备工艺,以减少污染和交叉污染的风险。

生产工艺全过程的监控包括生产工艺参数的监测和过程控制指标的达成等。研究者应在对整体工艺的理解和对生产产品的累积经验的基础上,明确过程控制中关键的生产步骤、制订敏感参数的限定范围,以避免工艺发生偏移。必要时,还可以对制备过程中的细胞进行质量监控,过程中的质量监控与细胞放行检测相互结合与互补,以达到对整体工艺和产品质量的控制。例如,细胞在体外需要进行基因修饰/改造时,需要关注基因物质的转导效率、基因进入细胞后的整合情况、细胞的表型和基因型、目的基因的遗传稳定性、转导用基因物质的残留量,以及病毒复制能力回复突变等;细胞在体外进行诱导分化时,需要关注细胞的分化情况、细胞生长特性(如恶性转化等)、细胞的表型和/或基因型、诱导物质的残留情况等。

产品的剂型、制剂处方和处方工艺,应根据临床用药要求和产品自身的稳定性情况而定。有些细胞治疗产品在给药前需经过产品成分物理状态的转变、容器的转换、过滤与清洗、与其他结构材料的联合,以及调整给药剂量等操作步骤,这些工艺步骤的确定也应该经过研究与验证,并在实际应用中严格执行。

(四) 质量研究与质量控制

1. 质量研究

细胞治疗产品的质量研究应选择有代表性的生产批次和合适的生产阶段样品(如初始分离的细胞、制备过程中细胞或成品等)进行研究。质量研究应涵盖细胞特性分析、功能性分析、纯度分析和安全性分析等方面,并且根据产品的自身特性可再增加其他相关的研究项目。

细胞特性研究应根据不同类型细胞的特征进行研究,如细胞鉴定(基因型、表型等)、分化潜能研究、表面标志物的表达、生物学活性、对外源性刺激的应答和表达产物的定性与定量的研究等方面。对于预期产品为多种不同类型或不同基因型/表型细胞所组成的混合物时，建议对细胞的混合特性进行鉴定研究和定量质控。

功能性分析方面，应针对细胞的性质、特点和预期用途等，建立功能性研究的方法，并用于研究与分析。研究中应考虑到产品的作用机制（比如细胞直接作用、细胞分泌因子作用或是其他），结合临床应用的适应症或其他可替代的指标建立合理、有效的生物学效力检测的方法。

细胞纯度方面，建议检测活细胞百分含量、亚细胞类别百分含量等；如果细胞进行了基因修饰/改造或分化诱导，建议检测功能性细胞的比率。建议根据临床应用的风险情况考虑对其他非目的细胞群体进行定性和定量的研究与/或质量控制。

安全性相关的研究应根据细胞来源和制备工艺过程的特点考虑，可选择针对外源性因子、细胞恶性转化的可能性、成瘤性和致瘤性、相关杂质、病毒载体回复突变等方面开展研究。相关杂质研究中应包括工艺中引入的杂质（如蛋白酶、分化诱导试剂、病毒载体、微珠等）和产品相关的杂质（如细胞非预期表达的产物、死细胞残余和其他可能的生物降解产物等）。

2. 质量控制

研究者需建立细胞治疗产品的质量控制策略。建议采用中间样品的质量检验和终产品放行检验相结合的机制。检定项目应当建立在产品质量研究以及对生产工艺和生产过程充分理解的基础之上，同时兼顾产品的特性和当下的科学认知与共识。随着研究的不断深入（如从临床前阶段进行至临床阶段），工艺相关信息应逐渐获得累积，检验方法应逐步完善，以适应各阶段的质量控制要求，建议确证性临床试验用样品的质量控制与商业化生产时的质控要求保持一致。质量控制一般应考虑鉴别、生物学效力、纯度、杂质、细胞数量（活细胞数、功能细胞数等）和一般检测（如无菌、支原体、内毒素、外观、除细胞之外的其他外源性异物等）等。验收标准的制订应以临床前研究批次、临床研究批次和验证批次中检测获得的数据，以及其他相关数据（如经验、文献报道和稳定性研究等）确定。

当放行检验受到时间限制时，可考虑加强工艺过程中的样品质量监控，将过程控制与放行检验相结合，通过过程控制简化放行检验。以上操作应经过研究与验证，并附有相应的操作规范。建议尽量在产品临床应用前完成全部放行检验，当有些放行检验结果可能后置时，应对可能出现的非预期检验结果制订处置方案。为对产品进行回顾性分析或进一步分析，建议研究者根据产品自身特点，并参照《药品生产管理规范》中的要求进行留样备查。

一些细胞治疗产品在给药前还需经过一系列操作步骤，研究开发时应开展模拟给药过程的相关研究。如果该操作在医疗机构开展，产品生产者应明确操作步骤和注意事项，以指导临床医护工作者正确操作使用。建议在给药前完成操作后对最终产品进行质量核准，如细胞形态、活细胞数及比率、颜色、除细胞之外的其他外源性异物等，以及操作步骤的复核和标签核对等。

放行检验用方法应经过研究与验证，特别是对于建立的新方法应进行全面的验证，对于药典中收录的方法应进行适用性的验证。对于有效期短和样本量小的产品，可采用快速、微量的新型检测方法。研究者应对新型检验方法与传统检测方法进行比较和评估，必要时，在产品放行检验时可以采用两种检验方法进行相互验证。

（五）稳定性研究

细胞治疗产品的生产建议采用连续的工艺，对于生产过程中需要临时保存的样品应进行稳定性研究，以支持其保存条件与存放期。细胞治疗产品稳定性研究的基本原则可参照一般生物制品稳定性研究的要求，并根据产品自身的特点、临床用药的需求，以及保存、包装和运输的情况设计合理的研究方案。应采用具有代表性的细胞样本和存储条件开展研究。其中，需要特别关注细胞治疗产品的运输稳定性研究和使用过程中的稳定性研究等，应开展研究证明在拟定的存储条件下，细胞治疗产品的质量不会受到运输、使用中或其他外界条件的影响。应根据产品自身的特点和存储条件等方面，合理地设计稳定性考察的项目和检测指标，例如，冷冻储存的样品或产品一般应模拟使用情形（如细胞复苏过程）开展必要的冻融研究。考察项目建议涵盖生物学效力、细胞纯度、细胞特性、活细胞数及比率、功能细胞数和安全性相关的内容等。

（六）容器和密闭系统

为避免由于存储而导致的产品质量发生非预期变化，研究者应对细胞治疗产品生产过程中的样品和/或成品保存用的包装容器和密闭系统进行安全性评估和相容性研究，以说明其使用的合理性，例如密封性研究、冷冻储存适应性研究等。

细胞治疗产品生产过程中可能涉及样品与容器短暂直接接触的步骤，如采集的组织或细胞、制备过程中的细胞、成品回输等步骤，研究者应对使用的容器进行安全性评估或接触的相容性研究等。

对于运输用的次级包装容器（非直接接触细胞）或材料也应经过验证，如对其遮光性、密封性和抗击机械压力等方面进行研究和验证。

五、非临床研究

（一）一般原则

1. 研究评价内容

由于细胞治疗产品的物质组成及作用机制与小分子药物、大分子生物药物不同，所以传统、标准的非临床研究评价方法可能不完全适用于细胞治疗产品。细胞治疗产品的非临床研究评价内容取决于细胞类型及临床用途，与细胞来源、种类、生产过程、基因修饰/改造、处方中非细胞成分等因素密切相关，还与研发计划及相应的临床试验方案有关。由于细胞治疗产品种类繁多，不同产品其治疗原理、体内生物学行为、临床应用存在差别和不确定性，因此，对不同产品的研究评价应遵循"具体情况具体分析"的原则；同时，人用药品注册技术要求国际协调会（ICH）颁布的《生物技术药品的非临床安全性评价指南》（S6）可为细胞治疗产品的非临床研究评价提供参考。

2. 受试物要求

非临床研究评价试验应尽可能使用拟用于临床试验的细胞治疗产品；用于进行非临床试验的受试物，其生产工艺及质量控制应与拟用于临床试验的受试物一致（如果不一致应给予说明，并评估其对预测人体反应的影响）。

（1）人源的细胞治疗受试物参考本指导原则的药学要求；

（2）如果由于相关动物选择的限制，可考虑使用动物源替代品进行非临床研究评价；动物源替代品应与人源的细胞治疗受试物的生产工艺及质量标准尽可能相似，并提供必要的比较数据以确认替代品的质量属性。可考虑如下对比：

①组织或样本获取的程序；

②细胞识别、分离、扩增以及体外培养程序；

③细胞生长动力学参数（例如细胞倍增时间、细胞生长曲线、细胞增殖高峰时间）；

④表型和功能特性（比如生长因子和细胞因子的分泌，细胞群体特异性表型/基因型标志）；

⑤终产品配方/细胞支架种植方式（如果有）；

⑥终产品的储存条件及细胞活力；

⑦动物替代细胞作用方式与终产品细胞作用方式的异同。

非临床试验受试物和临床用样品的异同均应在新药申报时予以说明。

3. 动物种属选择

非临床研究评价应选择合适种属的动物进行试验，所选动物对细胞治疗产品的生物反应与预期人体反应接近或相似。动物模型选择需考虑以下几个方面：

（1）生理学和解剖学与人类具有可比性；

（2）对人体细胞产品或携带人类转基因的细胞产品的免疫耐受性；

（3）临床给药系统/流程的可行性，转运特定剂量的细胞到治疗靶点的可行性；

（4）免疫缺陷动物的适用性，对产品进行长期安全性评估的可行性。

免疫功能正常的动物给予人源细胞时可能出现免疫应答反应，此种情况下，可考虑采用以下模型开展非临床研究：

①给予免疫抑制剂于具有免疫能力的动物；

②遗传性免疫缺陷动物；

③人源化动物；

④在免疫豁免部位给药；

⑤或者以上形式的组合。

某些情况下，也可采用动物源替代品进行评价。

鉴于细胞治疗产品的特性，如产品效应持续时间长、在体内持续存在、在细胞治疗产品与疾病环境间复杂的作用机制、侵入性的给药途径等，也可考虑采用疾病动物模型进行非临床研究。

4. 给药方式（途径）

非临床研究评价中，细胞治疗产品的给药方式应能最大程度模拟临床拟用给药方式。如果在动物试验中无法模拟临床给药方式，临床前研究中需明确替代的给药方式/方法，并阐明其科学性和合理性。

当使用特殊的给药装置给药时，非临床试验采用的给药装置系统应与临床一致。

5. 受试物分析

应提供受试物分析数据。

细胞治疗产品在给药前可能还需经过一系列操作步骤，在完成操作后需对受试物进行质量检测，检测指标包括细胞形态、总活细胞数、细胞存活率、颜色、除细胞之外的其他外源性异物等。

（二）药效学研究

药效学研究应采用可靠的方法验证细胞治疗产品的基本治疗机理，确定生物学效应标志物。试验设计应考虑细胞治疗产品的作用机制、疾病周期长短以及给药方式等因素，结合细胞治疗产品的特性和存活时间。建议采用相关的体外和体内模型完成细胞治疗产品的药效学研究。

（三）药代动力学研究

药代动力学研究应能阐明细胞的体内过程以及伴随的生物学行为，应根据细胞治疗产品类型和特点选择合适的动物模型，一般考虑雌雄各半。根据研究目的及检测指标的临床价值，建立合适的生物分析方法并对方法进行必要的验证。药代动力学研究要关注目标细胞在体内的增殖、生物分子的表达和/或分泌，以及与宿主组织的相互作用；相互作用还包括细胞治疗产品的非细胞成分（辅料成分）及分泌的生物活性分子引起的相关组织反应。药代动力学研究内容包括但不仅限于以下方面：

1. 细胞的分布、迁移、归巢

应采用一种或多种合适的细胞追踪方法评价细胞产品的分布、迁移、归巢及其存续和消亡特性，并阐述方法的科学性。细胞治疗产品的分布及存续时间是影响细胞治疗产品有效性和安全性的最重要因素，应进行动态观察，必要时观察直至这些细胞的消失或功能丧失。可选择的技术方法有影像技术、PCR技术、免疫组化技术等，试验设计需要考虑技术方法的适用性和优缺点。

2. 细胞分化

细胞在分布、迁移和归巢后进一步分化为功能细胞发挥其治疗作用或功能衰退；对于细胞产品分化的程度及其后果（功能化或去功能化、安全参数），可应用体外方法和动物体内方法进行定量或定性评价研究。

3. 对于经基因修饰/改造操作的人源细胞的特殊考虑

对于基因修饰/改造的细胞，除上述要求外，还需对目的基因的存在、表达、以及表达产物的生物学作用进行必要的研究，以体现基因修饰/改造的体内生物学效应。

(四) 安全性研究评价

1. GLP 遵从性要求

细胞治疗产品的安全性研究评价应遵从《药物非临床试验质量管理规范》(GLP)。对于某些在非 GLP 状况下开展的研究或检测，应予说明并评估非 GLP 对试验结果可靠性、完整性及对细胞治疗产品总体安全性评价的影响。

2. 安全药理学试验

细胞在体内分泌的活性物质可能会对中枢神经系统、心血管系统、呼吸系统的功能等产生影响；细胞本身分布或植入于重要器官，细胞治疗产品的处方成分等也可能影响器官功能。因此，对于细胞治疗产品应考虑进行安全药理试验。如果在毒性试验中发现有潜在风险，应补充开展有关安全药理试验。

3. 单次给药毒性试验

单次给药毒性试验可获得剂量与全身和/或局部毒性之间的剂量-反应关系，有助于了解其毒性靶器官，也可为重复给药毒性试验的剂量设计提供一定的参考。由于细胞治疗产品能够长时间地发挥功能或诱导长期效应，因此单次给药的观察时间应考虑细胞或者细胞效应的存续时间，一般应长于单次给药毒性试验常规的观察时间。

4. 重复给药毒性试验

试验设计应包含常规毒理学试验研究的基本要素，并结合细胞治疗产品的特殊性来设计，以期获得尽可能多的安全性信息。

动物种属选择：根据产品的不同特性，采用能够对细胞治疗产品产生生物学活性的动物种属进行重复给药毒性研究。一般情况下应采用雌雄动物进行试验。如无相关种属可开展非临床研究时，非相关种属的动物试验对评价生产工艺过程、全处方的安全性及非靶效应也可能具有价值。

剂量组设计：参考"《药物重复给药毒性研究技术指导原则》"，需设计多个剂量水平、包含临床拟用剂量范围和最大可行剂量，并结合处方组成及生产工艺，设置合适的对照组。

观察指标：除常规观察指标外，需结合产品特点，选择合适的观察指标，尽可能包括形态学与功能学的评价指标，如行为学检测、神经功能测试、心功能评价、眼科检查、异常/异位增生性病变（如增生、肿瘤）、生物标志物、生物活性分子的分泌、免疫反应以及与宿主组织的相互作用等。

5. 免疫原性和免疫毒性试验

细胞治疗产品或细胞分泌物需要研究其潜在的免疫原性，免疫原性研究可参考最新版技术研究指导原则；此外，还需关注细胞治疗产品诱导产生的免疫毒性。

6. 致瘤性/致癌性试验

细胞治疗产品的致瘤性/致癌性风险取决于产品中不同细胞的分化状态、生产过程中采用的细胞培养方式引起的生长动力学改变、基因修饰/改造细胞的转基因表达（例如多种生长因子)、诱导或增强宿主体内形成肿瘤的可能性以及目标患者人群等，需要根据以上特点进行综合考虑。

目前，如何选择致瘤性/致癌性研究的动物模型尚未达成科学共识。致瘤性/致癌性试验应采用临床拟用产品进行试验。致瘤性/致癌性试验需确保细胞可在体内长期存活以考察是否潜在肿瘤形成。试验设计需注意以下方面：(1) 合适的对照组（例如阳性对照、空白对照)；(2) 每组需有足够的动物数量，使肿瘤发生率的分析满足统计学要求；(3) 需包含最大可行剂量；(4) 受试物应到达拟定的临床治疗部位；(5) 足够长的试验周期。

由于免疫排斥反应，人源细胞治疗产品的致瘤性/致癌性试验可考虑使用免疫缺陷的啮齿类动物模型进行。

7. 生殖毒性试验

细胞治疗产品的生殖和发育毒性评价主要是取决于产品的特性、临床适应症以及临床拟用人群，应根据具体情况具体分析。

8. 遗传毒性试验

对于人源的细胞治疗产品，如果该产品与 DNA 或其他遗传物质存在直接的相互作用，需进行遗传毒性试验。

9. 特殊安全性试验

根据细胞治疗产品的特点与临床应用情况，应考虑对局部耐受性、组织兼容性及对所分泌物质的耐受性进行评估。

10. 其他毒性试验

对于采用基因修饰/改造的细胞治疗产品，需关注有复制能力的病毒的产生和插入突变，特别是致癌基因的活化等特性带来的安全性风险。具体要求可参见相关的技术指导文件。

六、临床研究

当细胞治疗产品进入临床试验阶段时，应遵循《药物临床试验质量管理规范》（GCP）的要求。临床试验的研究内容原则上应包括临床安全性评价、药代动力学研究、药效学研究、剂量探索研究和确证性临床试验等。根据不同细胞治疗产品的产品性质，可酌情调整具体的试验设计。

鉴于细胞治疗产品特殊的生物学特性，在临床试验研究中，需要采取不同于其他药物的临床试验整体策略。为了获得预期治疗效果，细胞治疗产品可能需要通过特定的手术措施、给药方法或联合治疗策略来进行给药。因此，在临床试验方案设计中应一并考虑。

细胞治疗产品很多特有的性质也会影响其临床试验的设计，包括产品特性、生产特点以及临床前研究的结果等。

（一）受试者的保护

受试者的选择需要考虑多方面的因素，选择宗旨是能使研究受试者的预期风险与潜在获益经过慎重评估，同时能实现研究的科学目的。

在早期临床试验阶段，所预期的获益或风险存在很大的不确定性。对于预期作用持久或永久以及侵入性给药等高风险特点的细胞治疗产品，在试验中应选择预期治疗可能获益的患者。

选择患者作为受试者时，应充分考虑患者疾病的严重程度和疾病的不同阶段以及现有治疗手段，如果不能获得有效的治疗，特别是不可治愈性疾病重度致残和危及生命时，患者接受细胞治疗临床研究是合理的。同时应确定并减小受试者可能承担的风险。

在受试者的选择中，还应关注，如果患者将来需要通过细胞、组织或器官移植治疗该或其他疾病，异体细胞治疗产品诱导产生的抗体可能会影响到移植的成功率。

受试者选择可能会影响临床试验的风险和获益，应尽可能减少风险、提高分析结果的能力，并增加对个体受试者和社会的获益。

对受试者可能带来的风险和获益应在知情同意书中给予充分表述。

（二）药效学

即使受试的细胞治疗产品的作用机制尚不清晰，但对其主要的作用应有所了解。

在早期临床试验中，通常其主要目的是评价产品的安全性，常见的次要目的则是初步评估产品有效性，即药效学评价。评估指标为可能提示潜在有效性的短期效应或长期结局。这些概念验证数据可以对后续的临床开发提供支持。在细胞治疗产品的活性评估中，可以包括基因表达、细胞植入、形态学变化和其他生物标志物等特殊指标，也可以包括免疫功能变化、肿瘤体积改变或各种类型的生理应答等更常见的指标以及因技术发展可以检测的指标。

如果使用细胞治疗产品的目的是纠正功能缺陷或受损的细胞或组织的生物学功能，则应进行细胞治疗产品功能学检测。如果细胞治疗产品的预期用途是修复/免疫调节/替换细胞/组织，并有望能够终生发挥功能，则相关的结构/组织学检测指标可作为潜在的药效学标志物而进行检测，包括镜检、组织学检测、成像技术或酶活性指标检测等。

当细胞治疗产品包含非细胞成分时，应对该产品进行生物相容性、体内降解速率和生物学功能等进行综合评估。

（三）药代动力学

传统的药代动力学研究方法并不适合人的细胞治疗产品的药代动力学研究。应尽可能开展细胞治疗产品的体内过程研究。临床试验中应对研究要求、可能采取的方法及可行性进行讨论，并注意在细胞治疗产品预期的活性过程中，重点检测细胞的活力、增殖与分化能力、体内的分布/迁移和相关的生物学功能。

如果需对细胞治疗产品进行多次（重复）给药，临床方案设计时应考虑细胞治疗产品在体内的预期存活时间及相应的功能。

（四）剂量探索

早期临床试验的目的之一是探索细胞治疗产品的有效剂量范围。如可能，还应确定最大耐受剂量。

应基于在产品的质量控制研究和临床前研究中所获得的结果来确定细胞治疗产品给药剂量，并充分考虑产品的生物学效力。

与小分子药物不同，细胞治疗产品的首次人体试验起始剂量一般难以从传统的非临床药代动力学和药效学中评估确定，但其既往临床使用经验（如有）可能有助于合理地确定临床起始剂量。很多细胞治疗产品会长期存在于受试者体内或作用时间持久，所以首次人体试验应采用单次给药方案，只有在初步了解产品的毒性和作用持续时间之后，才可考虑重复给药。

细胞治疗产品通常采用半对数递增（$10^{0.5}$ 倍）的方法来制定剂量递增方案。给药剂量增幅的设定应该考虑到临床前数据中与剂量变化有关的风险和活性以及现有的任何临床数据。同时应充分考虑细胞治疗产品特有的安全性风险，设定足够的给药间隔和随访时间，以观察急性和亚急性不良事件。

尽管细胞治疗产品的给药剂量可能取决于患者的个体情况，然而早期临床试验所提供的剂量探索研究的证据仍然是确证性临床试验中给药剂量确定的重要依据。

（五）临床有效性

通常，临床有效性的确证性试验应在目标适应症人群中开展，应有足够样本量、合理的对照并选择具有临床意义的终点指标。同时，该临床试验应能够提供可产生预期治疗效果的临床给药方案、治疗效果的持续时间以及在目标人群中的获益与风险。

针对特定适应症的确证性研究应符合现有的相关技术指导原则。在研究过程中，如果与上述原则有偏离应提供合理的解释。

可以使用以往经过验证或普遍认可的指标作为替代终点，该替代终点应具有临床意义并与治疗有效性相关。如果产品的有效性依赖于该产品需要长期维持输入细胞的生物学活性，临床试验观察时间应按照该产品的预期生物学活性设计，并应提供长期的患者随访计划。

（六）临床安全性

细胞治疗产品的安全性监测应贯穿于产品研发全过程。

应对非临床研究中出现的所有安全性问题进行分析并提出解决措施，尤其是在缺乏相应的动物模型进行安全性评估或缺乏同源动物模型来预测人与动物在生理学存在差异的情况下的安全性评估。

在确定临床研究方案和患者目标人群时，应该将细胞治疗作为一个整体进行风险评估，如在实施细胞治疗产品所需的手术或免疫抑制治疗等过程中。

早期试验中，其主要目的是评价安全性。基于风险考虑，应在首例受试者安全性尽可能充分暴露后再逐例入组其他受试者。安全性评价的一般性监测通常包括症状记录和常规的临床检查，具体的监测项目取决于多种因素，如产品的性质和作用机制、研究人群、动物研究的结果和任何相关的临床经验。除了针对预期和非预期安全性问题的一般性项目检查和监测外，还可以针对细胞治疗产品的特定预期安全性问题进行评估。如急性或迟发性输注反应、细胞因子释放综合征、自身免疫反应、移植物失功或细胞治疗产品失活、移植物抗宿主反应、伴发恶性疾病、供体传染性疾病的传播、病毒重新激活等。申请者应该收集临床试验中的所有不良事件。

在细胞治疗产品的确证性临床试验及上市后阶段，除一般的症状记录和常规的临床检查外，还应注意一些重要生物学过程的改变，包括免疫应答、免疫原性、感染以及恶性转化等。

由于细胞治疗产品的药理学活性可能起效缓慢或者延迟，因此，无论受试者是否接受了整个治疗方案，都应该持续监测安全性和药理学活性。对于预期具有长期活性的产品，应对患者进行随访以确定治疗产品的长期有效性及充分暴露产品相关的安全性问题。随访持续时间应能提供初步的有效性证据和该产品的活性持续时间，并应考虑该产品是否引起迟发型安全性问题等因素。

基于风险考虑，建议开展重复给药产品的临床安全性研究。确定最大安全剂量时应该考虑到重复给药的可能性。

在细胞治疗产品临床试验中，不良反应的频率或严重程度存在相当大的不确定性，因此，临床试验方案应该包括停止标准，风险评估方案，并成立独立的数据和安全监察委员会。

(七) 风险管理方案

在制订风险管理方案时，应阐述常规药物警戒及产品的可追溯性。同时应考虑细胞治疗产品在给药、个体化制备、特殊处理（如有效期短暂）或辅助治疗中可能带来的疗效和安全性差异。作为风险管理的一部分，应制定规范可行的标准操作规程。

细胞治疗产品可能需要特定的长期研究来监测特定的安全性问题，包括失效。应对长期安全性问题，如感染、免疫原性/免疫抑制和恶性转化进行评估。需要有足够的随访时间以评价其安全性。

在现阶段，对高风险的细胞治疗产品，患者的随访时间应足够长，甚至终身随访。随着对细胞治疗产品认识的增加，可延长或缩短随访间隔时间。

根据细胞治疗产品的生物学特性，可能需要开展特定的流行病学研究。

七、名词解释

原材料（Raw materials）：指生产过程中使用的所有生物材料和化学材料，不包括辅料。

生产过程细胞（Ancillary cells）：系指用于制备病毒载体等，起到包装辅助作用而不回输给受者的细胞。

细胞批次（Cell batch）：系指取自个体的一次采集的细胞，经生产全过程制成的终末细胞培养物或收获物。

成瘤性（Tumorigenicity）：系指细胞接种动物后在注射部分和（或）转移部位由接种细胞本身形成肿瘤的能力。即接种的细胞自身形成肿瘤的能力。

致瘤性（Oncogenicity）：系指细胞裂解物中的化学物质、病毒、病毒核酸或基因以及细胞成分接种动物后，导致被接种动物的正常细胞形成肿瘤的能力。即接种物（细胞和/或裂解物）促使正常细胞转变为肿瘤细胞的能力。

《细胞治疗产品研究与评价技术指导原则》
（试行）相关问题解读

（国家食品药品监督管理总局 2017 年 12 月 22 日公布）

1. 制定发布《细胞治疗产品研究与评价技术指导原则》的背景是什么？

细胞治疗技术是目前国际医学前沿重点发展领域，它给一些人类疑难疾病的治疗提供了新的希望。近年来，细胞治疗领域不断取得新的研究成果，细胞治疗产品的研发与评价也日益受到国内外制药企业及各国政府部门的高度关注。针对当前细胞治疗产品研究迅猛发展和日趋激烈的态势，为更好地给相关科研机构和企业创造细胞产品研发环境并提供技术支持，我局于 2015 年起组织药品审评中心着手起草细胞治疗产品技术指导原则。经过广泛调研国外相关指南并充分征求业界意见，药品审评中心起草了《细胞治疗产品研究与评价技术指导原则》（试行），明确了该指导原则的范围和定位，提出了细胞治疗产品在药学研究、非临床研究和临床研究方面应遵循的一般原则和基本要求。本指导原则的发布，旨在进一步规范细胞治疗产品的研发，提高其安全性、有效性和质量可控性水平，从而推动和促进我国细胞治疗领域的健康发展。

2. 本指导原则的适用范围是什么？

本指导原则主要适用于按照药品进行研发与注册申报的人体来源的活细胞产品。对于按照医疗技术或其他管理路径研发的细胞治疗技术/产品，应执行其他相应管理规定及技术要求。本指导原则不适用于其他部门已有明确管理规定和技术标准的细胞类制剂，包括输血用的血液成分，已有规定、未经体外处理的造血干细胞移植等；基于目前的相关认识和管理现状，本指导原则也不适用丁生殖相关细胞以及由细胞组成的组织、器官类产品等。

3. 细胞培养过程中是否可以使用人血清？

应尽量避免使用任何来源的血清，包括人血清，如必须使用，申请人应提供充分的研究资料，说明在细胞培养过程中使用人血清的必要性。同时，技术审评过程中也会结合产品临床应用的价值进行风险与获益的评估。在满足人血清使用必要性的前体下，申请人需提供所使用的人血清的选择依据、安全性研究资料以及申请人对人血清质量的控制策略等，细胞治疗产品中不得使用未经过安全性验证的血清。随着技术的发展与革新，鼓励申请人积极探索更加安全、成分更加明确的血清替代物用于后续的研究与生产。

4. 需要进行体外基因修饰/改造的细胞治疗产品，使用的基因修饰/改造物质材料的质量要求是什么？

具体要求可参考基因治疗产品相关的技术指导原则和文件。申请人应对基因修饰/改造物质材料的质量、安全性和生产工艺的稳定性进行充分的研究与评估，建立相应的检测标准，并进行放行检验。申报资料中应提供基因修饰/改造物质材料的设计、操作过程、生产工艺和质量控制等相关研究资料。由于基因修饰/改造用物质可能会伴随生产过程成为细胞治疗终产品的物质组成，因此应符合药品的生产质量管理规范。

5. 细胞治疗产品生产过程控制中应重点关注什么？

细胞治疗产品的生产过程应遵从《药品生产质量管理规范》的基本规范和相关原则。细胞治疗产品的每一个生产步骤均应该进行研究与验证，以保证工艺的合理性和稳定性。生产过程中应对全过程进行监控，并根据工艺特点设定重要工艺步骤的监控点，并加强监控。细胞治疗产品直接输入人体，无法耐受病毒、细菌等灭活或去除工艺的操作处置，过程中的控制十分重要。申请人应充分识别并控制过程中的污染风险，特别是交叉污染风险应结合具体情况和研发的进程，尽量达到封闭化、自动化的生产。另外，还要采取措施避免不同样品或批次间的混淆。申请人为责任主体，应自行评估并严格控制工艺过程的各种风险，使每一例患者的细胞产品的质量均达到标准控制要求。另外，提醒申请人关注细胞治疗产品生产规范的相关法律法规或技术指导文件要求的更新。

6. 细胞治疗产品质量放行检测项目如何设定？是否可以参考国外已经上市产品的放行检测项目和标准？

细胞治疗产品的检测机制建议采用中间样品的质量检验和终产品放行检验相结合的方法。中间样品可以是生产过程中适宜和关键的控制节点，需要考虑预留检测完成需要的对接时间，方便取样留存，抽取样本量后不影响后续处理等限制因素。检定项目应当建立在产品质量研究以及对生产工艺和生产过程充分理解的基础之上，同时兼顾产品的特性和当下的科学认知与共识。随着研究的不断深入，工艺相关信息应逐渐获得累积，检验方法应逐步完善，以适应各阶段的质量控制要求，建议确证性临床试验用样品的质量控制与商业化生产时的质控要求保持一致。

产品放行检测的项目和标准可以参考已上市品种，但是考虑到不同产品的原材料情况、生产工艺情况、过程控制和检测方法及方法的操作控制等方面的差异，还需申请人结合自身产品的实际情况制订符合产品特点的控制项目和标准。对于不能通过生产过程有效控制，但对于发挥临床疗效和安全性控制必须的重要项目等，应在检测放行中进行质控。

7. 细胞治疗产品放行检测用方法是否可以采用新型的、快速的检测方法代替传统的检测方法？

放行检验用方法应经过研究与验证，特别是对于建立的新方法应进行全面的验证，对于药典中收录的方法应进行适用性的验证。对于有效期短和样本量小的产品，在建立快速、微量的新型检测方法同时，研究者应对新型检验方法与传统检测方法进行比较和评估，在没有完成充分的方法学验证和对比研究的情况下，不能简单替代。可在临床试验期间，对产品放行检验时采用两种检验方法进行相互验证。待积累足够多的方法学验证与对比分析数据后，再考虑替换。

8. 细胞治疗产品的非临床研究评价的总体策略是什么？

由于细胞治疗类产品技术发展迅速，产品具有复杂的生物学特性和临床适应症，所以本原则主要是基于目前的认知以及药物非临床研究评价的通用原则，提出细胞治疗产品非临床研究评价的一般性技术规范，涵盖了细胞治疗产品的非临床研究中可能涉及的研究项目；需研究者充分考虑产品特征、拟定临床适应症以及已获得安全性有效性数据，具体问题具体分析，采用科学合理的评价方式确定是否进行、何时进行某项试验，参考药理毒理评价的一般性科学性原则，提供研究数据支持拟定的临床方案。

在细胞治疗产品的整个研发阶段，建议通过沟通交流等形式以讨论非临床研究的时机和设计符合产品的无缝研发需求。

9. 细胞治疗产品非临床研究如何遵循 GLP 规范性？

根据相关法规的要求，药物非临床安全性试验需要在经过国家认证的 GLP 机构进行。但细胞治疗产品的非临床研究中，可能存在动物伦理或技术性问题，如从采用疾病模型的药效学研究中获得毒性数据，或者毒理学试验中整合的某些终点，如细胞分布、存活、特殊的免疫学终点等不能在 GLP 试验机构中完成等情况，虽然未对药效学研究进行 GLP 规范性要求，但如果其中计划有安全性终点评价，建议这部分研究指标遵从 GLP 规范。并对于在非 GLP 状况下开展的研究或检测，应予说明并评估非 GLP 条件对试验结果可靠性、完整性及对细胞治疗产品总体安全性评价的影响。

10. 细胞治疗产品如何进行动物种属选择？

细胞治疗产品进行非临床研究时，并非首选非人灵长类动物，也并非必须选择啮齿类与非啮齿类的非临床研究，所选择的动物对产品的生物反应与预期人体反应接近或相似。在进行正式非临床研究前，建议通过体外研究（如功能分析、免疫表型分型、形态学评价）和体内预试验，以确定所选动物种属与产品具有生物学相关性。

考虑到细胞治疗产品的特性，也可考虑采用疾病动物模型进行非临床研究，同时考察相关的安全性终点，以评价产品的潜在毒性。

如果存在相关动物选择的限制，可考虑使用动物源替代品进行非临床研究，尤其是对于全新靶点的细胞治疗产品，在药效学概念验证过程中采用替代产品进行药效研究具有重要意义。鼓励探索相关模型研究。

11. 细胞治疗产品的致瘤性/致癌性研究的主要考虑是什么？

非临床研究部分，考虑到细胞治疗产品中具体细胞种类的不同、各细胞群/亚群分型的分化状态、生产过程对细胞的影响、基因修饰细胞中转导基因的表达（如各种生长因子）、细胞治疗产品诱导或增强宿主体内形成肿瘤的潜能、目标人群等因素，需要评价细胞治疗产品引起宿主细胞或细胞治疗产品本身发生肿瘤的风险。传统的致癌性试验可能不适应于细胞治疗产品，但目前对致瘤性评价的动物模型及其预测价值尚未达成科学共识。在本指导原则中采用致瘤性/致癌性描述此项研究，以与其他非细胞产品安全性试验项目名称保持一致。

12. 如何利用已有人体试验数据？

非临床研究评价的目的是为了评估并管控拟定临床方案的风险以保障受试者安全，如果已有的人体数据在经过科学地评估后，可以提示细胞治疗产品的有效性与安全性，可以保证临床受试者安全性，则非临床研究可以本着具体品种具体分析的原则免除不必要的动物试验。

对于细胞治疗产品需要非临床与临床研究并重、采用研究全过程的风险管理措施。临床试验中建议根据已有的非临床数据、人体数据或结合同类产品的相关信息制定风险控制措施。

13. 能否接受非注册临床试验数据？

为更好满足我国公众用药需求，推进临床急需新药在我国尽早上市，根据《关于深化审评审批制度改革鼓励药品医疗器械创新的意见》等相关规定结合细胞治疗产品注册监管实际情况，基于科学评价、减少重复研究、有利于患者的原则可以不同程度接受非注册临床试验数据，用于支持药品在中国的注册上市以及上市后安全有效性信息的更新。非注册临床试验数据的可接受程度取决于临床试验用样品与申报注册产品的一致性以及临床研究数据的产生过程，数据的真实性、完整性、准确性和可溯源性，以及国家食品药品监督管理总局对临床试验的核查结果等情况综合科学评价。

14. 细胞治疗产品如何进行临床研究分期设计？

由于细胞治疗产品的特殊性，传统的Ⅰ、Ⅱ、Ⅲ期临床研究分期设计不能完全适用于细胞治疗产品开展临床研究。申请人可根据拟申请产品的具体特性自行拟定临床研究分期和研究设计，一般按研究进度可分为早期临床试验阶段和确证性临床试验阶段两部分。早期临床试验阶段的研究内容原则上应包括初步的安全性评价、药代动力学研究、初步的药效学研究和剂量探索研究。建议在早期临床试验阶段尽可能获得较为充分的研究证据以支持后续确证性临床试验，必要时鼓励与药品审评机构沟通交流，以确保确证性临床试验方案设计的合理性，有利于研究结果的研判和拟申报产品的注册上市。

15. 对于细胞治疗产品临床试验中受试者的选择有哪些特殊考虑？

由于细胞治疗产品的风险不确定性和给药方式复杂性，早期临床试验应充分考虑患者疾病的严重程度和疾病的不同阶段以及现有治疗手段，选择不能从现有治疗手段中获益的受试者，并减少受试者可能承担的风险。

16. 临床药效学评价的必要性和评价指标的选择有哪些特殊考虑？

细胞治疗产品的复杂性和特殊性常使该类产品在非临床研究和临床研究之间存在较大的种群和个体差异，非临床研究阶段甚至可能没有合适的体内外疾病模型进行药效学评价，因此在早期临床试验阶段初步评估产品有效性是十分必要的。评价指标的选择应根据细胞治疗产品的特点和作用机制，选择经过验证的、可能提示潜在有效性的短期效应或长期结局，有利于后续确证性研究的开展甚至简化。

17. 药代动力学研究是否是必须的？研究设计应注意什么？

指导原则中已经明确传统的药代动力学研究方法并不适合人的细胞治疗产品的药代动力学研究，因此对于现阶段无法开展药代动力学研究的细胞治疗产品不是必须的。但对于作用机制未知的细胞治疗产品，明确其在人体内的过程对于了解掌握细胞治疗产品的有效性和安全性具有潜在的重要意义，因此在现有技术条件下，应尽可能开展细胞治疗产品体内过程研究，包括细胞的活力、增殖与分化能力、体内的分布/迁移和相关的生物学功能。

18. 剂量探索研究设计有哪些特殊考虑？

不同于传统小分子药物，细胞治疗产品剂量—暴露—效应关系可能较复杂。因此对于细胞治疗产品的剂量探索研究设计具有其特殊性。在安全剂量范围内探索获得最佳的有效剂量范围是剂量探索研究的主要目的，是否需要确定最大耐受剂量应根据细胞治疗产品的具体情况而定。早期临床试验的初始剂量设置可参考既往临床使用经验，首次人体试验应采用单次给药方式。在保证受试者安全的基础上，尽量减少受试者在无效剂量中的暴露。给药剂量增幅的设定应该综合考虑临床前数据中与剂量变化有关的风险和活性以及现有的任何临床数据，可选择指导原则中提到的半对数递增方法也可自主选择设定。应设定足够的给药间隔和随访时间，以观察急性和亚急性不良事件。

19. 细胞治疗产品的安全性研究有哪些特殊考虑？

由于现阶段大多数细胞治疗产品的作用机制尚不完全清晰，因此细胞治疗产品的安全性监测应贯穿于产品研发全过程。基于风险考虑，应在首例受试者安全性尽可能充分暴露后再逐例入组其他受试者。安全性监测的指标应根据产品特点、作用机制、研究人群、非临床研究结果和任何相关的临床经验进行选择，并着重对产品的特定预期安全性风险进行评估和监测。对于预期具有长期活性的产品，应对患者进行随访以确定治疗产品的长期有效性及充分暴露产品相关的安全性问题。随访持续时间应能提供初步的有效性证据和该产品的活性持续时间，并应考虑该产品是否引起迟发型安全性问题等因素。由于部分细胞治疗产品的高风险性，为了更好的保护受试者，建议选择具有相应的风险防控能力和经验的研究者和临床研究机构，并对参与临床试验的相关工作人员进行系统培训。

地方文件

上海市加快打造全球生物医药研发经济和产业化业高地的若干政策措施

（上海市人民政府办公厅 2022 年 10 月 25 日公布）

为支持上海生物医药研发经济发展，现提出加快打造全球生物医药研发经济和产业化高地的若干政策措施如下：

一、明确总体要求

（一）指导思想。

以习近平新时代中国特色社会主义思想为指导，坚持面向世界科技前沿、面向经济主战场、面向国家重大需求、面向人民生命健康，全面发挥上海龙头企业、科技设施、专业人才、临床资源、金融资本等集聚优势，注重经济贡献导向、政策长短结合、可操作能落地，以推动研发成果转化和产品上市为关键抓手，强化跨部门协同和全产业链发力，鼓励生物医药研发中心实体化运行，引进和培育创新型总部，完善科技企业孵化培育机制，优化研发生产等支持政策，加强财政资金对社会资本的引导，进一步提高上海生物医药研发的经济贡献总量，打造全球生物医药研发经济和产业化高地。

（二）主要目标。

到 2025 年，上海全球生物医药研发经济和产业化高地发展格局初步形成，研发经济总体规模达到 1000 亿元以上，培育或引进 100 个以上创新药和医疗器械重磅产品，培育 50 家以上具备生物医药研发、销售、结算等复合功能的创新型总部，培育 20 家以上高水平生物医药孵化器和加速器，推动 1000 个以上生物医药专利在沪挂牌交易，新增布局 5 个以上生物医药市级工程研究中心，为 100 项以上高校和科研院所早期优质成果提供工程化验证及转化等创新服务。

到 2030 年，上海全球生物医药研发经济和产业化高地地位进一步凸显，研发经济总体规模进一步提升，涌现出一批在沪研发并上市的创新药和医疗器械重磅产品，集聚一批具有国内外影响力的生物医药创新型总部以及创新平台，研发经济成为本市生物医药产业发展的重要支撑力量。

二、提升研发创新能力

（三）加强原始创新能力布局。发挥好上海光源、蛋白质等国家重大科技基础设施和临港实验室等战略科技力量作用，进一步提升生物医药研发服务能力。瞄准合成生物学、基因编辑、干细胞与再生医学、细胞治疗与基因治疗、人工智能辅助药物设计等重点领域，布局若干市级科技重大专项和战略性新兴产业重大项目。支持以龙头企业联合高校、科研院所等建设若干市级工程研究中心，进一步强化产学研合作。（责任单位：市发展改革委、市科委、市经济信息化委、上海科创办）

（四）更好发挥临床资源集聚优势。依托市级医院医企协同研究创新平台，推动医疗机构临床资源更加高效对接和服务企业研发需求，支撑上海研发经济发展。支持医疗卫生机构与企业合作建立多种形式的创新联合体和概念验证平台，建立社会共同投入机制和收益分享机制。建设本市医疗卫生行业科技成果库，加强科技成果资源开发利用和落地跟踪。（责任单位：市经济信息化委、市卫生健康委、市科委、申康医院发展中心）

三、支持创新药和医疗器械研发生产新模式

（五）优化创新药上市许可持有人制度支持政策。放宽产品注册和生产必须同时在本市的支持条件限制，对由本市注册申请人获得药品注册证书，委托外省市企业（包括关联公司）生产实现产出的1类创新药，按照程序对符合条件的给予不超过研发投入的30%、最高不超过2000万元资金支持；每个单位每年累计支持额度不超过7500万元。（责任单位：市经济信息化委、市科委、市药品监管局、市财政局）

（六）优化改良型新药上市许可持有人制度支持政策。放宽产品注册和生产必须同时在本市的支持条件限制，对具有较高技术含量、安全性有效性具有明显优势，由本市注册申请人获得药品注册证书，委托外省市企业（包括关联公司）生产实现产出的改良型新药，按照程序对符合条件的给予不超过研发投入的15%、最高不超过750万元资金支持；每个单位每年累计支持额度不超过1500万元。（责任单位：市经济信息化委、市科委、市药品监管局、市财政局）

（七）优化医疗器械注册人制度支持政策。放宽产品注册和生产必须同时在本市的支持条件限制，对进入国家和本市创新医疗器械特别审查程序，由本市注册申请人首次取得医疗器械注册证，委托外省市企业（包括关联公司）生产实现产出的医疗器械产品，按照程序对符合条件的给予不超过研发投入的30%、最高不超过500万元资金支持；每个单位每年累计支持额度不超过1200万元。（责任单位：市经济信息化委、市科委、市药品监管局、市财政局）

四、引进和培育创新型总部

（八）对创新型总部给予分级奖励。对在本市注册且具有独立法人资格，实施跨地

区经营，研发投入、研发人员数量等创新能力以及资产和营业收入均在一定规模的创新企业，按照规定认定为创新型总部；对其中注册时实缴资本、后续年度销售收入首次达到一定金额的创新型总部，由市、区两级政府一次性给予相关分级奖励，并由所在区提供租房补贴。（责任单位：市发展改革委、市经济信息化委、市科委、市商务委、上海科创办、市财政局、相关区政府）

（九）支持研发中心升级为多功能研发总部。支持国内生物医药企业在沪设立的研发中心，升级为研发、销售、结算等功能一体的复合型研发总部，增设的销售、结算等能级提升达到一定规模的，按照创新型总部支持政策，由市、区两级政府给予一次性分级奖励。支持其在沪研发的创新产品采用上市许可人制度在沪申报注册，并委托集团内外资源开展合同生产，符合相关条件的给予相应研发投入支持。（责任单位：市经济信息化委、市发展改革委、市科委、市药品监管局、上海科创办、市财政局、相关区政府）

（十）给予相关便利化政策支持。支持将创新型总部纳入非上海生源普通高校应届毕业生进沪就业重点扶持用人单位、人才引进重点机构名单，给予人才落户支持。对于其符合条件的海内外引进人才，给予申办永久居留证、出入境便利等相关政策支持。支持其申请纳入研发用物品及特殊物品通关便利化重点企业名单，简化前置审评手续。进一步研究优化药品经营许可证有关申报条件，为集聚销售功能提供便利。（责任单位：市人力资源社会保障局、市教委、市经济信息化委、市商务委、上海海关、市药品监管局、上海科创办）

五、支持高水平孵化转化平台建设

（十一）支持高校生物医药科研成果转化。选择本市部分高校扩大试点横向结余经费改革，允许横向结余经费投资于生物医药等领域创业项目。支持高校附属医疗卫生机构通过协议定价、挂牌交易、拍卖等方式，确定科技成果交易价格，自主决定成果转化方式，所获收益主要用于奖励科技成果完成人。鼓励重点高校与国内外知名投资基金合作设立针对早期成果孵化的专门种子基金。（责任单位：市教委、市科委、市财政局、申康医院发展中心）

（十二）支持技术成果中试验证和转化平台建设。支持生物医药市级研发与转化功能型平台建设，在创新制剂、抗体等中试验证基础上，建设基因治疗、数字药物和生物工程酶等二期设施。支持建设科研院校创新药成果中试验证和转化平台，依托市场化专业化的临床前合同研究组织（CRO）技术平台，为在沪科研院校提供成果筛选、研发服务、批件申报、投融资等服务。（责任单位：市科委、市发展改革委、市经济信息化委）

（十三）完善生物医药企业孵化培育机制。鼓励科技企业孵化器、众创空间、大学科技园、产业（科技）园、高新区等加强联动合作，将孵化器与本地产业部门对接以及毕业企业在本地落地转化成效，作为绩效考核重要内容，对于取得积极成效的载体给予政策、资金等方面的支持。鼓励产业孵化、公司创投等新模式发展。进一步强化"投孵"联动功能，探索将具备投资功能的国有载体视作天使投资企业，参照国有投资公司的管理模式，简化投入和退出程序；试点将孵化器国有资本的投资考核以"打包总量"绩效为准，不以"单个投资"论成败。（责任单位：市科委、市发展改革委、市经济信息化委、市国资委、上海科创办）

六、提高生物医药知识产权交易活跃度

（十四）在上海技术交易所开设"生物医药专板"。在上海技术交易所设立生物医药特色交易板块，开发生物医药里程碑式付款（Milestone Payment）的交易服务产品。鼓励企业、高校、科研院所和医疗卫生机构进场交易，对以技术许可、转让、作价投资或创业等方式实现本地转化孵化的技术承接主体，以及促成技术交易的技术转移机构，予以一定支持。（责任单位：市科委、市财政局）

（十五）试点探索高校、科研院所和医疗卫生机构专利开放许可制度。以生物医药领域为试点，对高校、科研院所和医疗卫生机构利用市财政资助的科研项目所取得的专利，自取得之日起，超过三年未实施转化或未有实质性转化意向的，逐步探索建立专利开放许可转让制度，提高科技成果转化效率；逐步探索将专利申请权、专有技术纳入试点范围。（责任单位：市科委、市教委、市卫生健康委、市发展改革委、市知识产权局、申康医院发展中心）

七、支持研发创新产品的上市和使用

（十六）进一步提升创新产品审评审批速度。对具有显著临床价值、创新性强的第二类医疗器械，经相关部门审查达到基本要求后，推荐进入本市第二类医疗器械优先审批程序。对重点企业试点在基于同品种医疗器械安全性基础上，注册申请人可通过同品种二类医疗器械临床试验或临床数据进行分析评价，证明其产品安全性、有效性。加快国家药监局药品、医疗器械技术审评检查长三角分中心建设，将本市重点领域创新产品作为分中心优先沟通交流的重点品种，为产品审评审批提供事前事中指导和服务，加快产品上市进程。（责任单位：市药品监管局、市经济信息化委、国家药监局药品审评检查长三角分中心、国家药监局医疗器械技术审评检查长三角分中心）

（十七）加快创新产品入院使用。积极推荐创新药进入国家医保药品目录。推动国家医保药品目录内创新药在市级医院落地使用，市级医院应在国家医保药品目录发布后的3个月内，根据临床需求和医院特色，将相应创新药以"应配尽配"原则尽快纳入医院药品供应目录。上述纳入的创新药实行预算单列，不纳入当年医院医保总额预算。在市级医院逐步试点推行创新责任制度，建立和完善市级医院创新药配备、成果转化成效、临床资源支撑研发需求等绩效考核评价和激励机制。（责任单位：市医保局、市卫生健康委、市经济信息化委、申康医院发展中心）

（十八）完善创新药械纳入商业医疗保险推荐机制。对尚未纳入国家医保药品目

录，但药品上市许可持有人为本市企业的新增 1 类创新药，以及具有较高临床使用价值但尚未纳入医保支付范围的创新医疗器械，鼓励其申请纳入"沪惠保"特定高额药品保障责任范围。建立生物医药企业与商业医疗保险公司的沟通对接和信息共享机制，推动更多创新药械进入商业医保赔付目录。（责任单位：市医保局、市经济信息化委、上海银保监局、市卫生健康委、市药品监管局、申康医院发展中心）

本政策措施自 2022 年 10 月 31 日起实施，有效期至 2027 年 10 月 30 日。本政策措施与本市其他同类政策有重复的，按照"从优、就高、不重复"原则执行。

浦东新区生物医药产业高质量发展行动方案
（2022—2024 年）

（上海市浦东新区人民政府办公室 2022 年 6 月 24 日公布）

生物医药产业是上海贯彻落实习近平总书记要求，集中精锐力量、加快发展突破的三大先导产业之一，也是浦东新区重点发展的六大"硬核产业"之一。根据《国务院办公厅关于促进医药产业健康发展的指导意见》《关于支持上海市落实国家战略　打造具有国际影响力的生物医药产业创新高地实施方案》《上海市人民政府办公厅关于促进本市生物医药产业高质量发展的若干意见》《浦东新区促进制造业高质量发展"十四五"规划》等文件精神，为加快推进浦东生物医药产业高质量发展，特制定本行动方案。

一、总体要求

（一）指导思想

以习近平新时代中国特色社会主义思想为指导，深入贯彻习近平总书记考察上海和在浦东开发开放 30 周年庆祝大会上的系列重要讲话精神，牢牢把握全球生命科学与生物医药产业发展趋势，充分发挥上海建设具有全球影响力的科技创新中心核心区、浦东打造社会主义现代化建设引领区综合优势，坚持研发、制造与商贸并举，坚持创新引领、关键突破、改革驱动、要素支撑，坚持绿色可持续发展，全面提升"张江药谷"品牌，全力打造全球卓越的世界级生物医药产业集群。

（二）行动目标

着力打造引领带动我国生物医药创新发展的主阵地、参与全球生命科技竞争的策源地、"全球新"产品持续涌现的源创首发地，到 2024 年底，创新引擎功能更趋强化，成为我国生物医药策源能力最强、产业能级最高、产业结构最优、产业生态最具吸引力的产业地标。

1. 创新能级显著提升。新靶点、新机制等发现能力进一步增强，获批上市 10 个以上国产 1 类新药、全国占比 20%，获批 15 个以上创新医疗器械、全国占比 10%，形成 2-3 个引领行业的标准体系，2-3 个全球首创产品（First-in-class）获批上市，并进入国际主流市场。

2. 产业规模大幅增长。生物医药产业规模达到 4000 亿元、全市占比 50%。其中，制造业工业产值突破 1000 亿元、高技术服务业营收超过 600 亿元、商业营收达到 2400 亿元。新增百亿级企业 1 家、50 亿级企业 5 家、10 亿级企业 15 家。创新成果半数以上实现就地产业化。

3. 产业主体加速集聚。引培国内外一流制药企业总部 10 家、细分领域头部企业 8-10 家。新增上市企业 20 家、累计达 50 家以上。新建大企业（外部）创新中心、市级以上企业研发机构 10 家。

4. 产业生态不断优化。产业服务平台加速集聚，审评审批与上市监管科学高效，金融服务精准助力，产医融合深度推进，海外人才、高端人才规模持续保持国内领先，生物医药产业发展环境进一步优化。

二、发展方向

充分发挥上海建设科技创新中心核心区的创新优势，按照"固优、补弱、育新"的发展思路，聚力先发优势上台阶，着眼薄弱环节补短板，引孵新兴产业育新极。

（一）聚焦重点巩固优势

聚焦免疫细胞治疗、抗体药物、化学药、微创介入、手术器械（手术机器人）、体外诊断、医学影像设备、服务外包（CXO）等优势领域，强化先发与集聚优势，加大招引培育力度，提高创新能级与国际化水平。坚持临床价值导向，支持改良型新药、首仿化学药、生物类似药等就地转化。发挥"科教医"资源优势，推动产学研医深度融合。依托跨境贸易优势，推动国际贸易和跨境研发。

（二）围绕薄弱补齐短板

做强做优关键原辅料、核心零部件、智能制造设备等，聚力高端生物试剂、关键基础材料、核心医用电子元器件、临床级培养基、病毒载体、生物反应器、自动化控制系统、规模分离纯化技术等亟需领域，提高国产化替代水平，强化产业链自主可控。补齐细胞药物及医疗器械检验检测、学术研究服务（ARO）、放射性废物处理等第二方服务平台。推动疗效确切、临床价值高的创新型中药的研发和产业化。

（三）把握趋势培育新兴

聚焦新型疫苗、核酸药物、基因治疗、多抗药物、干细胞、外泌体药物、补体药物、酶抗菌及噬菌体药物、糖类药物、新型给药系统等新兴领域；脑科学与类脑科学、类脑计算与脑机融合技术、微生态、新型生物材料、新型放疗装置等前沿领域；5G、人工智能、大数据等与药物开发、精准医疗、智能制造交叉领域，发挥张江平台、人才与研发优势，抢占先机，布局孵化新兴生物技术公司。

三、重点任务

（一）打造战略科技力量，全力做强创新引擎

1. 打造战略创新载体。推进硬 X 射线自由电子激光装置、上海光源重大升级改造等建设，着力打造生命科学（生物医药）重大科技基础设施集群，健全设施共享机制。推进生物医药国家实验室建设，强化优化国家重点实验室、国家工程研究中心等国家级创新平台体系。推进临港实验室、中科院上海药物所二期等平台、张江复旦国际创新中心、上海交通大学张江高等研究院、浙江大学上海高等研究院建设。

2. 强化前沿基础研究。依托国家实验室、重大科技基础设施集群、国家级创新平台等战略载体，推动国际人类表型组研究院等建设，加强国际合作交流，汇聚全球科技力量，组织参与国际大科学计划和大科学工程，打造生命科学与生物医药领域国内大循环中心节点和国内国际双循环战略链接；支持创新主体申报国家科技重大专项、国家重点研发计划项目、上海市重大科技项目，致力实现更多"从 0 到 1"的突破。

（二）加强关键技术攻关，推进产业裢自主可控

3. 加强产学研协同攻关。鼓励高校、科研院所建设面向产业的新型研发机构，与企业共建实验室、技术服务平台，常态化组织产学研对接活动等，协同推动重大科研攻关。支持领军企业牵头组建大中小企业、高校院所融通的创新联合体。推进生物医药制造业创新中心建设，加快高端制剂和绿色工艺产业化共性技术突破。推动国家级技术创新中心立项建设。

4. 推进产业链自主可控。聚焦高端医疗器械、生物药等重点领域的产业链关键环节，梳理"卡脖子"技术和产品清单。支持在创新药、高端医疗器械、科研与制造仪器设备、关键原辅料等领域实施一批需求量大、具良好基础、断链风险大的关键核心技术（产品）攻关。探索项目牵引的"揭榜挂帅"等机制创新，提升国产替代能力。

5. 加大药械创新支持力度。加大创新药、改良型新药、高端医疗器械等研发支持力度。鼓励生物医药企业开展创新药物、医疗器械研发，对新药临床研究及上市给予支持，对创新医疗器械和三类医疗器械产品上市给予支持。支持企业联合长三角区域医疗机构、科研院所开展创新药械产品联合攻关。

（三）加大引优培强力度，推动产业集群发展

6. 加大头部企业招引。加大生物医药产业世界百强、国内 50 强、细分领域头部企业、行业隐形冠军、高潜力企业等招引力度，鼓励在浦东设立全球（区域性）总部或研发中心，提升研发、结算、贸易、生产等核心功能。在项目落地、融资、财税、人才、研发等全环节给予持续关注和配套政策支持，支持企业发展壮大。

7. 加强潜力企业培育。遴选建立潜力企业培育库，持续跟踪企业发展，在企业入孵、技术开发、产品审评、临床试验、融资到公司上市、国际化发展等全环节给予指导服务，加快培育一批"专精特新"企业、一批细分领域"隐形冠军"、一批上市企业。支持创新药和高端医疗器械开展海外注册，支持企业开展国际化业务，拓展海外市场。

8. 优化药品流通体系。发挥自贸区及临港新片区、保税区贸易便利化优势，探索推动跨国药械企业从贸易型向研发创新类拓展，探索推动生物医药领域全球运营商计划（GOP）。鼓励支持生物医药电子商务发展。

（四）推进园区协同联动，打造品牌产业地标

9. 推动成果落地转化。坚持"四个论英雄"，推进生物医药领域混合产业用地试点，提高产业用地容积率、利用率和混合比例，实现土地高效集约利用。推进产业用地储备工作，产业用地储备项目与周边配套项目同步实施，土地成片开发，促进园区提质增容。优化产业用地供给机制，动态梳理生物医药企业研发管线、研究进展及空间需求，保障好项目精准高效匹配。探索有突破性的体制机制创新，进一步打开土地空间和物业空间，为创新成果本地转化提供载体支撑。深化药品上市许可持有人制度改革成果，推进合同委托生产（CMO/CDMO）基地扩大生产能力。

10. 推动园区联动发展。按照科创承载、总部研发、高端制造、功能平台相辅相成的功能布局，打造"一源多极、特色发展、协调联动"的群落式产业空间体系。依托浦东新区南北科技创新走廊建设，推进生物医药南北联动协同发展。

（五）推动创新改革突破，增强制度供给水平

11. 推动审评审批提效。支持国家药品监督管理局药品审评检查长三角分中心、医疗器械技术审评检查长三角分中心建设，打造专业化、职业化审评检查员队伍。建立常态化对接机制，加强审评审批事前事中培训指导，探索审评重点前移，发挥中心效能。支持聚焦生物医药产业不断涌现的前沿性、创新性、交叉性问题，加强监管新标准、新工具、新方法研究。

12. 创新监管体制机制。深化生物医药特殊物品入境便利化试点，扩大试点范围，建立信息化平台，优化联合监管机制，提升便利通关效率。推进企业研发进口微量耗材服务管理平台，创新进口研发用微量耗材便利化监管服务模式。推进生物医药产品多点委托、医疗机构自建项目等试点。推动开展临床研究的药品免征进口环节税试点。

（六）加强高端人才引育，夯实人才智力保障

13. 加大引才引智力度。兼顾领军人才、紧缺人才与团队梯队建设，推进落实上海市人才高峰工程，加强生命科学与生物医药产业国内外领军人才特别是团队引进力度，在落户安居、入学就医、居留签证等方面依法给予政策保障与支持。探索建立生物医药产业人才"浦东标准"，持续推进生物医药领域紧缺人才"云聘会"，落实人才

落户政策，提高人才、产业及政策匹配度。

14. 加强创新人才培育。推进浦东生物医药领域职称制度改革，优化考核评价机制。支持在地高校、科研院所加大生物医药相关学科专业建设力度，创新人才培养模式，联合企业建立人才实训基地，开展联合培训，加强人才定制化培养。支持企业设立博士后工作站，与高校院所等联合培养博士后。鼓励医务人员承担新药临床试验工作、参与药品医疗器械技术创新活动，将临床试验和科技成果转化作为职称评定和绩效考核的重要依据。

（七）提升产业生态能级，优化产业发展环境

15. 提升产业发展生态。支持举办高规格产业峰会、论坛，提升"张江"品牌。定期开展"医保医企面对面"活动，加强医保及采购政策宣讲与辅导，简化申保流程。发挥行业协会、学会等行业组织桥梁纽带作用，加强政策宣介、研究交流、信息咨询、人才推荐、法律援助等全方位服务。

16. 加快新型研发机构建设布局。支持各类主体建设专业化众创空间、孵化器、加速器，支持高校、院所、医疗机构等建设科技园，强化创新孵化链条。支持重点企业面向产业链共性关键技术需求，建设大企业开放创新中心，有效辐射带动下游中小企业共同发展。联合产业链上下游企业推动建立公共服务平台，推进新兴领域研发与检测服务、高等级生物安全防护实验室、生物信息库等平台建设。

17. 加强产医深度融合。支持区内符合条件的医疗机构申报备案国家药物临床试验机构。加强与"市级医院医企协同研究创新平台"对接，构建创新药和创新医疗器械临床试验加速通道。支持企业开展国际国内多中心临床研究，研究制定跨区域临床试验支持政策。推进上海临床研究中心、上海市免疫治疗创新研究院等建设。支持园区与医疗机构合作建设高水平孵化器。推荐创新药、高端医疗器械产品纳入"市级创新产品目录"，对符合条件的创新产品实施政府首购。探索市场化模式，推动医疗机构创新成果落地转化。

18. 强化知识产权护航。支持中国（浦东）知识产权保护中心、中国（上海）自贸试验区版权服务中心、国家知识产权运营公共服务平台国际运营（上海）试点平台、科创企业知识产权海关保护中心提升服务能级，提供"一站式"维权指引，建立全链条快速协同保护机制，加强专利预审服务，促进高价值专利培育。引导生物医药企业开展专利导航、建立知识产权联盟和专利池。推动生物医药技术经纪人队伍建设。引育专业化转移转化机构。

19. 加强科技金融服务。增强政府产业引导基金示范带动效应，大力吸引天使投资、风险投资、私募股权投资等机构，提升金融资本对生物医药项目孵化引导、培育发展和产业升级的促进作用。发挥政策性担保基金作用，在贷款审批、知识产权质押与证券化等方面加大政策创新力度。鼓励金融机构开展集中授信、联合审查、再担保等多种融资方式，推进"新药贷"等生物医药金融产品创新试点，解决中小企业融资

难问题。加强对潜力企业的挖掘、培育和全程跟踪服务，提供专业化辅导，推动企业上市融资。

20. 推进长三角一体化发展。协同长三角生物医药要素资源，发挥创新引领作用，打造具有国际竞争力的生物医药产业集群。服务保障国家级审评检查分支机构、中国（浦东）知识产权保护中心、在地大科学设施集群、创新服务平台服务长三角生物医药产业协同发展。支持各类创新主体共建长三角实验室，共同实施重大科技项目，协同开展关键核心技术攻关。支持以企业为主体建立长三角产学研协同创新中心。争取设立国家人类遗传资源管理服务机构，协助提升审批效率。

四、落实保障措施

（一）加强组织领导

完善新区生物医药产业推进工作领导机制，成立由区科经委、发改委、规划资源局、生态环境局、建交委、张江管理局、保税区管理局等单位组成的新区生物医药产业联席会议，统筹产业发展规划、政策供给、项目落地等重大事项，协调解决产业发展中的瓶颈问题。成立新区生物医药产业专家咨询委员会，对产业规划、发展方向、重大项目评估等提供指导咨询。

（二）加强立法保障

围绕生物医药产业发展目标，通过浦东新区法规，开展浦东新区生物医药产业立法工作和实施推进。针对浦东新区生物医药产业发展亟需突破问题，对标国际先进做法，在鼓励先行先试、创新产业服务、健全资源要素、加快关键技术研发和深化科技创新体制改革等方面，对现有规定进行变通和创制，形成产业发展制度保障。

（三）加强政策供给

紧密围绕生物医药产业创新策源、成果转化、改革试点、产学融合，精准施策。支持企业开展创新研发和成果转化，鼓励企业提升产业链现代化水平，推广合同委托生产组织等新模式，强化医企协同鼓励产学研联动。加大产业政策宣传力度，优化政策实施路径，提高企业满意度和获得感。

（四）加强部署落实

按照责任到部门的原则，制定重点任务分工表，明确牵头部门（协同单位）、任务节点。建立部门责任和监督评估制度，由区科经委统筹，按季度跟踪重点任务进展，对推进情况进行汇总分析，对存在问题及时研究协调解决，确保各项任务落实到位。

附件：《浦东新区生物医药产业高质量发展行动方案（2022—2024年）》任务分解表

附件

《浦东新区生物医药产业高质量发展行动方案（2022—2024 年）》任务分解表

重点任务	序号	具体工作	责任部门
打造战略科技力量，全力做强创新引擎	1	推进重大科技基础设施建设，健全设施共享机制。推进生物医药国家实验室建设，强化优化国家级创新平台体系。	张江管理局、区科经委、区发改委
	2	依托国家实验室、重大科技基础设施集群、国家级创新平台等战略载体，组织参与国际大科学计划和大科学工程；支持创新主体申报国家科技重大专项、国家重点研发计划项目、上海市重大科技项目。	区科经委、张江管理局
加强关键技术攻关，推进产业链自主可控	3	鼓励高校、科研院所建设新型研发机构，常态化组织产学研对接活动等。支持领军企业牵头组建创新联合体。推进生物医药制造业创新中心建设。推动国家级技术创新中心立项建设。	区科经委、张江管理局
	4	梳理"卡脖子"技术和产品清单。支持实施一批需求量大、具良好基础、断链风险大的关键核心技术（产品）攻关。探索项目牵引的"揭榜挂帅"等机制创新。	区科经委、张江管理局、保税区管理局等
	5	加大创新药、改良型新药、高端医疗器械等研发支持力度。支持企业联合长三角区域医疗机构、科研院所开展创新药械产品联合攻关。	区科经委、区发改委、区财政局、张江管理局、保税区管理局等
加大引优培强力度，推动产业集群发展	6	加大招引力度，鼓励在浦东设立全球（区域性）总部或研发中心。在项目落地、融资、财税、人才、研发等全环节给予持续关注和配套政策支持。	区科经委、区商务委、区财政局等
	7	遴选建立潜力企业培育库，持续跟踪企业发展，在企业发展全环节给予指导服务，加快培育一批"专精特新"企业、一批细分领域"隐形冠军"、一批上市企业。支持创新药和高端医疗器械开展海外注册，支持企业开展国际化业务。	区科经委、区市场监管局、区金融局、张江管理局
	8	探索推动跨国药械企业从贸易型向研发创新类拓展，探索推动生物医药领域全球运营商计划。鼓励支持生物医药电子商务发展。	区科经委、区商务委、保税区管理局、临港新片区管委会

重点任务	序号	具体工作	责任部门
推进园区协同联动，打造品牌产业地标	9	推进生物医药领域混合产业用地试点。推进产业用地储备工作。优化产业用地供给机制。探索有突破性的体制机制创新。推进合同委托生产（CMO/CDMO）基地扩大生产能力。	区科经委、区发改委、区规划资源局、张江管理局
	10	打造"一源多极、特色发展、协同联动"的群落式产业空间体系。依托浦东新区南北科技创新走廊建设，推进生物医药南北联动协同发展。	区科经委、区规划资源局、区生态环境局、临港新片区管委会、各片区管理局等
推动创新改革突破，增强制度供给水平	11	支持国家药品监督管理局药品审评检查长三角分中心、医疗器械技术审评检查长三角分中心建设。建立常态化对接机制，加强审评审批事前中培训指导，探索审评重点前移。加强监管新标准、新工具、新方法研究。	区科经委、区市场监管局、区卫生健康委、张江管理局
	12	深化生物医药特殊物品入境便利化试点。推进企业研发进口微量耗材服务管理平台。推进生物医药产品多点委托、医疗机构自建项目等试点。推动开展临床研究的药品免征进口环节税试点。	区科经委、区国资委、区市场监管局、张江管理局、保税区管理局
加强高端人才引育，夯实人才智力保障	13	推进落实上海市人才高峰工程，加强国内外领军人才特别是团队引进力度，给予政策保障与支持。探索建立生物医药产业人才"浦东标准"，持续推进紧缺人才"云聘会"，落实人才落户政策，提高人才、产业及政策匹配度。	区人才办、区人社局、区科经委
	14	推进浦东生物医药领域职称制度改革。支持在地高校、科研院所加大生物医药相关学科专业建设力度，创新人才培养模式。支持企业设立博士后工作站，与高校院所等联合培养博士后。鼓励医务人员承担新药临床试验工作、参与药品医疗器械技术创新活动。	区人社局、区卫生健康委、区科经委
提升产业生态能级，优化产业发展环境	15	支持举办高规格产业峰会、论坛。定期开展"医保医企面对面"活动。发挥行业协会、学会等行业组织桥梁纽带作用。	区科经委、区人社局、张江管理局、保税区管理局
	16	支持各类主体建设专业化众创空间、孵化器、加速器，支持高校、院所、医疗机构等建设科技园。支持重点企业建设大企业开放创新中心。联合产业链上下游企业推动建立公共服务平台，推进新兴领域研发与检测服务、高等级生物安全防护实验室、生物信息库等平台建设。	区科经委、张江管理局、保税区管理局

重点任务	序号	具体工作	责任部门
提升产业生态能级，优化产业发展环境	17	支持医疗机构申报备案国家药物临床试验机构。加强与"市级医院医企协同研究创新平台"对接。支持企业开展国际国内多中心临床研究，研究制定跨区域临床试验支持政策。推进上海临床研究中心、上海市免疫治疗创新研究院等建设。支持园区与医疗机构合作建设高水平孵化器。推荐创新药、高端医疗器械产品纳入"市级创新产品目录"。探索市场化模式，推动医疗机构创新成果落地转化。	区卫生健康委、区人社局、区市场监管局、区科经委、张江管理局
	18	支持中国（浦东）知识产权保护中心、中国（上海）自贸试验区版权服务中心、国家知识产权运营公共服务平台国际运营（上海）试点平台、科创企业知识产权海关保护中心建立全链条快速协同保护机制，加强专利预审服务，促进高价值专利培育。引导企业开展专利导航、建立知识产权联盟和专利池。推动生物医药技术经纪人队伍建设。引育专业化转移转化机构。	区知识产权局、区科经委、张江管理局
	19	增强政府产业引导基金示范带动效应。发挥政策性担保基金作用，加大政策创新力度。鼓励金融机构开展多种融资方式，推进生物医药金融产品创新试点。加强对潜力企业的挖掘、培育和全程跟踪服务，提供专业化辅导。	区金融局、区国资委、区科经委
	20	服务保障国家级审评检查分支机构、中国（浦东）知识产权保护中心、在地大科学设施集群、创新服务平台服务长三角生物医药产业协同发展。支持各类创新主体共建长三角实验室。支持以企业为主体建立长三角产学研协同创新中心。争取设立国家人类遗传资源管理服务机构。	区发改委、区科经委

上海市促进细胞治疗科技创新与
产业发展行动方案（2022—2024年）

（上海市科学技术委员会、上海市经济和信息化委员会、
上海市卫生健康委员会2022年11月10日公布）

为进一步促进上海细胞治疗科技创新与产业发展，加快建设具有国际影响力的生物医药产业创新高地，全力打造世界级生物医药产业集群，根据《上海市建设具有全球影响力的科技创新中心"十四五"规划》《上海市战略性新兴产业和先导产业发展"十四五"规划》《关于促进本市生物医药产业高质量发展的若干意见》，制定本行动方案。

一、指导思想

以习近平新时代中国特色社会主义思想为指导，立足新发展阶段，完整、准确、全面贯彻新发展理念，服务构建新发展格局，坚持"四个面向"，针对细胞治疗创新链和产业链深度融合、技术迭代快、临床依赖度高、产品个性化定制化等发展规律和特征，以打造细胞治疗创新策源地和产业增长极为主线，着力强化原始创新、临床转化与产业创新能力，构建与上海产业发展特色相匹配、与国际标准相衔接的政策体系，加快形成促进细胞治疗领域科技创新新范式和产业发展新模式，有力推动上海细胞治疗产业高质量发展。

二、基本原则

——坚持创新策源。瞄准全球细胞治疗领域科技前沿，聚焦免疫细胞、干细胞等重点领域和关键环节，加强基础研究和应用基础研究，加快突破细胞治疗关键核心技术，提升上海在全球细胞治疗领域的科技创新策源能力。

——坚持双链融合。疏通基础研究、应用研究和产业化双向链接快车道，推进技术、人才、资本等要素加速集聚，促进产业链上下游深度协作，强化产医融合，推动研究成果转化与应用，形成细胞治疗创新链和产业链深度融合发展新格局。

——坚持赋能产业。聚焦细胞治疗产业发展需求，进一步统筹全市优势科研力量、临床和产业资源，优化产业空间布局，营造良好创新创业环境，强化产品上市与推广、

特殊货物通关、伦理审查和人遗审批等政策支持，推动质量标准体系建设，加快提升细胞治疗产业发展能级和水平。

——坚持开放合作。以全球视野谋发展，以共赢思维促合作，搭建各类合作交流平台，促进国内外创新资源汇聚流动，推动更多上海优质细胞治疗企业与产品"走出去"，积极融入国内国际双循环格局，打造立足上海、面向全国、辐射全球的细胞治疗重要创新节点城市。

三、主要目标

到 2024 年，上海细胞治疗科技创新策源能力显著增强，临床研究和转化应用明显加速，创新资源要素高效配置，产业能级大幅提升，产业规模达到 100 亿元。创新人才汇集，各类科研机构、临床研究及服务平台等竞相崛起，科技领军企业集聚，建成科技支撑引领作用突出、创新链和产业链深度融合的细胞治疗创新策源地和产业新高地。

——创新和临床转化能力显著增强。探索发现若干细胞治疗新机制、新靶点、新方法，突破一批制约产业发展的关键技术、核心装备及材料。构建衔接紧密、转化顺畅、协同高效的临床研究体系，建设市级及以上细胞治疗创新基地和平台（重点实验室、技术创新中心等）20 家，打造一批研发与制备公共服务平台，新增临床试验批件和备案创新申报项目 20 个以上。

——产业能级大幅提升。上海细胞治疗产业加快占据全球产业链中高端，创新产品上市申请量 3 个以上。发挥上海生物医药产业创新高地集聚优势，培育 5 个以上各具特色的市级细胞治疗产业集聚区，提升产业承载能力。引进培育 50 家龙头企业和创新型企业，集聚 50 名产业高端人才和 100 名产业英才。

四、重点任务

（一）增强科技创新策源能力

1. 强化基础研究前瞻布局

前瞻布局免疫新靶点发现、干细胞命运调控、新型工程化细胞疗法等基础前沿和学科交叉领域研究，促进基础研究与应用基础研究融通发展，加强与中医药等学科创新融合，推动建设一批细胞治疗重点实验室和技术创新中心，积极谋划布局市级科技重大专项。（市科委、市发展改革委、市卫生健康委、市经济信息化委、市教委）

2. 加强关键技术攻关

强化高通量靶点筛选、体外基因修饰系统、新型载体递送技术、高质量源头细胞制备、细胞产品溯源等关键技术攻关，推动人工智能、单细胞技术等前沿技术应用，加速细胞治疗产品相关工程化技术及生产工艺的创新与产业化。（市科委、市经济信息化委、市发展改革委、市药品监管局、市卫生健康委）

3. 加快核心装备与材料研发

开展自动化封闭式细胞处理设备、过程分析技术系统等仪器装备及功能鉴定试剂、细胞培养基、病毒纯化层析填料等试剂和耗材研发攻关与应用，实现细胞治疗生产核心装备与材料自主可控。（市科委、市经济信息化委、市发展改革委、市药品监管局、市卫生健康委）

（二）提高临床研究和转化水平

4. 加强临床研究布局

完善医疗机构引导和激励机制，集聚各类创新资源，依托相关医院在细胞治疗领域建设若干临床医学研究中心，构建细胞治疗临床研究基地网络体系。探索开展首次应用于人体的细胞治疗临床试验（First-in-human），鼓励开展研究者发起的临床研究（IIT），重点推动针对肿瘤、免疫系统疾病、神经系统疾病、运动系统疾病的细胞治疗产品研发和技术攻关，推进细胞治疗产品临床规范应用，提升细胞治疗临床研究能力和诊疗水平。（市卫生健康委、市科委、市经济信息化委、市发展改革委、市药品监管局、申康医院发展中心）

5. 建立临床研究和转化平台

提升国家干细胞转化资源库、中国科学院细胞资源库等平台的细胞制备、存储、检测和研发服务能力，推动建设相关细胞资源库，为细胞治疗产业各创新主体提供稳定、高质量的细胞来源及技术服务。对标国际标准，优化提升细胞制剂研发与制备服务平台和第三方检测服务平台功能，构建市级细胞治疗临床研究公共服务平台，为企业与医疗机构提供按需制备的研究级和临床级细胞制品，及产品质量追溯等服务。（市科委、市卫生健康委、市发展改革委、市药品监管局、申康医院发展中心、市财政局）

6. 深化产医融合发展

依托市级医院医企协同研究创新平台（HI-CLIP），推动企业研发需求与医疗机构临床资源的有效对接。支持细胞治疗企业与国家干细胞临床研究备案机构、产医融合示范基地等合作，联合开展细胞治疗新技术新疗法临床研究。健全收益共享机制，促进企业承接和转化医疗卫生机构科技成果。支持细胞治疗创新产品和服务认定为高新技术成果转化项目。鼓励探索"前院后工厂"等细胞治疗产业发展新模式，促进产医深度融合。（市经济信息化委、市卫生健康委、市发展改革委、市科委、市药品监管局、申康医院发展中心）

（三）提升产业发展能级

7. 优化产业空间布局

打造"一核多点"的细胞治疗产业特色集聚区。依托浦东张江细胞和基因治疗产业园，建设细胞治疗科技创新与产业发展核心区；依托浦东外高桥自贸壹号生命科技产业园，打造细胞治疗生命健康产业示范地；依托临港新片区生命蓝湾，打造具有国际竞争力的细胞治疗研发制造地；依托金山湾区生物医药港，打造国内一流的细胞治疗产品商业化生产地；推进嘉定南翔、宝山北上海、徐汇关港、闵行浦江、奉贤美谷等细胞治疗产业基地协同发展，打造世界级细胞治疗产业集群。（市经济信息化委、市科委、上海科创办、相关区政府）

8. 提升企业创新能级

优化细胞治疗资源要素配置，加快技术创新中心、制造业创新中心、产业创新中心等创新基地建设。大力培育和支持细胞治疗领域高新技术企业，积极吸引国内外细胞治疗产业链头部企业、优质企业和研发机构来沪发展。鼓励本市细胞治疗企业与国际领先机构、企业合作，推进细胞治疗创新和产业国际化。支持细胞治疗企业布局和引进国际专利，鼓励创新型企业做大做强"拳头产品"。（市经济信息化委、市科委、市发展改革委、上海科创办、相关区政府）

9. 促进产业全链条发展

推动细胞治疗产业链上下游协同发展，实施"固链、强链、补链、延链"工程，加快高端生物试剂、生物原料、病毒载体、培养系统、检测设备、生产设备等关键装备和材料的国产化。提升细胞治疗领域 CRO、CDMO、细胞检测等研发服务能力，加快免疫细胞、干细胞等创新产品上市进程；搭建产品供应链体系与相关流通商贸平台，保障药品供应和群众用药安全。（市经济信息化委、市科委、上海科创办）

10. 加强行业服务能力建设

组建上海细胞治疗产业联盟等行业组织，促进交流合作，为企业和创业者提供专业指导，打造细胞治疗论坛和峰会品牌，营造浓厚创新创业氛围。组建细胞治疗相关标准化专委会，推动样本采集、生产制备、产品质量检测等细胞治疗标准制定，并积极推广使用。（市经济信息化委、市科委、市卫生健康委、市市场监管局、市药品监管局、市知识产权局）

（四）强化政策支持

11. 加强产品上市审批支持和服务

加强本市企业创新产品上市支持，对在本市注册的企业、获得上市许可并在本市转化的细胞治疗产品，给予最高 3000 万元的资金支持，每个单位每年累计支持额度不超过 1 亿元。支持细胞治疗相关企业购买生物医药产品责任保险，对符合条件的主体保费给予 50% 的财政补贴，单个保单的补贴不超过 50 万元。按照"提前介入、主动服务"原则，推动本市重点细胞治疗在研创新产品成为国家药品监督管理局药品审评检查长三角分中心优先沟通交流的重点品种，为产品审评审批提供事前事中指导和服务，加快细胞治疗产品上市进程。编制政策汇编，帮助相关主体快速准确了解细胞治疗相关审评审批、管理、服务事项和优惠政策。（市药品监管局、市经济信息化委、市财政局、市科委、市卫生健康委、市地方金融监管局、上海银保监局）

12. 推动研发用物品及特殊物品通关便利化

推动研发用物品进口试点工作，建立细胞治疗特殊物品进出境联合监管机制，优化高风险治疗特殊物品进出境管理程序。针对 X 光检查可能损害血液细胞活性等情况，研究优化查验措施。（市经济信息化委、市商务委、上海海关、市发展改革委、市科委、市生态环境局、市交通委、市卫生健康委、市药品监管局、上海科创办、民航华东管理局）

13. 优化伦理审查和人类遗传资源审批服务

探索推动医院间伦理互认，提高伦理审查效率和质量，保护受试者安全、健康和权益。定期开展业务培训，提高细胞治疗相关企业人类遗传资源专员队伍能力，加强人类遗传资源申报咨询服务工作，提升服务质量。（市卫生健康委、市科委、市经济信息化委、浦东新区、申康医院发展中心）

五、保障措施

（一）加快产品推广应用

积极推荐已上市细胞治疗创新产品进入国家医保药品目录和"沪惠保"等惠民型商业医疗保险。发挥多层次商业医疗保险作用，推动本市企业、商业保险公司及医疗机构等共同合作探索分期付费、按疗效付费等创新支付模式。鼓励细胞治疗相关研究机构、医疗机构及企业投保人体临床试验相关的责任保险产品。同等条件下鼓励医院优先使用本市研发生产的细胞治疗产品。对正在开展临床试验、用于治疗严重危及生命且尚无有效治疗手段疾病的细胞治疗药物，经医学观察可能获益，并且符合伦理原则的，经审查和知情同意后可在开展临床试验的机构用于其他病情相同的患者。（市经济信息化委、市医疗保障局、市地方金融监管局、上海银保监局、市药品监管局、市科委、市卫生健康委）

（二）加强创新人才引育

发挥"海聚英才"品牌影响力，实施细胞治疗行业高端技术人才评定项目，大力引进高端人才。积极推荐细胞治疗领域重点单位纳入人才引进重点机构名单，支持符合条件的具有细胞治疗相关工作经历的海外人才按照留学回国人员落户政策申办落户。对具有细胞治疗相关海外工作经历的人才可参照留学回国人员申办落户。对高端人才子女入学、居留签证等方面给予政策保障与支持。加大启明星、学科带头人等科技人才计划对细胞治疗相关人才的支持力度，实施细胞治疗"产业菁英"等人才培养专项行动，培养创新创业领军人才和青年人才。创新人才培养模式，建设细胞治疗教育实训基地，打造细胞治疗临床人才培养基地，推进校企合作、医企合作，培养复合型专业人才。（市人力资源社会保障局、市经济信息化委、市科委、市卫生健康委、市教委、相关区政府）

（三）强化金融支持

发挥上海生物医药产业股权投资基金等政府投资基金引导作用，加大对初创期、成长期细胞治疗企业的支持力度。加大对细胞治疗企业的信贷投放力度，鼓励在沪银行推出更多金融服务产品，支持"新药贷"等应用于细胞治疗领域。深化"浦江之光"行动，推动细胞治疗相关企业在科创板等境内外资本市场上市，给予扶持和奖励。强化券商等金融机构对优质细胞治疗企业的上市服务。鼓励引导社会资本向细胞治疗领域汇聚投入，支持并购重组，加快产业升级，做大做强创新型企业。（市发展改革委、市国资委、市经济信息化委、市科委、上海科创办、市地方金融监管局、上海银保监局、上海证监局、相关区政府）

深圳经济特区细胞和基因产业促进条例

（深圳市人民代表大会常务委员会 2023 年 1 月 6 日公布）

目 录

第一章 总 则

第一条 为了推动细胞和基因产业健康、持续、高质量发展，探索产业发展模式和监管路径，提升生物医药产业整体发展水平，更好地满足人民群众对健康生活的需求，根据有关法律、行政法规的基本原则，结合深圳经济特区实际，制定本条例。

第二条 在深圳经济特区内开展用于疾病诊疗的细胞和基因产品研发、生产、经营、使用和保障等活动，适用本条例。

外国投资者，外商投资企业投资细胞和基因产业，应当遵守国家有关外商投资准入的规定。

第三条 细胞和基因产业发展应当遵循下列原则：

（一）研发坚持科学规范、符合伦理；

（二）生产坚持风险管理、全程管控；

（三）应用坚持健康导向、群众受益；

（四）保障坚持优化服务、促进发展。

第四条 市人民政府负责统筹全市细胞和基因产业发展，制定促进产业发展的政策措施，协调产业发展中的重大事项。

区人民政府负责统筹本辖区内细胞和基因产业发展。

第五条 市发展改革、科技创新、工业和信息化、卫生健康、市场监管等部门在各自职责范围内制定和实施促进细胞和基因产业发展的相关政策。

市科技创新部门、市卫生健康部门和市市场监管部门在各自职责范围内依法开展细胞和基因监督管理活动。

第六条 市人民政府应当将细胞和基因产业发展纳入生物医药产业发展规划。

开展生物医药产业统计分析和发展评价，应当细分细胞和基因产业发展情况，加强产业信息公开和政策引导。

第七条 市人民政府应当加强人类遗传资源管理与保护，有效防范和应对生物安全风险，推动细胞和基因产业稳定健康发展。

细胞和基因产品研发、生产和应用中涉及生物安全相关的事项，应当依照国家有关法律、行政法规规定执行。

第八条 市卫生健康、市场监管等部门应当根据细胞和基因产品的风险水平采取相适应的管理措施。

企业、科研机构、医疗卫生机构应当建立完善的细胞和基因产品风险控制体系，采取必要的风险管控措施。

第九条 市人民政府应当完善临床研究与临床试验体系，建立临床医疗与细胞和基因产业联动发展机制，支持细胞和基因产业发展。

第十条 从事细胞和基因领域研究、开发和应用等活动，不得危害公众健康、国家安全和社会公共利益，并按照国家相关规定进行伦理审查。

第十一条 充分发挥细胞和基因相关行业组织在研究合作、政策建议、国际交流、标准制定、自律管理等方面的作用。

第十二条 市人民政府应当推动细胞和基因产业的国际国内合作，支持企业、高等院校、科研机构、医疗卫生机构参与相关规则的研究和制定，开展科技交流，促进产业创新发展。

第二章 细胞的采集和储存

第十三条 通过损伤性或者侵入性手段获取细胞进行的血液样本和组织样本的采集，应当由具有相应资质和条件的医疗卫生机构进行。企业、科研机构需要通过上述手段采集细胞的，应当委托医疗卫生机构开展。

第十四条 医疗卫生机构采集细胞应当符合医疗技术规范，并在执业登记范围内开展采集工作。

医疗卫生机构应当建立质量管理体系和标准操作规程，配备与采集能力相适应的人员、场所、设施、设备和仪器，制定应急处理措施。

第十五条 企业、科研机构、医疗卫生机构以及受委托的机构采集细胞前，应当明确告知被采集人采集目的、采集用途、对健康可能产生的影响、个人隐私保护措施、被采集人的权利义务等事项，并取得被采集人的书面同意。

被采集人属于未成年人、无民事行为能力或者限制民事行为能力人的，还应当取得监护人书面同意。

第十六条 企业、科研机构、医疗卫生机构对采集的细胞和产生的数据进行储存的，应当按照有关规定进行管理。

细胞采集和储存管理办法由市卫生健康部门会同市市场监管部门另行制定。

第十七条 鼓励细胞库依法向企业、高等院校、科研机构、医疗卫生机构开放，促进产业资源、数据资源共享。

第三章 细胞和基因产品研发

第十八条 鼓励企业、高等院校、科研机构、医疗卫生机构在本市设立与细胞和基因产业相关的科研机构。

鼓励企业、高等院校、科研机构、医疗卫生机构开展产学研合作，共享产业资源，支持细胞和基因重大理论、原创技术、前沿交叉学科等领域的基础研究，促进科技原始创新。

第十九条 市人民政府应当整合优势力量和资源，构建符合质量管理规范的公共服务体系，支持细胞和基因产品研发。

第二十条 支持企业、高等院校、科研机构、医疗机构合作开展细胞和基因领域的临床研究与临床试验。

本条例所称临床研究，是指医疗机构开展的，以自然人个体或者群体（包括医疗健康信息）为研究对象，不以药品、医疗器械（含体外诊断试剂）等产品注册为目的，研究疾病的诊断、治疗、康复、预后、病因、预防及健康维护等的活动。

本条例所称临床试验，是指根据国家有关临床试验管理规范，以产品注册为目的，为确定药物或者医疗器械（含体外诊断试剂）的安全性和有效性，在符合条件的医疗机构中开展的试验活动。

第二十一条 市人民政府应当加大对细胞和基因领域临床研究的财政投入，加强临床研究人才培养，设立临床研究资助项目，建设临床研究支撑公共服务平台，建立和完善支持临床研究发展的制度体系。

第二十二条 开展细胞和基因领域临床研究与临床试验，应当维护受试者尊严，保障受试者生命健康权、知情同意权、隐私权、退出权以及获得医疗救治和经济补偿等权益。

第二十三条 生产细胞和基因领域临床研究与临床试验用药物，应当符合药品生产质量管理规范。

第二十四条 鼓励在细胞和基因领域临床研究中推动真实世界数据有效积累，提升真实世界数据的适用性，为新药注册提供安全性和有效性证据，或者为已上市药品的说明书变更提供证据。

第二十五条 市卫生健康部门应当会同市市场监管部门，加强对医疗机构规范开展细胞和基因领域临床研究与临床试验的监督、管理及指导。

第二十六条 市卫生健康部门应当会同相关部门制定相关政策，鼓励三级医疗机构开展细胞和基因领域的临床研究与临床试验，设立内部临床研究管理机构和研究型病房。

医疗机构的病床用于临床研究或者临床试验期间，经市卫生健康部门认定后，可以不纳入医疗机构平均住院日、床位周转次数、病床使用率以及相关费用指标等考核。

第二十七条 支持医师、药师等医疗卫生人员开展细胞和基因领域临床研究与临床试验，相关工作开展情况可以作为医疗卫生人员专业技术资格评审、岗位聘用的有效业绩。

第二十八条 鼓励保险公司开发细胞和基因领域临床研究与临床试验责任保险、产品责任保险、商业健康保险等保险产品。

对于风险较高的细胞和基因领域临床研究与临床试验项目，鼓励购买商业保险承担受试者因发生与项目相关的健康损害或者死亡所需的治疗费用及相应的经济补偿。

第四章 药物拓展性临床试验

第二十九条 对正在开展临床试验用于治疗严重危及生命且尚无有效治疗手段疾病的细胞和基因药物，经医学分析认为获益可能大于风险，符合伦理要求，按照国家规定审查，并取得知情同意后可以在开展临床试验的医疗机构内通过拓展性临床试验用于其他病情相同且无法参加药物临床试验的患者。

开展细胞和基因药物拓展性临床试验的，应当已经完成支持新药品上市注册的临床试验阶段，药物注册申请人已经向国家药品监督管理部门提交上市许可申请，并按照国家规定申请开展拓展性临床试验且获得批准。

第三十条 细胞和基因药物注册申请人在申请开展细胞和基因药物拓展性临床试验前和试验期间，需要就有关问题与国家药品监督管理部门药品审评中心等单位进行沟通交流的，市市场监管等部门应当提供必要的指导与服务。

第三十一条 鼓励细胞和基因药物注册申请人在符合患者意愿和利益的前提下，为患有严重危及生命且尚无有效治疗手段疾病的患者提供拓展性临床试验用细胞和基因药物。拓展性临床试验用细胞和基因药物的安全性数据可以为药品上市提供数据参考。

第三十二条 进行细胞和基因药物拓展性临床试验前，医疗机构、临床试验申办者应当向患者披露可能影响患者作出决定的必要事项，包括使用细胞和基因药物的可能效果、风险、不良反应、救济措施等，并就风险来源、风险后果向患者进行特别提示。患者在理解上述事项的基础上，签署知情同意书。

患者属于未成年人、无民事行为能力或者限制民事行为能力人的，医疗机构、临床试验申办者应当向其监护人披露前款规定事项，并由监护人签署知情同意书。

第三十三条 受试者有权随时无条件退出其参与的细胞和基因药物拓展性临床试验。医疗机构、临床试验申办者应当告知受试者退出后可能存在的风险、不良反应、救济措施等。

第三十四条 有下列情形之一的，应当终止细胞和基因药物拓展性临床试验：

（一）细胞和基因药物的临床应用出现严重、非预期的不良反应；

（二）细胞和基因药物出现质量问题；

（三）细胞和基因药物进一步的临床试验数据不能证明有效性；

（四）细胞和基因药物获得国家药品监督管理部门批准上市；

（五）其他不符合开展拓展性临床试验的情形。

第五章　基因技术应用

第三十五条 支持企业和科研机构开展基因测序技术、生物信息分析技术的研究，开发具有核心知识产权的基因测序工具以及配套设备、软件和数据库等。

鼓励企业和科研机构参与制定基因测序、生物信息分析相关的国际标准、国家标准、行业标准和团体标准。

第三十六条 样本采集机构、基因检测机构在检测样本流转和检测信息传递过程中，应当采取去标识化等必要措施，保护受检者隐私，保障基因信息安全。

第三十七条 使用基因测序信息应当获得受检者同意，法律、行政法规规定应当取得书面同意的，依照其规定。

第三十八条 以基因测序结果对疾病风险、用药方案、营养代谢、生育风险等作出判断的，应当有合理依据，并说明依据来源。

第三十九条 支持医疗机构在辅助临床诊断中运用基因诊断技术。

第六章　上市许可和产品生产

第四十条 市市场监管部门应当为企业申请细胞和基因创新药物与医疗器械上市许可提供政策咨询、全流程业务指导等前期服务。

第四十一条 对符合突破性治疗药物标准、附条件批准上市标准、优先审评审批标准和特别审批程序标准等审评条件的产品，市市场监管部门应当建立便捷通畅的咨询通道，支持、协助企业与国家药品监督管理部门、广东省药品监督管理部门就注册、审评、许可等问题进行沟通交流，及时跟踪注册进度，指导企业向国家药品监督管理部门申请上市注册。

第四十二条 市市场监管部门可以根据生物医药产业创新服务的规定向广东省药

品监督管理部门提出重点项目、重点企业、重点地区推荐名单。支持细胞和基因药品、医疗器械注册申请人向广东省药品监督管理部门申报生物医药产业重点项目、重点企业。

市市场监管等部门应当给予纳入重点项目、重点企业或者处于重点地区的细胞和基因药品、医疗器械注册申请人便利服务，推动细胞和基因药物、医疗器械加速上市。

第四十三条 企业应当按照药品上市许可持有人制度或者医疗器械注册人、备案人制度，自行或者委托其他有资质的企业开展细胞和基因产品的生产。

委托生产的，委托企业与受托企业应当签订委托协议和质量协议，确保产品质量安全。

企业应当按照国家、广东省有关药品上市许可持有人直接报告不良反应或者医疗器械注册人备案人不良事件监测的规定建立健全相关管理制度，采取有效的风险控制措施。

第四十四条 细胞和基因产品的生产应当符合药品生产质量管理规范、医疗器械生产质量管理规范以及相关附录的要求。

细胞和基因产品生产企业应当建立风险评估体系，制定风险控制策略，消除影响细胞和基因产品质量的风险因素。

第四十五条 细胞和基因产品生产企业应当建立从采集、运输、接收、产品生产和检验到成品放行、储存和运输的全过程质量控制体系。

第四十六条 细胞和基因产品生产企业应当建立信息化管理系统和电子追溯系统，对产品质量进行全方位记录、跟踪、评估和管理，保证全过程信息的真实、准确、完整、可追溯。

第四十七条 支持深圳市药品检验研究院承接国家药品检测机构细胞和基因产品质量检验检测、组织细胞和基因产品地方标准与团体标准制定、技术仲裁工作，并支持其申请国家生物制品批签发机构资质。

鼓励建设和引进具有资质的第三方专业检验检测机构，提供细胞和基因产品质量检验检测服务。

第四十八条 推动建立由深圳市药品检验研究院为主体，其他具有资质的第三方专业检验检测机构参与的市细胞和基因产品检验检测平台，开展检验检测方法、质量标准以及安全性评价技术等研究，提高细胞和基因产品检验检测服务能力。

第四十九条 企业、科研机构、医疗卫生机构等对细胞和基因产品进行宣传或者讲解，应当客观、真实、准确，禁止不实或者误导性宣传。

第七章 保障措施

第五十条 市人民政府应当出台相关措施，在强化产业基础、完善产业链和供应链、保障产业空间、建设人才队伍、支持科学研究、资金扶持等方面对细胞和基因产业发展给予支持。

第五十一条　市人民政府应当将促进细胞和基因产业发展纳入生物医药产业发展协调机制。

第五十二条　市发展改革、工业和信息化、卫生健康、市场监管等部门应当在各自职责范围内提高细胞和基因产业相关事项的行政审批效率。

第五十三条　支持国家药品监督管理部门药品审评检查大湾区分中心和医疗器械审评检查大湾区分中心建设，促进深圳细胞和基因产业发展。

第五十四条　市科技创新、卫生健康、市场监管等部门应当为企业、科研机构、医疗卫生机构申请人类遗传资源审批提供咨询、指导服务。推动设立人类遗传资源审批管理平台，提升人类遗传资源审批服务能力，支持细胞和基因治疗的新型医疗产品、技术研发。

第五十五条　推动细胞和基因产业配套协作，引导第三方企业提供药学研究、临床前研究、临床研究、临床试验、标准制订、检验检测、注册申报等服务，构建全链条产业孵化体系，完善全流程产业服务。

第五十六条　支持企业为主体，开展细胞和基因产业链必需的关键试剂、耗材、仪器设备的核心技术攻关，促进产业链、供应链自主可控。

第五十七条　支持细胞和基因产业研发、生产外包服务平台发展。

市发展改革部门应当会同其他相关部门制定推动细胞和基因产业外包服务平台发展的专项鼓励措施。加快培育引进合同研发机构、合同外包生产机构、合同定制研发生产机构等生物医药产业应用基础平台，符合条件的，由财政性资金给予相应资助。

第五十八条　细胞和基因产业所需的进口试剂、耗材、仪器设备等符合生物安全要求的，海关应当开通绿色通道，优化审批流程，减少审批和进口时间。

常年需要开展细胞和基因科研、临床研究与临床试验或者生产用品进出口的企业、科研机构、医疗卫生机构可以向市科技创新部门提出申请，由市科技创新部门建立单位目录，定期通报海关，协调海关部门对名单中的有关单位开展信用培育，给予经过海关认证的单位通关便利支持。

第五十九条　开展细胞和基因领域临床研究或者临床试验和成果转化应用的公立医疗机构可以参照适用科研事业单位的科研和转化政策。

第六十条　鼓励医疗机构建立细胞和基因领域临床研究与临床试验绩效激励机制，绩效分配向开展临床研究与临床试验的团队倾斜。

第六十一条　市发展改革部门应当统筹市产业空间布局，划定区域建设细胞和基因产业特色园区，鼓励细胞和基因产业创新集群发展，支持细胞和基因产业重大项目、重大平台、重大载体资源向园区倾斜。

第六十二条　市人民政府应当推动建立粤港澳大湾区细胞和基因产业合作机制，探索开展临床研究与临床试验、产业转化等方面的合作，加强产业联动，优化跨区域产业布局。

第六十三条　市、区人民政府应当充分发挥政府投资基金对细胞和基因产业发展的支持作用，引导社会资金投资，推动细胞和基因产品研发和成果转化。

第六十四条　鼓励金融机构为细胞和基因产业发展提供金融支持，加大信贷支持力度，降低企业融资成本。

支持符合条件的细胞和基因企业挂牌上市。

第六十五条　加强细胞和基因领域知识产权保护，强化部门协同配合，严厉打击侵犯知识产权行为，依法保障知识产权权利人权益。

探索为细胞和基因企业提供知识产权质押融资、知识产权保险等知识产权金融服务，开发知识产权证券化融资产品。

第八章　法律责任

第六十六条　有下列情形之一的，由市卫生健康、市场监管部门按照职责责令立即停止违法行为，并处一万元以上五万元以下罚款：

（一）采集主体不符合本条例第十三条规定的；

（二）样本采集行为中未明确告知采集事项；

（三）未按照规定储存采集细胞及其产生的数据。

第六十七条　企业、科研机构、医疗卫生机构及其工作人员在细胞和基因产品研发、生产、经营和使用过程中违反生物安全法律、法规的，依照《中华人民共和国生物安全法》《中华人民共和国保守国家秘密法》《中华人民共和国人类遗传资源管理条例》等法律、法规的规定给予处罚。

第六十八条　医疗卫生机构及其工作人员在开展细胞和基因医疗活动过程中有违反医疗卫生法律、法规行为的，依照《中华人民共和国基本医疗卫生与健康促进法》《深圳经济特区医疗条例》等法律、法规的规定给予处罚。

第六十九条　细胞和基因产品生产企业在细胞和基因产品研发、生产、经营和使用过程中有违反药品管理法律、法规行为的，依照《中华人民共和国药品管理法》《中华人民共和国药品管理法实施条例》等法律、法规的规定给予处罚。

第七十条　企业、科研机构、医疗卫生机构等对细胞和基因产品进行不实或者误导性宣传的，依照《中华人民共和国反不正当竞争法》《中华人民共和国广告法》的规定给予处罚。

第七十一条　相关部门及其工作人员在细胞和基因产业促进工作中滥用职权、玩忽职守、徇私舞弊的，对直接负责的主管人员和其他直接责任人员依法给予处分；构成犯罪的，依法追究刑事责任。

第九章　附　则

第七十二条　本条例自 2023 年 3 月 1 日起施行。

附录

《深圳经济特区细胞和基因产业促进条例》解读

（深圳市人民代表大会常务委员会 2023 年 1 月 6 日公布）

《深圳经济特区细胞和基因产业促进条例》（以下简称《条例》）经深圳市第七届人民代表大会常务委员会第十四次会议于 2022 年 12 月 29 日通过，自 2023 年 3 月 1 日起施行。现将有关情况解读如下。

一、立法的必要性

制定《条例》是贯彻新发展理念的需要。党的二十大报告强调"推动战略性新兴产业融合集群发展，构建新一代信息技术、人工智能、生物技术、新能源、新材料、高端装备、绿色环保等一批新的增长引擎。"《中共中央关于制定国民经济和社会发展第十四个五年规划和二〇三五年远景目标的建议》在"发展战略性新兴产业"中提出，要加快壮大生物技术等产业。细胞和基因是生物医药产业中最具创新力、发展前景最广阔的细分领域，开展促进细胞和基因产业发展立法，是学习贯彻党的二十大精神，落实新发展理念，构建新发展格局，推动经济高质量发展的重要举措。

制定《条例》是落实深圳实施综合改革试点的需要。《深圳建设中国特色社会主义先行示范区综合改革试点实施方案（2020—2025 年）》提出，支持深圳扩宽经济特区立法空间，在新兴领域加强立法探索，依法制定经济特区法规规章。综合改革试点实施方案赋予深圳在人工智能、无人驾驶、大数据、生物医药、医疗健康等领域的先行先试权，支持深圳充分利用经济特区立法权进行探索。生物医药产业是深圳市"20+8"产业集群新兴产业之一，开展促进细胞和基因产业发展立法，有助于促进细胞和基因产业落实创新驱动战略，推动深圳的生物医药产业实现跨越式发展。

制定《条例》是推动细胞和基因产业高质量发展的需要。细胞和基因产业是生物医药产业未来主要的发展方向，深圳市高度重视细胞和基因领域的基础科学研究和产业化发展，引入海内外高层次人才团队，建设干细胞与细胞治疗领域各类创新载体。但深圳细胞和基因产业与国内部分兄弟省市相比发展较为缓慢，还存在一些制约产业发展壮大的瓶颈问题，如基础研究有待加强、产业链不够完善、医疗机构无法满足临床研究需求等。开展促进细胞和基因产业发展立法，针对产业发展中的痛点、难点和瓶颈问题，从制度上统筹解决推进，有利于鼓励深圳细胞和基因产业科技创新，推动细胞和基因产业实现高质量发展，不断增进人民健康福祉，促进健康中国建设。

二、主要内容和制度创新

《条例》是全国首部细胞和基因产业专项立法，共九章七十二条，包括总则、细胞的采集和储存、细胞和基因产品研发、药物拓展性临床试验、基因技术应用、上市许可和产品生产、保障措施、法律责任、附则。《条例》主要内容如下：

（一）规范细胞采集储存行为

为提高细胞生物资源的管理水平，在满足产业发展需求的同时保障相关人员的权利，《条例》对细胞采集和储存行为进行了规范。一是提高细胞和基因采集效率，降低采集成本，规定通过损伤性或者侵入性手段获取细胞进行的血液样本和组织样本的采集，应当由具有相应资质和条件的医疗卫生机构进行。同时，考虑到采取收集毛发、排泄物等非损伤性、非侵入性手段获取细胞对于采集人员、设备的技术要求较低，则无需限定由专业医疗卫生机构完成。二是明确医疗卫生机构采集细胞应当符合医疗技术规范，并在执业登记范围内开展采集工作。三是要求采集细胞前，应当明确告知被采集人采集目的、采集用途、对健康可能产生的影响、个人隐私保护措施、被采集人的权利义务等事项，并取得被采集人的书面同意。四是为了确保监管措施落地，规定由市卫生健康部门会同市市场监管部门制定细胞采集和储存管理办法。

（二）支持开展临床研究与临床试验

临床研究与临床试验是细胞和基因产业中的关键环节，对整个产业发展具有十分重要的促进作用。《条例》以产业发展需求为导向，聚焦临床研究与临床试验，推动细胞和基因产业高质量发展。一是促进产学研联动发展。鼓励企业、高等院校、科研机构、医疗机构开展产学研合作，共享产业资源，支持细胞和基因重大理论、原创技术、前沿交叉学科等领域的基础研究，合作开展细胞和基因领域的临床试验以及临床研究。二是以群众受益为目标。规定开展细胞和基因领域临床研究与临床试验，应当维护受试者的尊严，保障受试者生命健康权、知情同意权、隐私权、退出权以及获得医疗救治和经济补偿等权益；通过鼓励保险公司开发细胞和基因领域保险产品，分担细胞和基因领域临床研究与临床试验风险，提高各方参与积极性，保障群众利益。三是加强真实世界数据应用。鼓励在细胞和基因领域的临床研究中推动真实世界数据有效积累，提升真实世界数据的适用性，为新药注册提供安全性和有效性的证据，或者为已上市药品的说明书变更提供证据。四是以创新驱动为导向。激发医学科技创新的活力，调动医疗机构、医疗卫生人员参加临床研究与临床试验的积极性。

（三）完善药物拓展性临床试验制度

为在保障细胞和基因药物安全性、有效性的前提下提高药物可及性，《条例》在不变通国家审批权限，不降低审批标准的前提下，对细胞和基因药物拓展性临床试验制度予以具体规定。一是进一步细化细胞和基因药物拓展性临床试验制度，规定对正在开展临床试验用于治疗严重危及生命且尚无有效治疗手段疾病的细胞和基因药物，经医学分析认为获益可能大于风险，符合伦理要求，按照国家规定审查，并取得知情同意后可以在开展临床试验的医疗机构内通过拓展性临床试验用于其他病情相同且无法参加药物临床试验的患者。同时明确规定开展细胞和基因药物拓展性临床试验的，应当已经完成支持新药品上市注册的临床试验阶段，药物注册申请人已经向国家药品监督管理部门提交上市许可申请，并按照国家规定申请开展拓展性临床试验且获得批准。在已有数据支持细胞和基因药物安全性和有效性的基础上，进一步提升药物可及性。二是充分保障患者权益，明确在进行细胞和基因药物拓展性临床试验前，医疗机构、临床试验申办者应当向患者披露可能影响患者作出决定的必要事项，包括使用细胞和基因药物的可能效果、风险、不良反应、救济措施等，并就风险来源、风险后果向患者进行特别提示，患者在理解上述事项的基础上，签署知情同意书；同时规定受试者享有无条件随时退出的权利，并进一步完善医疗机构、临床试验申办者在受试者退出时的告知义务。

（四）鼓励基因技术研发使用

基因技术的应用是生物医药产业未来的发展方向，我市的基因测序和生物信息分析技术跻身世界前沿，为了更好地支持这一领域的创新，《条例》采用专章对基因技术应用进行了规定。一是鼓励技术创新。对开展基因测序技术、生物信息分析技术的研究，开发具有核心知识产权的基因测序工具以及配套设备、软件和数据库等给予支持，并鼓励企业和科研机构参与制定基因测序、生物信息分析相关的国际标准、国家标准、行业标准和团体标准。二是保护信息安全。鉴于因基因检测而产生的个人生物特征信息的重要性，以及泄露和不当使用对个人产生基因歧视等极大的消极影响，有必要在基因检测多个环节采取去标识化等措施，并规定使用基因测序信息应当获得受检者同意，以保障基因信息安全，保护受检者隐私。三是规范基因测序信息的解读。明确以基因测序结果对疾病风险、用药方案、营养代谢、生育风险等作出判断的，应当有合理依据，并说明依据来源。四是推动基因诊断应用。支持医疗机构在辅助临床诊断中运用基因诊断技术。

（五）助力产品申请上市许可

为促进细胞和基因领域科研成果转化应用，鼓励、支持细胞和基因领域企业研发、注册、生产细胞和基因产品，推动深圳细胞和基因产业高质量发展。《条例》助力细胞和基因产品申请上市许可和生产。一是要求市场监管部门为企业申请细胞和基因创新药物与医疗器械上市注册提供政策咨询、全流程业务指导等前期服务。二是针对符合突破性治疗药物标准、附条件批准上市标准、优先审评审批标准和特别审批程序标准等审评条件的产品，建立便捷通畅的咨询通道，支持、协助企业与国家药品监督管理部门、广东省药品监督管理部门就注册、审评、许可等问题进行沟通交流，及时跟踪注册进度，指导企业向国家药品监督管理部门申请上市注册。三是根据生物医药产业创新服务的规定向广东省药品监督管理部门提出重点项目、重点企业、重点地区推荐名单。支持细胞和基因药品、医疗器械注册申请人向广东省药品监督管理部门申报生物医药产业重点项目、重点企业，并给予便利服务。四是支持深圳市药品检验研究院承接国家药品检测机构细胞和基因产品质量检验检测等工作，并支持其申请国家生物制品批签发机构资质。推动建立由深圳市药品检验研究院为主体，其他具有资质的第三方专业检验检测机构参与的市细胞和基因产品检验检测平台，提高细胞和基因产品检验检测服务能力。

（六）加大产业扶持力度

《条例》立足细胞和基因产业促进与扶持，从优化政府服务、覆盖全产业链、加强人才保障、创新产业集群等角度制定相关扶持措施，加大细胞和基因产业促进与扶持力度。一是通过提高审批效率、开辟绿色通道、提供指导服务等扶持措施强化产业基础。二是支持国家药品监督管理部门药品审评检查大湾区分中心和医疗器械审评检查大湾区分中心建设。三是为企业、科研机构、医疗卫生机构申请人类遗传资源审批提供咨询、指导服务。推动设立人类遗传资源审批管理平台，提升人类遗传资源审批服务能力。四是推动细胞和基因产业配套协作，构建全链条产业孵化体系，完善全流程产业服务。支持企业开展细胞和基因产业链必需的关键设备、试剂、耗材的核心技术攻关，促进供应链、供应链自主可控。五是通过绩效激励、科技成果转化奖励等方式加强人才队伍建设，提高科研积极性。六是划定专门园区，鼓励细胞和基因产业创新集群发展，支持细胞和基因产业重大项目、重大平台、重大载体资源向园区倾斜，完善产业空间保障。

深圳市促进生物医药产业集群高质量发展的若干措施

(深圳市发展和改革委员会 2022 年 7 月 26 日公布)

　　为贯彻落实市委、市政府关于高质量发展生物医药产业的决策部署，加快培育生物医药产业集群，切实抢占新一轮产业发展的制高点，增强产业核心竞争力，充分衔接《深圳市促进生物医药产业集聚发展的若干措施》（深府办规〔2020〕3 号），结合《深圳市培育发展生物医药产业集群行动计划（2022—2025 年）》，按照精准、可操作的原则，结合我市实际，制定如下措施。

一、适用机构和重点支持领域

　　本措施适用于已登记注册，具备独立法人资格，从事生物医药研发、生产和服务的企业，以及其他事业单位、社会团体、民办非企业等机构。

　　本措施重点支持化学创新药、包括细胞治疗药物、基因治疗药物、基因检测设备、生物安全防护、新型血液制剂和新型疫苗等在内的高端生物制品、全新结构蛋白及多肽药物、儿童用药、罕见病药物、个性化治疗技术、生物酶技术、全新剂型及高端制剂技术、现代中药、古代经典名方中药制剂、先进制药设备以及数字化医疗等领域。对技术含量高、应用前景好、示范带动作用强的产品和平台项目，以及在应急处置和抗击新冠肺炎疫情中发挥示范引领作用的企业，在资金扶持、用地用房、人才奖励、注册审批、政府服务等方面予以优先支持。

二、加快药品产业基础设施建设

　　（一）建设国家级药物科技和产业创新平台。主动承担新药研发等国家重大发展战略任务，主动承担国家级重大核心技术攻关和科技转化任务。支持建设落地深圳的国家重点实验室、国家工程研究中心等国家级创新载体，予以最高 3000 万元支持；支持建设落地深圳的国家企业技术中心，予以最高 1500 万元支持。围绕新靶标、新位点、新机制、新分子实体，加强前沿领域高水平基础研究，争取若干国家重大科技基础设施和高级别生物安全实验室落地，争取生物医药领域国家产业创新中心、国家技术创新中心和国家制造业创新中心落地。

　　（二）布局和提升市级药物产业服务平台。加快建设合同研发机构（CRO）、合同定制研发生产机构（CDMO）、药物非临床安全性评价机构（GLP）、药物发现平台、动物实验平台、检验计量检测平台、生物医药审评审批公共服务平台和小试中试平台、生物医药关键人才实训平台、生物医药产业孵化加速平台、项目管理服务平台、生物医药产业人才信息平台、制药工程技术服务平台、生物医药供应链平台、MAH 综合服务平台等市级重大产业公共服务平台，按项目总投资的 40% 予以资助，最高不超过 5000 万元。

（三）谋划市级药物基础研究和核心技术攻关。支持相关单位整合优势研究力量，建设若干具有重要影响力的创新研究机构。继续布局若干批市级科技和产业重大专项，对有望解决重大临床需求与市场需求，进行新靶标、新位点、新机制、新原理等生物医药前沿领域高水平基础研究的，给予最高不超过 3000 万元的全额资助；对新靶点化学药、抗体药物、基因药物、细胞产品、微生物治疗、细菌治疗、多肽药物、噬菌体药物及酶工程等"卡脖子"核心技术攻关和重大产业项目，按照项目总投资 40% 分阶段给予资助，最高不超过 3 亿元。

三、强化药物临床研究转化能力

（四）加大药物临床研究激励力度。对经认定的临床研究床位不纳入医疗机构床位数管理，不做病床效益、周转率、使用率考核。大力引进、培育临床研究人才，支持三级公立医院加快实施临床研究"大 PI"计划，对引入的"大 PI"按最高不超过 1500 万元予以资助。优化临床研究人才评价体系，药物临床试验项目按不同来源和级别视同相应级别的科研项目，纳入主要研究者和直接参加研究者的绩效工资、职称晋升、岗位聘用等管理。

（五）完善药物临床研究支撑平台体系。建设市级临床生物样本库，统一市临床生物样本库信息采集标准。建立全市统一的临床研究信息平台和人类遗传资源信息库，实现数据汇集，优化样本共享机制。建设医疗大数据开放基础设施，研究制订卫生健康大数据开放分级分类标准，试点推动临床数据向企业有序开放；加强高级别生物安全实验室建设，提升菌（毒）种的研究能力。

（六）建立医疗机构伦理协作审查工作机制。建立本市医疗机构伦理委员会协作审查机制，开展多医疗机构临床研究协作伦理审查。签署协作审查协议的各医疗机构伦理委员会可在遵循国家相关法规、指南的原则下，探索对医疗机构临床研究实行伦理审查结果互认，有效减少临床试验重复审批，缩短创新产品研发周期。

（七）探索成立专业药物临床研究联盟和生物医药产业联盟。探索成立专业药物临床研究联盟，为临床研究提供试验设计、伦理审查、GCP 核查、药物警戒等全方位服务，并实现统一的医学伦理审查、业务资源分配、质控标准建设和数据交换使用；成立联合产业链上下游的生物医药产业联盟，推动生物医药产业集群高质量发展。支持联盟等社会组织发展，按项目择优给予最高 500 万元资助。

（八）鼓励开展药物临床试验服务。支持医疗机构开展临床研究，将临床研究纳入三级公立医院绩效考核指标体系。对于按照药物临床试验质量管理规范（GCP）获得药物临床试验资质的医疗机构，每年为生物医药企业提供临床试验服务项目，达到 5、15、30 项以上的，给予牵头单位最高不超过 100 万元、200 万元、300 万元资助，给予参与单位最高不超过 50 万元、100 万元、150 万元资助。

四、加速药品注册审批进程

（九）提升药品检验检测能力。依托市药品检验研究院，支持建设国家疫苗签批发机构实验室、仿制药生物等效性评价重点实验室、细胞和基因治疗药物质量检测实验室等平台，积极开展药品检验检测新技术新标准研制工作，优化 GLP 企业化运营机制，强化药品监管技术支撑能力，培训优质药检技术人员，推进信息化管理建设进程，完善检验检测体系，缩短药品检测周期，为全市药企提供全方位高效的药品质量检测技术指导及培训服务。

（十）加强审评检查咨询服务。联合国家药品监督管理局药品审评检查大湾区分中心，推动建设大湾区药品审评审批公共服务平台，建立针对临床批件、注册申报等关键环节的辅导沟通机制，支持提供从药品的临床试验方案设计到申报材料提交全流程的咨询服务，并对企业在临床试验和注册申报中出现的问题进行及时指导。

（十一）探索临床评价中推广真实世界数据应用加快产品上市。持续推进"港澳药械通"政策扩展实施，推动更多临床急需且已在港澳上市的药品在我市符合要求的医疗机构使用。探索"港澳药械通"药品临床评价中推广真实世界数据应用，加快新产品上市进程。

五、全力打造生物医药特色园区

（十二）保障生物医药产业用地指标。由市产业主管部门统筹，生物医药产业集群重点区负责对每年的产业用地和产业用房指标予以量化，争取全市生物医药产业每年至少新增或升级改造 20 万平方米产业用地和 50 万平方米产业用房供给，市产业主管部门牵头对指标落实情况进行逐年考核。

（十三）优化生物医药特色园区土地政策。提高土地利用效率，鼓励各区探索特色园区二二产业混合用地供应和综合开发。鼓励产业用地混合利用，对经认定的特色园区，单一用途产业用地内可建其他产业用途和生活配套设施的比例提高到地上建筑总量的 30%，其中用于零售、餐饮、宿舍等生活配套设施的比例不超过地上建筑总量的 15%。

（十四）创新生物医药产业空间供给模式。探索政府主导、社会资本参与、国企实施的"低成本开发+高质量建设+准成本提供"产业空间供给模式，结合企业药品实验室研究、小批量药品试制、中试生产到工业化生产等不同阶段建筑层高和荷载等需求，为入驻企业提供厂房建设"定制"服务。探索产权分割出售模式，原则上采取先租后售的方式，在承租人产业绩效、研发投入等指标达到设定条件后再转让。鼓励民营老

旧工业区厂房改造建设成为生物医药园区，对近 3 年经过备案的民营老工业区改造的
生物医药园区给与装修改造费用支持，每家企业补贴最高不超过 500 万元。探索生物
医药企业药品生产车间上楼政策，拓展企业生产空间。

（十五）加大生物医药特色园区建设支持力度。对经认定的特色园区，为项目立
项、工商注册、建设规划、施工许可、纳税申报、安评、环评、能评提供"保姆式"
服务，就近配套道路、供水、排污、排水、电讯光缆、供电、天然气和土地等"八通
一平"基础设施。按照建设总投资的 10% 对园区建设方给予资助，最高不超过 1 亿元；
园区参照政府指导价对外租赁，对符合标准入驻园区的企业，连续 3 年按照每年租金
的 50% 的比例给予资助，每家企业每年资助金额最高不超过 500 万元；对上一年度用
水/电/气成本，按照"先交后补"的方案对入驻企业给予 50% 的补贴，每年最高不超
过 200 万元，从合同签订起共补贴 3 年；对园区运营企业按照运营成本 20% 的比例予
以补贴，每年最高不超过 500 万元，自正式投产日起共补贴 3 年。

（十六）推动生物医药特色园区专业化配套设施建设。对经认定的特色园区，提供
高稳定性、高强度电力，配电单位面积指标从 200va/平方米调高至 400va/平方米，确
有特殊需求的，可根据实际情况申请改扩建；建设跨区域的双电路供电备份设施，满
足生物医药研发生产企业高强度、不间断电力供应需求。提供集中供气供热服务，确
保输出稳定和价格合理，保障各类生物医药产品在消毒、灭菌等生产环节需求。提供
足量、达标的原水，确保生物医药企业的用水需求，并可以据此制备符合自身要求的
高质量制药用水。建设高稳定性 5G 和光纤等通讯设施和数据中心，满足生物医药企业
和医疗机构在生物信息和临床诊疗数据采集、传输、运算和存储等方面需求，为数字
化实验室、智能工厂等新业态提供高水平信息化基础设施保障。

（十七）增强生物医药特色园区专业化环保管理能力。对经认定的特色园区，加快
推动规划环评与项目环评联动，简化环评办理流程。完善园区环境基础设施建设，鼓
励园区加大配套污水管网、固体废物集中收集处置设施、环境监测、环境风险应急防
控、环境信息化等方面的投入。支持特色园区建设生物医药危险废物存储设施，按项
目总投资的 40% 给予资助，资助金额最高为 500 万元；支持有资质的专业机构为园区
生物医药危险废物收运处置提供服务，给予每吨处置费用 1000 元，每年最高不超过
200 万元的资助。

（十八）大力提升生物医药特色园区公共服务能力。支持园区打造生物医药产业研
发制造所需各类共性技术平台，重点建设实验动物公共服务平台、重要菌种及细胞株
保藏与开发平台、检验检疫检测设备开放共享平台、小试和中试车间等专用服务平台。
在取得临床试验或注册上市资格，以及实现产业化的创新药物，对委托第三方小试和
中试车间产生的费用向企业予以补贴。对生物医药领域中试、动物实验、通过 CNAS 认
证的合成生物专用测试实验室等共享平台，按实际建设投资的 10%，给予最高 1000 万
元资助。对上述提供专业化服务的平台，按照上年度服务收入的 10%，给予最高 500
万元资助。支持园区建设全周期综合服务平台，重点建设注册申报咨询平台、制药工

程技术服务平台、项目管理综合服务平台、进出口监管平台、知识产权交易服务平台、科技金融服务平台等，为企业提供覆盖全产业链的技术支持和特色服务。

（十九）加大生物医药特色园区人才吸引力度。对经认定的园区，鼓励各区提供高端人才公寓，大力吸引国际化人才，对具有制药经验等的国内、国际人才在住房保障、子女就学入园、医疗保健等方面提供保障服务，加快深圳新药开发。支持加大对包括产业工人在内的园区人才培训，支持园区与职业院校、培训机构共建技能培训基地，对经审定通过的培训项目，对 3 年以内的培训费用给予 50% 的费用补贴，最高不超过 500 万元；支持符合条件的企业组织开展员工技能提升培训、新型学徒培训，设立技能大师工作室、高技能人才培训基地等培训载体，鼓励从业人员提升职业技能，按规定发放培训补贴。

全市生物医药特色园区的认定标准、特色园区企业的入驻标准等相关特色园区扶持细则由市发展改革委另行制定。

六、加大药品企业研发生产支持力度

（二十）开展生物医药企业分级精准扶持。对成立 5 年内具有核心技术的初创企业实行"苗圃培育"计划，对在研项目择优予以全额支持，最高不超过 1500 万元；对成立 10 年内的"专精特新"企业或国家高新技术企业等新锐企业，对在研项目或产业化项目按照总投资 40% 的比例予以资助，最高不超过 3000 万元；对落地深圳的中国医药工业百强企业或者生物医药上市企业实行"一企一策"，定制专项扶持政策报市政府审定后予以实施。

（二十一）支持创新药研发。对由本市注册申请人获得许可并在本市生产的 1 类化学药、1 类生物制品和 1 类中药，已取得临床试验许可的，择优给予临床前研发费用 40% 的资助，最高不超过 800 万元，已在国内完成 I 期、II 期、III 期临床试验，按照不同临床试验阶段，择优给予不超过研发投入 40%，最高分别为 1000 万元、2000 万元、3000 万元资金支持；对于委托深圳地区药物临床试验机构作为牵头单位开展临床试验的，资助额度额外增加 10%；每个单位每年累计支持额度不超过 1 亿元。

（二十二）支持改良型新药研发。对由本市注册申请人获得许可并在本市生产的，具有较高技术含量、安全性有效性具有明显优势的改良型新药，已在国内完成 II、III 期临床试验的，择优给予不超过研发投入 40%，最高分别为 1000 万元、1500 万元资金支持；对于委托深圳地区药物临床试验机构作为牵头单位开展临床试验的，资助额度额外增加 20%；单个企业每年获得的资助最高不超过 3000 万元。

（二十三）支持开拓海外医药市场。对在本地完成研发和产业化并通过美国食品药品监督管理局（FDA）、欧洲药品管理局（EMA）、日本医药品医疗器械综合机构（PMDA）等机构批准，获得境外上市资质并在相关国外市场实现销售的药品，择优按照不超过研发和临床费用的 40% 给予资助，单个企业每年资助最高不超过 1000 万元。对新取得新药临床试验批文（IND）的药品，每个药品按实际投入研发费用的 40% 给予资助。对通过美国药物主文件（DMF）、欧洲药典适应性证书（CEP）、日本药物主文件（MF）注册的生物原料药，每个生物原料药按实际发生费用的40%给予资助。对取得国家药品监督管理局核准的药用辅料，每种辅料按实际投入研发费用的40%给予资助。以上每年每家企业资助金额最高200万元。对年度出口规模达到1000万美元以上的药品或原料药，单个品种给予50万元资助，对同一企业资助最高不超过200万元。

（二十四）推动药品创新成果产业化。对取得1类、2类新药注册证书并在本市实现产业化的，或本市生物医药企业按照药品上市许可持有人制度（MAH）承担生产的（委托双方无投资关联关系），按项目总投资20%予以资助，单个品种最高不超过1500万元。

（二十五）提高药品生产技术能力。对通过药品生产质量管理规范，取得国家药监部门生产许可认证的生产技术项目，按照项目总投资的20%予以资助，最高不超过1000万元。制剂生产线达到国际主流市场标准并首次通过官方药监部门合规性审查的，按照实际投入费用40%予以资助，每条产线最高不超过500万。

（二十六）支持企业纳入国家药品集中带量采购。鼓励企业积极参加国家药品集中带量采购拓展市场，中标品种按当年采购总金额的3%予以资助，单个品种资助最高不超过300万元，单个企业每年资助最高不超过500万元。

（二十七）推广应用创新医药产品。推动重点培育品种进入基本药物目录。支持纳入目录的创新药品参与公共资源交易。采用集中需求，统一谈判议价等方式采购，促进产品示范应用。

（二十八）推动研发用物品及特殊物品通关便利化。建立研发用物品进口多部门联合评估和监管机制，搭建覆盖通关全过程的信息互通和监管平台，建立本市生物医药企业、科研机构等试点单位"白名单"，以及跨境科研物资正面清单，探索简化清单内试点单位相关物品前置审批手续，便利试点单位通关。针对高端生物医药原料、血液制品、进口试剂耗材等特殊物品，在海关或保税区设立特殊进关通道，采取"远程查验""集中查验"等多种方式查验，加快通关速度。探索出入境特殊物品联合监管机制，加强安全监管。

（二十九）优化生物医药产业环境。对经国家、省、市主管部门批准成立的生物医药领域机构、国内统一刊号的正式期刊、智库等，给予最高50万元资助。支持举办市级高水平生物医药峰会或展会，对经市政府同意的峰会或展会按审计后确认费用给予全额补贴，最高不超过500万元。鼓励建立生物医药企业、科研院所、医疗机构、重点平台沟通机制，推动开展技术合作、成果转化等工作。

（三十）强化科技金融支撑。探索设立生物医药产业基金，专注投资落地深圳的生物医药相关企业或团队，制定相应的财政支持政策，支持建立市场化、多元化、产业基金和财政补贴相结合的扶持体系。鼓励社会资本以捐赠或建立基金，对用于资助生物医药产业的基础研发、技术攻关、成果转化、重大项目建设等的公益基金予以支持。支持生物医药企业从合作银行申请贷款，可按照最高不超过实际支出利息的70%给予补贴，单个企业每年可获得的补贴总额不超过 500 万元。

七、保障措施

（三十一）积极发挥医药行业组织作用。支持医药行业组织开展行业调查、法规政策、政策评价等研究和服务工作，发挥行业组织沟通、协调和参谋作用。

（三十二）健全人才保障机制。建立完善多层次生物医药产业人才培养体系，强化生物医药产业相关学科建设。鼓励校企联合开展专业人才培养，完善生物医药人才职称评定和晋升通道。支持企业引进生物医药领域高水平管理、研发、服务等紧缺人才，在住房保障、子女就学、医疗保健等方面提供保障服务。

（三十三）强化用地保障机制。优先保障重大产业项目用地指标，对在市级生物医药产业集群重点片区落地的重点项目，优先考虑纳入国家、省重大项目清单和广东省先进制造业项目，确实无法纳入的，由市级新增建设用地指标予以统筹解决。支持合理利用存量用地和产业用房用于发展生物医药特色园区，拓展生物医药产业发展空间。由市产业主管部门统筹，生物医药产业集群重点区负责对每年的产业用地和产业用房指标予以量化。

（三十四）完善考核评价机制。建立差异化考评体系，注重不同部门、不同任务的特点，把结果性指标与过程性情况有机结合，充分体现考核内容的激励性和约束性，同时强化考核操作，坚持日常考核和年终考核、定性评价和定量评分相结合，增强考核方式的完整性和系统性。

八、附则

本措施由市发展和改革委员会负责解释。执行期间如遇国家、省、市有关政策及规定调整的，本措施可进行相应调整。各责任单位应当及时制定出台实施细则或操作规程，鼓励各区、各产业园区根据各自产业规划布局特点独立制定补充配套措施。本措施与本市其他同类优惠措施，由企业按照就高不就低的原则自主选择申报，不重复资助。

本措施自印发之日起生效，有效期 5 年。自生效之日起，《深圳市促进生物医药产业集聚发展的若干措施》（深府办规〔2020〕3 号）废止。

昆明市高质量发展细胞产业十条措施

（昆明市人民政府办公室 2020 年 10 月 29 日公布）

为打造昆明大健康产业，支持拥有自主知识产权或核心技术，符合市场需求和产业发展方向的细胞制剂及其衍生品研发，结合自身实际进行差异化创新，以重点突破带动整体跨越，打造细胞产业"新高地"，制订本措施。

一、聚焦平台建设，促进功能形成

（一）建设研发支撑平台。紧密围绕昆明大健康产业发展，聚焦细胞治疗、再生医学和精准医疗、医美领域，鼓励联合国家级平台共建各类研发创新平台（市科技局、市市场监管局牵头，市财政局配合）。建立政府购买服务、仪器设备共享共用机制，对与昆明市签订合作协议并落地昆明细胞产业园的各国家级共建平台，给予运营管理费用补贴（昆明产投公司牵头）。

（二）建设临床试验平台。重点支持在昆明细胞产业园内建设以高端医疗资源为依托，以试验应用为核心的细胞治疗临床研究中心，重点开展细胞创新药物、新治疗技术以及医疗器械、医美新产品的临床研究与应用，发挥自贸区优势积极争取试点性政策。创新临床研究中心管理模式，在人才引进、职称评定、绩效分配方面给予充分自主权。对昆明市域范围内的医疗机构，完成细胞临床研究项目备案并在临床研究中心及其各分中心开展临床研究的项目，给予项目团队一次性 100 万元的奖励，获批备案项目的临床研究，给予临床研究成本 50% 的补助，最高 500 万。支持临床试验取得一定成果的项目扩大临床试验范围，对已在国内外进行临床试验的项目可简化审批程序，采用"一次备案、整体推广"的模式予以支持，可在我市符合条件的医疗机构设立临床项目分中心，开展临床试验，享受和牵头单位同等政策扶持。（市卫生健康委牵头，市财政局配合）

（三）建设创新研究平台。建设昆明细胞创新研究院，特聘引进项目团队负责人招收博士研究生和硕士研究生，培养本地研发团队。对创新研究院获批的院士工作站、专家工作站分别给予 180 万元、90 万元的专项经费资助；对承担国家级重点实验室、技术创新中心等重大创新平台建设任务的，采取后补助的方式分别给予最高不超过 500 万元、1000 万元建设引导经费。（市科技局牵头，市教育体育局、市财政局配合）

二、聚焦要素培育，加快产业发展

（四）设立规范标准。对由昆明市辖区内企事业单位和社会团体作为主要项目承担单位制定的标准，按《云南省市场监督管理局关于印发标准化建设经费管理办法的通知》（云市监办法〔2020〕37号）和《昆明市标准化建设经费管理办法（试行）》执行。（市卫生健康委、市市场监管局牵头，市财政局配合）

（五）设立产业基金。通过昆明市产业发展股权投资基金吸引社会资本共同设立昆明市细胞产业专项基金，支持我市细胞产业发展。被投项目在审评审批、药品监督管理等方面纳入市、区有关部门绿色通道、优先办理。（昆明产投公司牵头，市科技局、市工业和信息化局，市财政局配合）

（六）支持临床研究。对在昆明市辖区内注册登记、具有独立法人资格的机构主导研发的细胞类生物制品产品按照药品管理有关规定，完成Ⅰ期临床试验并进入Ⅱ期临床试验每项最高不超过500万元奖补，完成Ⅱ期临床试验并进入Ⅲ期临床试验每项最高不超过1000万元奖补，完成Ⅲ期临床试验并取得注册批件每项最高不超过2000万元奖补。上市许可持有人将其已获得药品批准文号的细胞类生物制品在昆明产业化落地的，给予药品上市许可持有人一次性最高不超过2000万元奖补。（市市场监管局、市卫生健康委、市工业和信息化局牵头，市财政局配合）

（七）支持成果落地。对于国内外科研人员持有重大技术发明和创新成果，在昆明组建企业开展临床研究进行产业转化的，经专家委员会同意，给予一次性奖励，获得美国食品药品监督管理局（FDA）、欧洲药品管理局（EMEA）、日本药品医疗器械局（PMDA）、世界卫生组织（WHO）等国际先进体系认证的项目，给予项目申请人100万元的一次性资助；对获得发明专利证书的，给予第一注册申请人50万元的一次性奖励。按照企业注册资本实际到位资金的2%予以最高500万元补助资本金。对上市许可持有人委托我市企业生产其所持有的细胞类生物制品，且销售、税收结算在我市的，按该品种较当年销售收入的5%给予最高500万元奖励。对新引进落地至昆明，委托外地生产，但在昆明结算的品种，按照每个批文1000万元的标准给予批文持有人一次性奖励。（市工业和信息化局、市科技局、市市场监管局牵头，市财政局配合）

三、聚焦保障措施，提升营商环境

（八）强化组织领导。市发展细胞产业工作领导小组要充分发挥统筹协调的指导作用，各县（市）区、各职能部门要强化主体责任，加强分类指导，健全工作机制，形成落实合力，根据不同阶段、不同发展基础和创新资源等情况，对符合条件、有优势、有特色的项目、团队、企业提供定制化服务，畅通绿色通道，坚持高质量发展标准，确保各项措施落到实处。〔各县（市）区人民政府、开发（度假）园区管委会、市级各部门〕

（九）强化园区建设。由属地县（市）区、开发区管委会对入驻团队、企业的装修费用按照发票金额给予5%最高200万元的一次性补助。各县（市）区、开发（度假）区制定有关政策措施，根据企业当年对属地地方经济发展贡献情况，对企业的高级管理人才、高端专业人才给予奖励。〔各县（市）区人民政府、开发（度假）园区管委会牵头，市财政局、昆明产投公司、市科技局、市工业和信息化局配合〕

（十）强化营商环境。全面贯彻落实国家、省、市关于持续深化"放管服"改革、优化营商环境的决策部署，进一步精简企业办事流程、简化办事程序，建立项目会办制度和企业包保服务机制，着力优化具有活力的创新创业环境，依托大健康产业示范区和自贸区，积极争取支持细胞产业发展的有关政策措施。〔各县（市）区人民政府、开发（度假）园区管委会、市级各部门负责〕

本措施由昆明市发展细胞产业工作领导小组办公室负责解释，适用于工商注册和税务登记均在昆明行政区域范围内的企事业单位、社会团体或民办非企业；公共信用信息服务平台内存在严重的司法及行政负面记录的企事业单位及个人除外；对发生重大安全生产事故、欠薪行为或违反环保法律法规等情况的项目及个人，停止享受有关扶持政策。本措施自发文之日起施行，执行期5年，由牵头部门负责制定实施细则组织实施，市级其他现行优惠政策与本措施内容重复或雷同的，按就高、不重复原则执行，国家、省另有规定的，从其规定。

附录

关于《昆明市高质量发展细胞产业十条措施》的政策解读

（昆明市发展细胞产业工作领导小组办公室 2020 年 10 月 29 日公布）

根据《昆明市行政机关政策文件解读工作实施办法》（昆政办〔2018〕110 号）有关要求，为保障《昆明市高质量发展细胞产业十条措施》（以下简称《胞十条》）顺利实施，让社会公众更好地知晓、理解发展细胞产业有关政策措施，扩大共识，规范政策执行，特制定本政策解读。

一、制定《胞十条》的背景及目的

随着全球范围内生物细胞技术和产业快速发展，"细胞治疗及临床转化"成为我国"十三五"健康保障发展的重大课题，相关产业也受到了广泛关注。据"2018 生物科技与转化医学国际高峰论坛"上传出的数据显示，2018 年全球干细胞市场规模已突破 1000 亿美元，预计到 2020 年全球干细胞医疗的潜在市场规模将达到为 4000 亿美元。

2017 年，国务院批准昆明成为全国三个大健康产业示范区之一，为全面贯彻落实"健康中国 2030"规划纲要和《昆明市大健康发展规划（2016—2025）》战略部署，更好地服务和融入国家"一带一路"建设，昆明市委市政府提出了基于大生态，依托大数据，结合大旅游、大文创，发展大健康的整体思路，在全国率先举起了"中国健康之城"的旗帜。

昆明发展大健康产业具有得天独厚的天时地利优势，昆明将细胞产业确定为大健康的核心技术、旗帜性产业，以细胞产业为突破口，带动大健康产业整体发展，符合国家战略定位，符合全省产业布局，符合昆明发展定位。云南在细胞治疗方面起步较早，目前已有 6 家三甲医院获得干细胞临床研究备案机构资质（且 6 家医院均在昆明市域范围内），一个干细胞临床研究项目获国家卫生健康委备案，为我市发展细胞产业提供了联合基础。干细胞属性特殊，覆盖服务区域受限，昆明可作为辐射南亚、东南亚的"三小时"服务圈核心区，为有需求的群体提供服务。

2019 年 4 月 12 日，中共昆明市委办公室、昆明市人民政府办公室印发《关于成立昆明市发展细胞产业工作领导小组的通知》（市委办〔2019〕29 号），成立昆明市发展细胞产业工作领导小组，组长由市委、市政府主要领导亲自担任，高位统筹和谋划推进全市细胞产业发展。按照市委、市政府的安排部署，为支持拥有自主知识产权或核心技术，符合市场需求和产业发展方向的细胞制剂及其衍生品研发，结合自身实际进行差异化创新，以重点突破带动整体跨越，打造细胞产业"新高地"，结合昆明市实际情况，市发展细胞产业工作领导小组办公室草拟并上报市政府常务会、市委常委会先后审议通过了《昆明市高质量发展细胞产业十条措施》。2020年10月21日，市人民政府正式印发施行《昆明市高质量发展细胞产业十条措施》，及时对外释放昆明发展细胞产业的积极信号。

二、主要内容

（一）总体要求

今后一段时间，昆明市将始终坚持以习近平新时代中国特色社会主义思想为指导，认真贯彻落实习近平总书记考察云南重要讲话精神，坚持新发展理念，引领高质量发展。立足"人民福祉、昆明作为、产研结合、行业引领"，按照"要素+资源+平台+闭环"的产业谋划思路，广泛整合全国优质科研资源，着力激发市场活力，培育市场主体，促进人才集聚，带动技术创新，倒逼政策完善，最终形成产业联动效应，打造细胞治疗新兴产业，助力昆明产业转型升级、实现经济发展新变革，形成细胞产业发展"昆明模式"。

（二）发展目标

以"一园"为承载空间，以"一院"为智库支撑，以"六中心"为基础，以"七要素"为保障，以"胞十条"为引领，营造良好的干事创业环境，释放发展活力，促进转化应用，将昆明细胞产业园打造为临床研究集聚区、人才集聚区及成果转化聚集区。力争五年内基本形成要素聚集、资源配套、产业链完整的细胞产业发展"昆明模式"，将昆明建设成为细胞治疗及医美新品首发地、新技术应用首选地、中国细胞产业核心区、世界一流细胞产业科技创新中心。

（三）主要内容

经总结，将昆明市发展细胞产业的有关政策措施内容可概括为"一园一院六中心七要素胞十条"：

"一园"即昆明细胞产业园。坐落于昆明市度假区大渔片区，滇池东岸，呈贡新区西南部，紧邻市级行政中心、国家高新技术产业开发区马金铺片区和大学城。园区占地87.19亩，五幢主体建筑总体量26.6万方。园区面向全球吸引科学家团队和企业入驻，形成集"研发—制备—存储—生产—临床—转化"为一体的细胞治疗全产业链，将建设成为细胞治疗及医美新品首发地、新技术应用首选地、中国细胞产业核心区、世界一流细胞产业科技创新中心。

"一院"即昆明细胞创新研究院。依托中国科学院相关院所和昆明高等院校，合作共建成立昆明细胞创新研究院，特聘引入的细胞项目团队骨干可招收博士、硕士研究生，加强昆明研发团队建设，为产业发展培养"昆明子弟兵"。

"六中心"即支撑昆明细胞产业发展的6大研发支撑平台，为产业发展搭建一流的开放共享公共技术服务平台。

一是检定检验中心。拟与中国食品药品检定检验研究院、中国科学院昆明动物研究所联合共建。建成具有公共技术平台和专用功能平台多检合一的联合实验室（检定检验中心）。作为第三方公正独立的纯技术机构，承担细胞制品的检验检测、质量标准等相关新方法、新技术研究职责。联合实验室定位为官方认证的第三方权威细胞及细胞制剂质量检定检验平台，推动细胞治疗健康、规范、快速发展。

二是安全评价中心。与中国医药工业研究总院、国家上海新药安全评价研究中心合作，共建细胞制品安全评价中心，开展非临床安全性评价、非临床药代动力学、生物样本分析、生物标志物测定及转化医学研究、成药性评价、非临床药效、同位素及影像学、及药物申报咨询等业务，帮助国内外客户更好地进行创新药物评价研发，吸引国内外医药研发公司到昆明开展医药研究，打通昆明与国际医药行业的更广泛的合作通道，推动国际医学创新合作。

三是临床研究中心。依托昆明市6家干细胞临床研究备案医院，共同筹建成立昆明细胞治疗临床研究中心。临床研究中心自主成立管理机构，统筹配置细胞资源和临床医疗资源，形成细胞项目+科学家团队+医院+科室+资本的方式进行细胞产品的合作开发和临床评价研究，为园区团队、项目、企业服务。

四是制备中心。与国家生化工程技术研究中心、生物反应器工程国家重点实验室合作，以工业自动化生产取代传统的人工制备细胞，为细胞的溯源管理提供有力保障。

五是大数据中心。与中国医药工业研究总院信息中心、中国医药工业信息中心合作，搭建数据库平台。建立细胞库样本的溯源信息管理系统，保障30年数据备份，并向国家卫生健康委申请，力争将该中心打造为国家医疗大数据分中心，成为行业领先标准和核心数据库。

六是存储中心。拟与国家干细胞转化资源库（同济大学）、上海原能细胞共建存储中心，将建设以政府提供平台，多方参建的具有专业性、权威性且兼具战略资源储备功能和研发应用功能的独立第三方细胞种质资源库。为国家战略需求、各研发团队、机构、公共事业提供各类型细胞存储服务的"细胞银行"。

"七要素"通过整合规划、联盟、政策等要素，构建研发—中试—应用全要素产业发展保障体系。

一是编制产业规划。根据全国细胞产业发展态势，结合昆明实际，因地制宜，高水平编制《昆明市细胞产业发展规划》，为产业发展提供路线图。

二是成立产业联盟。充分发挥龙头骨干企业和研发团队的引领带动作用，联合产业上中下游企业和相关高等院校、科研机构，组建产业联盟，通过产业链和创新链的高效对接、优化组合，促进昆明细胞产业优质、高效、规范、健康发展。

三是设立产业引导基金。政府参与设立细胞产业引导基金，积极吸引社会资本加入，促进细胞产业可持续发展。

四是组建保险基金。引入保险补偿机制，有效管控风险，保护受试者合法利益。

五是严格产业监管。组建昆明细胞产业安全监管委员会，采取飞行检查的方式对昆明全域细胞产业实施制备、存储、生产、应用全流程安全监管，净化产业发展环境。

六是出台产业政策。学习借鉴国、内外及各地支持生物医药产业尤其是细胞产业发展的政策法规，结合昆明实际，因地制宜，制定出台系列政策措施，促进昆明细胞产业高质量发展。

七是打造产业聚集区。依托细胞产业园区创新创业成果，以转化应用为核心，吸引细胞治疗和精准医疗等相关研发机构、企业落地昆明，联动高新区马金铺片区生物医药企业，提升产业发展集聚度。建设要素集中、资源配套、产业链闭合的细胞产业聚集区，形成昆明创新发展、跨越发展的新引擎新动能。

"胞十条"即《昆明市高质量发展细胞产业十条措施》，全方位服务引入项目和企业落地发展，以临床需求、研发制造、应用发展为驱动力，支持拥有自主知识产权或核心技术的项目在昆明落地。主要内容包括聚焦平台建设促进功能形成、聚焦要素培育加快产业发展、聚焦保障措施提升营商环境等三个部分共 10 条。

关于聚焦平台建设促进功能形成，包括：建设研发支撑平台、建设临床试验平台及建设创新研究平台等 3 项。鼓励联合国家级平台共建各类研发创新中心，旨在为昆明高质量发展细胞产业提供平台支撑，在昆明细胞产业园内建设以高端医疗资源为依托，以试验应用为核心的细胞治疗临床研究中心，支持建设昆明细胞创新研究院，培养和引进细胞治疗领域的青年才俊，为本地人才梯队建设提供可持续的新生力量。

关于聚焦要素培育加快产业发展，包括：设立规范标准、设立产业基金、支持临床研究、支持成果落地 4 条。旨在通过政策支持，将昆明细胞产业园打造为临床研究集聚区、人才集聚区及成果转化聚集区，促进转化应用。

关于聚焦保障措施提升营商环境，包括：强化组织领导、强化园区建设、强化营商环境 3 条。旨在营造良好的干事创业环境，释放发展活力，加大给予入驻产业园的政策支持，从而增强昆明细胞产业园的吸引力，吸引更多的科学家、企业、项目团队落地昆明细胞产业园。

三、主要特点

（一）实施全产业链、全周期支持

通过政府引导和社会化运作，建立健全政、产、学、研、医、金等紧密合作的工作机制，构建互为支撑的保障体系。从创新研发、临床试验、转化应用等细胞全产业链各环节切入，对项目全周期给予扶持。

（二）加大扶持力度

昆明市政府拿出"真金白银"彰显信心和决心。一是对按药品申报，在昆明完成

I、II、III 期临床试验阶段，最高累计可获得 3500 万元奖补；获得药品批准文号，在昆明产业化落地的，最高可获得 2000 万元奖补。二是对在昆明组建企业开展临床研究进行产业转化的，获得美国食品药品监督管理局（FDA）、欧洲药品管理局（EMEA）、日本药品医疗器械局（PMDA）、世界卫生组织（WHO）等国际先进体系认证的项目，一次性给予 100 万元奖励；三是对昆明市域范围内的医疗机构，完成细胞临床研究项目备案并在临床研究中心及其各分中心开展临床研究的项目，给予项目团队一次性 100 万元的奖励，获批备案项目的临床研究，给予临床研究成本 50% 的补助，最高 500 万。

（三）为细胞产业发展注入强劲动力

为了确保"胞十条"落地实施，市财政每年将新增 1 亿元资金专项用于政策兑现。同时，还将设立 100 亿规模的产业基金，一期由市财政出资，引导社会资本共同设立规模为 10 亿元的细胞产业引导基金，加速技术研发、成果转化、产业培育。通过专项资金扶持、产业基金支持的方式，为昆明细胞产业高质量发展注入了强劲动力。

为做好互动交流、服务企业工作及解答社会公众疑问，市发展细胞产业工作领导小组办公室将通过工作电话（电话号码：0871－63961079）及时受理企业有关服务事项，解释昆明市发展细胞产业有关政策措施。

昆明市细胞产业发展规划（2021—2035 年）

（昆明市人民政府大健康发展管理办公室 2022 年 8 月 16 日公布）

目　录

二、强化政策保障

三、加强行业监管

四、健全实施机制

五、创新体制机制

前　言

昆明自古是中国面向东南亚和南亚地区开放的重要门户城市，也是国务院批复的"国家西部地区重要的中心城市"。随着国家"一带一路"、长江经济带、新时代推进西部大开发战略的不断深入实施，昆明战略地位愈发突出。新时期下，昆明更加积极服务和融入国家发展战略，将区位和资源势能转变为发展动能，以昆明为主中心的滇中城市群正成为引领支撑我国西南向全球战略布局纵深推进的重要力量。

当前，全球大健康产业继续保持蓬勃发展态势，干细胞、免疫细胞等细胞治疗技术快速发展，作为引领生物医药的前沿领域已成为发达国家关注和发展的重点。我国细胞产业在全球处于"并跑"地位，是赶超国际、重点发力的新领域。昆明细胞产业起步较早，区位和资源优势突出，细胞产业将为昆明提升"国际大健康名城"品牌魅力、推进区域性国际中心城市建设的重要抓手。

规划编制主要依据《"健康中国 2030"规划纲要》、《促进健康产业高质量发展行动纲要（2019—2022 年）》（发改社会〔2019〕1427 号）、《"十四五"生物经济发展规划》（发改高技〔2021〕1850 号）、《云南省人民政府关于加快生物医药产业高质量发展的若干意见》（云政发〔2019〕26 号）、《昆明市大健康产业发展规划（2019—2030 年）》（昆政发〔2019〕39 号）、《昆明市高质量发展细胞产业十条措施》（昆政办〔2020〕48 号）、《云南省国民经济和社会发展第十四个五年规划和二〇三五年远景目标纲要》、《昆明市国民经济和社会发展第十四个五年规划和二〇三五年远景目标纲要》等有关重要文件。

第一章　昆明细胞产业发展规划背景

一、细胞治疗引领大健康产业发展

全球健康产业处于快速发展期，新技术和新产品不断涌现，以细胞治疗为代表的前沿技术在肿瘤、组织再生、抗衰老等多个疾病治疗领域取得了重大进展。作为生物医药产业最具发展潜力的领域之一，国家出台了系列政策推动细胞产业发展。国家重点研发计划也已连续多年开展干细胞相关研究专项，为落实"十四五"期间国家科技创新有关部署，2021 年国家重点研发计划继续启动实施"干细胞研究与器官修复"重点专项。

云南以加速细胞产业发展为重要抓手，全力推动大健康全产业链发展。《云南省人民政府关于加快生物医药产业高质量发展的若干意见》（云政发〔2019〕26号）提出，积极发展以干细胞为重点的细胞治疗产品。2020年，云南省推进细胞产业发展联席会议制度建立，为进一步强化部门间协调配合，加快推进全省细胞产业发展提供强有力的组织保障。

二、细胞产业成为昆明的战略选择

昆明紧紧围绕省委、省政府战略部署，将发展大健康产业作为全市建设"国际大健康名城"的根本动力。2021年昆明市大健康产业增加值占全市GDP的12.62%，大健康产业已成为昆明的支柱性产业和新增长极。

"十四五"期间，科技创新成为我国开启全面建设社会主义现代化国家新征程的关键力量，细胞治疗作为高速发展的前沿科技产业，契合新时代对高质量发展的要求，成为区域增长的新引擎。昆明将细胞产业确定为大健康的核心技术、旗帜性产业，以细胞产业为突破口，带动大健康产业整体发展，符合国家战略定位，符合全省产业布局，符合昆明发展定位。

三、昆明举全市之力发展细胞产业

昆明在细胞治疗方面起步较早，产业基础优势明显。《昆明市大健康产业发展规划（2019—2030年）》提出，将举全市之力打造干细胞和再生医学集群，使之成为昆明大健康产业的标志性亮点。2019年4月，昆明市发展细胞产业工作领导小组成立，市委、市政府主要领导亲自担任组长，高位统筹和谋划推进全市细胞产业发展；2020年10月，昆明细胞产业园揭牌开园；2021年3月，《昆明高新区细胞产业集群创新发展若干政策》提出以"昆明高新区细胞产业集群创新园"为核心区和主要聚集区，着力推动细胞产业集群发展；2021年9月，《昆明滇池国家旅游度假区支持细胞产业高质量发展措施（试行）》及其实施细则发布，明确提出"加快构建以细胞治疗、再生医学、精准医疗以及医美等研发应用领域为重点的生命健康产业体系，全面推动度假区大健康产业实现整体跨越发展"。

第二章　昆明细胞产业发展环境和潜力

一、细胞产业发展迈入新阶段

全球生命科学与生物医药产业蓬勃发展。抢占生物产业制高点已经成为各国提高国际竞争力、掌握发展主动权的重大战略，细胞产业作为全球新一轮生物技术变革的重要领域，成为各国重点发展的领域。

（一）细胞治疗呈现广阔市场前景

细胞治疗主要包括干细胞治疗和免疫细胞治疗。目前干细胞治疗技术正处于从临床研究向临床应用的过渡阶段，市场潜力巨大。全球已经有 20 余款干细胞产品获批上市，分布于美国、欧盟、韩国、加拿大、澳大利亚和日本等地，未来几年内全球范围将有更多干细胞药物获批上市。免疫细胞治疗作为极具潜力的肿瘤治疗手段而备受关注，以辉瑞、诺和诺德、梯瓦制药、拜耳等为代表的跨国制药企业正积极布局相关领域，市场竞争异常激烈。最早上市的两款药物分别是诺华（Novartis）的 Kymriah 和凯特药业（Kite）的 Yescarta，2020 年全球销售额分别高达 4.74 亿美元和 5.63 亿美元。目前全球已上市 6 款 CAR-T（嵌合抗原受体 T 细胞）细胞疗法产品，我国也已上市 2 款。

（二）政策引导细胞产业发展升温

近年来，国家频发政策支持细胞产业的发展。免疫细胞和干细胞等细胞治疗产品是《医药工业发展规划指南》中列明的重点发展领域，也是国家早在"十三五"规划中明确支持发展的领域。国务院在《"十三五"国家战略性新兴产业发展规划》中提出要开发细胞治疗生物制品和制剂，推动生物医药行业跨越升级；国家发改委《"十三五"生物产业发展规划》和《战略性新兴产业重点产品和服务指导目录》，提出支持细胞治疗等新兴生物产业的发展；科技部等六部委联合发布的《"十三五"卫生与健康科技创新专项规划》要求加强干细胞、免疫细胞治疗等关键技术研究，加快生物治疗技术的临床应用，提高临床救治水平。此外，《产业结构调整目录》作为行业发展的风向标，2019 年版中首次将细胞治疗药物、基因治疗药物增加进鼓励类目录，标志着我国细胞治疗步入产业化阶段。

细胞的监管模式逐渐明朗。国家卫健委鼓励和支持干细胞、免疫细胞制品的临床研究、转化和产业发展，细胞制剂又具有明显的药品属性，国家药品监管部门已经为相关制剂审评审批制定配套政策，审批后可以迅速上市应用（见表 1）。《细胞治疗产品研究与评价技术指导原则（试行）》的颁布，明确了按照药品进行研发与注册申报的人体来源的活细胞产品的研发细则，细胞治疗的时代即将到来。

表 1　近期国家出台细胞产业相关政策

发布日期	部门	文件
2020-08-24	CDE	《人源性干细胞及其衍生细胞治疗产品临床试验技术指导原则（征求意见稿）》
2020-09-30	CDE	《免疫细胞治疗产品药学研究与评价技术指导原则（征求意见稿）》
2020-12-31	卫健委	《关于脐带血造血干细胞库设置审批有关事宜的通知》
2021-02-10	CDE	《免疫细胞治疗产品临床试验技术指导原则（试行）》
2021-02-23	CDE	关于公开征求《基因修饰细胞治疗产品非临床研究与评价技术指导原则》（试行）意见的通知
2021-05-10	科技部	"干细胞研究与器官修复"重点专项 2021 年度项目申报指南
2021-12-20	发改委	"十四五"生物经济发展规划

（三）健康中国驱动下的产业升级

《中共中央关于制定国民经济和社会发展第十四个五年规划和二〇三五年远景目标的建议》提出：要把保障人民健康放在优先发展的战略位置，全面推进健康中国建设。随着生活水平的逐步提高，人民对健康服务的需求逐步增加，在政策支持下，中国大健康产业市场前景广阔。随着我国人口结构不断变化，人口老龄化趋势明显，疾病谱不断变化，慢病、重病发病率显著增加，严重加剧了社会整体负担，临床上对新治疗手段需求激增。人民的健康意识在疫情后进一步提升，对生物医药和健康服务的需求日益增加，医药行业和健康服务业潜力有望进一步释放。

二、昆明细胞产业发展禀赋

（一）区位发展优势显著

昆明作为云南省省会，是全省政治、经济、文化、医疗、教育中心，聚集有全省90%以上的科研院所和高等院校、75%以上的高新技术企业和70%以上的科研人员。此外，昆明市作为西南区域经济一体化中心、"一带一路"节点城市，其交通发达，影响力辐射范围广，特别是托管西双版纳傣族自治州勐腊县磨憨镇共建国际口岸城市后，独特的区位优势让昆明能够触及广阔海外市场，能够为有需求的消费群体提供服务。

（二）区域资源禀赋独特

云南省优质动植物资源丰富，素有"植物王国""动物王国"美誉。昆明动物研究所灵长类实验动物中心和昆明理工大学非人灵长类生物医学国家重点实验室作为我国灵长类生物学研究实力最强的单位，长期从事灵长类动物模型相关的基础研究，取得了国际公认的成绩。其次，云南拥有全国63%的高等植物、70%的中药材，天然药物资源居全国之首。中国科学院昆明植物研究所在植物干细胞研究领域成果显著，建有植物化学与西部植物资源持续利用国家重点实验室等。

同时，昆明作为云南省省会和唯一特大城市，经济集中度、产业支撑度、社会集聚度都很高，独特的健康资源禀赋和城市优势，为昆明发展运动医学、医疗美容等细胞外延产业提供了良好的基础。昆明文旅不断朝着"健康"方向发展，依托高原立体气候优势和生态环境优势，培育高原特色体育运动产业，培育和打造一批大型精品赛事，利用上合昆明马拉松、昆明环滇池自行车邀请赛、昆明滇池国际龙舟争霸赛等国际大型赛事扩大体育旅游辐射面和影响力，培育更多新的健康出游方式，打造"昆明旅游更健康"特色文旅品牌，使昆明成为具有国际影响力的"健康旅游"目的地。

（三）产业基础成型成势

昆明高位推进细胞产业发展。2019年，昆明市成立细胞产业发展领导小组，明确了以细胞产业为突破口带动大健康产业发展的战略布局。

昆明拥有丰富的细胞产业发展基础。一是研究基础雄厚，拥有中国科学院、中国医学科学院、昆明理工大学、昆明医科大学等科研机构。"十三五"期间，昆明承担了3个"干细胞及转化研究"国家重点研发计划专项任务（见表2）。二是临床资源充足，拥有21家三甲医院，其中6家获得干细胞临床研究备案资质，干细胞临床研究备案机构数量处于全国第二梯队，有2个干细胞临床研究项目获国家卫健委项目备案（见表3）。三是产业落地较早，已有多家国家批准的脐带血库和多家国内知名的细胞储存企业落户昆明。昆明细胞产业园和昆明高新区细胞产业集群创新园聚集多家细胞行业相关企业，空间承载力充足。

昆明高新区细胞产业已初具规模，业务涵盖储存、制备、研发、检测等领域。昆明市高新区为细胞产业聚集搭建了"三中心两平台一基地"专业载体平台，即"细胞质量检测、细胞储存、细胞制备"三个共享科创中心，"技术转移转化和创业创新"两大服务平台，以及"细胞科普教育基地"。截至2021年注册及办公在昆明高新区的细胞及关联企业共38家，2020年实现总产值6.14亿元，税收2152万元。总体来看，昆明高新区是目前云南省细胞类企业最为集中的园区，而这种聚集效应极大地推动了昆明市细胞产业的发展。

表2　2016—2020年干细胞及转化研究重点专项昆明市拟立项项目

项目编号	项目名称	项目牵头承担单位
2016YFA0101400	靶向基因编辑建立神经系统疾病猴模型及干细胞治疗研究	昆明理工大学
2019YFA0110700	异种移植用人源化基因编辑供体猪的构建及临床前研究	云南农业大学
2020YFA0112300	上皮间质相互转换在乳腺（癌）干细胞中的功能、分子机制和应用研究	中国科学院昆明动物研究所

表3　昆明市干细胞临床研究备案机构及备案项目

序号	备案机构	备案项目
1	昆明市第一人民医院	/
2	昆明市延安医院	脐带间充质干细胞治疗糖尿病肾病
3	云南省肿瘤医院	胎盘间充质干细胞凝胶治疗放射性皮肤损伤临床研究
4	昆明医科大学第一附属医院	/
5	昆明医科大学第二附属医院	/
6	云南省第一人民医院	/

注：不包括军队医院干细胞临床研究备案机构

三、昆明细胞产业发展外部挑战

(一) 产业标准监管尚未健全

细胞治疗作为新兴产业,注册法规和标准体系是其发展和产业化落地的关键因素,是实现产业良性可持续发展的基本保障。国家从 2003 年便开始积极探索填补细胞治疗产业法规和标准层面的空白,界定细胞治疗范围和各相关方权利义务,并推动法律和相关配套文件出台,规范临床研究和应用行为,完善产品技术标准和质量体系。而各地方政府积极探索先行先试,推动产业向前发展,但整体上,新兴产业发展是一项系统性的工程,需要协调各方利益,涉及人才激励、资金投入、市场监管等各方面工作。鉴于细胞产业在临床应用监管、技术规范、标准化建设等方面仍存在不确定性和进一步探索的空间,这些都考验着地方产业政策制订者的智慧与担当。虽然一些挑战可以在法律框架下,通过市场化的方式解决,但规则的设计必须由政府部门统筹管理,在国家法律体系下,地方政府可以在标准制定、伦理审查、临床研究等环节,前瞻引导创新项目孵化、创新成果转化与创新成果应用。

(二) 产业竞争格局初步显现

近年来,细胞治疗在某些疾病的治疗上取得了重大突破,不仅对医药企业格局产生影响,同时也开启区域产业格局和竞争力调整的契机。相关企业数量不断增加,区域性集群模式的竞争格局已经初具雏形,从全国范围看,长三角、京津冀、珠三角区域已经走在发展前列。

长三角集群中上海、南京、苏州、常州等地纷纷布局细胞产业。上海张江细胞产业园依托张江科学城、上海国际医学园区的资源优势,已集聚细胞相关企业超过 80 家,包括以张江生物银行、原能细胞为代表的细胞储存企业,以诺华、复星凯特、药明巨诺、恒润达生、君实生物、西比曼、丹瑞生物等为代表的细胞研发企业。南京中国细胞谷依托南京医科大学国家重点实验室,由科研创新团队、执行核心团队和南京江北新区生物医药谷共同组建了江苏省细胞工程研究院,目前该研究院已经正式投入运营。

多个省市通过出台政策探索细胞产业先行先试(见表 4)。如天津市滨海新区印发《2021 年 "滨海新区细胞产业技术创新行动方案" 工作要点》,进一步推进滨海新区细胞产业创新发展。杭州市萧山区《中国(浙江)自由贸易试验区杭州片区萧山区块建设方案》提出探索细胞和基因治疗的先行先试。《深圳经济特区细胞和基因产业促进条例(征求意见稿)》发布,深圳市将充分发挥政府投资基金对产业发展的支持作用,引导社会资金投向细胞和基因产业,推动产品研发、成果转化等重点环节的进展,其中,"探索为细胞和基因企业提供知识产权质押融资、知识产权保险等知识产权金融服务,开发知识产权证券化融资产品",对于早期创业团队具有重要意义。

此外，各地通过加强合作或举办会议集聚人才和项目资源。如大连自贸片区与大连医科大学签订框架协议，在大连自贸片区共建"大连基因细胞治疗先行示范区"。上海张江（集团）有限公司和中国细胞生物学学会细胞治疗研究与应用分会联合主办了"2021 张江细胞产业国际峰会中国细胞治疗第二届年会"。

表4　近期各地方推进细胞产业发展举措

时间	举措	地区
2021 年 2 月	杭州市萧山区印发《中国（浙江）自由贸易试验区杭州片区萧山区块建设方案》，重点争取对细胞治疗和基因治疗临床和商业化审批权限的开放，探索建立细胞与基因治疗药物申报、检测过程中的绿色通道	杭州
2021 年 3 月	《昆明高新区细胞产业集群创新发展若干政策》正式发布，并成立了昆明高新区细胞产业联盟	昆明
2021 年 4 月	天津市滨海新区科技局印发《2021 年"滨海新区细胞产业技术创新行动方案"工作要点》，进一步推进滨海新区细胞产业创新发展	天津
2021 年 4 月	大连自贸片区与大连医科大学签订框架协议，在大连自贸片区共建"大连基因细胞治疗先行示范区"。	大连
2021 年 4 月	天津自贸区拟推动中低风险细胞治疗产品，以医疗技术准入，开展临床应用。已起草完成《关于在天津自贸区开展细胞治疗先行先试的报告》，并上报国家商务部。	天津
2021 年 6 月	"2021 张江细胞产业国际峰会　中国细胞治疗第二届年会"在张江科学城举办	上海
2021 年 6 月	深圳市人大常委会主持召开《深圳经济特区细胞和基因产业促进条例》立法座谈会	深圳

（三）技术和供应链依赖风险

技术方面，当前细胞治疗效果有限、细胞治疗产品风险性高，存在评价手段与方法相对滞后、罕见病评价中的偏倚、小样本量试验结果的偶然性、规模化生产困难、临床操作复杂程度高等问题。同时，当前火热的 CAR-T 细胞疗法虽显示出传统肿瘤治疗手段难以达到的治疗效果，但该疗法的治疗效果仍存在诸多局限性，如难以突破实体瘤免疫微环境抑制，血液肿瘤可能复发等。供应链方面，细胞治疗产品研发及生产必需的关键试剂耗材、仪器、设备较大程度依赖进口，受国际贸易和政治环境影响较大，存在供应链不稳定风险。

四、昆明细胞产业的优势与不足

从昆明自身资源禀赋来看，昆明细胞产业具备三大发展优势：一是区位优势独特。昆明市作为西南区域经济一体化中心、"一带一路"节点城市，交通发达，影响力辐射范围广，未来，细胞产业需面向广阔的海外市场，为国内外有需求的消费群体提供服务；二是科研能力扎实。昆明市拥有中国科学院、中国医学科学院、昆明理工大学、昆明医科大学等一批国内领先的科研机构以及多个具有国际影响力的研究团队，能够为昆明市发展细胞产业提供足够的知识支撑；三是临床资源丰富。昆明市拥有 21 家三甲医院，6 家获得干细胞临床研究备案资质，其核心团队在细胞治疗领域临床经验丰富，在免疫细胞和干细胞治疗领域有一定数量待转化的优质项目，可以作为关键项目，支撑昆明细胞产业发展。

但是，昆明细胞产业发展仍然面临一些制约因素，主要分为三个层面。人才层面，作为知识密集型产业，细胞产业对人才的需求是巨大的，昆明现有的细胞产业人才无法支撑其面向未来的发展，主要体现在人才数量和人才属性上。就人才数量而言，现有高层次人才数不足百人，就人才属性而言，现有高层次人才主要分布在科研院所和医疗机构，以科研型专家为主，而创业或产业型人才明显不足。昆明市亟需引进更多的创业和产业人才，并优化体制机制，完善产业配套，支持本市科研型专家创新创业。临床层面，临床资源未能有效统筹、临床项目未得到有效管理，需进一步统筹临床研究经费，由市内已获得干细胞临床研究备案资质的机构共同成立中心化组织，统筹临床伦理审查、临床试验管理，推动临床试验水平接轨国际。产业层面，昆明市现有细胞产业相关企业的业务主要集中在储存领域，细胞库优势明显，但细胞治疗药物的研发和制造环节薄弱，缺少龙头企业与创新企业，无法实现产业快速发展。尤为突出的是，以转化项目为目的的创新型小微企业无法得到有效孵化与资金支持，缺少必要的第三方服务配套和融资渠道成为当前限制产业发展的重要因素。

五、昆明细胞产业发展思路

充分发挥昆明在临床资源和产业资源方面的优势，补足产业发展短板，做好产业风险管理工作，以项目落地为抓手实现产业快速突破；做好"强链、补链、延链"工作，健全完善昆明细胞产业链，确保供应链稳定可控，提升昆明细胞产业影响力，加强昆明细胞产业综合竞争力。从以下四方面推动昆明细胞产业发展：

（一）立足昆明临床优势，推动本地项目转化

以推动昆明本地细胞治疗项目开展临床研究和产业化为突破口，开发潜力临床研究项目，并给予相应支持，推动一批具有昆明自主知识产权的细胞治疗临床研究成果顺利落地。

（二）优化关键要素配置，提升创新策源能力

开展招才引智工程，通过"人才双聘""柔性飞地"等创新人才政策，吸引优秀科研型和产业型人才来昆明创业；完善创新激励机制，激发昆明细胞产业创新活力，鼓励昆明科研型人才创业，实现科研项目产业化。

统筹配置细胞资源和临床医疗资源，建立完善的伦理和技术管理制度，完善细胞

治疗临床试验相关标准；经费方面，成立市级专项基金，支持临床研究。

（三）发挥平台支撑效应，推动产业化进程

依托研发支撑平台在检定检验、安全评价、细胞储存和细胞制备方面提供的便捷服务，吸引全球科学家团队、创新型中小微企业入驻昆明，进一步强化昆明在新药研发领域的综合竞争力；在此基础上，吸引国内外医药制造企业落地，进一步强化昆明在药品制造领域的实力，并逐步打通从储存、研发、制备、运输、治疗到装备为一体的细胞全产业链，建立多层次企业梯队。

（四）完善产业支撑生态，实现跨域式发展

依托产业服务平台在外包服务、知识产权、产业交流方面的资源，为创新型企业提供生产配套服务和市场咨询服务，帮助企业迅速成长，并鼓励成熟企业向产业外延发展，实现多元化融合发展。

搭建金融服务体系，积极拓展产业融资渠道，通过政府引导基金撬动社会资本，并将社会资本定义为昆明产业发展的"合伙人"，以解决产业融资需求，并提升细胞产业高端人才、重点项目和关键资源的获取能力。

第三章　昆明细胞产业发展总体要求

一、指导思想

坚持以习近平新时代中国特色社会主义思想为指导，深入贯彻落实习近平总书记考察云南重要讲话精神，认真贯彻落实"健康中国2030"战略和云南省全力打造世界一流"三张牌"重大决策；坚定不移贯彻新发展理念，坚持稳中求进工作总基调，以推动高质量发展为主题，以深化供给侧结构性改革为主线，以改革创新为根本动力，全面融入以国内大循环为主体、国内国际双循环相互促进的新发展格局；昆明将细胞产业确定为大健康的核心技术、旗帜性产业，以细胞产业为突破门，带动大健康产业整体发展，发挥细胞产业对区域发展的带动效应，广泛整合全国优质科研资源，着力激发市场活力，培育市场主体，促进人才集聚，带动技术创新，促进政策完善，打造细胞治疗新兴产业，助力昆明产业转型升级、实现经济发展新变革，形成细胞产业发展"昆明模式"。

二、发展定位

将昆明建设成为细胞治疗及医美新品首发地、新技术应用首选地、中国细胞产业核心区、世界一流细胞产业科技创新中心。

三、规划目标

（一）近期目标：2021—2025 年为重点推进阶段

优化政策环境：优化细胞产业政策，不断完善行业准入标准，明确相关责任认定，探索关键政策"先行先试"。

加快产业集群形成：细胞产业在园区实现聚集发展并初具规模，园区功能满足产业发展需求，实现引进团队 15 个以上，引进及培育 3 家以上以细胞及泛细胞产品为主的国内知名企业；医美品牌集聚并实现产值 30 亿以上；细胞衍生品产值达 6 亿元以上。

以临床技术研发为突破口：发挥临床研究中心的产业应用价值，推动一批拥有昆明本土知识产权的细胞产品成功落地。推动国际国内重点团队、重点项目在昆明落地。力争"十四五"期间，新增 10-15 个备案项目；力争 2 个以上项目进入临床三期。实现 2 家以上公司上市。

发挥产业基金支撑作用：以昆明市细胞产业发展基金为杠杆，撬动 VC/PE 和社会长期资本，以"合伙人"的形式共同推进昆明细胞产业发展，力争"十四五"期间实现细胞产业相关基金规模总额翻倍。

探索昆明细胞产业发展模式：聚焦一到两个细分领域探索适合昆明市的细胞产品发展模式，总结成功发展经验，力争在"十四五"期间初步形成适合昆明市细胞产业发展的模式。

（二）中期目标：2026—2030 年为优化发展阶段

优化产业链结构：打通细胞研发、生产、流通、临床应用等各个环节，通过招商培育，在各环节打造 1-2 家龙头企业，5 家以上瞪羚企业。

促进细胞产品临床应用：支持公立医院提升临床技术和科研能力，新增 1-2 家干细胞临床研究双备案医疗机构，新增 1-2 家具有细胞治疗产品临床试验承接能力的医疗机构。

融合大健康产业：推动医美产品自有化，培育 1-2 家高端医美机构或美容整形医院，打造云南高端医美名片；鼓励细胞产业与文旅结合，发展细胞赋能产业。

（三）远期目标：2031—2035 年为全面发展阶段

促进细胞产业资源集聚：成为亚太地区细胞治疗、医美中心的供需对接平台，顺势打通全产业链资源。

打造细胞产业全链条：发挥细胞产业创新和积极的带动作用，全方位打造从储存、研发、生产、运输、治疗到装备为一体成熟的细胞全产业链，实现临床需求、研发制造、应用发展的紧密联动，成为立足西南、面向全国、辐射南亚东南亚的研发转化中心，创业创新平台和一流细胞产业科技创新中心与技术策源地。将昆明打造为细胞治疗及医美新品首发地、新技术应用首选地、中国细胞产业核心区、世界一流细胞产业科技创新中心。

完善昆明细胞产业发展模式：完善昆明市细胞产业发展模式，形成完整的产业发展方法，实现产业发展模式可复制、可推广。

第四章　昆明细胞产业发展布局和路径

一、区域布局

昆明以细胞产业为抓手，围绕昆明市大健康产业发展战略目标和发展方向，实现细胞产业与医疗服务、健康产品、健康管理、健康养老、健身体育、健康旅游、智慧健康七大重点领域的深度融合，构建产业全覆盖、健康全过程、生命全周期的大健康产业体系。昆明形成以细胞产业园和高新技术开发区为主体的空间布局，以此为载体，汇聚众多产业优质资源和高端项目。

（一）昆明细胞产业园

坐落在滇池国家旅游度假区大渔片区的细胞产业园，占地面积为87.19亩。园区联合多个国家级平台，按照"一园一院六中心七要素胞十条"的发展格局，打造政产学医研、上中下游全产业链集聚新高地，实现临床需求、研发制造、应用发展的紧密联动。园区以立足西南，面向全国，辐射南亚、东南亚大健康产业创业、创新为引领，以"细胞项目+医院科室+科学家团队+资本"的运作模式，形成集"研发—制备—储存—生产—临床"为一体的细胞治疗全产业链，将建设成为细胞治疗及医美新品首发地、新技术应用首选地、中国细胞产业核心区、世界一流细胞产业科技创新中心。

（二）昆明高新区细胞产业集群创新园

高新技术开发区作为国务院批准成立的云南省首个国家级高新技术产业开发区，被科技部确定为全国首批"建设国家创新型特色园区"试点园区。园区大力发展高新技术产业，持续提升创新能力，积极推进发展方式转变，以园区企业为依托，在细胞检测、细胞储存、细胞制备等环节实现突破。2021年3月，《昆明高新区细胞产业集群创新发展若干政策》正式发布，为促进细胞产业高质量发展带来利好。并成立了昆明高新区细胞产业联盟，支持细胞产业联盟创新发展。

二、发展路径

结合国内细胞产业监管体系和昆明细胞产业的资源情况，昆明采取双路径并行策略发展细胞产业，即从"临床技术路径"出发，积累资源，逐步过渡到"新药研究路径"，最终打通全产业链。首先依托昆明市临床备案机构数量优势，以产业政策为引导，集中力量发展临床技术，确保一批拥有昆明本土知识产权的细胞产品成功落地。同时引进已上市或临床在研产品，丰富昆明市细胞治疗方案，通过临床技术加药品的组合为患者提供细胞治疗一体化解决方案，再进一步汇集全球优质研发资源，搭建研发、生产、销售平台，逐步打通强化产业链，并逐步向产业链外延延伸。发展路径如下：

（一）近期：重点推进

落实创新研究院建设工作，以创新研究院为主体，以市场化方式推动优质项目的产业化进程，加快以公司为主体的项目推进工作，培育一批以上市为目的的优质企业。

落实临床研究中心建设工作，完善区域伦理审查体系的建设，推动重点团队、项目落地昆明。发展方向上聚焦临床价值，完善针对细胞治疗的管理机制和体系，建立跨科室专家组，实现核心临床治疗技术抢跑、领跑，以临床技术（疾病治疗、医美应用）为行业突破点，打通临床应用环节和支付环节，实现临床技术在多病种上的突破。

营造创新环境，通过制度创新，为优质项目提供保障。完善人才的"选育留"制度、激励机制，充分释放优质人才的创新能量；建立健全市场化的成果转化机制，激发产业活力；发挥产业引导基金的作用，为优质项目产业化提供足够资金支持。

（二）中期：优化发展

加快研发支撑平台的建设工作，为昆明市发展细胞产业提供坚实的基础设施保障，结合昆明特有的资源优势，加速布局细胞制品的检定检验、安全评价和制备等产业关键环节的基础设施；提前布局医疗数据领域，落实大数据中心建设工作，收集整个产业链中有价值的数据，结合人工智能，赋能产业升级。打造产业闭环，依托创新研究院引进孵化的项目，借助临床研究中心、产业支撑平台，培养一批具有上市潜力的本地企业，以上市公司作为杠杆，撬动整个市场资源，使昆明实现产业发展正循环。发挥上市企业在创新领域的影响带动作用，逐渐形成多极，丰富的产业生态。

强化临床优势，依托临床研究中心积累的优势，吸引多款在研/上市药品（或企业）在昆明开展临床研究和治疗应用，丰富细胞治疗方案，使昆明成为亚太地区细胞治疗集中地；继续增强昆明细胞产业临床研究创新能力和承载能力。围绕大健康产业，实现多应用场景的应用突破（医疗美容、运动康复等）。

提升产业影响力，以产业交流平台为媒介，加强与各方交流，为产业发展提供持续动力；依托储存中心，提升昆明细胞储存业务影响力，覆盖中国西南地区及东南亚市场，打造具有区域影响力的"健康银行"。

（三）远期：全面发展

吸引全球细胞产业创新资源。凭借人工智能、大数据技术分析已积累的临床数据，赋能新药开发，再结合丰富细胞资源和大量个性化治疗需求，吸引国际顶尖研发机构入驻，整体提升昆明细胞产业研发实力。

吸引全球细胞产业生产资源。依托创新策源地，市场优势，搭建细胞制品生产基地，开展细胞治疗产品的生产，打造产业集群，并布局外延产业，实现内外延拓展（包括医疗美容、药品、器械、技术的应用），发挥细胞产业创新活跃程度高、交叉融合渗透范围广、影响带动作用强的特点，将昆明打造为细胞治疗及医美新产品首发地、新技术应用首选地。

第五章　昆明细胞产业发展重点任务

一、搭建平台体系，打通产业链条

（一）建设研发支撑平台

依托研发支撑平台打通产业化关键环节，提供科研合作、成果转化、人才支撑、基础设施等公共服务，突破项目的产业化壁垒，实现产业加速升级。平台建设工作由市科技局、市市场监管局、市工业和信息化局、市细胞公司等相关单位牵头，由市细胞公司牵头负责具体实施与运营，涉及核心团队人选、政策支持、经费概算等具体需求事项，按程序报批同意后开展相关工作。

检定检验中心。由市市场监管局牵头，对接第三方在昆明联合共建检定检验分中心，作为第三方公正独立的纯技术机构，承担细胞制品的检验检测、质量标准等相关新方法、新技术研究职责。

专栏：检定检验中心建设方案
第一阶段：由市市场监管局牵头，建立与相关检定研究院的快速沟通（检测）通道，为深化合作做准备。
第二阶段：由市市场监管局牵头，结合昆明细胞创新研究院和昆明细胞治疗临床研究中心的技术资源，以技术合作的方式与相关检定研究院合作，在昆明共建区域检定检验分中心。

安全评价中心。成立安全评价中心，提升昆明在临床前安全、药效、制剂研究等方面的服务能力。开展非临床安全性评价、非临床药代动力学、生物样本分析、生物标志物测定及转化医学研究、成药性评价、非临床药效、同位素及影像学、药物申报咨询等业务，帮助国内外客户更好地进行创新药物评价研发，吸引国内外医药研发公司到昆明开展医药研究，打通昆明与国际医药行业的更广泛合作通道，推动国际医学创新合作，提升昆明在细胞产业领域内的号召力和影响力。

专栏：安全评价中心建设方案

第一阶段：由市科技局牵头，对接国内外优质资源成立安全评价中心，公司化运作，由市细胞公司与联合成立安全评价中心的平台或企业共同负责运营管理。

第二阶段：积极开展创新药物评价研发，针对细胞治疗定制化的特点设计合理的非临床实验方案，发挥昆明试验动物资源优势，不断强化昆明在动物模型研究和应用领域的优势，并在人源化动物、类器官、器官芯片等领域实现新突破。

加强与国内外医药研发公司合作，打通昆明与国际医药行业的合作通道，推动国际医学创新合作，提升昆明在细胞产业领域内的号召力和影响力。

临床研究中心。由市卫生健康委牵头，依托昆明市内有细胞治疗临床研究资质的医疗机构，共同筹建昆明细胞治疗临床研究中心，作为昆明细胞产业突破的"主阵地"，承担细胞治疗相关基础技术研究和临床研究的任务。在管理方式上，建议临床研究中心自主成立管理机构，统筹配置细胞资源和临床医疗资源。临床研究中心下设伦理委员会，统筹管理多中心临床试验，并推动完善细胞治疗临床试验相关标准。

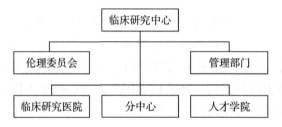

其主要职责包括以下：

一是搭建高水平伦理审查体系，推动伦理审查机制的完善，前瞻性地对昆明市内开展的细胞治疗相关临床研究进行伦理审查，保护受试者和研究者权利，促使产业形成良性循环，推进不同监管部门对伦理审查形成共识。

二是完善细胞治疗临床试验管理体系，参考国内外细胞治疗领域相关行业标准，完善研究、应用相关的技术标准和管理流程，确保细胞治疗产品安全、有效、质量可控，完善试验和应用阶段参与者的保护制度，积极与监管部门协调达成共识。

三是推动临床试验水平国际化，承接国内外细胞治疗临床研究项目，为新药研发提供技术支撑，建设功能完善、设施先进、符合标准的国际化、专业化、智能化研究型病房。

四是人才引进和培养，以昆明医科大学及昆明干细胞临床研究备案机构为主体，设立专门学院及硕士、博士站点共同培养临床人才，实现细胞产业人才本地化培养。

<table>
<tr><th colspan="1">专栏：临床研究中心建设方案</th></tr>
<tr><td>

第一阶段（2022—2023年）：成立昆明市细胞治疗临床研究中心，梳理昆明市细胞治疗临床资源现状，针对核心环节（基础设施、资质、人才等方面）查缺补漏，建立动态资源调配体系。由昆明市协助省级成立由多学科专家组成的细胞伦理审查委员会，拟定细胞伦理审查标准，对拟申请临床研究的项目进行审查，推动区域内细胞研究伦理审查规范化，严控伦理安全。

依托昆明市内有细胞治疗临床研究资质的医疗机构，在昆明市有关细胞产业园区内成立专门的临床研究医院，建立管理制度（人事制度、项目管理制度、风险管理制度、经费管理制度等），开设细胞治疗临床研究病区，以及实验室和配置设备，成为临床研究和转化应用为一体的区域性细胞治疗临床研究机构。在昆明市内形成"一个核心，多个分中心"的临床试验网络，"一个核心"即细胞产业临床研究医院，"多个分中心"即昆明市内拥有细胞治疗临床研究资质的医疗机构。

第二阶段（2024—2028年）：结合临床研究中心自身的研发优势以及创新研究院的项目资源优势，在疾病治疗、医疗美容、运动医学、再生医学等领域实现应用突破。与国内多家医疗机构合作开展细胞治疗的临床研究和应用，扩大产业影响力。与制药企业合作，引进已上市的细胞治疗产品，扩大病种覆盖范围。

推进细胞治疗相关医疗服务规范的制定和出台，完成产业化关键一步。制定详细的项目合作模式，协调各参与方的利益诉求，建立利于产业长期发展的合作方式。
</td></tr>
</table>

制备中心。由市科技局牵头，建设细胞制备中心。开展多种来源的细胞采集与制备，实现细胞制备标准化和规范化。

<table>
<tr><th colspan="1">专栏：制备中心建设方案</th></tr>
<tr><td>

第一阶段：由市科技局牵头，成立细胞制备中心，市细胞公司与联合成立细胞制备中心的平台或企业共同负责运营管理。

第二阶段：完善细胞制品从原材料、制备工艺、质量管理、稳定性等相关标准并与国内、国际标准接轨。实现细胞制品标准化、自动化、智能化、规模化的生产加工和制备扩增。引进或自研新型制剂平台与关键技术，提升细胞制剂工艺水平。
</td></tr>
</table>

大数据中心。由市卫生健康委、工业和信息化局共同牵头搭建数据库平台。建立细胞库样本的溯源信息管理系统，成为行业领先的核心数据库。

<table>
<tr><th colspan="1">专栏：大数据中心建设方案</th></tr>
<tr><td>

第一阶段：确认细胞储存中心、制备中心、临床研究中心等细胞产业机构的数据需求，制定数据规划，确定建设方案和运营方案后启动建设工作。

第二阶段：细胞溯源系统完成测试、上线、优化，建成细胞样本库溯源信息管理系统。

搭建基于大数据的真实世界信息系统，为细胞治疗的临床前、临床和上市后研究提供数据和技术支持。关注算法和数据应用，有效拓展数据应用的广度和深度，发挥数据价值，力争将中心打造为国家医疗大数据中心，成为行业领先的数据库。
</td></tr>
</table>

储存中心。由市细胞公司牵头建设具有专业性、权威性且兼具战略资源储备功能和研发应用功能的独立第三方细胞种质资源库。成为为研发团队、机构、公共事业提

供各类型细胞储存服务的"细胞银行"。

专栏：储存中心建设方案
第一阶段：完成细胞种质资源库的规划和建设工作，制定并完善储存标准、流程和规范。
第二阶段：扩大储存业务范围，提升昆明影响力，实现西南地区深度覆盖，与南亚东南亚地区医疗机构开展合作。

（二）建设创新研究平台

依托中科院和昆明高等院校共建昆明细胞创新研究院，创新研究院以成果转化落地、项目培育孵化为目标，承载着专家招募、团队聚集，项目引进、专业化技术咨询、产业标准化建设等战略功能，是昆明细胞产业健康、稳定、高速发展的关键和保障。昆明细胞创新研究院通过导入优质资源，对接业内高端人才与外部科研资源，形成人才+技术+平台+资本+产业的布局，确保昆明细胞产业实现产业价值。

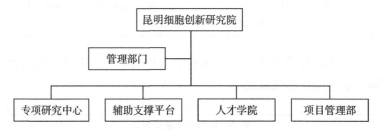

主要职责包括以下：

一是统筹搭建人才体系，通过针对性的引进外部人才和团队，帮助昆明细胞产业发展"补短板"。整合本地优质资源，以昆明理工大学、中国科学院在昆机构为主体，设立专门学院及硕士、博士站点共同培养专业型人才，实现细胞产业人才本地化培养。

二是遴选孵化优质项目，昆明细胞创新研究院持续开展潜力项目遴选和引进工作，项目来源包括创新研究院聘请专家自带或推荐的项目，以及符合昆明细胞产业园发展方向，且通过筛选审核的项目。

三是统筹制定行业标准，探索完善细胞产业前沿技术标准体系（安全评价标准、药效评价标准、操作规范指南、风险管控指南、制造工艺标准、质量控制标准等），并积极推动与国内监管部门协调达成共识。

专栏：昆明细胞创新研究院建设方案
第一阶段（2022—2024 年）：确定昆明细胞创新研究院院长、核心成员人选，建立管理运营体制（经费管理、项目遴选体制、人事制度、考核体系、人才培养体系、成果转化及知识产权管理体系等），构建有利于创新、创业的体制机制和文化氛围。遴选一批细胞产业相关的高校、科研机构及科学家团队，在其资源和设备的基础上，打造涵盖不同研究领域的辅助支持平台，校企共建昆明细胞创新研究院专项研究中心，解决细胞研究实验用房需求高，周期长的难点。

专栏：昆明细胞创新研究院建设方案
针对遴选孵化后具有产业化潜力的优质项目，择机进入市细胞公司并联合细胞产业基金、社会资本，以公司形式推动项目产业化；对于已成熟的项目，直接成立公司推动产业化。同时，依托于研究院权威的专家团队帮助企业"补短板"，完善企业产业项目涉及的基础研究和理论体系，实现技术服务收益或技术入股分红。在启动阶段，拟由市财政或市级产业基金先期拨付发起组建，用于研究院机构建设、专家团队组建、重大原创技术项目的实施、人才培养、各类创新资源的集聚、聘用人才队伍建设及产业创新服务能力建设等。 第二阶段（2025—2028 年）：在新药申报、医疗新技术等前沿性、关键性领域实现突破，孵化有市场潜力、有技术实力的公司上市，实现昆明细胞创新研究院"自我造血"。在此基础上发挥昆明在细胞产业的号召力和影响力，通过引进培养一批具有国际影响力的顶尖科学家、科研团队，进一步增强昆明细胞产业的竞争力。

（三）建设产业服务平台

产业服务平台以提供专业服务为主，包括招商运营服务中心、知识产权中心、外包服务中心、产业交流中心等，确保昆明细胞产业高质量、可持续发展。昆明市细胞产业服务平台的成立工作由市大健康办牵头，市细胞公司具体负责，涉及财政支持、经费概算、政策支持等具体需求事项，报市委、市政府审批同意后开展相关工作。

知识产权中心。建立细胞产业知识产权保护绿色通道，发挥知识产权对产业的支撑作用，构建知识产权快速协同保护体系，实现专利快速受理、快速审查、快速授权、快速交易。

专栏：知识产权中心建设方案
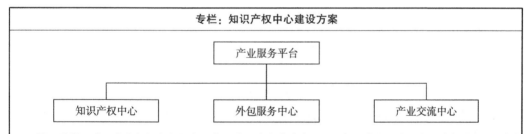
第一阶段：成立专业知识产权服务机构，设置专人专岗专职开展知识产权服务和知识产权培训。根据市场需求拓展业务广度，业务覆盖知识产权法律、价值评估、市场营销等方面，为供需双方提供一条龙式的综合性服务。 第二阶段：加强产业化过程中专利的利用和分析，梳理关键技术，明确细胞领域研发重点和关键点，围绕关键技术进行知识产权战略布局，构建专利价值评估体系，形成一批高价值核心专利。建立细胞产业知识产权保护绿色通道，构建知识产权快速协同保护体系，实现专利快速受理、快速审查、快速授权、快速交易。

专栏：外包服务中心建设方案
第一阶段：市大健康办、市卫生健康委牵头，梳理昆明现有在新药研究领域的资源，以补全"上市药品途径"为目的，制定相应产业链服务机构规划。

专栏：外包服务中心建设方案
第二阶段：根据规划遴选服务机构，引进和自主培育相结合，实现在药学研究、临床前安全性评价、新药临床研究、新药生产工艺开发及产业化、上市药物规模化委托加工等方面全面覆盖。

　　外包服务中心。坚持重点引进和自主培育相结合，遴选顶尖生物医药合同研发服务机构和专业物流机构，形成覆盖药物发现、工艺开发、中试放大、冷链物流等全链条服务的外包组织机构，构建"CRO+CDMO/CMO+运输+CSO"产业服务链条，打造一批为创新产品提供研发制备、工艺优化、商业化定制研发生产、销售等服务的机构。

　　产业交流中心。联合产业上中下游企业和相关高等院校、科研机构，搭建行业交流平台，与国际高水平的细胞产业学会保持密切联系，为前沿技术突破和企业创新发展营造良好氛围。

专栏：产业交流中心建设方案
第一阶段：由市大健康办、市科技局牵头，联合本地资源，搭建行业交流平台，包括定期和不定期专题研讨会、培训会和业务对接交流会。
第二阶段：定期组织"昆明市细胞产业发展峰会"，支持引进和策划国际性、全国性、专业化的细胞产业展会、峰会、论坛、学术交流等活动，并给予补助，不断扩大昆明在细胞领域的国际国内影响力。

二、构建产业要素，赋能产业发展

(一) 开展招才引智工程

　　对内开展"培才提优"工程，发掘昆明市细胞产业优质人才，激活人才创新和创业积极性，充分释放昆明基础科研和临床研究人才的产业价值。鼓励昆明市相关高校、机构自主培育细胞产业人才，组建昆明本地细胞产业人才队伍。对外在引才渠道、引才层次和引才保障三方面进行积极探索，做到引进人才、留住人才，实现人才资源利用最大化。

　　多渠道打造引才路径。针对人才梯队建立多渠道引才路径。一是领军人才（团队）：开展针对国家两院院士、发达国家院士、已入选国家、省部级人才工程（计划）等领军人才及团队的入园走访系列活动，为政府和人才团队提供面对面洽谈机会。二是支撑人才：联合本市人力资源产业园、科技局、招商局、人才办等共同举办人才推介会、专题论坛、项目路演等活动，全方位进行政策宣导，确保引才落地；与省外在检测、研发、信息数据方面的权威性机构开展合作，飞地柔性引进专家型人才。三是技术人才：提升本市"招才引智"政策曝光率，在重点地区举办招才引智推介会并建立人才服务中心，组建驻点顾问团队广泛宣传；依托昆明理工大学、昆明医科大学等开设专业培训班，培养本地技术人才。

　　多层次编织引才网络。昆明市针对细胞产业编织多层次引才网络，面向全球产业相关人才制定"昆明标准"。对带有重大项目和关键技术的诺奖、海内外院士和在世界一流大学、科研机构、世界 500 强企业担任过终身教授、首席技术官等职务的著名专家及其团队入驻园区给予专项补贴支持；对已入选国家、省部级人才、工程（计划）领军人才项目或担任创新平台学术/技术带头人、重大科研项目主要负责人的高层次人才进入园区成果转化和产业化的给予一定经费资助；对获得国家知识产权局授予的"全国知识产权领军人才""百千万知识产权人才工程"的给予经费和生活补贴；对云南省授予"云岭学者""兴滇人才奖"、云南省科研成果一等奖主要完成者给予一定专项补贴；对入选昆明"春城计划"的青年人才给予一次性工作和生活补贴。

多方式提供引才保障。昆明市细胞产业应加大人才引进政策的开放度和便利度，探索多样化引才方式，建立引进国内外高层次人才的柔性机制。赋予昆明细胞产业园、昆明细胞创新研究院等在人才引进、职称评定、绩效分配方面的充分自主权。对于重大、紧急科研项目采用"一事一议"的特殊支持；实施"人才绿卡"制度，妥善解决产业人才住房、医疗、子女入学、社会保障、配套随迁、职称评定等现实问题。

专栏：提供多方式引才保障

1. 开展"人才双聘"。平衡好"双聘"人员在本地科研机构和原单位的定位、职能和要求，在原有单位科研经费上"做加法"，建立具有市场机制的科研报酬和成果转化奖励措施；完善由政府牵头、昆明市本地高校主导、与校外人才资源共同协商的"双聘制"人才引进措施，积极推动本地高校细胞产业相关学科发展和学术梯队建设。

2. 探索实行多点执业医师"双合同"制管理。多点执业医疗机构可自主支付医务人员多点执业报酬；针对市内临床研究项目开展和阶段性成果建立奖励制度；采用"一次备案、整体推广"的模式加快审批程序。

3. 持续深化激励制度。对创业领军人才在园区立项的给予奖励资助；对优秀创业类项目开辟绿色通道，对优秀创新类人才推行认定制；对入驻专家团队和企业给予建设补贴，根据专家团队和企业当年对属地科研成果转化和地方经济发展的贡献情况给予奖励。

（二）完善创新激励机制

引导医疗机构完善科技成果转化体系，探索将医学创新成果的使用权、处置权和收益权下放给医疗机构。不断创新激励机制，调动企业和广大科技工作者的创新积极性，营造有利于创新成果培育的良好环境。以发达地区科研院所、三甲医院的创新机制为范本，赋予新型临床研究型医院人才引进、职称评定、绩效分配等自主权。

（三）探索政策先行示范

推进细胞治疗先行先试。抢抓自由贸易试验区昆明片区建设机遇，特别是托管西双版纳州傣族自治州勐腊县磨憨镇共建国际口岸城市历史机遇，立足细胞产业特点，在人才、土地、税收、海关、金融、贸易、服务保障等方面用好用活优惠政策和扶持措施，推进相关政策制度创新，推动创新药物研发试剂快速通关、打通前沿新药国内临床研究通道。

依托自贸区、中国老挝磨憨—磨丁经济合作区建立细胞产业先行示范区，积极争取国家卫健委支持，推进细胞产业先行先试；积极争取国家药监局支持，推进医疗机构开展国际多中心临床试验，与国外机构同步开展重大疾病新药临床试验。推进细胞治疗在临床试验、审评审批、进出口通关等方面的先行先试。开展生物医药特殊物品入境便利化试点，建立入境特殊物品安全联合监管机制。

专栏：开展生物医药特殊物品入境便利化试点

联合昆明海关、市工业和信息化局、市商务局、市卫生健康委、市市场监管局、市生态环境局等单位，建立入境特殊物品安全联合监管机制，制定生物医药企业"白名单"，开展入境特殊物品来源、安全性、研发生产合理需求等评估，优化特殊物品入境管理程序。

探索规范细胞治疗技术标准、制备标准和临床应用，推动建立细胞治疗临床研究与转化应用试点，探索细胞治疗创新发展路径。优先支持自体、最小操作、对尚无有效治疗手段且临床证明有效的细胞治疗技术转化。

（四）搭建金融服务体系

创新金融合作模式。发挥市、区引导基金作用，通过发起或参股基金等方式，吸引撬动社会各类资本积极参与，将社会资本定义为昆明细胞产业发展"合伙人"，形成风险共担，利益共享合作关系，充分借助"合伙人"在资金和产业资源方面的优势，帮助昆明拓宽获取产业核心资源的渠道。

构筑多层次投融资体系。吸引国内、外投融资机构来昆明设点，拓宽企业融资渠道，重点开展天使投资和风险投资，符合条件的投资基金给予开办奖励、增资奖励、投资奖励和风险补偿。鼓励在昆明的金融机构提高对细胞产业的信贷倾斜，支持其针对产业发展设立专项信贷产品和抵质押贷款业务创新。

加强金融产品创新。鼓励各类昆明保险机构提供细胞治疗责任保险等定制化综合保险产品，创新开辟特殊险种快速理赔绿色通道，积极推动融资租赁、担保质押、临床试验保险、地方补充医疗保险等创新型金融支持方式。

（五）构建合作开放网络

建立"医院+研发机构+企业"常态化对接机制。由政府部门牵头，搭建医院、科研单位、企业多级资源联动的产学研交流平台，促进全产业链交流合作，在临床试验项目上探索精准对接与创新合作，探索产学研创新生态新模式，提高临床资源利用效能，切实推动本地产品本地化应用。

组建昆明细胞产业联盟。充分发挥昆明高新区细胞产业联盟及全市龙头骨干企业和研发团队的引领带动作用，联合产业上中下游企业和相关高等院校、科研机构，组建昆明细胞产业联盟。设立专项资金，支持产业联盟开展面向市内、全国和南亚东南亚的细胞产业学术交流、技术成果应用等。

积极开展对外合作。加强与上海、北京等拥有优质资源城市的沟通，实现产业合作，积极承接具有前沿性、先进性的细胞产业化项目，对重大项目实行"一事一议"。鼓励昆明市本地医院与国内机构合作，以园区为载体，以干细胞临床备案机构为主力，鼓励与国内优质医疗机构合作开展细胞相关临床前研究、多中心临床研究、行业标准研究工作。鼓励昆明市本地医院与南亚、东南亚机构在细胞储存、临床技术等方面开展合作，拓展南亚、东南亚市场。

三、聚焦应用场景，打造产业闭环

（一）疾病治疗

支持发展干细胞、免疫细胞治疗等关键核心技术，探索干细胞技术在促进机体自我修复与再生、构建新组织与器官等再生医学领域的应用，布局相关生物材料和支架技术领域。提升检定检验、安全评价、制备生产等产业化能力。整合昆明优质临床资源，推进细胞治疗产品和服务的临床转化。加强行业监管，建立与国家监管机构沟通机制。

（二）医疗美容

积极发展干细胞美容制品，引进一批拥有核心技术的医美制造企业。推进昆明医疗机构整形美容科室建设，推动干细胞研发等多方向研究及在修复重建、组织再生、创伤修复等的治疗应用。推动医疗美容产业融合发展，发挥昆明旅游胜地的流量优势，开发以干细胞医疗美容服务为主题的旅游产品，吸引国内外游客开展医美旅游。

（三）运动医学

加速干细胞治疗技术在运动医学领域的应用。支持以组织工程和干细胞技术为基础，开展间充质干细胞（MSC）、诱导多能干细胞（iPSC）等技术在骨关节疾病等运动系统损伤领域的研究。发挥昆明特色高原体育训练产业集群和体育赛事活动优势，促进运动创伤、运动康复、重大赛事保障等模式的发展。

（四）外延支撑

大数据与人工智能。探索"大数据+人工智能"模式在医学临床应用的研究。在临床诊断领域，推动 AI+影像诊断，实现精准诊疗。在临床研究领域，推动大数据结合数据分析提供真实世界数据，帮助研究者更好的掌握药品信息和患者情况。在临床治疗领域，收集处理病人就医数据，支持医院对患者进行后期管理。在制药企业和生命科学领域，收集药物研发过程中产生的大数据，结合算法，加快新药研发速度。

高端制造与工业机器人。发展包括细胞转移运输过程中的储存箱、样本转移机器人、储存过程中的全自动深低温生物样本储存系统及液氮储存环境、细胞复苏设备、智能化的库存管理系统等。推动自动化机器人在细胞治疗产品产业化过程中的应用。以制备中心、储存中心的建设需求为起点，打造高端制造和供应链基础。支持细胞治疗相关制造项目或初创公司进行孵化。

高端耗材。发展包括分子生物学、细胞生物学、生物化学、免疫学、生态学、药品检验及临床检测等领域应用的实验消耗品。依托昆明研发生产基础，鼓励开展细胞相关耗材研发和产业化。

第六章　昆明细胞产业发展保障措施

一、加强组织建设

充分发挥细胞产业工作领导小组统筹协调作用，强化各县（市）区、各职能部门主体责任，加强分类指导，健全工作机制。着力推进跨部门的融合发展，统筹协调行业发展规划及配套政策、重大项目、土地、园区及招商引资工作，推动重点团队、重大项目落地。充分发挥云南省推进细胞产业发展联席会议及昆明市大健康发展领导小组作用，加强对昆明细胞产业发展的指导。

二、强化政策保障

以云南省产业转型升级、经济高质量发展"三张牌"为战略指引，打好世界一流"健康生活目的地牌"。落实云南省《创新驱动高质量发展 29 条措施》的政策要求，深化科技体制改革，为昆明细胞产业发展营造良好创新生态，推动细胞产业高质量发展。

人才资源方面，开展"招才引智"和"培才提优"工程，围绕产业人才在引才渠道、引才层次和引才保障三方面进行积极探索，做到引进人才、留住人才，激发人才创新和创业积极性，实现人才资源利用最大化。

医疗机构方面，争取设立细胞治疗临床研究专项基金，用于支持临床机构的研究，实现临床研究的前沿性和前瞻性，确保昆明在细胞治疗领域临床研究水平全国领先。

三、加强行业监管

发挥卫生健康委和市场监管局的监督管理作用，加强对干细胞临床备案机构的监督管理，保证临床试验过程规范；加强细胞临床研究管理培训，做好审查、指导工作，卫生健康委和市场监管局依职责组织对干细胞临床备案机构开展日常监督检查，并建立沟通机制，定期组织对相关机构抽查，有关检查结果及处理情况，及时录入备案平台并向社会公布；卫生健康委和市场监管局分别设置专员与干细胞临床备案机构对接，负责双方沟通、协调工作。

四、健全实施机制

细化产业目标任务，强化目标导向。建立可操作的昆明细胞产业统计体系，将其纳入昆明大健康产业统计体系，对纳入统计的指标、要素、资源、平台、政策措施和重大项目的实施情况进行跟踪统计，动态监测和预测昆明细胞产业发展情况。加强工作督查，跟踪工作进度，建立各项任务季报制度、工作简报制度，推动各项工作任务落地落实。

五、创新体制机制

采用"揭榜挂帅"形式，支持国内外科技创新团队、科研机构、医疗机构建设细胞产业相关研究中心、研究院。聚焦新一代基于干细胞、免疫细胞、类器官与类组织等的治疗药物，建立领先技术平台，开展细胞前沿技术和创新治疗方案的研究，解决产业链细分领域卡脖子问题，搭建公共技术平台，形成临床研究中心，促进科技成果转化。

引导医疗机构完善科技成果转化体系，探索将医学创新成果的使用权、处置权和收益权下放给医疗机构。激活科研人员研发积极性，允许成果完成人与医院事先协议约定职务科技成果的权属或股权比例，成果完成人可在申请专利或专利技术成果作价投资前与医院以协议的方式事先约定科技成果的权属或股权比例，并允许成果完成人以个人名义拥有股权。

附　　录

我国 133 家干细胞临床研究机构备案名单

为了规范由医疗机构发起的干细胞临床研究，2015 年 7 月国家卫生计生委和国家食药监总局共同颁布了《干细胞临床研究管理办法（试行）》（国卫科教发〔2015〕48 号）和《干细胞制剂质量控制及临床前研究指导原则》（国卫办科教发〔2015〕46 号）。按照管理办法的要求，医疗机构开展干细胞临床研究项目前，应当将备案材料由省级卫生计生行政部门会同食品药品监管部门审核后向国家卫生计生委与国家食品药品监管总局备案。干细胞临床研究备案工作涉及的流程长环节多，监管和审批极其严格，其中流程审核、技术评审、伦理评审等环节，每个环节的专业性强、技术难度大。按照国家卫生健康委和国家药监局《关于做好 2019 年干细胞临床研究监督管理工作的通知》（国卫办科教函〔2019〕169 号）的要求，自 2019 年起，干细胞临床研究机构和项目备案结合进行，不再单独开展干细胞临床研究机构备案。拟开展干细胞临床研究而尚未完成机构备案的医疗机构，应当将完整的机构备案材料和项目备案材料经省级两委局审核后，报国家两委局备案。只有干细胞临床研究机构和项目备案材料同时符合备案要求才可以备案。干细胞临床研究项目完成备案后方可实施，医疗机构不可自行开展任何未完成备案的干细胞临床研究。基于上述，本书仅汇编我国 133 家干细胞临床研究备案机构（含部队医院 22 家）。

干细胞临床研究机构首批通过备案名单
(2016 年 10 月)

序号	机构名称	地区
1	中国医学科学院北京协和医院	北京市
2	中日友好医院	北京市
3	中国医学科学院阜外心血管医院	北京市
4	北京大学人民医院	北京市
5	北京大学第三医院	北京市
6	北京大学口腔医院	北京市
7	中国医学科学院血液病医院	天津市
8	天津医科大学总医院	天津市

序号	机构名称	地区
9	天津市环湖医院	天津市
10	河北医科大学附属第一医院	河北省石家庄
11	大连医科大学附属第一医院	辽宁省大连市
12	吉林大学中日联谊医院	吉林省长春市
13	复旦大学附属华山医院	上海市
14	上海市东方医院	上海市
15	上海交通大学医学院附属第九人民医院	上海市
16	上海交通大学医学院附属仁济医院	上海市
17	南京大学医学院附属鼓楼医院	江苏省南京市
18	南通大学附属医院	江苏省南通市
19	浙江大学医学院附属第二医院	浙江省杭州市
20	南昌大学第一附属医院	江西省南昌市
21	聊城市人民医院	山东省聊城市
22	郑州大学第一附属医院	河南省郑州市
23	武汉大学人民医院	湖北省武汉市
24	中南大学湘雅医院	湖南省长沙市
25	中山大学附属第三医院	广东省广州市
26	中山大学中山眼科中心	广东省广州市
27	广东省中医院	广东省广州市
28	四川大学华西医院	四川省成都市
29	贵州医科大学附属医院	贵州省贵阳市
30	遵义医学院附属医院	贵州省遵义市

干细胞临床研究机构第二批通过备案名单

(2017 年 11 月)

序号	机构名称	地区
1	北京医院	北京市
2	首都医科大学附属北京口腔医院	北京市
3	首都医科大学宣武医院	北京市
4	首都医科大学附属北京天坛医院	北京市
5	首都医科大学附属北京同仁医院	北京市
6	首都医科大学附属北京安贞医院	北京市
7	河北医科大学第二医院	河北省石家庄市

序号	机构名称	地区
8	河北省人民医院	河北省石家庄市
9	秦皇岛市第一医院	河北省秦皇岛市
10	内蒙古科技大学包头医学院第一附属医院	内蒙古包头市
11	中国医科大学附属第一医院	辽宁省沈阳市
12	中国医科大学附属盛京医院	辽宁沈阳市
13	吉林大学第一医院	吉林省长春市
14	哈尔滨医科大学附属第一医院	黑龙江哈尔滨市
15	哈尔滨医科大学附属第二医院	黑龙江哈尔滨市
16	上海市第一人民医院	上海市
17	上海市同济医院（同济大学附属同济医院）	上海市
18	上海交通大学医学院附属瑞金医院	上海市
19	复旦大学附属中山医院	上海市
20	上海市第六人民医院	上海市
21	同济大学附属第十人民医院	上海市
22	上海市胸科医院	上海市
23	江苏省人民医院	江苏省南京市
24	苏州大学附属第一医院	江苏省苏州市
25	徐州医科大学附属医院	江苏省徐州市
26	浙江医院	浙江省杭州市
27	浙江大学医学院附属第一医院	浙江省杭州市
28	浙江大学医学院附属邵逸夫医院	浙江省杭州市
29	浙江大学医学院附属儿童医院	浙江省杭州市
30	温州医科大学附属第一医院	浙江省温州市
31	温州医科大学附属眼视光医院	浙江省温州市
32	安徽医科大学第一附属医院	安徽省合肥市
33	安徽省立医院	安徽省合肥市
34	福建医科大学附属协和医院	福建省福州市
35	南昌大学第二附属医院	江西省南昌市
36	山东大学齐鲁医院	山东省济南市
37	山东大学第二医院	山东省济南市
38	山东省立医院	山东省济南市
39	青岛大学附属医院	山东省青岛市
40	青岛市市立医院	山东省青岛市

续表

序号	机构名称	地区
41	烟台毓璜顶医院	山东省烟台市
42	河南省人民医院	河南省郑州市
43	武汉大学中南医院	湖北省武汉市
44	华中科技大学同济医学院附属协和医院	湖北省武汉市
45	华中科技大学同济医学院附属同济医院	湖北省武汉市
46	十堰市太和医院	湖北省十堰市
47	中南大学湘雅二医院	湖南省长沙市
48	南华大学附属第二医院	湖南省衡阳市
49	广东省人民医院（广东省医学科学院）	广东省广州市
50	中山大学附属第一医院	广东省广州市
51	中山大学孙逸仙纪念医院	广东省广州市
52	南方医科大学南方医院	广东省广州市
53	广州医科大学附属第一医院	广东省广州市
54	广州医科大学附属第三医院	广东省广州市
55	中山大学附属第六医院	广东省广州市
56	广州中医药大学第一附属医院	广东省广州市
57	深圳市人民医院	广东省深圳市
58	北京大学深圳医院	广东省深圳市
59	海南省人民医院	海南省海口市
60	海南医学院第一附属医院	海南省海口市
61	海口市人民医院	海南省海口市
62	重庆医科大学附属儿童医院	重庆市
63	重庆医科大学附属第二医院	重庆市
64	四川大学华西口腔医院	四川省成都市
65	昆明市第一人民医院	云南省昆明市
66	昆明市延安医院	云南省昆明市
67	云南省肿瘤医院	云南省昆明市
68	昆明医科大学第一附属医院	云南省昆明市
69	昆明医科大学第二附属医院	云南省昆明市
70	云南省第一人民医院	云南省昆明市
71	宁夏医科大学总医院	宁夏回族自治区银川市
72	新疆医科大学附属第一医院	新疆维吾尔自治区乌鲁木齐市

干细胞临床研究机构第三批通过备案名单

（2019 年 3 月）

序号	机构名称	地区
1	兰州大学第一医院	甘肃省兰州市

干细胞临床研究机构第四批通过备案名单

（2019 年 6 月）

序号	机构名称	地区
1	郑州市第一人民医院	河南省郑州市

干细胞临床研究机构第四批通过备案名单

（2019 年 9 月）

序号	机构名称	地区
1	广州医科大学附属第二医院	广东省广州市
2	树兰（杭州）医院	浙江省杭州市

干细胞临床研究机构第五批通过备案名单

（2019 年 12 月）

序号	机构名称	地区
1	中国福利会国际和平妇幼保健院	上海市

干细胞临床研究机构第六批通过备案名单

（2020 年 3 月）

序号	机构名称	地区
1	首都医科大学附属佑安医院	北京市

干细胞临床研究机构第七批通过备案名单

（2020 年 11 月）

序号	机构名称	地区
1	武汉市传染病医院	湖北省武汉市
2	四川省人民医院	四川省成都市
3	西安高新医院	陕西省西安市

首批军队医院干细胞临床研究机构备案名单
（2017年1月）

序号	机构名称	地区
1	陆军总医院	北京市
2	海军总医院	北京市
3	空军总医院	北京市
4	原沈阳军区总医院	辽宁省沈阳市
5	原南京军区福州总医院	福建省福州市
6	原广州军区广州总医院	广东省广州市
7	解放军总医院	北京市
8	第302医院	北京市
9	第307医院	北京市
10	第二军医大学第一附属医院（上海长海医院）	上海市
11	第三军医大学第一附属医院（重庆西南医院）	重庆市
12	第四军医大学第一附属医院（西京医院）	陕西省西安市

第二批军队医院干细胞临床研究机构备案名单
（2021年4月）

序号	机构名称	地区
1	陆军军医大学第二附属医院	重庆市
2	陆军特色医学中心	重庆市
3	海军军医大学第二附属医院	上海市
4	海军军医大学第三附属医院	上海市
5	空军军医大学第二附属医院	陕西省西安市
6	空军军医大学第三附属医院	陕西省西安市
7	东部战区总医院	江苏省南京市
8	中部战区总医院	湖北省武汉市
9	第920医院	云南省昆明市
10	第940医院	甘肃省兰州市